Materialien SII · Biologie

Genetik

Schroedel

Materialien SII · Biologie

Genetik

Herausgegeben und bearbeitet von
Prof. Dr. Diethard Baron, Penzberg
Dr. Jürgen Braun, Neulingen
Andrea Erdmann, Bad Sachsa
Ulf Erdmann, Bad Sachsa
Rudolf Heinze, Aichwald
Dr. Eckhard R. Lucius, IPN Kiel

Dieses Werk ist eine Neubearbeitung des Werkes *Genetik*, Bestell-Nr. 10526. Herausgegeben von Peter Hoff und Lutz Hafner.

Titelfoto: In-vitro-Fertilisation, Mikroskopaufnahme
Foto: Phototake/Mauritius

Druck A ^{4}/ Jahr 2007

Alle Drucke der Serie A sind im Unterricht parallel verwendbar.

Redaktion: Heike Römming, Ulrike Wallek
Illustrationen: Brigitte Karnath, Tom Menzel, Frank Wohlgemuth
Einbandgestaltung: Janssen Kahlert Design & Kommunikation
Satz und Repro: O&S Satz GmbH, Hildesheim
Druck und Bindung: westermann druck GmbH, Braunschweig

ISBN 978-3-507-**10910**-0

Bildquellen
Umschlag Phototake/Mauritius; 6 o. li. Phototake/Mauritius; 6.1 Lieder; 6.2 Erdmann; 6.3 Mauritius; 6.4 Huntington Potter/David Dressler; 7.1 Bayer AG; 7.2 Erdmann; 7.3 Yanagimachi/Phillips, Universität Hawaii; 7.4 Kage/Okapia; 7 u. re. Rosenfeld/Mauritius; 8 o. Lieder; 9.1 eye of science; 12.1 li. Dr. Zitzelsberger/Karly; 12.1 re. Lessin/Arnold/Okapia; 13.4 Dr. A. Jauch; 14.1 Dr. Jaenicke; 14.2 Dr. Wolfgang Staiber/Genetisches Institut der Universität Hohenheim; 17.2 A Lichtbildarchiv Dr. Keil; 19.1 Volk und Wissen Verlag, Berlin; 19.4 Lichtbildarchiv Dr. Keil; 20 o. Erdmann; 20.1 Deutsches Museum; 24.2 akg-images; 25 o. re. FlyMove; 25 u. li. FlyMove; 25 u. Mitte FlyMove; 25 u. re. FlyMove; 31.3 Dr. Jaenicke; 34.2 Erdmann; 36.1 Erdmann; 37.1 A + B Erdmann; 39.2 Reinhard/Okapia; 39.3 KHS/Okapia; 40.1 Berger/Tierbildarchiv Angermayer; 40.2 A Nuridsany & Perennou/Okapia; 40.2 B aus: Evolution – Die Entwicklung von den ersten Lebensspuren bis zum Menschen, Reihe Verständliche Forschung, Spektrum der Wissenschaft, Heidelberg 1988; 41.1 A Erdmann; 41.1 B Erdmann; 41.2 A Erdmann; 41.2 B Erdmann; 42.1 Erdmann; 43.1 Erdmann; 43.2 Erdmann; 44 u. li. Reinhard/Okapia; 44 o. li. Manfred Ruckszio/Okapia; 46.1 Erdmann; 48.1 B Gladden W. Willis/Okapia; 48.2 Dr. Michio Hori, Kyoto University; 49.1 Erdmann; 49.2 akg-images; 50.1 Erdmann; 50.1 Erdmann; 50.1 Erdmann; 50.2 Ferrero/Natûre//Okapia; 50.3 Erdmann; 51.4 Erdmann; 51.4 Erdmann; 51.5 Erdmann; 51.5 Erdmann; 51.5 Erdmann; 52 o. Mauritius; 54.2 Mauritius; 57.1 Lehninger, Biochemie, Spektrum der Wissenschaft; 57.2 A Professor Hennig, Nijmegen; 57.2 B Lehninger, Biochemie, Spektrum der Wissenschaft; 57.2 C Barbara Hamkolo/Dept. of Molecular Biology, University of Californai Irvine; 57.2 D Meckes/eye of science; 57.2 E Lehninger, Biochemie, Spektrum der Wissenschaft; 62.1 o. Dr. Tony Brain/Focus; 62.1 u. Francis Leroy/Focus; 67.1 A Dr. Jürgen Braun; 67.1 B Dr. Jürgen Braun; 67.2 A Dr. Jürgen Braun; 67.2 B Dr. Jürgen Braun; 68.1 B Professor Hafner; 70.2 A Bresch/Hausmann: Klassische und molekulare Genetik, Springer-Verlag; 74.2 A Pierre Chambon, Paris; 78.2 Priv.-Doz. Dr. Steffen Emmert, Universitäts-Hautklinik Göttingen; 84.2 A Pharmazeutische Zeitung Nr. 17, 2001; 84.2 B Prof. Dr. Riesner, Institut f. Physikal. Chemie, Heinrich-Heine-Universität Düsseldorf; 86 o. Huntington Potter/David Dressler; 87 o. re., 87 Mitte re DSMZ – Deutsche Sammlung von Mikroorganismen und Zellkulturen GmbH;. 87.1 A Dr. E. Lucius/Institut für die Pädagogik der Naturwissenschaften (IPN), Kiel, (Q): Gliesche; 90 Kreis, 91.3 Institut für die Pädagogik der Naturwissenschaften (IPN), Kiel; 92.1 Mauritius; 93.1 Lichtbildarchiv Dr. Keil; 94.1 Institut für die Pädagogik der Naturwissenschaften (IPN), Kiel; 94.2 Dr. E. Lucius/Institut für die Pädagogik der Naturwissenschaften (IPN), Kiel; 95.2 Dennis Kunkel Microscopy, Inc.; 98.1 A Prof. Wanner/Karly; 99.2, 99.3 Dr. Karl Maramorosch; 100.1 A + B Meckes/eye of science; 101.1 G. S. Stent, MolecularBiology of Bacterial Viruses, W. H. Freemann and Company; 103.1, 103.2 Institut für die Pädagogik der Naturwissenschaften (IPN), Kiel; 106.00 Bayer AG; 106.1 Karly; 106.1 Kumicak/Mauritius; 106.1 Karly; 108 li. Heinze; 108 re. Institut für die Pädagogik der Naturwissenschaften (IPN), Kiel; 109.1 Dr. T. Frischmuth/Universität Stuttgart; 109.2 Appl. Biosystems/P. Arnold, Inc./Okapia; 111 action press; 112 Heinze; 113.1 A Landeskriminalamt Baden-Württemberg; 115.2 Lenz/Okapia; 117.1 Heinze; 117.2 A Dr. Pford, Bio-Rad Laboratories/Karly; 117.3 AGE/Mauritius; 119.1 D. Eulitz und M. Napirei; 119 re. Rabatti – Domingie/akg-images; 120.2 action press; 122.1 Bayerische Landesanstalt für Landwirtschaft, Institut für Pflanzenbau und Pflanzenzüchtung, Freisingen; 122.2 Prof. Dr. F. Hoffmann, Universität Irvine, USA; 123.1 Spektrum der Wissenschaft, August 1992; 123 re. u. Büttner/Naturbild/Okapia; 125.1 Deutsches Museum; 126 re. Dr. E. Lucius; 132 li. o. Erdmann; 132.1 A EpConcepts/CMSP/Okapia; 132.1 B akg-images; 132.1 C National Portrait Gallery, London; 133.1 A Meckes/eye of science; 133.1 B Phototake/Mauritius; 134 li. u. Nat Clymer; 134.2 Lieder; 135.2 Dr. A. Jauch/Dr. Th. Cremer/Institut für Humangenetik der Universität Heidelberg; 135 u. re. Dr. A. Jauch/Dr. Th. Cremer/Institut für Humangenetik der Universität Heidelberg; 138.1 Dr. E. Lucius; 138.2 Dr. E. Lucius; 141 o. Deutsches Museum; 142.2 A–C Dr. E. Lucius; 142.2 Mitte Telner/Okapia; 142.2 re. Dr. E. Lucius; 146.1 action press; 147.1 J. Aumiller/Urban & Vogel; 148.2 B Fonatsch, Lübeck; 150 li. Marina Vogler/Karly; 154.1 Dr. Jürgen Braun; 161.1 Agentur Focus/SPL/P. Goetgheluck; 161.2 Eppendorf AG; 164.4 Prof. Murken/Dr. Meitinger, Genetische Beratungsstelle, München; 166 o. Yanagimachi/Phillips, Universität Hawaii; 166.1 Dr. Pott/Okapia; 166.2 Erdmann; 166.3 Bühler/Silvestris; 166.4 Sean Morris/OSF/Okapia; 167.3 Kage/Okapia; 167.4 A ROBBA/Silvestris; 167.4 B ROBBA/Silvestris; 169 re. Dr. Frieder Sauer/Okapia; 170.1 A–D Groepler, Karlsruhe; 170.1 Georg Quedens; 171 unten akg-images; 172.1 Pfletschinger/Tierbildarchiv Angermayer; 172.2 akg-images; 173.1 Aitken/Silvestris; 175.1 Aulis Verlag Deubner & Co. KG, Köln; 176.3 A + B Sean B. Caroll/Universität von Wisconsin; 177.2 Meckes/eye of science; 177.4 Prof. Dr. Christiane Nüsslein-Volhard, Max-Planck-Institut für Entwicklungsbiologie; 178 Erdmann; 179.1 G. Baden/Zefa; 179 u. Lond.Sc.Films/OSF/Okapia; 181 re. www.endoatlas.de; 181.1 B Prof. Dr. H. Ostertag/Pathologisches Institut/Klinikum Hannover; 183.3 A Lichtbildarchiv Dr. Keil; 183.4 Meckes/eye of science; 183.4 Meckes/eye of science; 184 oben Kage/Okapia; 188 oben Reinhard/Okapia; 194 re. Pöhlmann/Mauritius

Inhalt

Genetik der Bakterien und Viren 86

Gentechnik 106

Humangenetik 132

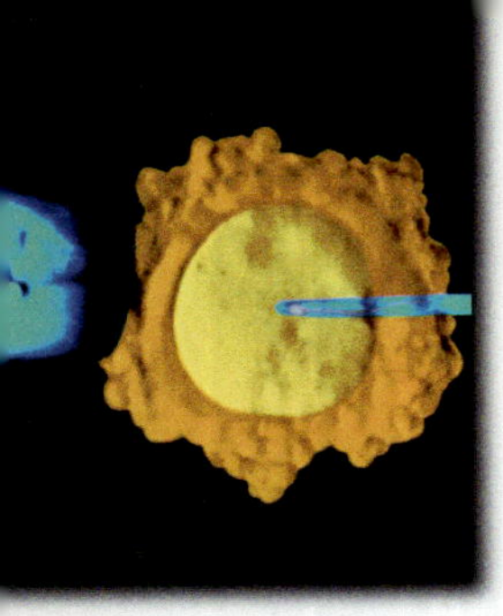

Was ist Genetik?

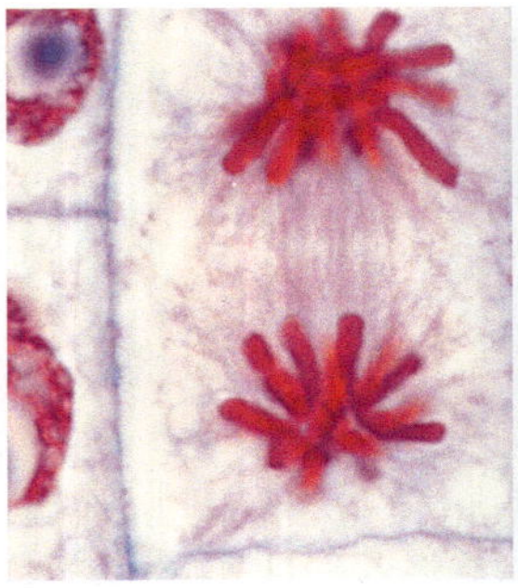

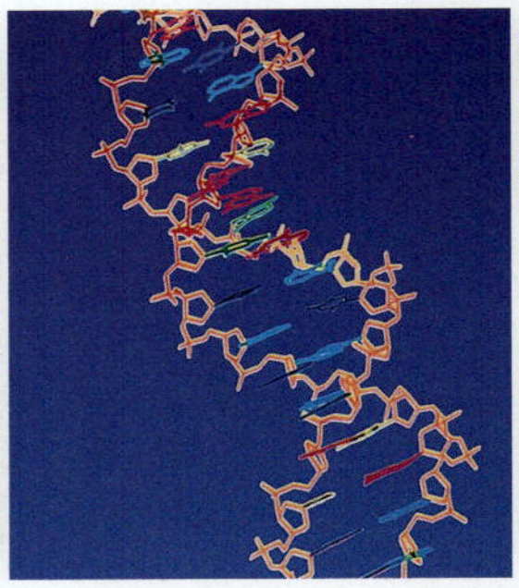
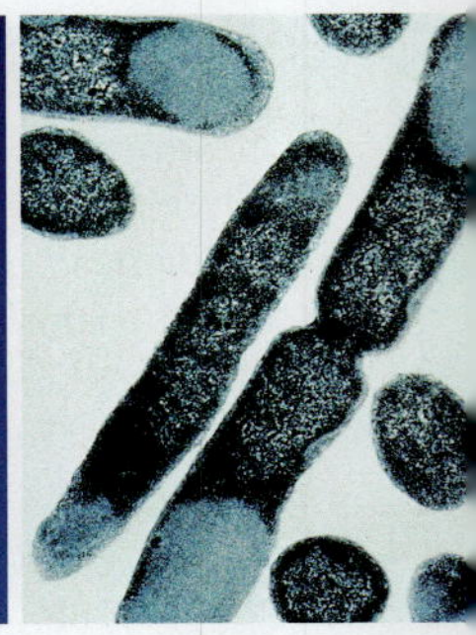

Genetik wird in vielen Lexika mit dem Begriff **Vererbungslehre** umschrieben. Dies ist nach wie vor richtig, jedoch hat sich die Genetik in den vergangenen Jahrzehnten zu einer facettenreichen Hightech-Wissenschaft mit einem hohen wirtschaftlichen Potenzial gewandelt. Die Gentechnik hat die klassische Biotechnik maßgeblich vorangetrieben.

Grundlegende Prinzipien der Vererbung sind seit Jahrtausenden bekannt. Bereits den Menschen alter Kulturen war aufgefallen, dass Kinder ihren Eltern und Geschwistern untereinander ähnlich sind. Aber die genauen biologischen Vorgänge der Vererbung blieben den Menschen über Jahrtausende verborgen. Einen entscheidenden Durchbruch erfuhr die Genetik durch die Pionierarbeiten berühmter Wissenschaftler wie Mendel (1865), de Vries (1900) und Morgan (1907), die als Erste die **Regelmäßigkeiten der Vererbung** wissenschaftlich untersuchten und formulierten. Sutton und Bovery konnten diese Regelmäßigkeiten mit Chromosomenvorgängen in Verbindung bringen (1904).

Zu den Pioniertaten zählt auch die Entdeckung der molekularbiologischen Grundlagen der Vererbung. Fast ein halbes Jahrhundert lang rivalisierten zwei Lager von Wissenschaftlern: Die einen hielten Nucleinsäuren, die anderen Proteine für die Vererbungsmoleküle. Avery (1944) konnte durch Versuche mit Bakterien eindeutig beweisen, dass die **Desoxyribonucleinsäure** (engl. **DNA**) das Erbmaterial repräsentiert (1944). Miescher klärte die chemische Zusammensetzung der DNA auf, ohne jedoch deren biologische Bedeutung zu erkennen (1869).

Ein weiterer Meilenstein auf dem Weg zur Hightech-Wissenschaft war die Aufklärung der Doppelhelix-Struktur der DNA durch Watson und Crick (1953). Die erste im Reagenzglas durchgeführte Neukombination von Genen gelang Cohen und Boyer (1973). Dies stellt den Beginn der Gentechnik dar.

Kernwissenschaften der modernen Genetik sind Molekulargenetik, Bakterien- und Virengenetik, Gentechnik, Tier- und Pflanzenzüchtung, Populationsgenetik, Humangenetik, Entwicklungsbiologie, Immunbiologie und Tumorbiologie.

Die **Molekulargenetik,** die **Genomik,** erforscht die Genstruktur und die molekularen Mechanismen der Genregulation, der DNA-Reparatur und der Proteinbiosynthese über Transkription und Translation. Ein aktuelles Forschungsgebiet ist die **Proteomik,** deren Hauptziel darin besteht, das komplexe Wechselspiel aller Proteine einer Zelle oder eines Organismus zu verstehen.

Seit vielen Jahrzehnten stellt die **Bakterien- und Virengenetik** einen dynamischen Wissenschaftszweig dar. Das Darmbakterium *E. coli*

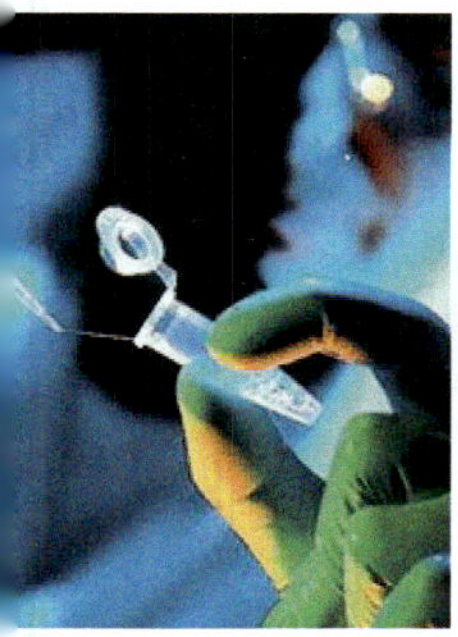
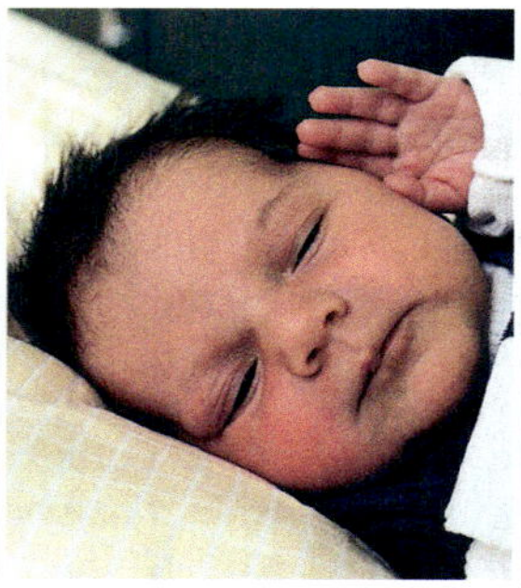
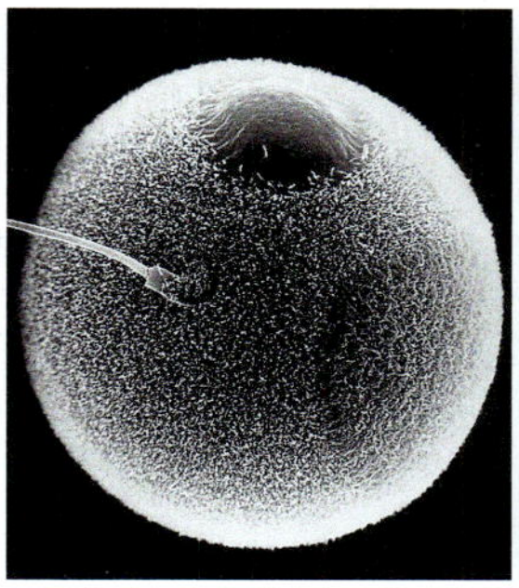
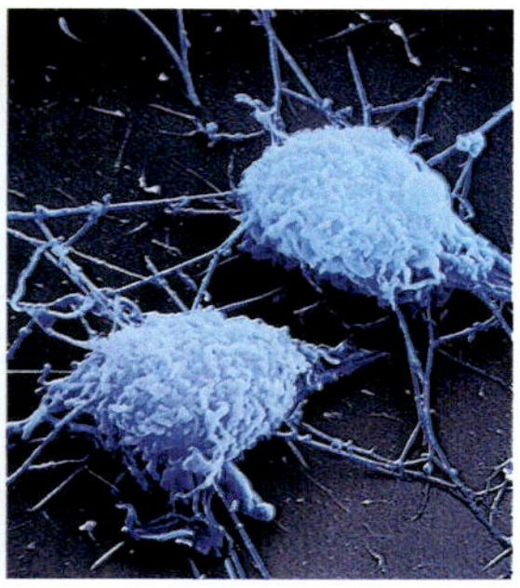

wird seit etwa 1960 genetisch erforscht und noch immer werden neue Erkenntnisse gewonnen. Ein Schwerpunkt der Bakteriengenetik ist die genetische Kontrolle von Stoffwechselwegen. Deren Verständnis mündet in der industriellen Anwendung der Biotechnik. Viele der an Mikroorganismen entdeckten genetischen Prinzipien lassen sich auf höhere Organismen einschließlich des Menschen übertragen.

Die **Gentechnik** und **Molekularbiologie** hat in der heutigen Welt eine große Bedeutung erlangt. Zu den vielfältigen Anwendungen zählen die Herstellung von bisher mehr als 100 therapeutischen Proteinen wie Insulin, Interferonen oder Erythropoietin (EPO), die Identifizierung von Personen mithilfe des genetischen Fingerabdrucks, die Herstellung gentechnisch veränderter Lebensmittel, die Behandlung von Erbkrankheiten mithilfe der Gentherapie oder die genetische Analyse von fossilen Lebewesen.

Tier- und Pflanzenzüchter benutzen seit Jahrhunderten mehr oder weniger bewusst die Prinzipien der Genetik, um die Qualität und die Menge an Nutztieren und Pflanzen zu verbessern. Durch die Einbeziehung der Gentechnik können diese Ziele direkter und schneller erreicht werden.

Die **Populationsgenetik** beschreibt mithilfe mathematischer Formeln die Veränderungen von Populationen unter verschiedenen Einflüssen wie Nährstoffmangel oder Temperaturveränderungen. Die mathematische Grundlage bildet die Anwendung der MENDELschen Regeln in der HARDY-WEINBERG-Gleichung. Forschungen im Bereich der Ökologie und Evolution profitieren von den Erkenntnissen.

Die Schwerpunkte der **Humangenetik** liegen im medizinischen Bereich, bevorzugt in der Diagnose und Therapie von Erbkrankheiten wie beispielsweise der Mukoviszidose. Aktuelle Disziplinen der Humangenetik, die sich gerne molekularbiologischer Methoden bedienen, sind die genetische Beratung, die Gentherapie und die Reproduktionstechnik.

Die **Entwicklungsbiologie** erforscht ausgehend von der befruchteten Eizelle die molekularen Prinzipien der Entwicklung bis zum ausgewachsenen Individuum. Im Mittelpunkt steht dabei die Regulation von Genen während der frühen Embryonalentwicklung.

Zentrale Prozesse der **Immunbiologie,** wie die Antigenerkennung und die Antikörpervielfalt, werden durch genetische Prozesse kontrolliert. Der Erfolg einer Organtransplantation wird durch die genetische Konstellation der Gewebetypen zwischen Spender und Empfänger beeinflusst. Gene steuern auch die Anfälligkeit für und die Ausprägung von immunologischen Krankheiten wie Diabetes Typ 1, Allergien und Autoimmunkrankheiten.

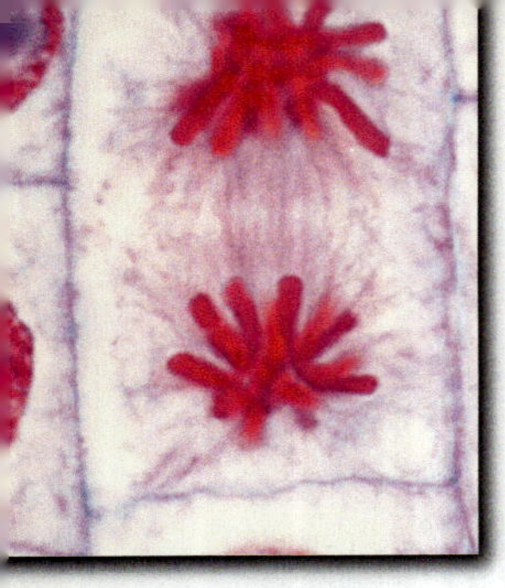

Zellteilung und Chromosomen

1 Bedeutung und Bau des Zellkerns

Wer steuert die Ausprägung von Merkmalen, der Zellkern oder das Cytoplasma? Ein Transplantationsversuch mit *Acetabularia* trägt dazu bei, diese Frage zu beantworten.
Die etwa zehn Zentimeter große Schirmalge *Acetabularia,* die aus einer einzigen Zelle besteht, gliedert sich in Schirm, Stiel und ein wurzelartiges Haftorgan, das Rhizoid. Der Zellkern befindet sich im Rhizoid.

8.1 Transplantationsversuch mit *Acetabularia*

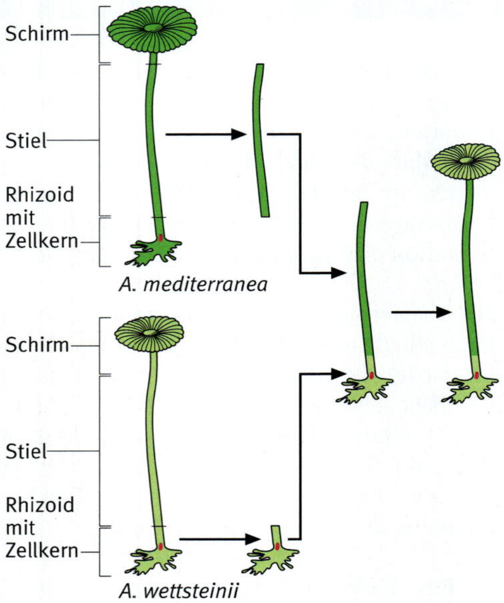

8.2 Zellkern (räumliches Schema)

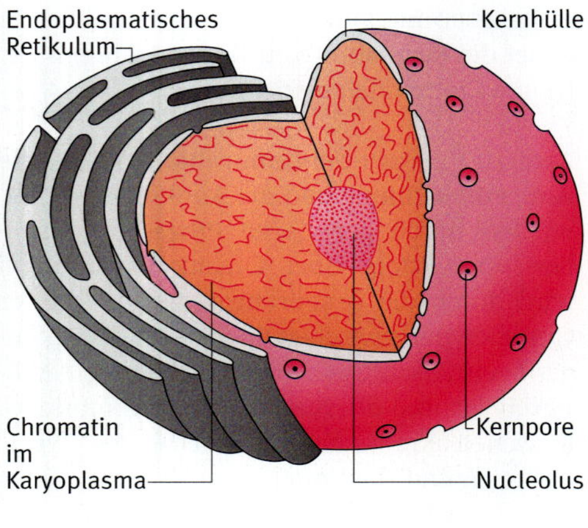

Im Mittelmeer leben zwei *Acetabularia*-Arten, die sich in Farbe und Schirmgestalt deutlich voneinander unterscheiden: *A. mediterranea* hat einen großen und *A. wettsteinii* einen kleinen Schirm. Bei dem Transplantationsversuch wird der kernlose Stiel von *A. mediterranea* auf das kernhaltige Rhizoid von *A. wettsteinii* gesetzt. So erhält man eine zusammengefügte Zelle, deren Kern und Cytoplasma jeweils von verschiedenen Arten stammen. Die neue Alge, die nach etwa 30 Tagen herangewachsen ist, trägt einen Schirm wie *A. wettsteinii.* Der Schirm wird zwar aus dem Stiel gebildet, seine Form wird jedoch durch den Zellkern im Rhizoid bestimmt. Für die Ausprägung von Merkmalen ist also der Zellkern verantwortlich.

Aufbau des Zellkerns. Der Durchmesser des meist kugeligen Zellkerns beträgt je nach Zelltyp 4 bis 25 µm. Der Zellkern, auch *Nucleus* genannt, liegt oft im Zentrum der Zelle und ist von Cytoplasma umgeben. Der Zellkern besteht aus fünf wichtigen Komponenten:

Die doppelschichtige *Kernhülle,* die auch als Kernmembran bezeichnet wird, grenzt den Kern vom Plasma ab und geht in das *Endoplasmatische Retikulum (ER)* über. Das ER, das man erst im Elektronenmikroskop sieht, ist ein verzweigtes Membransystem, das an der Neubildung und dem Transport von Proteinen beteiligt ist. Die *Kernporen,* die einen Durchmesser von 60 bis 100 nm haben, ermöglichen den Stoffaustausch zwischen Cytoplasma und Zellkern.

Das fädige **Chromatin,** das erst nach Anfärbung mit speziellen Farbstoffen im Lichtmikroskop sichtbar wird, liegt im Cytoplasma des Zellkerns und besteht aus Desoxyribonucleinsäure (DNA) und Proteinen. Das im Zellkern gelegene Plasma wird auch *Karyoplasma* genannt. Im *Nucleolus,* der auch als Kernkörperchen bezeichnet wird, werden die Bestandteile von Ribosomen gebildet.

2 Bedeutung und Ablauf der Mitose

Betrachtet man die Wachstumszonen von Wurzelspitzen im Lichtmikroskop, erkennt man in den einzelnen Zellen unterschiedliche Strukturen. Die Zellen befinden sich in unterschiedlichen Phasen der Kernteilung oder **Mitose.** In der Regel erfolgen parallel dazu Zellteilungen, bei denen aus einer Zelle zwei Zellen entstehen. Durch fortgesetzte Kern- und Zellteilungen und die Reifung der neu gebildeten Zellen findet Wachstum statt. Der gesamte Vorgang, der von der Teilung der Mutterzelle in zwei Tochterzellen bis zur erneuten Teilung der beiden Tochterzellen reicht, nennt man **Zellzyklus.** Man unterteilt ihn in die Interphase und die Teilungsphase. Letztere besteht aus der *Kernteilung* und der Teilung des Cytoplasmas, die auch als *Cytokinese* bezeichnet wird.

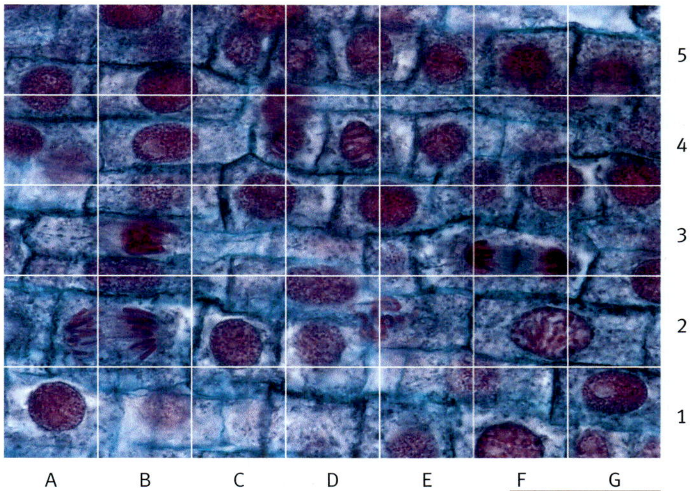

9.1 Mitosestadien in einer Wurzelspitze

Interphase. Den Abschnitt zwischen zwei Mitosen nennt man Interphase. In Zellkernen, die sich in der Interphase befinden, liegt die Erbsubstanz in Form fädiger Strukturen, dem Chromatin, vor. Bei dem Interphasekern unterscheidet man drei Stadien: Das G_1-*Stadium* (engl. *gap*, Lücke) ist das Wachstumsstadium der Zelle, bei dem Tochterzellen zur Größe der Mutterzelle heranwachsen. Im *S-Stadium* (Synthesestadium) erfolgt die Verdoppelung der Erbsubstanz. Das G_2-*Stadium* ist der Abschnitt, der nach der Verdoppelung der Erbsubstanz beginnt und bis zum Beginn der Prophase reicht.

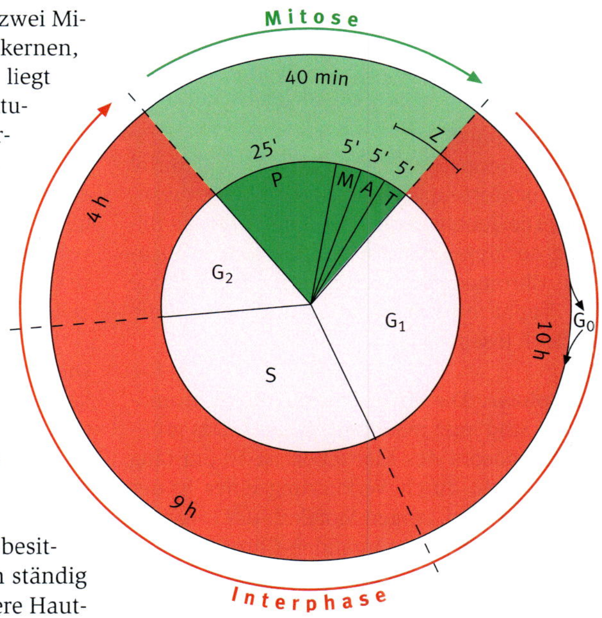

9.2 Zellzyklus
P Prophase
M Metaphase
A Anaphase
T Telophase
G_0, G_1 und G_2 gap-Stadien
S Synthesestadium
Z Zellteilung

Die meisten Zellen eines Organismus besitzen ein Leben lang die Fähigkeit, sich ständig zu teilen. Ein gutes Beispiel sind unsere Hautzellen. Pro Jahr schuppt sich beim Mensch etwa ein Kilogramm Hautzellen ab bzw. wird diese Menge an Hautzellen wieder neu gebildet. Einige wenige Zelltypen verfügen nicht mehr über die Fähigkeit, sich permanent zu teilen. Dazu zählen beispielsweise ausdifferenzierte Nervenzellen, Muskelzellen oder Samenzellen; sie sind teilungsinaktiv. Sie befinden sich ständig im Ruhestadium, das G_0-*Stadium* genannt wird. Krebszellen teilen sich unkontrolliert, was zu krankhaften Zellwucherungen führt.

1 Der durchschnittliche Kerndurchmesser einer menschlichen Zelle beträgt 7,5 µm. Berechnen Sie das Kernvolumen mit der Formel $V = {}^4/_3\,\pi\,r^3$. Nehmen Sie an, dass die genetische Information den gesamten Zellkern einnimmt. Welches Volumen erhält man, wenn man die genetische Information jeweils einer Zelle von sechs Milliarden Menschen addiert?

2 Eine menschliche Zelle teilt sich alle 24 Stunden. Wie lange würde es etwa dauern, durch fortwährende Teilungen aus einer befruchteten Eizelle einen Menschen von 80 Kilogramm zu erhalten? 10^9 Zellen wiegen etwa ein Gramm.

Die Mitose gliedert sich in Prophase, Metaphase, Anaphase und Telophase.

Prophase. Zu Beginn der Prophase liegt die Erbsubstanz als fädiges Knäuel vor. Durch Aufschraubung und Faltung erfolgt eine Verdichtung und Verkürzung der Fäden. Dieser Vorgang ist erst in der Metaphase beendet und führt dazu, dass die Fäden als **Chromosomen** lichtmikroskopisch sichtbar werden. Sie bestehen aus zwei miteinander verbundenen identischen Teilen, den **Chromatiden.** Diesen Chromosomenzustand nennt man **Zwei-Chromatiden-Chromosom.** Die in der Interphase abgelaufene Verdopplung der genetischen Information wird damit sichtbar. Chromosomen bestehen aus Proteinen und Nukleinsäuren.

Bei Tier- und Pflanzenzellen laufen im Spätstadium der Prophase unterschiedliche Vorgänge ab.
In einer Pflanzenzelle werden ausgehend von den beiden Zellpolen mehrere Proteinfasern, die Spindelfasern genannt werden, ausgebildet. Sie laufen von einem Pol zum anderen. Die Gesamtheit der *Spindelfasern* bildet den Spindelapparat.
In einer Tierzelle entstehen aus einem Centriol zwei Tochtercentriolen, die zu den Polen wandern. Die Tochtercentriolen leiten dort die Bildung der Spindelfasern ein, die sich in Richtung Chromosomen verlängern. Gegen Ende der Prophase zerfällt die Kernhülle. Auch die Nucleoli lösen sich auf.

Metaphase. Die Zwei-Chromatiden-Chromosomen sind jetzt maximal verkürzt. Das größte Chromosom des Menschen ist 10 µm lang und entsteht durch Verkürzung eines in der Interphase 8 cm langen Moleküls der Erbsubstanz. Die Zwei-Chromatiden-Chromosomen ordnen sich in der Äquatorialebene an. Jede der beiden Chromatiden ist durch Spindelfasern mit einem der beiden Zellpole verbunden. Die Ansatzstelle der Spindelfasern am Zwei-Chromatiden-Chromosom wird Centromer genannt. Es hält die beiden Chromatiden zusammen.

Anaphase. Die beiden Chromatiden eines Zwei-Chromatiden-Chromosoms werden am Centromer getrennt. Dies erfolgt durch Verkürzung der Spindelfasern. Je eine Chromatide wird zu einem Zellpol gezogen. Dieser Chromosomenzustand wird Ein-Chromatid-Chromosom genannt. An jedem Zellpol befindet sich jetzt ein vollständiger Satz an Chromatiden.

Telophase. Die Spindelfasern lösen sich auf. Die Ein-Chromatid-Chromosomen werden wieder zu aufgelockerten Chromatinfäden entfaltet. Um das genetische Material herum wird unter Mitwirkung des Endoplasmatischen Retikulums die neue Kernhülle aufgebaut. Die Nucleoli bilden sich neu. Zwei Zellkerne sind entstanden.

Bereits in der späten Anaphase hat die Teilung des Cytoplasmas begonnen. In der Äquatorialebene wird eine neue Zellmembran ausgebildet, sodass am Ende der Telophase zwei vollständige Zellen vorliegen. Durch die Mitose wird sichergestellt, dass die beiden Tochterzellen die identische Erbinformation erhalten.

Die Dauer des Zellzyklus kann unterschiedlich lang sein und hängt von Faktoren wie Zelltyp, Organismus und Nährstoffangebot ab. Die Interphasestadien und die Mitose werden getrennt reguliert. So wird eine zufällige oder ungewollte Zellteilung verhindert. Der wichtigste regulatorische Zeitpunkt liegt gegen Ende der G_1-Phase. Bestimmende Faktoren für den Übertritt in die S-Phase sind Zellgröße, verfügbarer Energievorrat und Teilungssignale der Umgebung wie zum Beispiel bei der Wundheilung.

10.1 Beispiele für die Dauer von Zellzyklen

Dauer des Zellzyklus:	
bei Drosophila während der Befruchtung:	30 Minuten
bei vielen Säugern:	24 Stunden
in Wurzelspitzen	
bei 10 °C etwa	50 Stunden
bei 30 °C etwa	10 Stunden
im ruhenden Zentrum von Pflanzenwurzeln:	370 Stunden

1 Benennen Sie mithilfe der Abbildung 11.1 die Mitosestadien in den Feldern B2 und D4 der Abbildung 9.1.

2 Mit Colchicin, einer Substanz aus der Herbstzeitlosen, kann man die Bildung der Spindelfasern gezielt hemmen. Erläutern Sie die Konsequenzen für die Mitose.

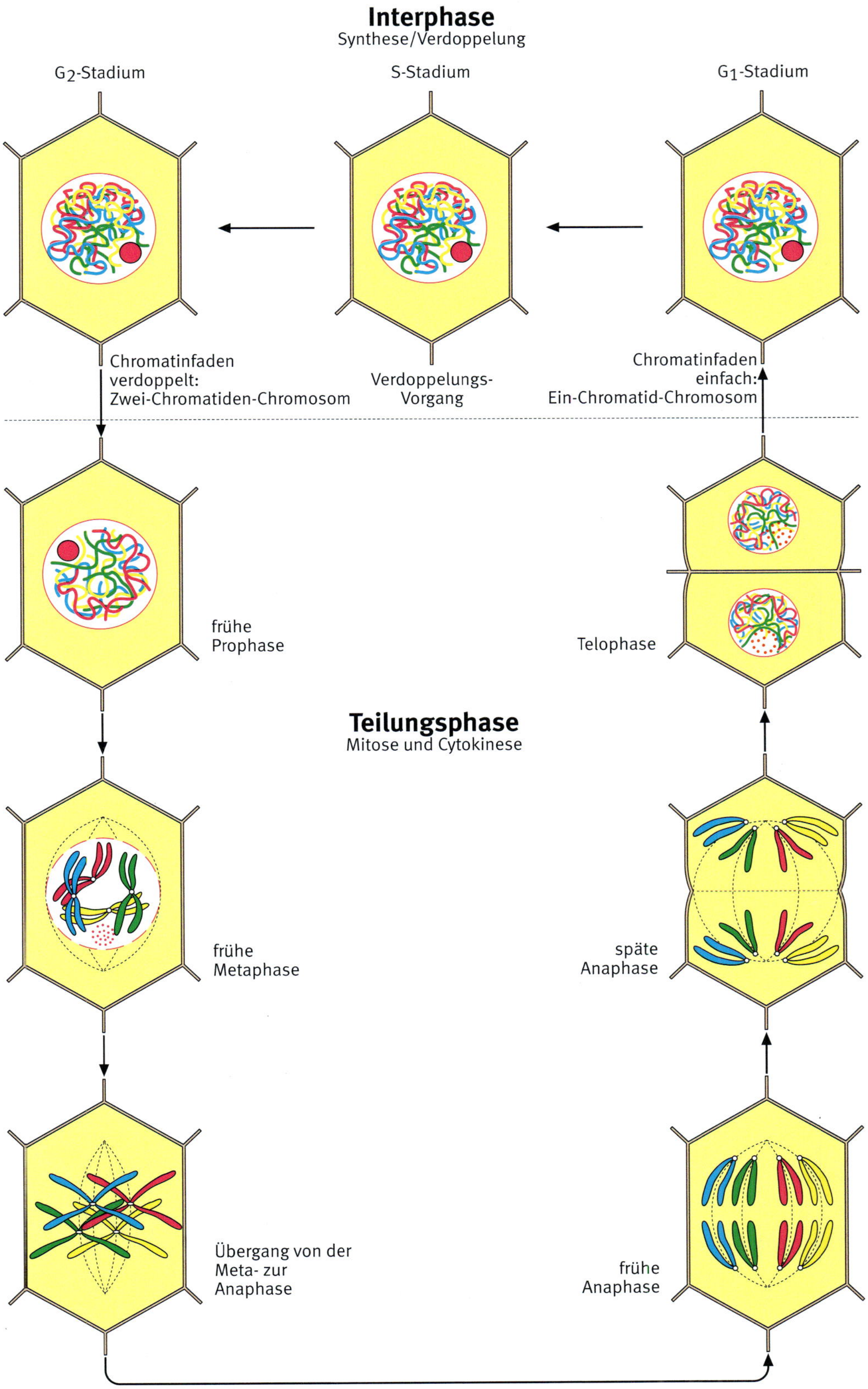

11.1 Schema des Zellzyklus

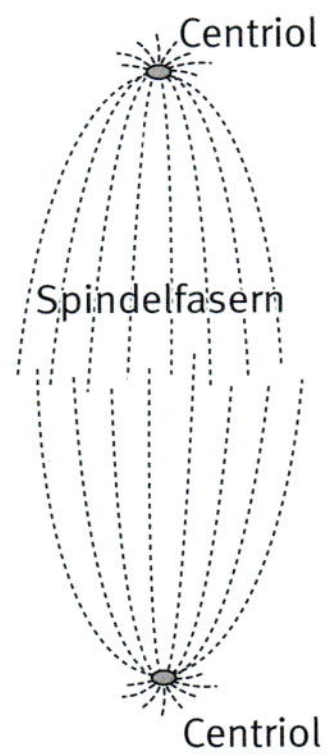

11.2 Spindelapparat

3 Zahl und Bau der Chromosomen

Die Chromosomen wurden 1842 von dem Botaniker NAEGELI entdeckt. Bei der Untersuchung von Zellteilungen sah er im Lichtmikroskop Strukturen, die der Biologe HERTWIG 1875 erstmals anfärben konnte. Die färbbare Substanz wurde Chromatin genannt, die Strukturen erhielten später den Namen **Chromosomen** (gr. *chroma,* Farbe). Die Zahl der Chromosomen ist für eine Art charakteristisch, der Mensch hat beispielsweise 46 Chromosomen. Abbildung 13.3 zeigt einige Beispiele für die Chromosomenzahl. Die Anzahl der Chromosomen hängt weder mit der Größe und Entwicklungsstufe eines Organismus noch mit der Zugehörigkeit zum Tier- oder Pflanzenreich zusammen. So hat die entwicklungsgeschichtlich tiefer stehende Weinbergschnecke acht Chromosomen mehr als der Mensch und der Adlerfarn etwa 2,5-mal mehr Chromosomen als die Hausmaus.

Chromosomen können anhand eines Chromosomenpräparats im Lichtmikroskop dargestellt und auf dem Bildschirm eines Computers abgebildet werden. Für Chromosomenanalysen werden die Chromosomen nach Größe, Form und Lage des Centromers sortiert. So erhält man eine Chromosomenkarte, **Karyogramm** (gr. *Karyon,* Kern; *gramma,* Schriftstück) genannt. Die Chromosomen werden nach internationalen Regeln nummeriert und zu Gruppen zusammengefasst.

12.1 Erstellen eines Karyogramms

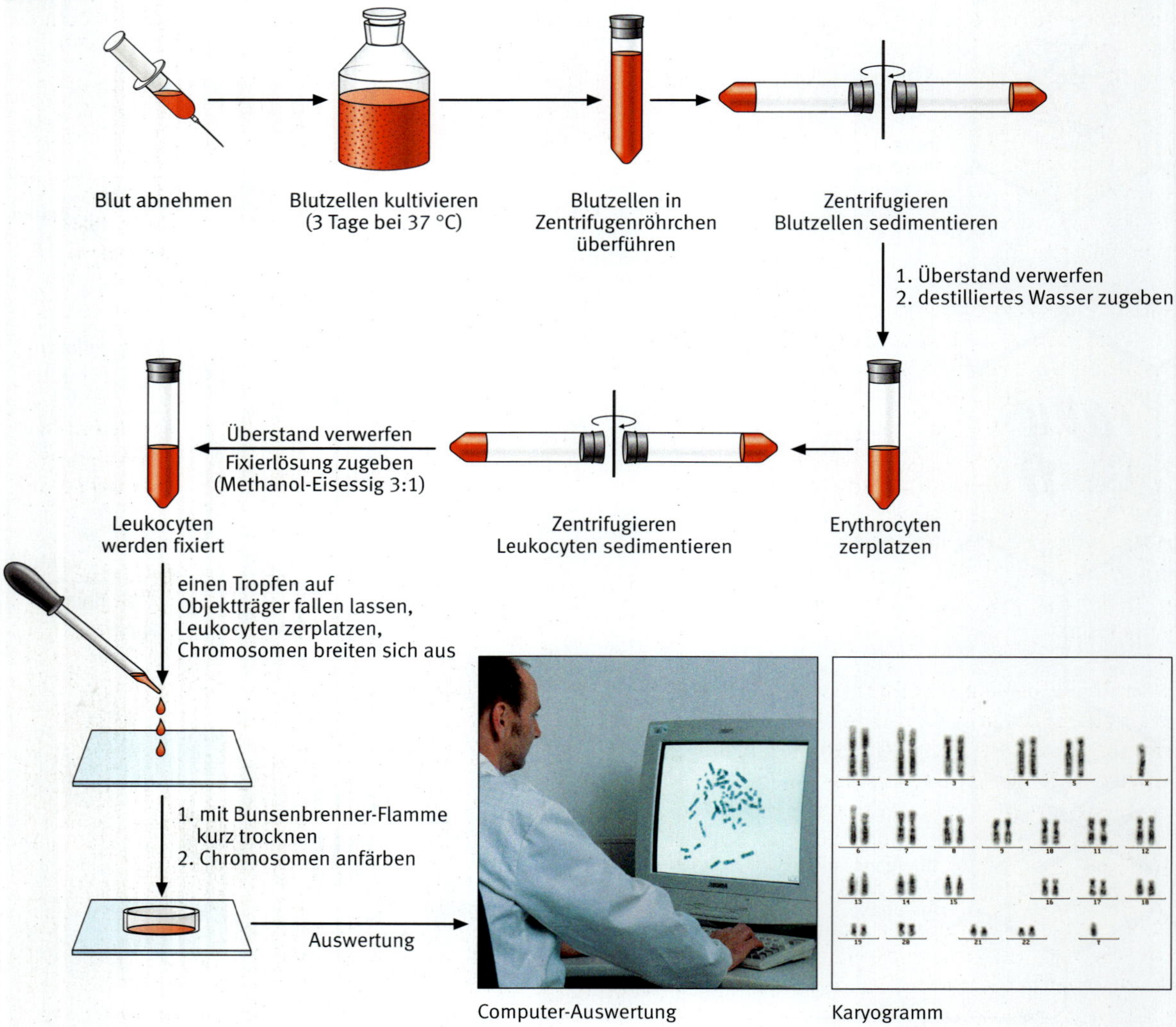

Das Karyogramm des Menschen zeigt, dass je zwei Chromosomen sehr ähnlich gestaltet sind, sie sind zueinander homolog. Die Frau hat 23 Chromosomenpaare, darunter zwei homologe X-Chromosomen, der Mann hat 22 Chromosomenpaare sowie zwei weitere, unterschiedlich gestaltete Chromosomen, das X- und Y-Chromosom. Die Kerne der Körperzellen haben einen zweifachen Chromosomensatz, sie sind **diploid.** Man sagt, die Anzahl der Chromosomen beträgt 2n. Die Geschlechtszellen tragen einen einfachen Chromosomensatz, sie sind **haploid.** Die Chromosomenanzahl beträgt n. X- und Y-Chromosomen bestimmen das Geschlecht und heißen Geschlechtschromosomen oder **Gonosomen.** Die Nicht-Geschlechtschromosomen heißen **Autosomen.**

Die im Karyogramm dargestellten Chromosomen repräsentieren ihre Transportform. Diese liegt während der Zellteilung vor. Für die Trennung der zwei Chromatiden in der Anaphase wird eine maximal verdichtete Chromosomenstruktur benötigt. In der Arbeitsform, die während der Interphase vorliegt, kann die Erbinformation abgelesen werden. Dies erfordert eine aufgelockerte und entspiralisierte Chromosomenstruktur.

Bei den Chromosomen der Metaphase erkennt man eine deutliche Längsteilung, die das Chromosom in zwei identische Chromatiden unterteilt. Diese Doppelstruktur entsteht durch die Verdopplung der Erbsubstanz in der vorangegangenen Interphase. Die beiden Chromatiden werden durch das **Centromer** zusammengehalten, das als Einschnürung im Lichtmikroskop deutlich sichtbar ist. Diese Verbindung wird in der Anaphase getrennt. Das Centromer ist die Ansatzstelle für die Spindelfasern.

Die Chromosomen eines Zellkerns unterscheiden sich in Form, Größe und Lage des Centromers. Liegt es in der Mitte des Chromosoms, erscheint es X-förmig. Liegt es am Ende, erscheint es V-förmig. Ähnliche Unterschiede im Chromosomenaufbau sind auch von Art zu Art zu beobachten.

Es gibt mehrere Methoden zum Anfärben von Chromosomen. Mit aktuellen Verfahren lassen sich die 24 menschlichen Chromosomen, X- und Y-Chromosomen mit einbezogen, im Fluoreszenzmikroskop jeweils in einer anderen Farbe darstellen. Durch die Kombination von fünf verschiedenen Fluorenszenzfarbstoffen können 24 unterschiedliche Farbtöne erzeugt werden. Dies erlaubt nicht nur eine schnellere Identifizierung von Chromosomen, auch fehlerhafte Chromosomenveränderungen, wie sie beispielsweise bei Krebs auftreten, können eindeutig erkannt werden.

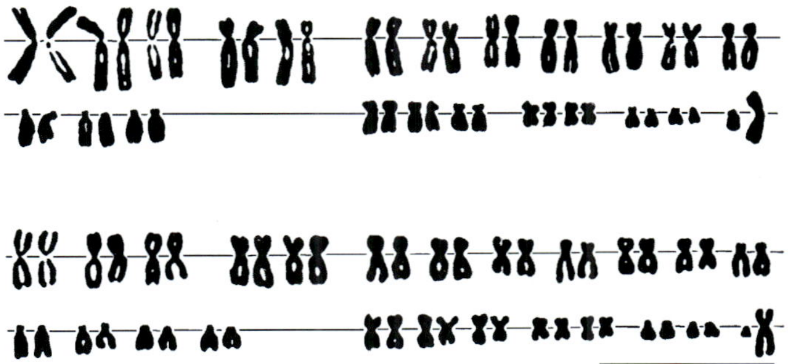

13.1 Karyogramm von Mensch (oben) und Schimpanse (unten)

1 Vergleichen Sie das Karyogramm von Mensch und Schimpanse. Welche Unterschiede sind zu erkennen?

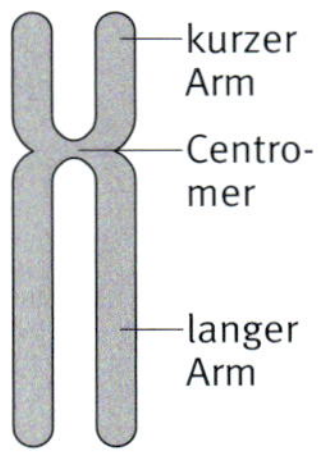

13.2 Zwei-Chromatiden-Chromosom

Drosophila	8
Gerste	14
Regenwurm	32
Hausmaus	40
Saatweizen	42
Mensch	46
Weinbergschnecke	54
Rind	60
Haushuhn	78
Adlerfarn	104

13.3 Beispiele für die Chromosomenzahl

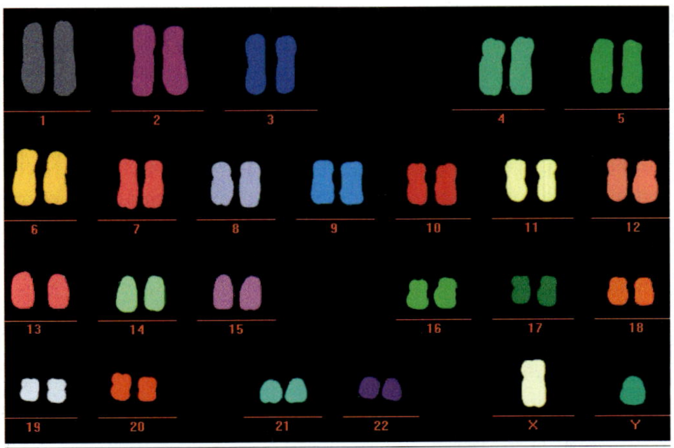

13.4 Menschliche Chromosomen, mit Fluoreszenzfarbstoffen behandelt

Chromosomen

1 Bau von Chromosomenmodellen

Material: Klingeldraht (oder Pfeifenputzer), z. B. fünf 20 cm lange weiße und fünf 20 cm lange rote Drahtstücke, fünf Druckknöpfe, Kugelschreibermine, weißes DIN-A4-Papier

Durchführung: Es soll das Modell eines Zwei-Chromatiden-Chromosoms der späten Prophase gebaut werden. Jedes Drahtstück wird so durch benachbarte Löcher einer Druckknopfhälfte gezogen, dass zwei ungleich lange Abschnitte entstehen. Die Drahtstücke werden über den Druckknopf verbunden. Dieser Vorgang wird mit den anderen drei Druckknöpfen wiederholt. Zur Verdichtung der Chromosomen werden die Drahtstücke mit einer Kugelschreibermine aufspiralisiert. Die vier Drahtmodelle werden auf das Blatt Papier gelegt.

Aufgaben:

a) Welche Teile des Drahtmodells entsprechen welchen Teilen eines Chromosoms?

b) Legen Sie vier Chromosomenmodelle auf ein Blatt Papier und führen Sie die Mitose durch. Formulieren Sie die Einzelschritte. Zeichnen Sie dabei fehlende Strukturen auf das Papier.

c) Nach der Bildung der Tochterzellen soll sich eine von ihnen in einem Modellversuch nochmals teilen. Führen Sie diese Teilung am Modell durch. Erläutern Sie Ihr Vorgehen.

2 Präparation von Riesenchromosomen

Sachinformation: In Speicheldrüsenzellen von Fliegen und Mücken gibt es Riesenchromosomen, die bis zu 300 µm lang und 25 µm dick sind. Sie entstehen durch vielfache Verdoppelung der Chromatiden ohne anschließende Trennung und bestehen aus Hunderten bis Tausenden von Chromatiden. Sie tragen in unregelmäßigen Abständen Verdickungen aus stärker geschraubten Abschnitten, was zu typischen Querbändern führt. An manchen Stellen erscheinen sie aufgebläht. Diese Stellen nennt man **Puffs.** Hier wird genetische Information abgelesen.

Material: *Chironomus*-Larven (Zuckmückenlarven) oder *Tenebrio*-Larven („Mehlwürmer") aus der Zoohandlung, Präpariernadeln, Objektträger, Deckgläser, Karminessigsäure (C), Bunsenbrenner, Filterpapierstreifen, Mikroskop, Pipette, Reagenzglashalter, Diethylether (F+, Xn, Raum gut belüften, wirkt auch auf Menschen betäubend), Betäubungsglas, bestehend aus einem Becherglas mit Wattebausch

Durchführung: Im Betäubungsglas werden einige Tropfen Diethylether auf den Wattebausch gegeben und die Larven betäubt. Anschließend werden die Larven mit einem Tropfen Wasser auf einen Objektträger gegeben. Mit einer Präpariernadel wird die Larve fixiert und mit einer anderen der Kopf abgetrennt. Die als Bläschen sichtbaren Speicheldrüsen werden, sofern sie nicht schon ausgeschwemmt wurden, aus den Brustsegmenten herausgestrichen. Man lässt einen Tropfen Karminessigsäure einige Minuten einwirken. Dazu bewegt man den Objektträger mit dem Reagenzglashalter so lange in der nicht leuchtenden Flamme des Bunsenbrenners hin und her, bis das Präparat angetrocknet ist. Man legt erst ein Deckglas und dann einen Filterpapierstreifen auf. Durch mäßigen Daumendruck bringt man die Zellen zum Platzen, man erhält ein Quetschpräparat.

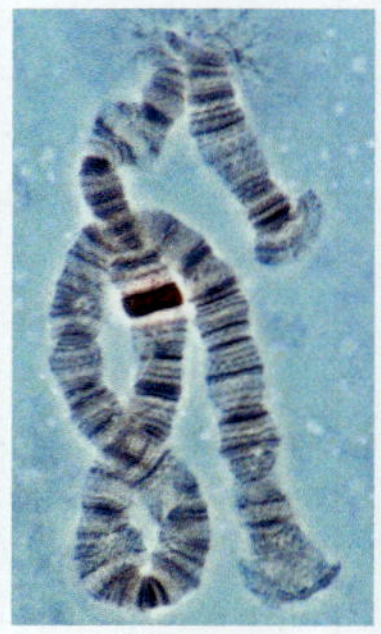

Aufgabe:

Zeichnen Sie ein Riesenchromosom bei schwacher und das Bandenmuster bei starker Vergrößerung.

3 Untersuchung von Mitosestadien

Material: Küchenzwiebeln, Fixiergemisch (C, Ethanol : Eisessig 6 : 1), Karminessigsäure (C), Erlenmeyerkolben, Rasierklingen (zum Schutz einseitig mit Leukoplast abkleben), Objektträger, Deckgläser, Mikroskop, Bunsenbrenner

Durchführung: Die Küchenzwiebel wird zum Wurzeltreiben so auf einen wassergefüllten Erlenmeyerkolben gesetzt, dass die Wurzelscheibe das Wasser gerade nicht berührt. Nach zwei bis drei Tagen erscheinen erste Wurzeln. Es werden etwa 3 mm lange Wurzelspitzen abgeschnitten und für zwei Stunden in das Fixiergemisch eingelegt. Mit der Rasierklinge werden dünne Längs- und Querschnitte angefertigt. Dann wird ein Quetschpräparat nach der in Versuch 2 beschriebenen Methode hergestellt.

Aufgaben:

a) Betrachten Sie die Mitosestadien im Mikroskop und fertigen Sie eine beschriftete Skizze an.

b) Vergleichen Sie Ihr Bild mit verfügbaren Dauerpräparaten.

4 Bedeutung und Ablauf der Meiose

Bei der sexuellen Fortpflanzung von Pflanzen und Tieren verschmelzen eine Eizelle und eine Spermienzelle. Der entscheidende Vorgang ist dabei die Kombination von väterlichem und mütterlichem Erbgut. Beim Menschen entsteht bei der Verschmelzung von einem Eizell- und Spermienzellkern mit je 23 Chromosomen ein Kern mit 46 Chromosomen. Der neue Organismus ist diploid, wie die Eltern. Bei der Bildung der Geschlechtszellen, die auch **Keimzellen** genannt werden, muss der diploide Chromosomensatz auf den haploiden halbiert werden. Sonst würde sich die Chromosomenzahl von Generation zu Generation verdoppeln. Diese Halbierung erfolgt durch zwei aufeinanderfolgende Kernteilungen, die **Reifeteilung I** und **Reifeteilung II.** Zusammen ergeben sie die **Meiose,** durch die haploide Ei- bzw. Spermienzellen gebildet werden. Schon sehr früh in der Embryonalentwicklung eines neuen Organismus entsteht die **Urkeimzelle,** die die Vorläuferzelle aller Ei- bzw. Spermienzellen des erwachsenen Organismus ist. Die Zellenfolge, die von der befruchteten Eizelle über die Urkeimzelle zu neuen Keimzellen führt, nennt man **Keimbahn.** Den Zellen der Keimbahn stellt man die somatischen Zellen (gr. *soma,* Körper) gegenüber. Körperzellen sterben beim Tod ab, während die Zellen der Keimbahn potenziell unsterblich sind. Die Keimbahn stellt die Grundlage von Vererbung und Verwandtschaft dar.

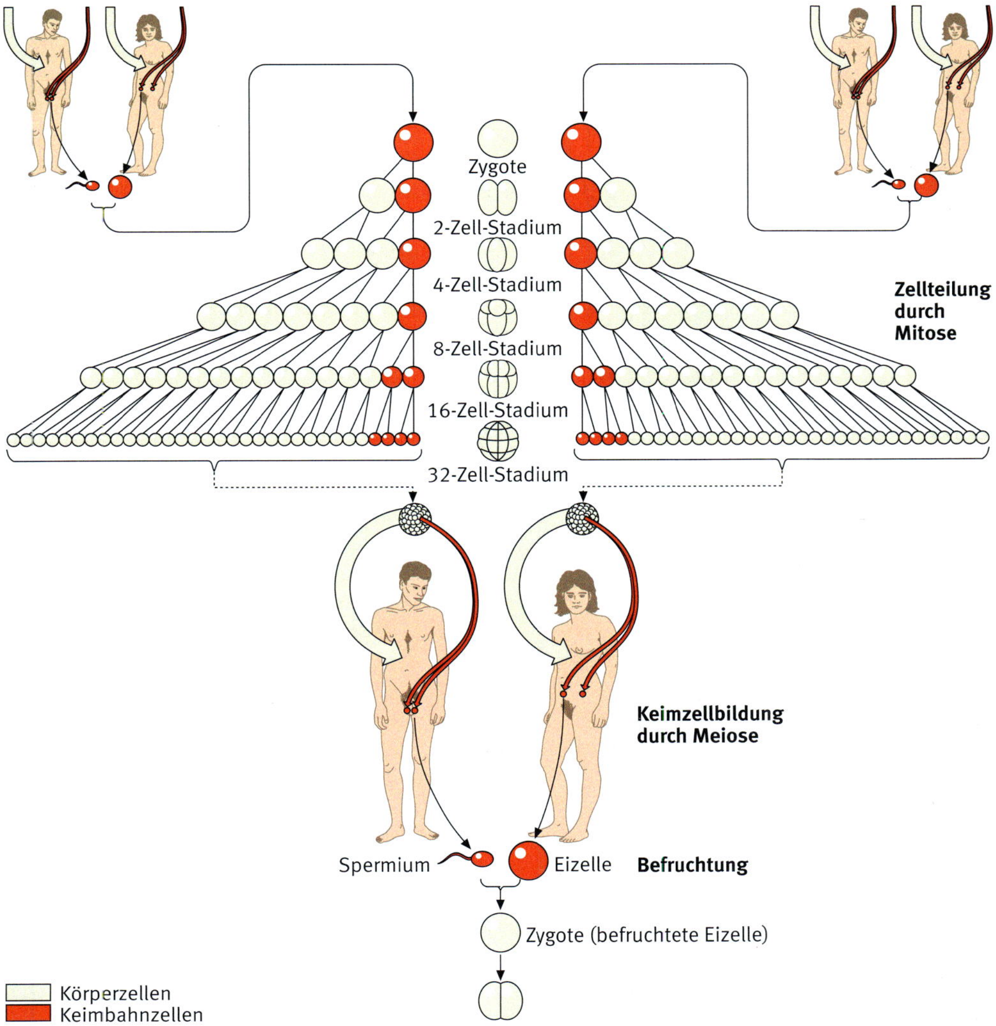

15.1 Das Prinzip der Keimbahn

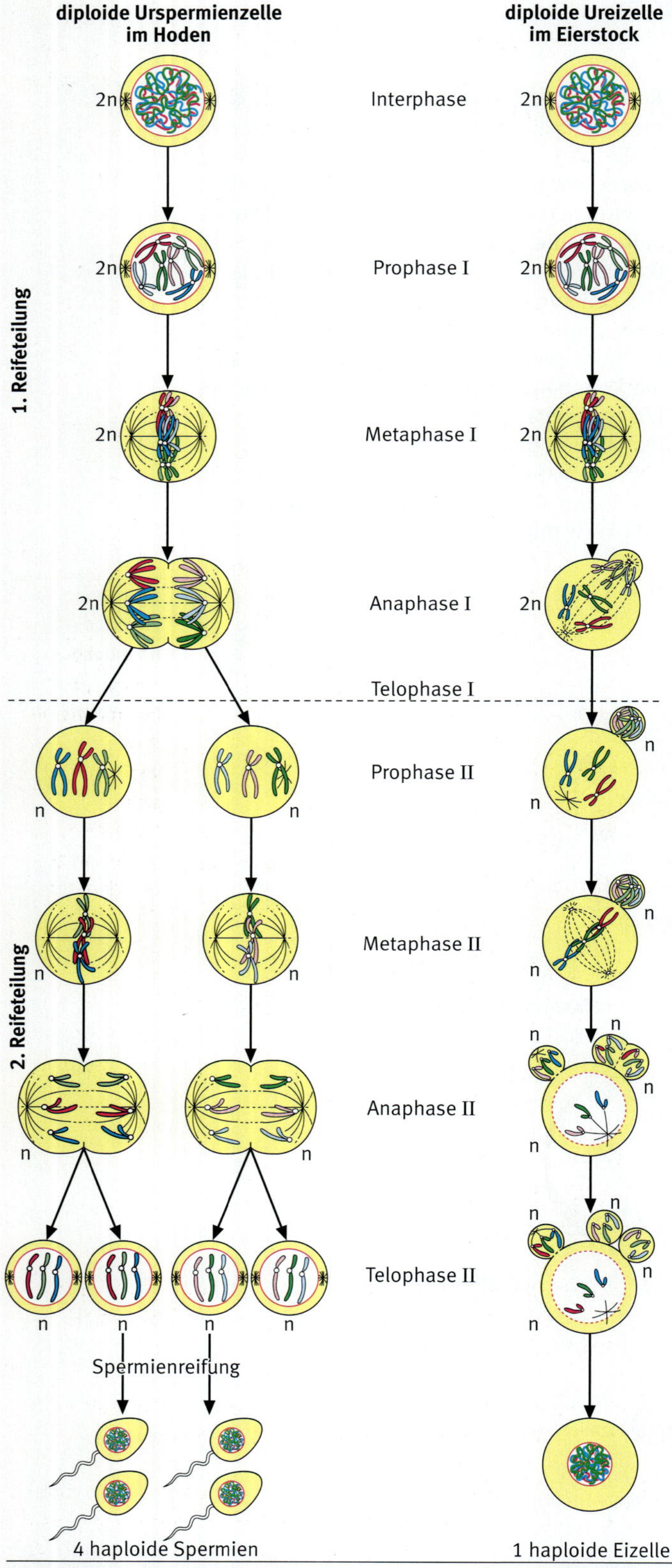

16.1 Meiose bei Tierzellen am Beispiel von drei homologen Zwei-Chromatiden-Chromosomen

1. Reifeteilung:

Prophase I: Im Lichtmikroskop erkennt man lange Chromosomenfäden. Am Ende der Prophase I ist eine Längsspaltung in Zwei-Chromatiden-Chromosomen zu erkennen, sodass jetzt vier parallele Stränge vorliegen, die sich paarweise umeinanderwinden. Die Zwei-Chromatiden-Chromosomen werden spiralisiert und dadurch verkürzt.

Metaphase I: Die Kernhülle ist zerfallen. Homologe Zwei-Chromatiden-Chromosomen, die in ihrer Länge und dem Ort der Centromere übereinstimmen, ordnen sich in der Äquatorialebene parallel zueinander an. Die beiden Chromatiden jedes Zwei-Chromatiden-Chromosoms werden noch am Centromer zusammengehalten. Die vier Chromatiden von zwei gepaarten Chromosomen heißen *Tetrade* (gr. *tetra,* vier). Bisweilen sieht man Überkreuzungen zwischen Chromatiden von unterschiedlichen, gepaarten Zwei-Chromatiden-Chromosomen. Diese Überkreuzung wird *Chiasma* (gr. *chiasma,* Kreuz) genannt. Von den Zellpolen ausgehende Spindelfasern binden an die Centromeren.

Anaphase I: Die gepaarten Zwei-Chromatiden-Chromosomen werden durch Verkürzung der Spindelfasern aufgeteilt und zu je einem Zellpol hingezogen.

Telophase I: Die Zellen teilen sich. Beim Mann entstehen dabei zwei gleich große, haploide Zellen, bei der Frau eine große und eine kleine Zelle, die *Polkörperchen* heißt. Beide Zellen sind ebenfalls haploid.

2. Reifeteilung:

Sie folgt unmittelbar auf die 1. Reifeteilung und entspricht einer Mitose. Die Zwei-Chromatiden-Chromosomen ordnen sich erneut in der Äquatorialebene an. Jetzt werden die Zwei-Chromatiden-Chromosomen durch die Verkürzung der Spindelfasern in zwei Chromatiden aufgetrennt. Neue Kernhüllen und Zellmembranen werden gebildet. Das Ergebnis der Meiose sind vier haploide Spermienzellen bzw. eine haploide Eizelle und drei haploide Polkörperchen, die absterben.
Daneben gibt es noch die Möglichkeit, dass am Ende der 2. Reifeteilung nur eine Eizelle und ein Polkörperchen vorliegen.

Der diploide Chromosomensatz eines Menschen besteht aus 23 mütterlichen und 23 väterlichen Chromosomen, die homolog sind, mit Ausnahme des männlichen Y-Chromosoms. Während der Metaphase I erfolgt eine zufällige Anordnung der homologen Chromosomen: Mal liegt ein Chromosom mütterlicher Herkunft oberhalb der Äquatorialebene, mal eines väterlicher Herkunft. Bei der Anaphase I und Telophase I ergeben sich dementsprechend mehrere Möglichkeiten der Chromosomenaufteilung auf die beiden Tochterzellen. So kommt es zur zufälligen Durchmischung von väterlichen und mütterlichen Chromosomen. Daraus ergeben sich sehr viele Möglichkeiten der Neukombination von Chromosomen.
Dieser Vorgang der Neukombination von Erbfaktoren wird **Rekombination** genannt. Da hier komplette Chromosomen umverteilt werden, nennt man diesen Prozess **interchromosomale Rekombination** (lat. *inter,* zwischen; lat. *recombinare,* wieder verknüpfen).

Während der Prophase I können bei einer Tetrade Chromatidenstücke zwischen homologen Zwei-Chromatiden-Chromosomen ausgetauscht werden, also zwischen Chromatiden väterlicher und mütterlicher Herkunft. Dieser Vorgang wird **Crossing-over** (engl. Überkreuzung) genannt. Er führt zur Neukombination von Chromatidenstücken zwischen homologen Chromosomen. Diese Umverteilung von Chromatidenstücken heißt **intrachromosomale Rekombination.**

Bei der intrachromosomalen Rekombination werden Chromatiden durchtrennt und „über Kreuz" wieder verbunden. Im Laufe der weiteren Verdichtung der Chromosomen während der späten Prophase I und Metaphase I der Meiose können solche Überkreuzungen, Chiasmata, im Lichtmikroskop beobachtet werden. Chiasmata sind die sichtbaren Folgen eines molekularen Crossing-over-Prozesses.

Die Folge der Meiose ist also nicht nur die Halbierung des Chromosomensatzes, sondern auch eine Neuverteilung von mütterlichen und väterlichen Chromosomen- und Chromatidenstücken durch die inter- und intrachromosomale Rekombination. Dies ist ein entscheidender Vorgang für die Evolution und die Entstehung von Individuen mit neuen Merkmalskombinationen.

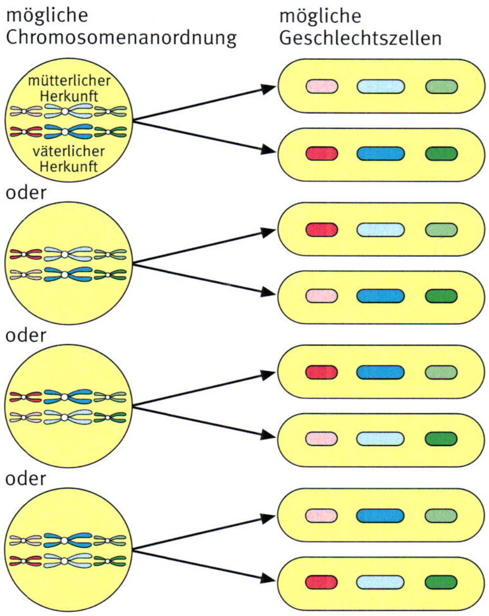

17.1 Interchromosomale Rekombination

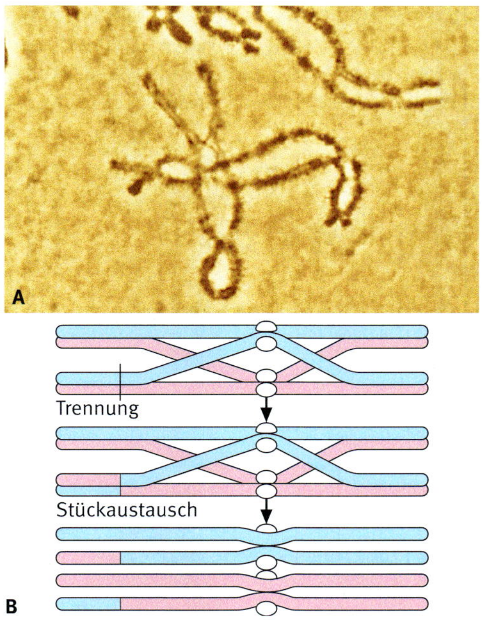

17.2 Intrachromosomale Rekombination. **A** Mikroskopisch sichtbare Chiasmata; **B** Stückaustausch durch Crossing-over

1 Den Wechsel vom diploiden zum haploiden Zustand des Zellkerns und umgekehrt nennt man Kernphasenwechsel. Beschreiben Sie den Kernphasenwechsel bei Tierzellen.

2 Berechnen Sie die Kombinationsmöglichkeiten homologer Chromosomen bei der menschlichen Keimzellbildung.

3 Stellen Sie Gemeinsamkeiten und Unterschiede von Mitose und Meiose in einer Tabelle gegenüber. Berücksichtigen Sie folgende Punkte: Chromatidentrennung, Zahl der Zellteilungen, Phasen der Zellteilungen, Chromosomenzahl, Bedeutung für das Lebewesen.

5 Bestimmung des Geschlechts

Ob aus einer befruchteten Eizelle ein Mädchen oder ein Junge entsteht, wird durch die Geschlechtschromosomen, die *Gonosomen*, gesteuert. An der Bestimmung des Geschlechts sind eine Reihe von Genen beteiligt, deren genaue Anzahl noch nicht bekannt ist.

Die Geschlechtschromosomen bestimmen, ob sich während der Embryonalentwicklung aus den *primären Keimdrüsenanlagen* entweder Eierstöcke oder Hoden entwickeln. Wenn die Keimdrüsen ein bestimmtes Entwicklungsstadium erreicht haben, beginnen sie mit der Produktion von Hormonen. Diese Geschlechtshormone steuern die weitere Reifung der Keimdrüsen. An der Ausbildung der primären und sekundären Geschlechtsmerkmale wirken außerdem noch autosomale Gene mit. Primäre Geschlechtsmerkmale sind die Geschlechtsorgane. Sekundäre Geschlechtsmerkmale sind unter anderem Bartwuchs und tiefe Stimme beim Mann beziehungsweise Brüste und rundlichere Körperformen bei der Frau.

18.1 Geschlechtsbestimmung bei Mensch und Tier

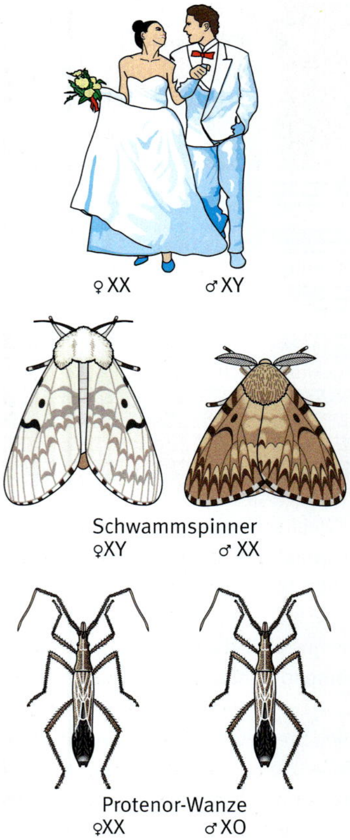

Die in den Keimdrüsen entstehenden Geschlechtszellen sind haploid. Eine Eizelle enthält beim Menschen 22 Autosomen und als Gonosom ein X-Chromosom. Spermienzellen haben ebenfalls 22 Autosomen und entweder ein X- oder ein Y-Gonosom. Wird eine Eizelle durch eine Spermienzelle mit einem X-Chromosom befruchtet, ergibt das eine XX-Zygote, aus der ein Mädchen entsteht. Bei der Befruchtung durch eine Y-Spermienzelle entsteht aus der XY-Zygote ein Junge. Das Geschlecht wird also bereits bei der Befruchtung festgelegt. Auch bei anderen Lebewesen wie zum Beispiel der Taufliege wird durch XX ein weibliches und durch XY ein männliches Individuum bestimmt.
Bei manchen Arten, wie zum Beispiel vielen Schmetterlingen, besitzen Männchen zwei X-Chromosomen und Weibchen die X- und Y-Chromosomen. Beim X0-Typ von Wanzen fehlt das Y-Chromosom. Die Männchen haben also ein Chromosom weniger als die Weibchen. In diesem Fall bedeutet XX weiblich und X0 männlich.

Grundsätzlich kann jeder Organismus aus den primären Keimdrüsenanlagen beide Geschlechter ausbilden. Ab einem bestimmten Zeitpunkt der Entwicklung wird diese Fähigkeit jedoch durch Geschlechtschromosomen, Geschlechtshormone und autosomale Gene eingeschränkt. Auf diese Weise wird nur eines der beiden Geschlechter verwirklicht.
Bei einigen Lebewesen wird das Geschlecht auch durch Umwelteinflüsse festgelegt. Bei Mississippi-Alligatoren entscheidet die Bruttemperatur über das Geschlecht. In Nestern im feuchten Morast schlüpfen bei einer Bruttemperatur von etwa 30 °C nur Weibchen aus den Eiern. In Hügelnestern mit etwa 34 °C schlüpfen vorwiegend Männchen. Ähnliches gilt auch für andere Krokodile und Seeschildkröten.

Da in diploiden Zellen von XY-Männchen das X- und Y-Chromosom nur einmal vorliegt, können fehlerhafte Gene auf diesen Chromosomen eine Krankheitsausprägung unmittelbar beeinflussen. Beispiele beim Menschen sind die Bluterkrankheit und Rotgrünsehschwäche. Die dazugehörigen Gene liegen auf dem X-Chromosom. Man spricht hierbei von einer *X-Chromosomen-gebundenen Vererbung*.

Zellteilung und Chromosomen

1

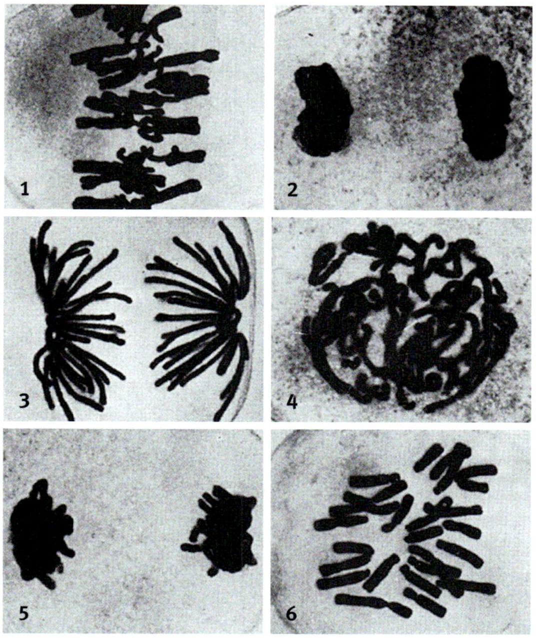

a) Welchen Vorgang zeigen diese sechs Fotos?
b) Wie heißt die auf jedem Foto dargestellte Phase?
c) Ordnen Sie die Fotos in der richtigen Reihenfolge an.

2

Jahr	Jungen	Mädchen	gesamt
1965	682 200	643 186	1 325 386
1980	444 148	421 641	865 789
1990	465 379	440 296	905 675
1995	392 729	372 492	765 221
1996	409 213	386 800	796 013
1997	417 006	395 167	812 173
1998	402 865	382 169	785 034
1999	396 296	374 448	770 744
2000	393 323	373 676	766 999

Zahl der lebend geborenen Mädchen und Jungen in Deutschland (bis 1980 alte, ab 1990 alte und neue Bundesländer – Statistisches Bundesamt, Wiesbaden 2004)

Sachinformation: Die Zahlen des Statistischen Bundesamtes zeigen, dass in jedem Jahr mehr Jungen als Mädchen geboren werden. Da 50 Prozent der Spermien ein X-Chromosom und 50 Prozent ein Y-Chromosom tragen, sollte man ein Geschlechterverhältnis von 1 : 1 erwarten. Dieses zum Zeitpunkt der Befruchtung vorliegende Verhältnis wird **primäres Geschlechterverhältnis** genannt. In Wirklichkeit kommen jedoch auf 105 bis 107 Jungengeburten 100 Mädchengeburten. Das gilt für verschiedene Länder wie für alle Menschen.

Das Verhältnis zum Zeitpunkt der Geburt wird **sekundäres Geschlechterverhältnis** genannt. Berücksichtigt man auch Früh- und Fehlgeburten, so verschiebt sich diese Relation noch weiter zur Seite der Jungen. Auf 135 Jungen kommen 100 Mädchen.

a) Berechnen Sie das Geschlechterverhältnis (männlich zu weiblich) für jedes in der Tabelle angegebene Jahr sowie für den zusammenhängenden Zeitraum von 1995 bis 2000.
b) Erklären Sie den Unterschied zwischen primärem und sekundärem Geschlechterverhältnis.
c) Versuchen Sie, mögliche Erklärungen für das Abweichen der Geschlechter vom erwarteten 1 : 1-Verhältnis bei der Geburt zu finden.

3 Menschliche Zellen teilen sich etwa alle 24 Stunden, Bakterienzellen teilen sich unter optimalen Bedingungen alle 20 Minuten.

a) Wie viele menschliche Zellen bzw. Bakterienzellen sind nach 48 Stunden fortwährender Zellteilung vorhanden, wenn zum Zeitpunkt null eine Zelle vorliegt (unbegrenzte Nährstoffversorgung vorausgesetzt)?
b) Drücken Sie das Ergebnis als Zellzahl und Zellmasse aus (10^9 menschliche Zellen bzw. 10^{12} Bakterienzellen wiegen ein Gramm. Das Gewicht der Erdkugel ist knapp 6×10^{27} g).

4

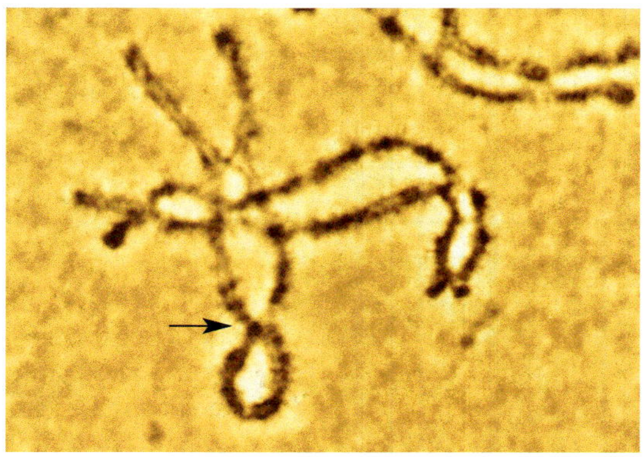

a) Wie heißt das auf diesem mikroskopischen Bild mit Pfeilen markierte, sichtbare Ereignis bei Chromosomen?
b) Tritt dieses Ereignis bei der Mitose oder Meiose auf?
c) Welche Chromosomenteile sind beteiligt?
d) Definieren Sie kurz die Begriffe Chiasma und Crossing-over.
e) Welche Bedeutung hat dieses Ereignis für die Entwicklung lebender Organismen?
f) Welche Nachteile kann dieses Ereignis haben?

Klassische Genetik

1 Die MENDELschen Regeln

Seitdem die Menschen sich mit der Züchtung von Tieren und Pflanzen beschäftigten, musste ihnen klar gewesen sein, dass bestimmte Merkmale von Generation zu Generation vererbt werden. Ab dem 18. Jahrhundert sind Experimente zum Beispiel von KÖLREUTER und GÄRTNER belegt, die das Wie und Warum der Vererbung aufhellen sollten. Trotz vieler tausend Versuche war den Forschern kein Erfolg vergönnt. Diesen sollte erst der Mönch Johann Gregor MENDEL haben.

Er vermied drei entscheidende Fehler seiner Vorgänger: Erstens kreuzte er nur verschiedene Rassen einer Art miteinander und überschritt bei seinen Experimenten die Artgrenze nicht, zweitens beschränkte er sich bei den Erbgängen auf wenige zu beobachtende Merkmale und drittens arbeitete er mit jeweils **reinerbigen** Elternpflanzen. Diese geben ein bestimmtes Merkmal, wie die Samenfarbe, immer nur in einer Ausprägung, zum Beispiel gelb, weiter. MENDEL überprüfte verschiedene Erbsenrassen über zwei Jahre auf die erforderliche Reinerbigkeit, indem er sie im Gewächshaus sechs Generationen lang züchtete.

In einem Experiment beschäftigte MENDEL sich mit der Farbe der Erbsensamen. Für die Erbanlage oder das Gen dieses Merkmals gibt es zwei verschiedene Zustandsformen, die heute **Allele** genannt werden und die gelbe oder grüne Samenfarbe festlegen.

MENDEL entfernte in einem Experiment zuerst die Staubgefäße der Blüten gelbsamiger Pflanzen. Dann bestäubte er mit einem Pinsel die Narben dieser Blüten mit Pollen einer grünsamigen Erbse. Anschließend schützte er die Blüten durch kleine Stoffsäckchen vor Fremdbestäubung.

Die Ausgangspflanzen einer solchen Kreuzung nennt man **Eltern**- oder **Parentalgeneration,** abgekürzt „P“. Aus diesem Ansatz erhielt MENDEL nur gelbsamige Pflanzen, die **1. Tochter**- oder **Filialgeneration,** abgekürzt „F_1“. MENDEL wollte nun wissen, ob die Erbinformation für die grüne Samenschale ganz verschwunden war und überließ deshalb die F_1 sich selbst. Erbsen sind Selbstbestäuber. In der sich nun entwickelnden **2. Filialgeneration** (F_2) erhielt MENDEL wieder gelbe und grüne Erbsensamen. Er schloss daraus, dass das Allel für die grüne Samenfarbe in der F_1 auch noch vorhanden war, aber von dem Allel für gelbe Erbsen in der Ausprägung überlagert wurde. Er nannte das Allel für gelbe Erbsen deshalb **dominant** (lat. *dominare,* beherrschen) über das für grüne und kürzte es mit einem großen „G“ ab. Das Allel für grüne Erbsen nannte er entsprechend **rezessiv** (lat. *recedere,* sich zurückziehen) gegenüber dem Allel für gelbe und kürzte es mit einem kleinen „g“ ab. In den Zygoten, aus denen die F_1 entstanden ist, mussten jeweils zwei verschiedene Allele zu dem Merkmal Samenfarbe vorliegen. Dieser Zustand wird **heterozygot** (gr. *heteros,* verschieden) genannt. Analog benutzt man für reinerbige Lebewesen den Begriff **homozygot** (gr. *homos,* gleich).

Aus dem obigen Versuchsergebnis schloss MENDEL weiterhin, dass der Erscheinungstyp eines Lebewesens, der **Phänotyp,** nicht der Summe der enthaltenen Gene, dem Vererbungs- oder **Genotyp,** entsprechen muss. MENDELs Genialität lag nun darin, dass er die

PORTRÄT

Johann Gregor MENDEL
(1822–1884)

Johann MENDEL wurde im mährischen Heinzendorf (in Tschechien) geboren. Aus wirtschaftlicher Not trat er 1843 dem Augustinerstift in Brünn bei. Er erhielt den zusätzlichen Namen Gregor. Da er für die Seelsorge ungeeignet war, durfte er sich Lehre und Forschung widmen. Bei Kreuzungsexperimenten mit Saaterbsen entdeckte er Regelmäßigkeiten bei der Vererbung, die 1866 veröffentlicht wurden.

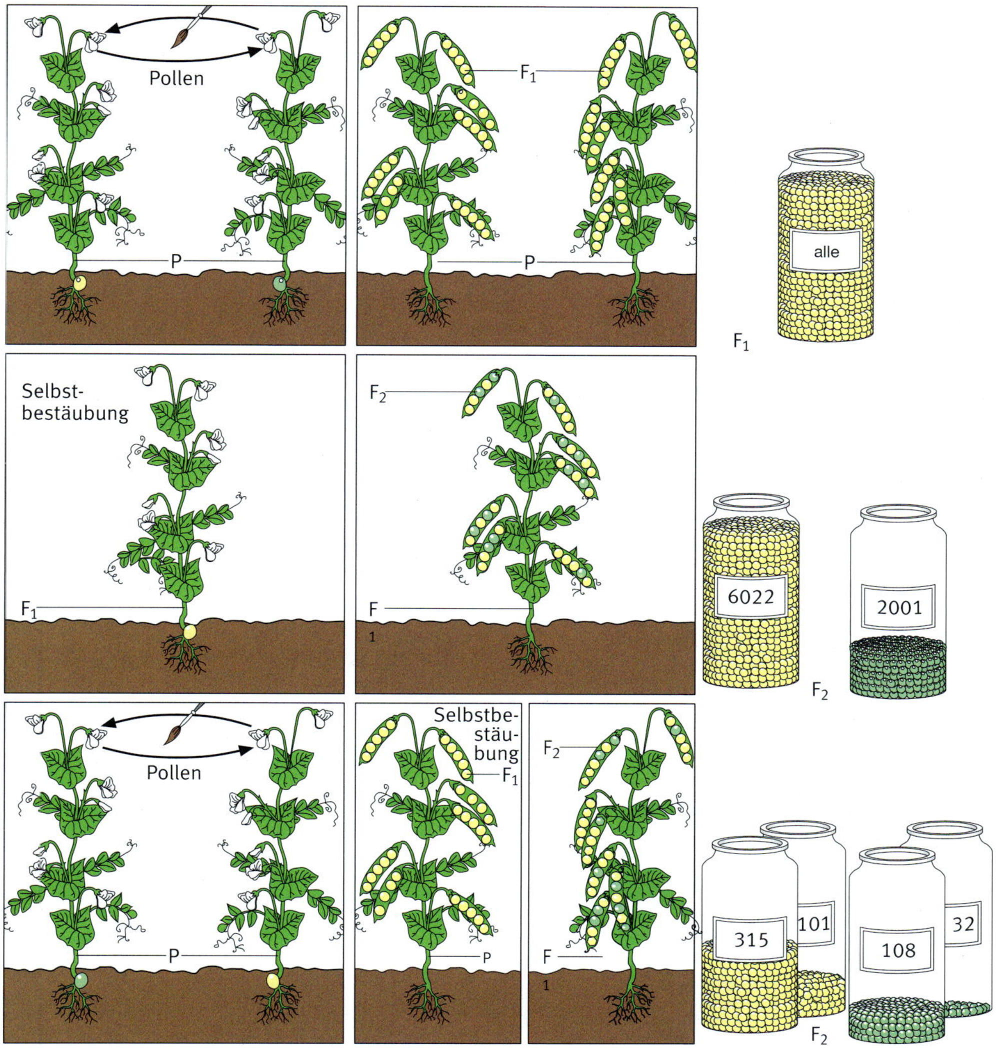

21.1 Die Ergebnisse der MENDELschen Experimente

erhaltenen Samen der F_2 zahlenmäßig auswertete: Es entstanden 6022 gelbe sowie 2001 grüne Erbsensamen, was etwa einem ganzzahligen Verhältnis von 3 : 1 entspricht. Erbgänge, bei denen man jeweils ein Merkmal betrachtet, werden **monohybrid** (gr. *monos*, einzig; *hybrida*, Mischling) genannt. MENDEL kreuzte in einem **dihybriden** (gr. *di-* = zwei) Erbgang auch Erbsenrassen, die sich in zwei Merkmalen unterschieden, zum Beispiel Pflanzen mit gelb-runden Samen mit Pflanzen mit grün-runzeligen Samen. In der 1. Filialgeneration beobachtete er nur gelbrunde Samen. In der 2. Filialgeneration gab es die neuen Merkmalskombinationen grün-runde sowie gelb-runzelige Samen. Wieder zählte MENDEL die Samen aus und kam auf 315 mit dem Phänotyp gelb-rund und 108 mit grün-rund. Außerdem erhielt er 101 Samen des Phänotyps gelb-runzelig und 32 grün-runzelige Erbsen.

MENDEL war von der Gültigkeit seiner Ergebnisse überzeugt und verschickte zusätzlich zu der Veröffentlichung Sonderdrucke seiner Arbeit. Zu seiner großen Enttäuschung blieben die Versuche unbeachtet. So wandte er sich nach seiner Wahl zum Abt des Klosters im Jahre 1868 anderen Aufgaben zu.

Erst um 1900 wurden MENDELs Versuche wieder aufgegriffen. TSCHERMAK, CORRENS und DE VRIES veröffentlichten Arbeiten mit eigenen Kreuzungsergebnissen und bezogen sich auf die Schlussfolgerungen des Mönchs aus Brünn. CORRENS war es auch, der die Ergebnisse des Mönchs in prägnante Sätze fasste und sie „MENDELsche Regeln“ nannte.

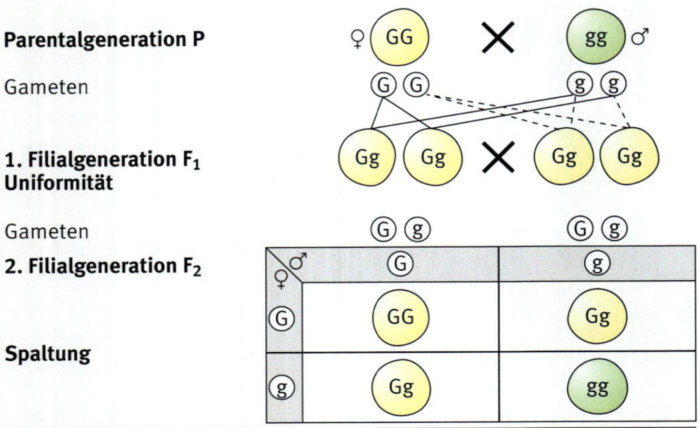

22.1 Kombinationsquadrat eines monohybriden Erbganges

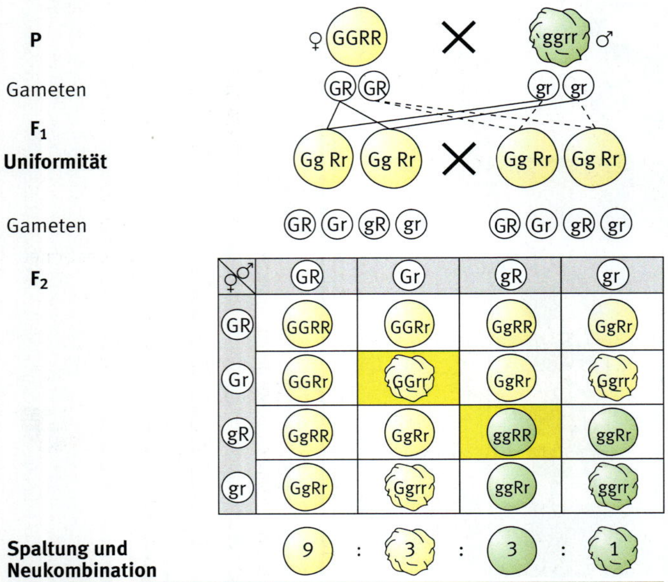

22.2 Kombinationsquadrat eines dihybriden Erbganges

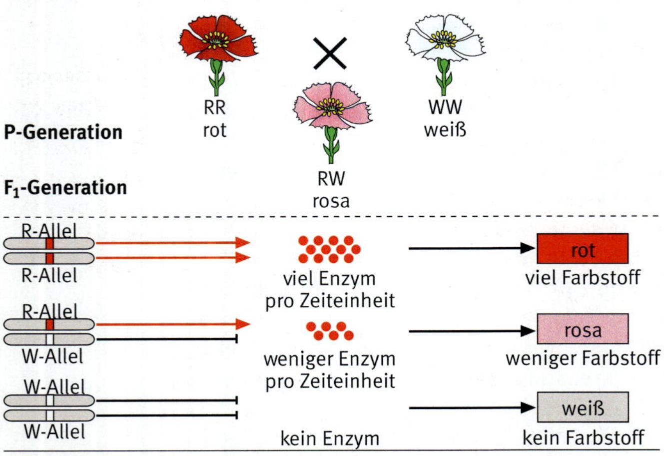

22.3 Erbgang mit unvollständiger Dominanz der Allele für rote und weiße Blütenfarbe

Die **1. MENDELsche Regel** wird auch **Uniformitäts-** (lat. *uniformis,* eine Gestalt) und **Reziprozitätsregel** (lat. *reciprocus,* auf derselben Bahn zurückkehrend) genannt. Sie lautet: Kreuzt man zwei Individuen einer Art, die sich in einem Merkmal unterscheiden, für das sie reinerbig sind, so sind ihre Nachkommen in der F_1 in Bezug auf dieses Merkmal untereinander uniform. Dabei ist es gleichgültig, welche der beiden Rassen Mutter oder Vater stellt.

Aus solch einem Kreuzungsansatz leitet sich die **2. MENDELsche Regel** ab, die auch **Spaltungsregel** heißt: Kreuzt man die Individuen der F_1 untereinander, so ist die F_2 nicht uniform, sondern die Merkmale spalten in bestimmten Zahlenverhältnissen auf, und zwar beim dominant-rezessiven Erbgang im Phänotyp im Verhältnis 3 : 1 und im Genotyp im Verhältnis 1 : 2 : 1.

Bei einem dihybriden Erbgang kommt die **3. MENDELsche Regel** zum Tragen, die **Rekombinantenregel** (lat. *recombinare,* wieder verknüpfen). Kreuzt man Individuen derselben Art, die sich in mehreren Merkmalen unterscheiden, für die sie reinerbig sind, so sind ihre Nachkommen in der F_1 in Bezug auf dieses Merkmal untereinander uniform. In der F_2 treten neben den Merkmalskombinationen der Eltern auch neue Zusammenstellungen auf. Bei einem dihybriden Erbgang spaltet der Phänotyp in der F_2 im Verhältnis 9 : 3 : 3 : 1 auf.

CORRENS entdeckte auch neue Zusammenhänge, nämlich Erbgänge mit **unvollständiger Dominanz.** Ein Beispiel dafür ist die Vererbung der Blütenfarbe bei Nelken. Die rote Blütenfarbe wird durch ein Allel „R" verursacht, das viel roten Farbstoff produziert. Entsprechend ist der Phänotyp der Blüte rot. Das Allel für die weiße Blütenfarbe „W" codiert ein funktionsunfähiges Enzym, das keinen Farbstoff bilden kann, sodass die Blüte weiß bleibt. Bei Mischerbigkeit kommt das Allel „R" nur einmal vor, deshalb wird pro Zeiteinheit nur eine geringere Menge des Enzyms und damit eine entsprechend geringere Menge des Farbstoffs gebildet. Der Phänotyp dieser Blüte ist rosa, daher nennt man diese Form der Merkmalsausbidung **intermediär** (lat. *intermedius,* dazwischen). Bei der unvollständigen Dominanz kann der Phänotyp der Heterozygoten aber auch mehr dem einen oder anderen Elterntyp zuneigen.

2 Die Chromosomentheorie der Vererbung

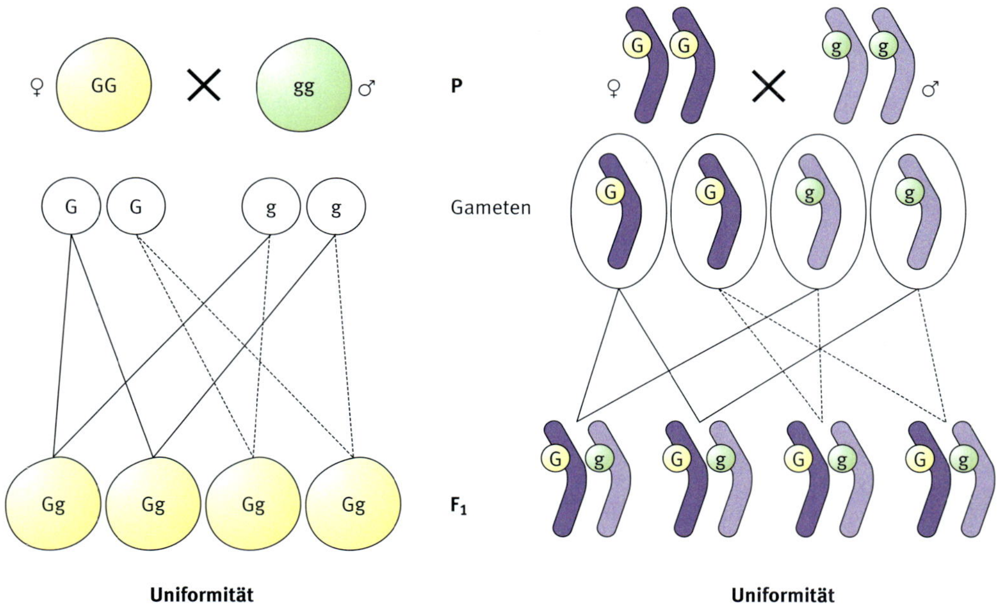

G = Allel für gelbe Samenfarbe   g = Allel für grüne Samenfarbe

23.1 Verlauf eines dominant-rezessiven Erbganges nach klassisch-genetischen Überlegungen (links) und cytologischen Erkenntnissen (rechts)

Die cytologischen Grundlagen der Vererbung waren MENDEL nicht bekannt. Erst die vollständige Aufklärung der Chromosomenvorgänge während der Meiose bestätigte seine rein theoretischen Überlegungen:

- 1875 beobachtet HERTWIG bei der Befruchtung von Seeigeleiern die Verschmelzung der Zellkerne der beiden Gameten.
- 1882 entdeckt FLEMMING an Salamanderlarven während der Mitose die Längsteilung der Chromosomen.
- 1883 ROUX und WEISMANN vermuten erstmals in den Chromosomen die Träger der Erbanlagen.
- 1884 beschreibt VAN BENEDEN die Spermatogenese beim Spulwurm und erkennt, dass Spermien nur einen haploiden Chromosomensatz besitzen. In den Zygoten liegen die Chromosomen hingegen diploid vor, wobei je ein Satz väterlicher und mütterlicher Herkunft ist.
- 1890 HERTWIG beschreibt abschließend die Vorgänge der Meiose.

SUTTON und BOVERI führten die Erkenntnisse der beiden Teildisziplinen 1904 in der **Chromosomentheorie der Vererbung** zusammen: MENDELS Vererbungsregeln werden durch das Verhalten der Chromosomen erklärt.

Ergebnisse Kreuzungsexperimente	Ergebnisse der Cytologie
Die Erbanlagen werden als selbstständige Einheiten weitergegeben.	Die Chromosomen werden als selbstständige Einheiten weitergegeben.
Die Erbanlagen liegen in den Körperzellen paarig vor.	Die Chromosomen liegen in den Körperzellen paarig vor.
Die Gameten tragen nur einen einfachen Erbanlagensatz.	Die Gameten tragen nur einen einfachen Chromosomensatz.
Die Erbanlagen werden unabhängig auf die beiden Gameten verteilt. Die Erbanlagen werden also frei kombiniert.	Die Chromosomen werden unabhängig auf die beiden Gameten verteilt. Die Chromosomen werden also frei kombiniert.

23.2 Vergleich von Ergebnissen aus Kreuzungsexperimenten und Cytologie

3 Kreuzungen mit der Taufliege *Drosophila melanogaster*

3.1 *Drosophila* als genetisches Versuchsobjekt

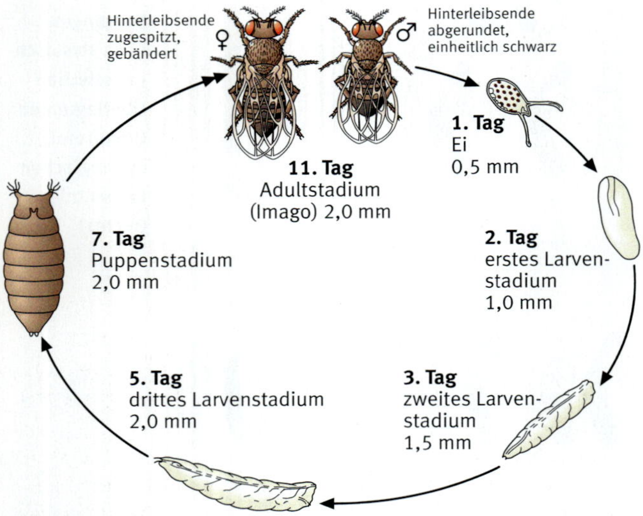

24.1 Entwicklungszyklus von *Drosophila melanogaster*

Vererbungsversuche lassen sich nicht nur mit Pflanzen durchführen. Sowohl MENDEL 1854 als auch Thomas Hunt MORGAN 1904 begannen ihre Kreuzungsexperimente mit Mäusen. Zum Glück verbot der Bischof von Brünn MENDEL die Mäusezucht wegen der Geruchsbelästigung, sodass dieser sich den Pflanzen zuwandte. Ansonsten hätte MENDEL die Regelmäßigkeiten der Vererbung womöglich nicht entdeckt, denn MORGAN verzweifelte 1904 schier an den Fellfarben seiner Mäuse.

PORTRÄT

Thomas Hunt MORGAN (1866–1945)

Thomas Hunt MORGAN widmete sich nach dem Studium der Embryologie. Nach der Wiederentdeckung der MENDELschen Regeln wandte er sich der Genetik zu. MORGAN wollte Mutationen, die bei Pflanzen bereits bekannt waren, auch bei Tieren nachweisen. 1910 wurde er bei *Drosophila* fündig und entdeckte außerdem die geschlechtsgebundene Vererbung. Er wurde 1933 mit dem Nobelpreis geehrt.

Bei der Kreuzung von schwarzen mit gelben Mäusen erhielt er in der F_1 erwartungsgemäß nur Individuen einer Fellfarbe, nämlich gelb. In der F_2 tauchten neben gelben und schwarzen Mäusen auch noch graue Phänotypen auf, sodass MORGAN an der Gültigkeit der MENDELschen Regeln zu zweifeln begann.
MORGAN hatte zuvor den Holländer DE VRIES kennen gelernt, der in seinen Pflanzenkulturen unter 50 000 Individuen einige wenige mit sprunghaften, erblichen Änderungen gefunden hatte. DE VRIES nannte diese **Mutationen** (lat. *mutatio,* Veränderung). MORGAN wollte solche Mutationen auch bei Tieren finden, um so das Entstehen neuer Arten erklären zu können.

Ab 1906 wandte er sich einem anderen Versuchsobjekt zu. Die Wahl fiel unter anderem deshalb auf die Taufliege *Drosophila,* weil in MORGANs Labor nicht mehr viel Platz vorhanden war. Die Fliegen boten aber noch weitere Vorteile:

- Die Generationsfolge ist kurz und beträgt je nach Temperatur nur 10 (bei 25 °C) bis 14 (bei 18 °C) Tage.
- Jedes Fliegenpärchen hat bis zu 300 Nachkommen, sodass eine sinnvolle statistische Auswertung möglich ist.
- Die Fliegen sind kostengünstig und leicht zu halten und zu züchten.
- Die Gameten von *Drosophila* enthalten jeweils nur vier verschiedene Chromosomen, die sich in Gestalt und Größe gut unterscheiden lassen.

MORGAN züchtete seine Fliegenkulturen in Milchflaschen aus Glas und fütterte sie mit reifen Bananen. Heute benutzt man stattdessen einen Fertignährboden. In den Nährboden legen die Fliegenweibchen ihre etwa 0,5 mm großen Eier, die jeweils zwei fadenförmige Anhängsel tragen. Die Embryonalentwicklung des Keimes ist nach etwa einem Tag abgeschlossen, dann schlüpft die **Larve** (die auch als fußlose Made bezeichnet wird) und bohrt sich in den Nährboden. In den nächsten drei Tagen häuten sich die Larven zweimal und wachsen bis zu einer Größe von 2 mm heran. Dann verlassen die Larven den Nährboden wieder und verpuppen sich an der Wand des Zuchtgefäßes.

Während der Puppenruhe färbt sich die tönnchenförmige **Puppe** von gelblich weiß nach braun um. Wenn die **Metamorphose** (gr. *metamorphosis,* Verwandlung) nach vier bis fünf Tagen beendet ist, schlüpft das fertige Vollinsekt, die **Imago.** Der ganze Entwicklungszyklus dauert bei 25 °C nur zehn bis zwölf Tage. Bereits sechs bis acht Stunden nach dem Schlüpfen sind die Tiere zeugungsfähig.

Zwei Jahre lang versuchte MORGAN bei den Fliegen durch den Einsatz von Chemikalien und Röntgenstrahlen Mutationen hervorzurufen, blieb aber erfolglos. Dann entdeckte er eine Fliege, bei der die Verbindungsstelle zwischen Flügel und Brust dunkel gefärbt war. Er nannte diese Mutante „speck" (engl. *speck,* Fleck). Eine zweite Mutante fiel durch eine abweichende Körperfarbe auf, sie wurde „olive" getauft. Die Allele, die für die Ausbildung abweichender Phänotypen verantwortlich sind, werden durch passende Buchstaben abgekürzt, die entsprechenden Allele des Wildtyps werden jeweils durch ein „ + " symbolisiert.

1 Erläutern Sie mit eigenen Worten, warum *Drosophila melanogaster* für genetische Versuche besonders gut geeignet ist.

2 Was versteht man unter einer Mutation?

3 Welche besondere Bedeutung kommt den Mutationen bei genetischen Untersuchungen zu?

STECKBRIEF

Drosophila – Wildtyp

Wildtyp ♀

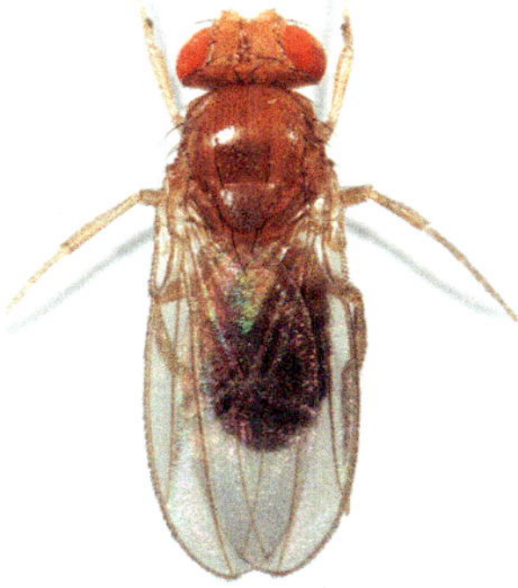

Wildtyp ♂

Die Taufliegen sind Insekten und gehören innerhalb der Ordnung der Zweiflügler zu den echten Fliegen. Sie sind weltweit mit rund 3000 Arten verbreitet. In Europa leben etwa 50 Arten.
Drosophila melanogaster ist etwa 2 mm groß und ernährt sich von Obstsäften. Der Geruch von faulendem oder gärendem Obst lockt in Sommer und Herbst binnen kurzer Zeit meist viele Individuen an, sodass man sie gut beobachten kann.
Mit einer Lupe können die Geschlechter leicht unterschieden werden: Der Hinterleib der Weibchen ist zugespitzt und die schwarze Bänderung der Hinterleibsringe setzt sich bis zum Ende fort. Der Hinterleib des Männchens ist abgerundet und die dunklen Ringe scheinen zu einem einheitlichen schwarzen Band verschmolzen zu sein.

STECKBRIEF

Drosophila – Mutanten

white ♀

ebony ♀

vestigial ♀

MORGAN entdeckte 1910 ein Männchen mit weißen Augen. Deshalb erhielt die Mutante den Namen „white". Das entsprechende Allel liegt auf dem Chromosom I und wird mit „w" abgekürzt.

Eine andere Mutante fällt durch dunkle Körperfärbung auf, die an Ebenholz erinnert. Sie wird deshalb „ebony", abgekürzt „e", genannt. Das zugehörige Allel befindet sich auf dem Chromosom III.

Eine weitere Mutation zeichnet sich durch Stummelflügel aus. Sie wird nach dem englischen Wort für rudimentär „vestigial", abgekürzt „vg", genannt. Das verursachende Allel liegt auf dem Chromosom II.

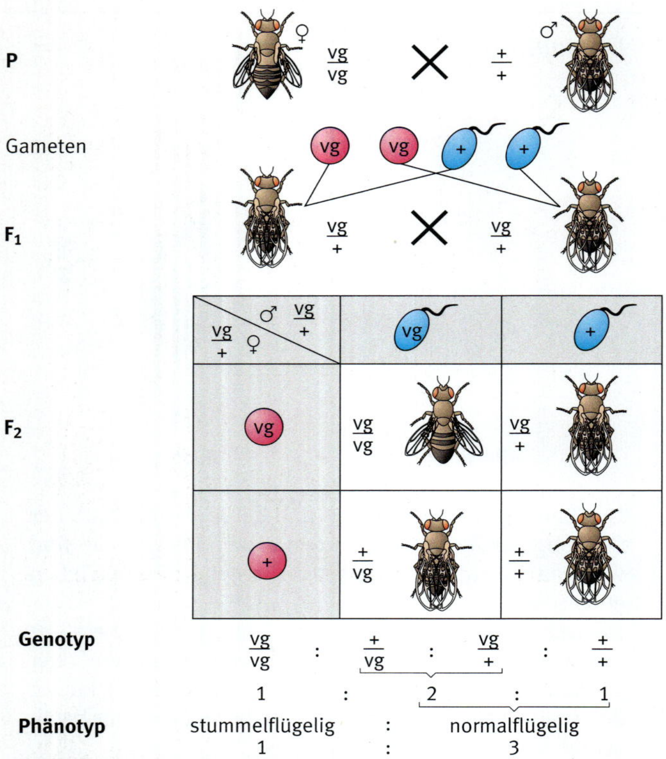

26.1 **Monohybrider Erbgang bei *Drosophila***

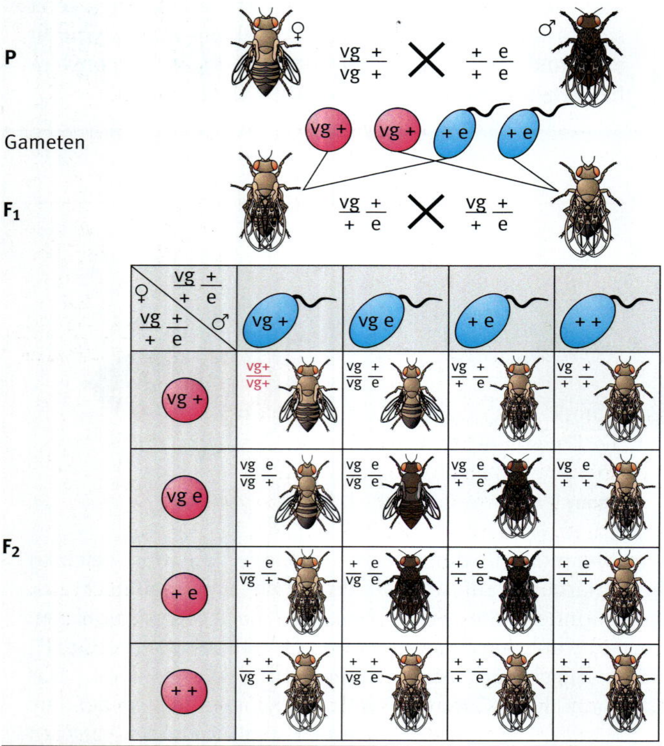

26.2 **Dihybrider Erbgang bei *Drosophila***

3.2 Monohybrider und dihybrider Erbgang bei *Drosophila*

Genauso wie bei den Erbsen lassen sich MENDELs Regeln auch bei *Drosophila* anwenden: Werden Individuen mit Stummelflügeln (Mutante vestigial, „vg") mit normalflügeligen Wildtyp-Fliegen gekreuzt, zeigt die F_1 uniform eine normale Flügelbildung. Beim Merkmal Flügelausbildung erweist sich das Allel, das zu Stummelflügeln führt, als rezessiv gegenüber demjenigen, das zu normal ausgebildeten Flügeln führt.
Bei der Kreuzung der F_1 untereinander zur F_2 treten entsprechend der Spaltungsregel stummelflügelige und normalflügelige Individuen im Zahlenverhältnis 1 : 3 auf. Betrachtet man den Genotyp, ergibt sich das Zahlenverhältnis 1 : 2 : 1. Diese Aufspaltungsergebnisse erhält man auch beim **reziproken** Kreuzungsansatz, das heißt, es ist gleichgültig, welcher der beiden Typen Mutter oder Vater stellt.

Um die Schreibweise für *Drosophila*-Kreuzungsansätze zu vereinheitlichen, hat man sich auf folgende Regeln verständigt:

- Zuerst wird das mütterliche Individuum beschrieben, dann das väterliche;
- der Genotyp wird als Bruch dargestellt;
- über dem Bruchstrich werden die mütterlichen Allele mit ihren entsprechenden Abkürzungen aufgeführt, darunter die väterlichen;
- Wildtyp-Allele werden jeweils durch ein „ + " abgekürzt.

Auch ein dihybrider Erbgang mit *Drosophila* belegt die Gültigkeit der MENDELschen Regeln. Kreuzt man Weibchen mit vestigial-Flügeln mit Männchen mit ebony-Körper („e"), treten in der F_1 nur Fliegen mit Wildtyp-Phänotyp auf. Beim reziproken Ansatz bestätigt sich diese Uniformität. Kreuzt man nun weiter zur F_2, entsteht entsprechend der Rekombinantenregel als neuer Phänotyp die Doppelmutante vestigial-ebony (1-mal) im Verhältnis 1 : 3 : 3 : 9 zu den beiden elterlichen Phänotypen (je 3-mal) und dem Wildtyp (9-mal).

1 Neben der bereits vorgestellten *Drosophila*-Mutante mit weißen Augen gibt es Fliegen mit zinnoberroten Augen (engl. *cinnabar*), abgekürzt „cn". Kreuzt man diese mit Wildtypfliegen, treten erst in der F_2 wieder cn-Tiere auf. Erläutern Sie den Erbgang.

3.3 Rückkreuzung

Schon MENDEL bemerkte bei den Experimenten zur Spaltungsregel, dass in der F_2 Individuen mit dem Phänotyp des dominanten Allels auftreten, die bei der Kreuzung zur F_3 auch wieder das entsprechende rezessive Allel vererben. Also muss es bei den Individuen der F_2 sowohl homozygote als auch heterozygote Träger der dominanten Allele geben. Die heterozygoten Lebewesen können ausgehend vom Phänotyp bei dominant-rezessiven Erbgängen im Gegensatz zu Erbgängen mit unvollständiger Dominanz nicht direkt bestimmt werden. Zur Klärung des Genotyps muss nochmals eine Kreuzung durchgeführt werden.
Dazu werden die auf ihren Genotyp zu testenden Individuen der F_2 mit demjenigen Elternteil gekreuzt, das die rezessiven Allele homozygot trägt. Da die Kreuzung mit einem Vorfahren erfolgt, wird sie **Rückkreuzung** genannt. Steht der Vorfahre, zum Beispiel wegen der geringen Lebensspanne, nicht mehr zur Verfügung, kann die Rückkreuzung selbstverständlich auch mit einem beliebigen anderen Individuum erfolgen, das die entsprechenden Allele homozygot trägt.
Bei jeder Rückkreuzung müssen zwei Möglichkeiten unterschieden werden: Das zu testende Individuum ist entweder reinerbig oder mischerbig.
Solch eine Rückkreuzung wird beispielhaft für die Fliegen des Erbganges aus Abbildung 26.1 vorgestellt. In der F_2 sind insgesamt drei von vier der Nachkommen im Phänotyp normalflügelig. Zwei Drittel dieser Tiere tragen das Allel „vg", das zu Stummelflügeln führt. Jedes Individuum der F_2 muss mit einem phänotypischen vg-Individuum rückgekreuzt werden, um zu klären, ob es homo- oder heterozygot normalflügelig ist. Ist es homozygot, treten bei der Rückkreuzung nur normalflügelige Nachkommen auf. In diesem Fall erfüllt der Ansatz die Bedingungen der Uniformitätsregel, da beide Eltern reinerbig sind. Ist das zu testende Individuum heterozygot, treten im Verhältnis 1 : 1 stummel- und normalflügelige Nachkommen auf. Denn das zu testende Individuum produziert mit gleicher Wahrscheinlichkeit Gameten, die entweder das dominante Allel „+" oder das rezessive Allel „vg" enthalten, während der Rückkreuzungspartner nur Gameten mit dem Allel „vg" bildet.

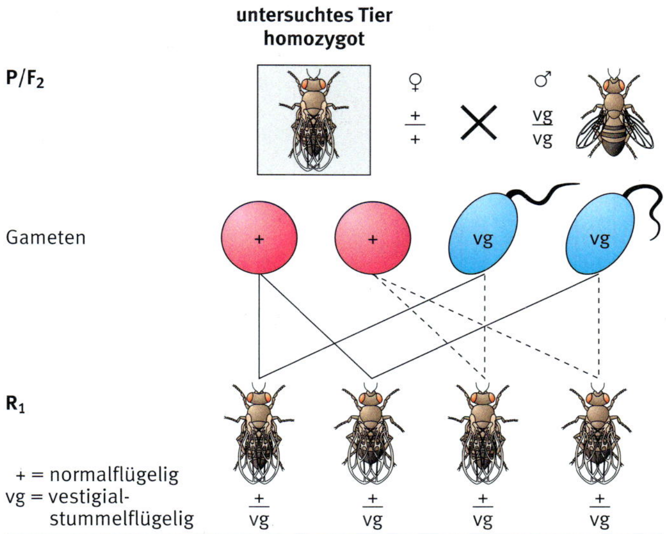

27.1 Rückkreuzung bei *Drosophila* mit einem homozygoten Individuum

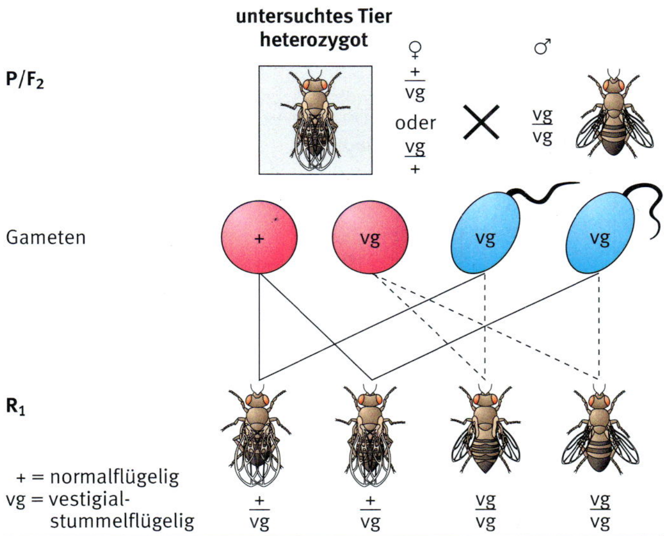

27.2 Rückkreuzung bei *Drosophila* mit einem heterozygoten Individuum

Die Kombinationsmöglichkeiten der väterlichen und mütterlichen Gameten, die sich daraus ergeben, begründen das Zahlenverhältnis von 1 : 1, das sich bei einer Rückkreuzung mit einem heterozygoten Testindividuum ergibt.

1 Formulieren Sie die Rückkreuzung für Erbsen mit gelber Samenschale aus der F_2, die aus einer Kreuzung von gelben Erbsen mit grünen Erbsen nach MENDEL (Abb. 22.1) hervorgegangen sind.

2 Erläutern Sie, warum die Rückkreuzung bei unvollständiger Dominanz nicht sinnvoll ist. Diskutieren Sie dies am Beispiel der Vererbung der Blütenfarbe bei Nelken (Abb. 22.3).

3.4 Geschlechtsgebundene Vererbung

1910 entdeckte MORGAN eine männliche *Drosophila*-Mutante mit weißen Augen. Das verursachende Allel kürzte er mit „w" ab. Kreuzungen dieser Mutante mit normaläugigen Weibchen zeigten in der F_1 die erwartete Uniformität: Die Augenfarbe des Wildtyps setzt sich durch. Auch die F_2 erbrachte das nach der MENDELschen Spaltungsregel erwartete Verhältnis von 3 : 1. Jedoch waren alle weißäugigen Fliegen männlich. Daher vermutete MORGAN, dass das Allel für Weißäugigkeit zusammen mit den „geschlechtsbestimmenden Genen" vererbt wurde.

Durch weitere Experimente erhielt MORGAN auch weißäugige Weibchen, sodass er nun die reziproke Kreuzung durchführen konnte. Deren Ergebnis widersprach der Uniformitätsregel: Die F_1 spaltete im Verhältnis 1 : 1 auf, wobei alle Männchen weißäugig und alle Weibchen rotäugig waren. Auch hier drängte sich die Annahme der geschlechtsgebundenen Vererbung wieder auf. Die F_2 dieser Kreuzung spaltete ebenfalls im Verhältnis 1 : 1 auf, die Geschlechter waren jedoch gleichmäßig verteilt.
Das Allel, das die weiße Augenfarbe verursacht, vermutete MORGAN auf dem X-Chromosom. Im Experiment zeigte sich, dass das entsprechende Y-Chromosom keine Allele für die Augenfarbe enthielt. Das Y-Chromosom wird durch das Zeichen „⇁" symbolisiert. Die *Drosophila*-Männchen, die durch die Chromosomen XY gekennzeichnet sind, verhalten sich in Bezug auf die Vererbung des Allels zur Augenfarbe wie heterozygote Individuen. Weil sie aber nur ein einziges Allel zur Augenfarbe besitzen und dieses immer den Phänotyp bestimmt, nennt man diesen Zustand **hemizygot.** Dennoch lässt sich das Spaltungsverhältnis von 1 : 1 beim reziproken Kreuzungsansatz wie das Ergebnis einer Rückkreuzung interpretieren.
Diese Form der Vererbung wird **X-Chromosomen-gebundene Vererbung** oder auch **X-chromosomale Vererbung** genannt.

1 Führen Sie den Kreuzungsansatz aus Abbildung 28.1 bis zur F_2 fort.

2 Durch welche Kreuzung erhalten Sie – ausgehend von dem Kreuzungsansatz in Abbildung 28.1 – weißäugige *Drosophila*-Weibchen?

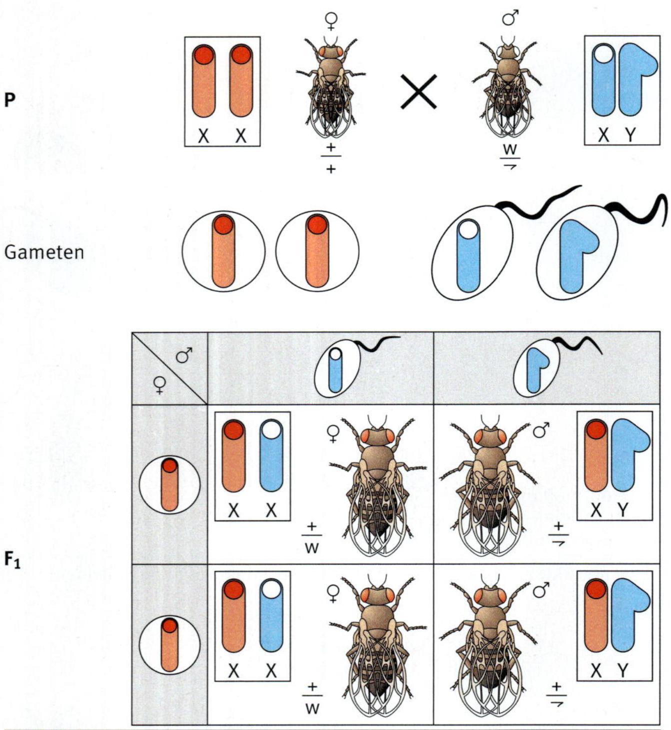

28.1 Kreuzung eines rotäugigen Weibchens mit einem weißäugigen Männchen bei *Drosophila melanogaster*

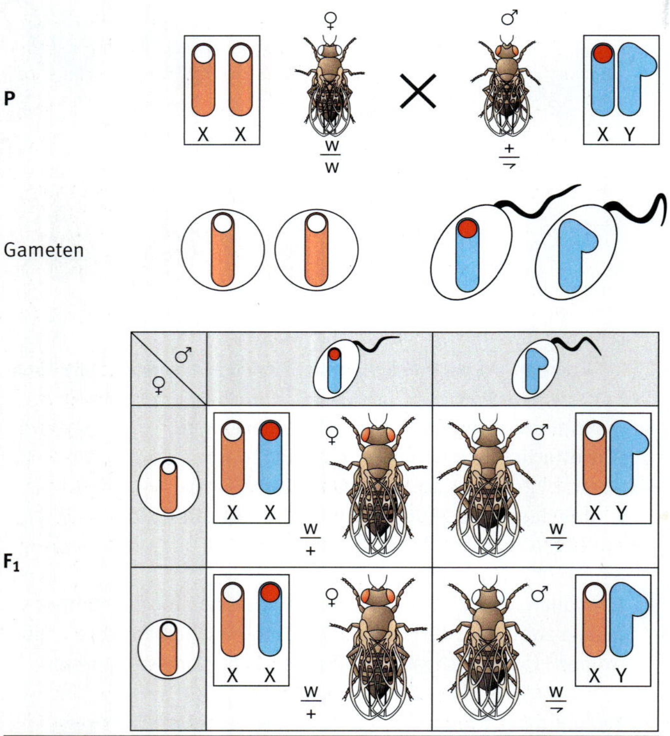

28.2 Reziproker Kreuzungsansatz eines weißäugigen Weibchens mit einem rotäugigen Männchen bei *Drosophila melanogaster*

3.5 Geschlechtsbestimmung bei *Drosophila*

Seit Beginn des 20. Jahrhunderts war bekannt, dass X- und Y-Chromosomen bei der Vererbung des Geschlechts beteiligt sind.
Durch die Kenntnis der X-chromosomalen Erbgänge schien gleichzeitig die Vererbung des Geschlechts nach den MENDELschen Regeln geklärt: Das eine Geschlecht wird durch die Chromosomenkombination XX bestimmt und das andere durch XY. Bei jeder Kreuzung entstehen nach dem Spaltungsverhältnis der Rückkreuzung mit derselben Wahrscheinlichkeit von 50 Prozent wieder XX- und XY-Individuen.

BRIDGES, ein Mitarbeiter MORGANs, erzielte 1913 bei einer Kreuzung weißäugiger *Drosophila*-Weibchen mit rotäugigen Männchen Ergebnisse, die sich nur mit der Anwesenheit eines zusätzlichen X-Chromosoms erklären ließen. Obwohl diese Fälle nur mit einer Wahrscheinlichkeit von 1 : 1000 auftraten, musste die Problematik der Vererbung des Geschlechts erneut überdacht werden.

Cytogenetische Untersuchungen ergaben, dass es Weibchen gibt, die neben dem diploiden, autosomalen Chromosomensatz, abgekürzt AA, drei X-Chromosomen besitzen, insgesamt abgekürzt AAXXX. Auch Weibchen mit triploidem oder tetraploidem Autosomensatz sind möglich, zum Beispiel AAAXXX oder AAAAXXXX. Neben der für die *Drosophila*-Männchen üblichen Chromosomenkombination AAXY wurden auch Konstellationen wie AAXYY oder AAAAXX gefunden. Kombinationen wie AAAXX oder AAAAXXX zeigen sowohl männliche als auch weibliche Merkmale und werden als **Intersexe** bezeichnet.
BRIDGES schloss daraus, dass das Verhältnis der X-Chromosomen zur Anzahl der Autosomensätze das Geschlecht bestimmt. Bei $X:A \geq 1$ entstehen Weibchen, bei $X:A \leq 0{,}5$ entstehen Männchen und im Bereich dazwischen Intersexe. Das Y-Chromosom hat offensichtlich wenig Einfluss auf die Bestimmung des Geschlechts. Allerdings sind Männchen ohne Y-Chromosom steril.

1 Berechnen Sie folgende X : A-Verhältnisse und legen Sie begründend das Geschlecht der Individuen fest: AAAX, AAXXYY, AAXXY und AAAAXXXX.

MATHEMATIK

Ein bisschen Statistik

Die bisher vorgestellten Kreuzungsansätze liefern Zahlenverhältnisse, die von den erwarteten Verhältnissen immer etwas abweichen. Die Frage ist nun, ob diese Differenzen unter Berücksichtigung der jeweiligen Probengröße tolerabel sind oder nicht. Oder anders ausgedrückt: Kann man trotz der Abweichung die Vorgabe als erfüllt betrachten oder ist das Ergebnis zufällig zustande gekommen, das heißt ohne Zusammenhang zu den Sollwerten.

Die Istwerte der F_2 eines monohybriden Kreuzung werden dazu mithilfe des Chi-Quadrat-(χ^2)-Tests überprüft. Die Testgröße χ^2 wird wie folgt berechnet: Für jedes Paar von gefundenem (k) und erwartetem Wert (µ) wird die Differenz berechnet und dann quadriert. Jedes so erhaltene Abweichungsquadrat wird durch den erwarteten Wert dividiert:

$$\frac{(k_1 - \mu_1)^2}{\mu_1}$$

Anschließend wird die Summe der beiden Werte für das zu überprüfende Zahlenverhältnis gebildet:

$$\chi^2 = \frac{(k_1 - \mu_1)^2}{\mu_1} + \frac{(k_2 - \mu_2)^2}{\mu_2}$$

Was sagt dieser Wert für χ^2 aus? Aus vielen Vergleichskreuzungen ist bekannt, dass bestimmte χ^2-Werte mit bestimmten Wahrscheinlichkeiten p (von engl. *probability*, Wahrscheinlichkeit) mit dem Auftreten von Beobachtungsfehlern korreliert sind. Diese p-Werte sind für zwei Klassen (zwei Phänotypen) in der nachfolgenden Tabelle aufgeführt:

p-Wert	χ^2-Wert	p-Wert	χ^2-Wert	p-Wert	χ^2-Wert
95 %	0,004	50 %	0,46	5 %	3,84
80 %	0,06	30 %	1,07	1 %	6,64
70 %	0,15	20 %	1,64		

Oberhalb eines p-Wertes von 5 % ist das Auftreten der gleichen Abweichung bei einer erneuten Kreuzung mit n % wahrscheinlich, die Istwerte bewegen sich innerhalb der Toleranz der Sollwerte. Erst ab einem p-Wert von 5 % ist die Warngrenze erreicht und bei 1 % die Widerspruchsgrenze. Dann ist die Differenz nicht mehr zufallsbedingt, sondern signifikant, das heißt, Soll- und Istwerte stehen nicht in Beziehung.

2 MENDEL erhielt bei einer Kreuzung 7324 Samen, 5474 runde (k_1) und 1850 (k_2) runzelige. Berechnen Sie die Sollwerte und überprüfen Sie das Kreuzungsergebnis mit dem χ^2-Test.

3.6 Genkopplung und Kopplungsbruch

MORGAN untersuchte bei *Drosophila* auch Erbgänge mit Dreifachmutanten. Bei solch einem **trihybriden** Ansatz kreuzte er ein Weibchen des Phänotyps black-cinnabar-vestigial (schwarzer Körper, zinnoberrote Augen, Stummelflügel) mit einem Wildtypmännchen. In der F_1 wurde die MENDELsche Uniformitätsregel bestätigt: Die Fliegen entsprachen in allen Merkmalen dem Wildtyp.

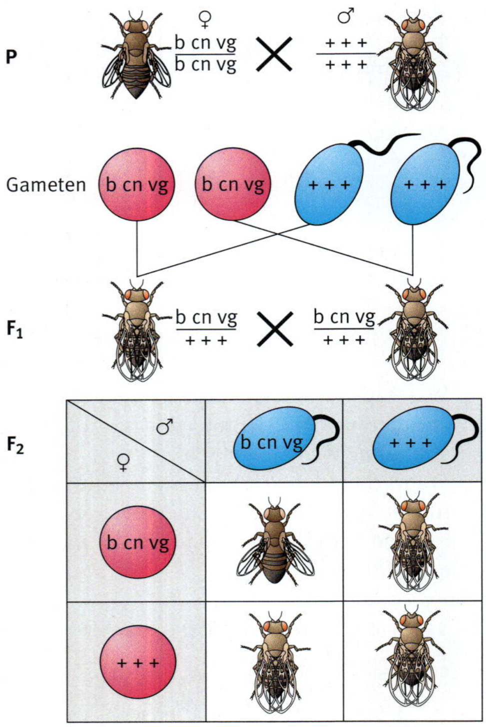

30.1 Trihybrider Erbgang bei *Drosophila*

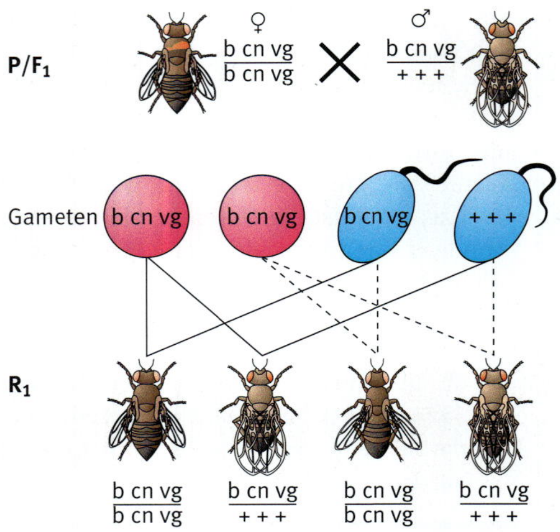

30.2 Rückkreuzung bei einem trihybriden, gekoppelten Erbgang

Demnach waren die drei mutierten Allele, die in der F_1 heterozygot vorlagen, rezessiv gegenüber den Wildtypallelen. In der F_2 entstand dann aber nicht die erwartete Vielfalt an Phänotypen. Vielmehr zeigten die Nachkommen nur die Phänotypen der Eltern im Zahlenverhältnis 3 : 1. Zur weiteren Aufklärung dieses Phänomens kreuzte MORGAN heterozygote Fliegen der F_1 mit Individuen der Dreifachmutante.

Dieser Ansatz entspricht im Prinzip einer Rückkreuzung. Dabei ist sichergestellt, dass das zu testende Individuum heterozygot ist, da es aus der uniformen F_1 stammt. Das Ergebnis der Rückkreuzung bestätigte die fehlende Vielfalt an Phänotypen in der F_2: Es traten nur Fliegen des Wildtyps sowie Dreifachmutanten auf, und zwar zu etwa gleichen Teilen. Wie kommt dieses Zahlenverhältnis von 1 : 1 zustande?

Offenbar bilden die heterozygoten Männchen der F_1 nur zwei Sorten von Gameten aus. Die Allele, die die schwarze Körperfarbe, die zinnoberroten Augen und die Stummelflügel ausbilden, werden entgegen der Unabhängigkeitsregel nicht frei kombiniert, sondern nur gemeinsam, **gekoppelt,** weitergegeben. Das Gleiche gilt natürlich auch für die entsprechenden Wildtypallele.

Solche Kopplungen sind im Prinzip bereits von den X-Chromosomen-gekoppelten Erbgängen bekannt, bei denen zum Beispiel das Allel, das die weiße Augenfarbe verursacht, zusammen mit dem X-Chromosom vererbt wird. Daraus ergibt sich, dass die gekoppelten Gene gemeinsam auf einem Chromosom liegen. Alle Gene eines Chromosoms bilden eine **Kopplungsgruppe.** Für sie gilt die freie Kombinierbarkeit entsprechend der MENDELschen Unabhängigkeitsregel nicht. Solche Kopplungsgruppen werden im Kreuzungsschema mit einem durchgezogenen Bruchstrich symbolisiert.

Anschließend wurde der reziproke Kreuzungsansatz zu dem Experiment aus Abbildung 30.2 durchgeführt. Nun ist das Weibchen heterozygot und das Männchen ist die homozygote Dreifachmutante black-cinnabar-vestigial. Entsprechend den bisherigen Erkenntnissen erwartet man wieder das Auftreten der Kopplungsgruppen. Das erstaunliche Ergebnis dieser Rückkreuzung wird in der Tabelle 31.1 aufgelistet. Dabei werden die für die Allele üblichen Abkürzungen für die entsprechenden Phänotypen benutzt.

Von den insgesamt 1036 ausgezählten Individuen des Kreuzungsansatzes zeigen 883 weiterhin die vollständige Kopplung. 153 Tiere verteilen sich auf weitere sechs Phänotypen, die alle aus dem Bruch einer Kopplungsgruppe resultieren. Nach den bisherigen Überlegungen muss dieses Phänomen auf einen Bruch des entsprechenden Chromosoms zurückgehen.

Der belgische Cytologe JANSSENS hatte bei Salamandern 1909 die Überkreuzung von Chromatiden homologer Chromosomenpaare beobachtet. Er nannte dieses Phänomen nach der Form des griechischen Buchstaben „χ" (chi) **Chiasma** und vermutete, dass dabei Chromatidenstücke ausgetauscht wurden. MORGAN nahm diese Idee auf und definierte 1912 den Austausch von genetischem Material innerhalb eines homologen Chromosomenpaares als **Crossing-over** (engl. Überkreuzung). Danach werden zwei benachbarte Chromatiden unterschiedlicher gepaarter Zwei-Chromatiden-Chromosomen jeweils an derselben Stelle enzymatisch getrennt. Die vertauschten Stücke werden mit den Chromatiden verbunden. Crossing-over tritt bei *Drosophila* nur bei Weibchen auf.

1 Bestimmen Sie den Genotyp der Individuen der F_2 des trihybriden Erbganges aus Abbildung 30.1.

2 Erläutern Sie, warum eine trihybrider, gekoppelter Erbgang sowohl der Uniformitäts- als auch der Spaltungsregel gehorcht.

3 Warum spricht man heute nicht mehr von den MENDELschen Gesetzen, sondern von den MENDELschen Regeln?

4 Formulieren Sie die reziproke Rückkreuzung zu dem in Abbildung 30.2 gezeigten Erbgang.

5 Fertigen Sie das oben abgebildete Chromosomen-Modell aus verschiedenfarbigen Kartonstreifen an. Die Verbindungen zwischen den Stücken eines Streifens bestehen aus Druckknöpfen oder Briefklammern. Was symbolisieren die Streifenabschnitte?
Simulieren Sie mit dem Modell ein Crossing-over entsprechend der Abbildung.

Phänotypen	Anzahl	
+ + +	522	gekoppelt:
b cn vg	361	883
+ + vg	25	nicht
+ cn +	15	gekoppelt:
b + +	32	153
+ cn vg	42	
b + vg	8	
b cn +	31	

31.1 Ergebnis der Rückkreuzung bei einem trihybriden, gekoppelten Erbgang

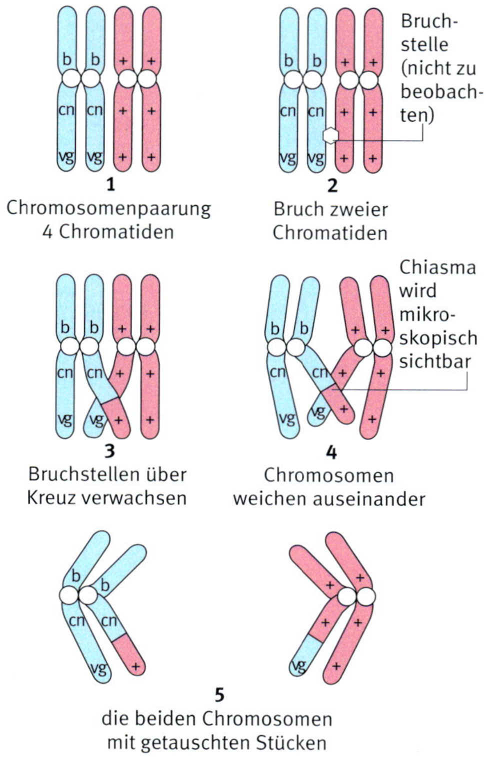

31.2 Modellvorstellung zu Kopplungsbruch und Fusion beim Crossing-over in der Meiose während der Eizellbildung; hellblau gefärbte Chromosomen symbolisieren den väterlichen, rosa gefärbte den mütterlichen Erbteil des Weibchens

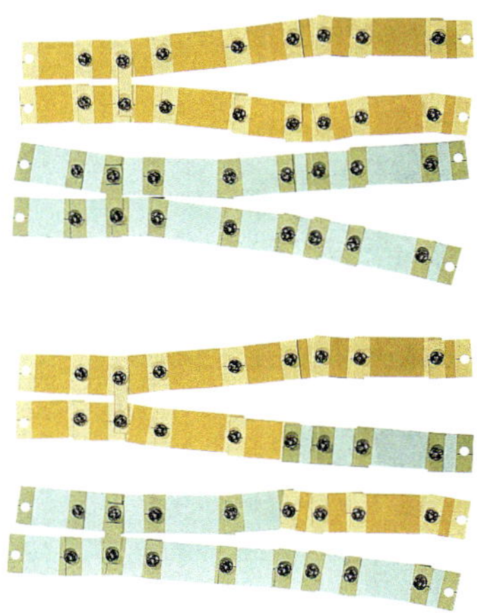

31.3 Bau eines Chromosomenmodells zum Crossing-over

3.7 Erstellen von Genkarten

Weibliche *Drosophila*-Fliegen sind für die Genetiker von besonderer Bedeutung: Nur bei ihnen wird das Aufbrechen von Kopplungsgruppen von Genen beobachtet. In der Meiose entstehen in einem solchen Fall neben den Eizellen mit der kompletten Kopplungsgruppe durch Crossing-over auch solche Eizellen, bei denen Allele ausgetauscht sind. Die Individuen, die sich nach der Befruchtung aus solchen Eizellen entwickeln, werden *Austauschtiere* genannt.

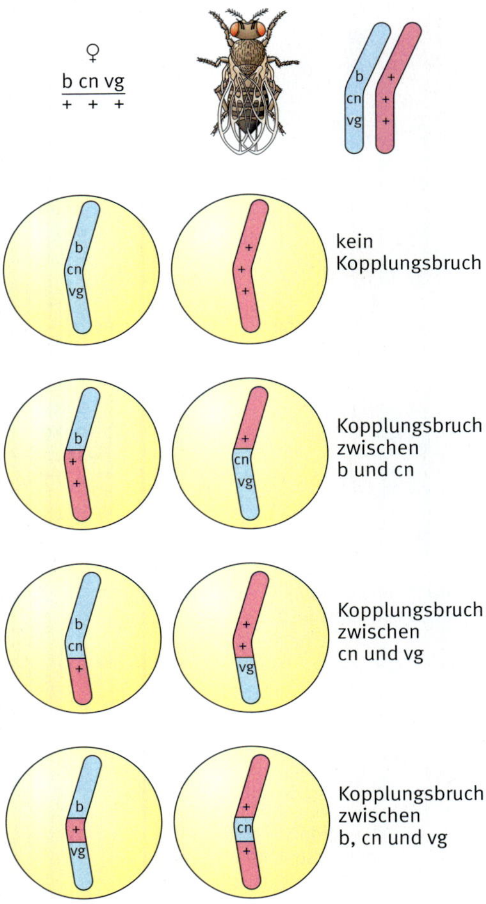

32.1 Eizellen mit und ohne Kopplung und Austausch bei einer Dreifachmutante

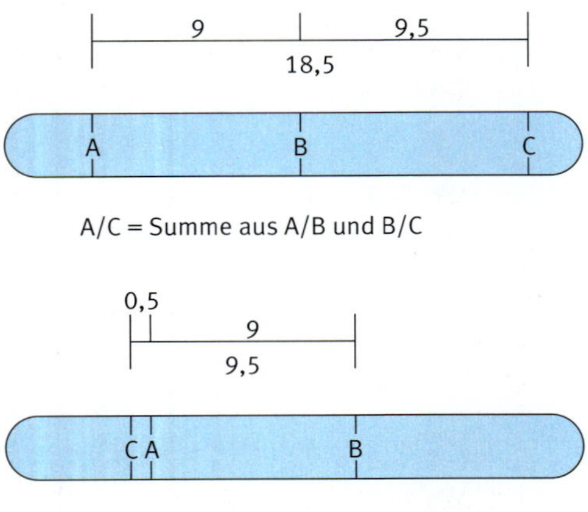

32.2 Schematische Darstellung einer Dreipunktanalyse. Die Zahlen geben die Austauschwerte in M an.

Die Entdeckung der Austauschtiere und des ihnen zugrunde liegenden Crossing-over-Vorganges führte MORGAN 1911 zu der Vorstellung, dass die Gene auf den Chromosomen linear angeordnet seien. Alfred STURTEVANT, ein weiterer Mitarbeiter der Arbeitsgruppe um MORGAN, entwickelte dazu eine Methode, um die Beziehungen zwischen den Genen zu beschreiben.

STURTEVANT schlug vor, den Prozentsatz der Rekombination – die Häufigkeit der stattgefundenen Crossing-over-Vorgänge – zwischen zwei Genen als Maßeinheit für den Abstand dieser beiden Gene zu nehmen: Je häufiger zwei gekoppelte Gene durch Crossing-over voneinander getrennt werden, desto weiter sollten die auf derselben Chromatide liegenden Gene voneinander entfernt liegen. Zwei an den entgegengesetzten Enden einer Chromatide liegende Gene würden bei jedem Crossing-over getrennt, egal an welcher Stelle der Bruch zwischen ihnen erfolgte. Je dichter sie beieinander liegen, desto seltener würden sie getrennt, weil das Crossing-over vor oder hinter den beiden Genen stattfände. Sind diese direkt benachbart, würden sie nur durch einen unmittelbar zwischen ihnen verlaufenden Bruch getrennt.

STURTEVANTS Überlegungen wurden durch die konstanten Prozentsätze bestätigt, die man für die Entkopplung auf dem gleichen Chromosom liegender Erbinformationen bei Wiederholungsexperimenten fand. Das bedeutet gleichzeitig einen konstanten Prozentsatz von Austauschzellen.
Die Austauschhäufigkeit von einem Prozent pro Meiose wird ihrem Entdecker zu Ehren als eine MORGAN-Einheit (M) definiert.

Aber wie kommt man nun zur kompletten Genkarte eines Organismus wie *Drosophila?* Folgende Überlegungen sind dafür von Bedeutung:
- Kreuzungsexperimente weisen für bestimmte Gene freie Kombinierbarkeit und für andere Gene Kopplungen auf.

- Die experimentell gefundene Anzahl von Kopplungsgruppen entspricht der Anzahl der Chromosomen.
- Die Zahl der Gene einer Kopplungsgruppe ist in der Regel direkt proportional zur Länge des Chromosoms.
- Die Austauschhäufigkeit ist ein Maß für die relative Lage eines Allels.

Zur Aufklärung der linearen Abfolge der einzelnen Gene entwickelte STURTEVANT die Dreipunktanalyse. Diese ist in Abbildung 32.2 schematisch wiedergegeben: Sind für drei gekoppelte, das heißt auf einem Chromosom liegende Gene A, B, C die Austauschhäufigkeiten zwischen A/B und B/C bekannt, so kann der Austauschwert für A/C nur die Summe oder die Differenz der beiden ersten Werte sein. Erst wenn der Wert für A/C im Kreuzungsexperiment bestimmt wurde, kann die lineare Abfolge der Gene festgelegt werden.

Allerdings zeigte das Verfahren einige Tücken: So liefert es scheinbar nur bei kurzen Allelenabständen brauchbare Austauschwerte. Der experimentell erhaltene Austauschwert zweier weit entfernter Gene ist meist kleiner als die Summe der Austauschwerte aller dazwischen liegender Gene.
Dieses Phänomen lässt sich so erklären, dass zwischen weiter entfernten Genen auch mehrere Crossing-over stattfinden können. Nimmt man beispielsweise ein zweites Crossing-over an, dann wird die durch den ersten Austausch verursachte Entkopplung wieder aufgehoben. Nur bei einer ungeraden Anzahl von Crossing-over zwischen zwei gekoppelten Genen werden diese auch tatsächlich getrennt.

1 Bei einer Rückkreuzung entsprechend Abbildung 30.2 bilden die Männchen nur eine Sorte von Gameten mit der Kopplungsgruppe „b cn vg" aus.
Kombinieren Sie diese mit allen Eizelltypen, die in Abbildung 32.1 aufgeführt sind. Vergleichen Sie das Ergebnis mit der Tabelle auf Seite 31.

2 Sie haben folgende Austauschhäufigkeiten zur Verfügung: A/B = 6,5 %, B/C = 4,8 %. Gehen Sie nun davon aus, dass sich C entweder zwischen A und B oder noch hinter B befindet. Berechnen Sie für beide Fälle die Austauschhäufigkeit und zeichnen Sie die jeweilige Allelenkarte wie in Abbildung 32.2.

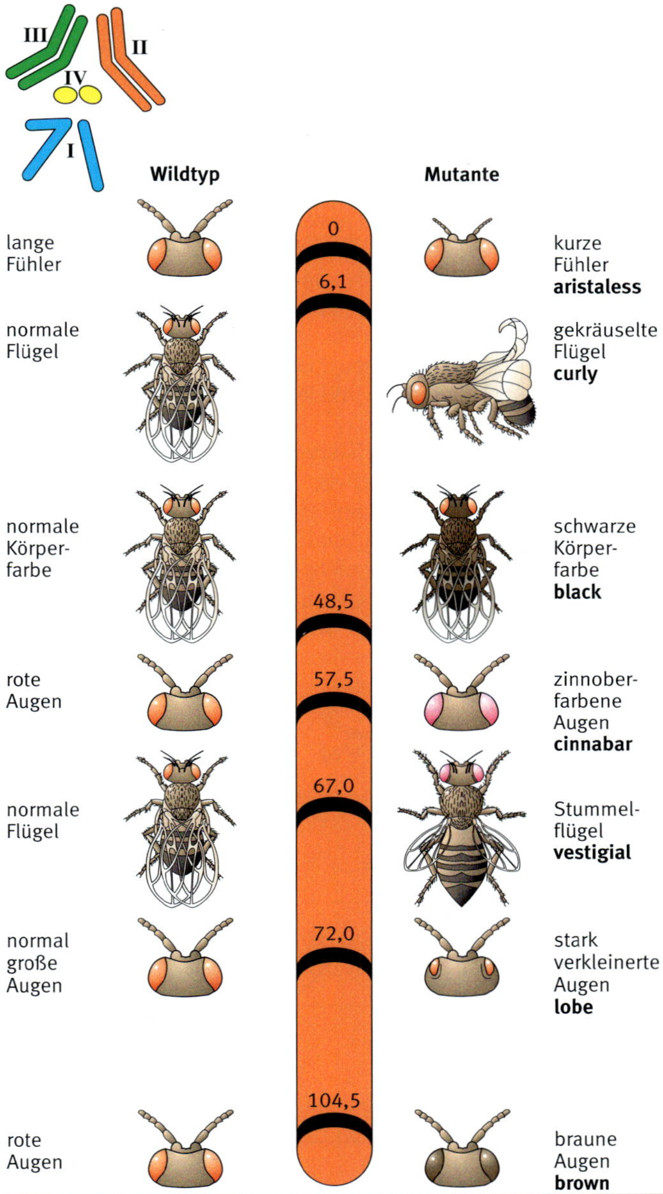

33.1 Ausschnitt der Genkarte des Chromosoms II von *Drosophila melanogaster.* Die Zahlenwerte geben die relative Entfernung der Genorte von dem einen Chromosomenende in M an.

3 Das Lebermoos *Sphaerocarpus* zeigt unter anderem Mutationen, die mit den Buchstaben s, c und v abgekürzt werden. Für die entsprechenden Wildtypen werden die Symbole s^+, c^+ und v^+ verwendet. Bei einer Kreuzung der Doppelmutante c s v^+ mit der Einfachmutante c^+ s^+ v entstanden folgende Nachkommentypen: 363 c s v^+, 185 c^+ s v^+, 18 c^+ s^+ v^+, 136 c^+ s v, 13 c s v, 129 c s^+ v^+, 167 c s^+ v^+ und 391 c^+ s^+ v.
Berechnen Sie für die angegebenen Zahlen die Prozentwerte und daraus die Genabstände. Erklären Sie auftretende Unstimmigkeiten.

3.8 Letale Allele

Wie man aus verschiedenen Kreuzungsergebnissen weiß, sind die *Drosophila*-Doppelmutanten Lobe/Curly (stark verkleinerte Augen/gekräuselte Flügel) immer heterozygot. Die beiden Allele liegen auf dem Chromosom II und werden jeweils mit Großbuchstaben abgekürzt, weil sie gegenüber dem entsprechenden Wildallel dominant sind.
Kreuzt man nun zwei heterozygote Fliegen dieser Doppelmutante, erwartet man nach der MENDELschen Spaltungsregel 50 % Lobe/Curly-Individuen und je 25 % Lobe- und 25 % Curly-Fliegen.
Überraschenderweise scheint die Uniformitätsregel zu gelten, denn alle Individuen der F_1 sind übereinstimmend Lobe/Curly-Fliegen. Tatsächlich sind die reinerbigen Lobe- und Curly-Tiere nicht überlebensfähig. Die Allele L und Cy erweisen sich demnach reinerbig als letal, indem sie während der Entwicklung eines Lebewesens zu dessen Absterben vor Erreichen der Fortpflanzungsfähigkeit führen. Weil beide Allele nur bei Homozygotie zum Tode führen, heißen sie **rezessive Letalfaktoren.**

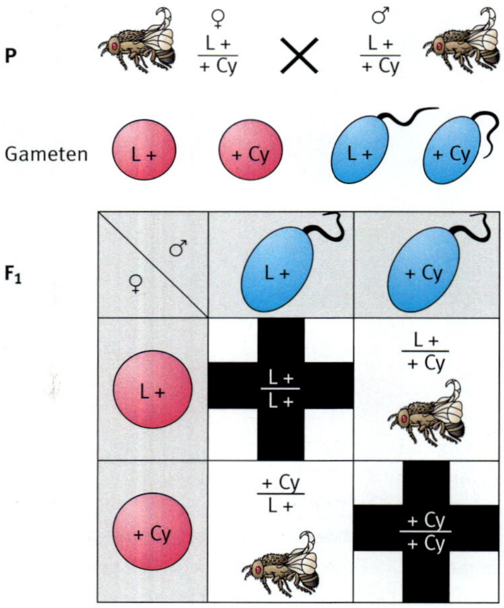

34.1 Kreuzungsschema zweier Lobe/Curly-Individuen von *Drosophila melanogaster*

34.2 Schwarzbunter Bulle

Letalfaktoren sind nicht nur auf *Drosophila*-Fliegen beschränkt, ein Beispiel für die praktische Bedeutung bietet die Rinderzucht. Im Jahre 1902 wurde der preisgekrönte Holsteiner Bulle „Prinz Adolph“ als Zuchtstier von Deutschland nach Schweden verkauft. 1930 gab es in Nordeuropa bereits 2000 von ihm abstammende Zuchtstiere. Zu dieser Zeit stieg die Zahl haarlos geborener Kälber alarmierend an. Sie konnten ihre Körpertemperatur nicht regulieren und starben deshalb kurz nach der Geburt.
Es stellte sich heraus, dass sie für ein bestimmtes Allel, das offensichtlich auf „Prinz Adolph“ zurückging, homozygot waren. Liegt das Allel nur heterozygot vor, ist das Tier normal behaart und lebensfähig.

Ein weiteres Mal wurde die deutsche Rinderzucht 1988 bei den Schwarzbunten in den USA mit dem Problem eines Letalfaktors konfrontiert. DUMPS ist eine Abkürzung für den Defekt eines Enzyms. Homozygote Individuen sterben wegen dieses Defektes bis zum 40. Trächtigkeitstag ab. Ausgerechnet der überragende Spitzenbulle „Happy-Herd Beautician“, dessen Sperma weltweit zur künstlichen Besamung eingesetzt wurde und der so mehrere zehntausend Nachkommen „zeugte“, wurde als heterozygoter Träger dieses rezessiven Letalfaktors identifiziert.
Heterozygote zeigen nur die halbe Aktivität des betroffenen Enzyms in verschiedenen Rinderzellen. Dieses lässt sich biochemisch nachweisen, so können heterozygote Anlagenträger sofort identifiziert werden. Seit 1994 gibt es einen Gentest zur Erkennung von DUMPS, der noch sicherer ist als die biochemischen Tests.

1 Vergleichen Sie die beiden oben geschilderten Krankheitsfälle in der Zucht der Schwarzbunten Rinder. Warum erreichte der Fall von „Happy Herd Beautician“ ein ganz anderes Ausmaß als der von „Prinz Adolph“?

2 Welche Gefahren erkennen Sie auch in der Zukunft für die Zucht der Schwarzbunten Rinder? Wie sollte und könnte man verantwortungsbewusst dieser Gefahr begegnen?

3.9 Polygene Vererbung

Bei einer Kreuzung einer schwarzen Maus mit einer weißen finden sich im selben Wurf schwarze, weiße und unterschiedlich graubraune Tiere. An diesem Ergebnis waren schon MENDEL und MORGAN fast verzweifelt. Inzwischen weiß man, dass der Gesamteindruck der Fellfarbe bei Mäusen, wie bei vielen anderen Säugetieren auch, durch das Farbmuster der einzelnen Deckhaare hervorgerufen wird. Jedes einzelne Deckhaar hat ein besonderes Ringelmuster, das nach einem südamerikanischen Nagetier **Agouti**muster heißt.
Die Spitze des Haares ist schwarz, es folgt eine gelbliche oder rötliche Querbinde, an die wieder ein schwarzer Ring anschließt. Dieses Muster wiederholt sich oder ein grauer Haargrund schließt sich an.
An der Ausbildung der Färbung und des Musters der Haare sind mehrere Gene beteiligt. Die Allelkombinationen AA und Aa bewirken das Ringelungs-Muster. Fehlt das dominante Wildallel A, so sind alle Haare einfarbig schwarz. Die schwarzen Pigmente werden durch die Allelpaare BB oder Bb festgelegt. Fehlt das dominante Wildallel B, dann sind die Haare einfarbig rötlich gelb.
Sowohl das schwarze als auch die rötlich gelben Pigmente gehen durch enzymatische Prozesse aus nichtfarbigen Vorstufen hervor. Die Vorstufen entstehen ihrerseits durch Einwirkung der Allelkombinationen CC oder Cc. Fehlt das wiederum dominante Wildallel C, dann wird kein Farbpigment gebildet, selbst wenn die Allele A oder B – dann verdeckt – vorliegen. Das Tier hat dann ein weißes Fell.
Neuere Untersuchungen ergaben, dass zwei weitere Gene an der Ausbildung der Fellfarbe der Mäuse beteiligt sind. Das D-Gen kontrolliert die Intensität der Pigmentierung: Die Kombinationen DD oder Dd führen zur vollen Ausbildung der Fellfarbe, während dd diese aufhellt. Das S-Gen schließlich kontrolliert das Auftreten von Flecken. Dabei führen die Kombinationen SS und Ss zu ungefleckten und ss zu gescheckten Mäusen.
Dieses Zusammenwirken mehrerer Gene bei der Bestimmung eines Merkmals nennt man **Polygenie** oder **polygene Merkmalsausbildung.** Die Ausbildung eines Gesamtmerkmals, wie zum Beispiel der Haarfarbe, bei der jedes der zusammenwirkenden Genpaare in anderer Richtung wirkt oder ein Teilmerkmal bedingt, heißt **komplementäre Polygenie.**

35.1 Mäuse in verschiedenen Fellfarben

AA oder Aa BB oder Bb CC oder Cc	Ringelmuster Schwarzes Pigment Überführung nichtfarbiger Vorstufen in die Pigmente	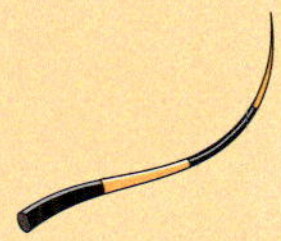
aa BB oder Bb CC oder Cc	**A fehlt** keine Ringelung, Haar einfarbig schwarz	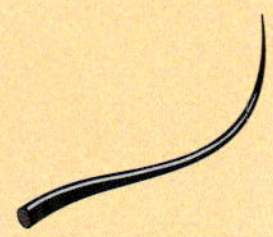
aa bb CC oder Cc	**A und B fehlen** keine Ringelung, kein schwarzes Pigment, Haar rötlich gelb	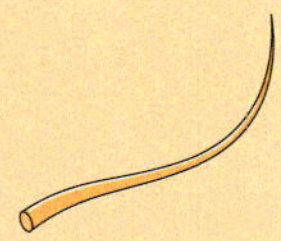
aa bb cc	**A, B und C fehlen** keine Ringelung, kein Pigment, Haar farblos, Albino	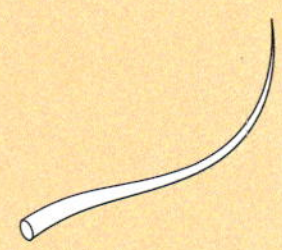

35.2 Polygene Merkmalsausbildung am Beispiel verschiedenfarbiger Haare bei Mäusen

Wirken alle Paare in einer Richtung, indem sie einander in der Wirkung verstärken, liegt **additive Polygenie** vor. Ein Beispiel hierfür scheint die menschliche Hautfarbe zu sein. Mindestens drei, wahrscheinlich jedoch mehr Gene kontrollieren die Hautpigmentierung. Jedes der Gene besitzt wahrscheinlich zwei Allele, ein dominantes, das eine intensive Pigmentierung hervorruft, und ein rezessives, das eine schwache verursacht. Je mehr dominante Allele eine Person in ihrem Genotyp vereinigt, desto dunkelhäutiger sollte sie sein. Auch die Umwelt nimmt über die Intensität der Sonneneinstrahlung Einfluss. Ein weiteres Beispiel für additive Polygenie ist die Körpergröße des Menschen. Die Bestimmung eines Merkmals durch ein einziges Gen ist selten.

PRAKTIKUM

Drosophila-Genetik

1 Herstellung des Futters

Material: Becherglas (100 ml), Weithals-Erlenmeyerkolben (250 ml und 1000 ml), Waage, Spatel, Heizplatte, Teelöffel, Esslöffel, Kultur- und Einzel-Zuchtgläser für Kreuzungsexperimente, Trockenschrank, Filterpapier, Pinzette, Tropf-Pipette, Agar, Wasser, Weizengrieß, Weizenstärke, Rübensirup, Nipagin, Bäckerhefe

Durchführung: Im 1000-ml-Weithals-Erlenmeyerkolben 7,5 g Agar in 600 ml Wasser 20 Minuten kochen.
75 g Weizengrieß und einen Teelöffel Weizenstärke in 250 ml Wasser anrühren und unter Rühren zur Agarlösung geben. Einen Esslöffel Rübensirup unterrühren und erneut aufkochen. 15 Minuten leicht brodeln lassen. Wenn der Brei nicht mehr kocht, eine Messerspitze Nipagin (gegen Pilzbefall) hinzufügen.
Das Futter wird sofort heiß in die sauberen Zuchtgläser gefüllt. Diese sollten zuvor 20 Minuten bei 180 °C im Trockenschrank erhitzt worden sein. Die Gläser werden vor dem Erhitzen in den kalten Trockenschrank gestellt und erst nach dem Abkühlen wieder herausgenommen, um ein Zerspringen zu vermeiden. Fehlt ein Trockenschrank, sind alle Gläser sehr sorgfältig abzuwaschen und abzutrocknen. Die Füllhöhe in den Zuchtgläsern beträgt 3 bis 4 cm. In das noch nicht erstarrte Futter drückt man randwärts mit einer Pinzette jeweils ein Filterpapierröllchen, das man aus einem 6 x 4 cm großen Stück Papier dreht (dient der Feuchtigkeitsregulierung und als Verpuppungsplatz). Nach dem Erkalten des Futters gibt man mit einer Pipette einige Tropfen Bäckerhefesuspension, die zuvor durch Aufschwemmung im Becherglas hergestellt wurde, auf die Nährbodenoberfläche.

2 Durchführung der Kreuzungsansätze

F+ Xn B3

Material: Kultur-Zuchtgläser (250 ml, im Fachhandel erhältlich; Baby-Milchfläschchen oder große Fertignahrung-Babygläschen sind auch geeignet), Einzelkreuzungs-Zuchtgläser (60 ml, zylindrisch, etwa 8 cm Höhe bei 3 cm Durchmesser; im Fachhandel erhältlich; große Reagenzgläser sind auch geeignet), Watte, Verbandsmull, Lupen, weiße Rundfilter, dünne Tuschepinsel, Seidenpapier, Pipetten, Betäubungsgläschen mit gleichem Öffnungsdurchmesser wie die Zuchtgläser, Korkstopfen, Stecknadel, Klebeetiketten, Folienschreiber, Brutschrank, Pinzette, Diethylether (F+, Xn), *Drosophila*-Nährmedium nach nebenstehender Versuchsvorschrift oder Fertigfutter (im Fachhandel erhältlich), *Drosophila*-Wildstamm und verschiedene reinerbige Mutanten aus dem Lehrmittelfachhandel

Durchführung:
Sterilisieren: Sämtliche Geräte wie Gläschen, Filterpapier, Tütchen, Pinzetten, Wattestopfen usw. werden gegen Pilzbefall 20 Minuten auf 180 °C erhitzt.

Zucht und Kultur der Ansätze: In die Zuchtgläser für Wildtyp und Mutanten gibt man durch Umschütten jeweils 15 Paare. Männchen und Weibchen werden dazu nach vorheriger Betäubung getrennt. Die Unterscheidungsmerkmale der Geschlechter sind im Steckbrief (Seite 25) beschrieben.

Die Gläser werden durch Wattebäusche verschlossen, die mit Verbandsmull umhüllt sind, und beschriftet. Jeder Stamm wird in mehreren Gläsern weitergezüchtet, um unvorhersehbaren Verlusten vorzubeugen.

36.1 Arbeitsmaterial für die Durchführung von Kreuzungen bei *Drosophila*

Werden die Kulturen bei einer konstanten Temperatur von 25 °C im Brutschrank gehalten, ist die Dauer der Generationenfolge relativ konstant. Notfalls lässt sich die Entwicklung durch Erhöhen oder Absenken der Temperatur beschleunigen oder verzögern.

Narkotisieren: Für die genaue Geschlechts-Diagnose müssen die Fliegen betäubt werden. Man kann spezielle Betäubungsgläser oder leere Zuchtgläschen verwenden. Der Stopfen zur Betäubung trägt auf der Innenseite einen mit Mull umspannten Wattebausch, der mit einer Stecknadel befestigt wird.
Man stößt das Zuchtglas mehrfach leicht auf den Handballen. Die Fliegen fallen dadurch nach unten. Dann entfernt man den Wattestopfen des Betäubungsglases und setzt dieses auf die Öffnung des Zuchtglases. Beide Gefäße werden dann – Öffnung an Öffnung – gedreht, wobei die Gläser mit der Hand zusammengehalten und abgedichtet werden. Durch erneutes Klopfen werden die Fliegen vorsichtig in das leere Glas umgeschüttet, sodass kein Futterbrei in das Betäubungsglas gelangt. Wenn alle Fliegen auf dem Boden des Betäubungsglases sind, wird das obere Glas abgenommen und der Betäubungsstopfen aufgesetzt, auf dessen Wattebausch zuvor mit einer Pipette einige Tropfen Diethylether gegeben wurden.

Betäubungsdauer: Die Betäubung erfolgt schneller, wenn man die an der Glaswand nach oben laufenden Fliegen mehrfach auf den Boden des Gefäßes schüttelt. Wenn die Tiere sich nicht mehr bewegen, gibt man sie auf einen weißen Rundfilter. Zu lange Ethereinwirkung tötet die Tiere, direkte Benetzung tötet sie sofort.
Bei jeder erneuten Benutzung des Betäubungsglases ist darauf zu achten, dass keine Fliegen von der vorangegangenen Narkose im Glas geblieben sind. Fliegen bleiben leicht am feuchten Glas hängen, deshalb benutzt man für die Betäubung nur ganz trockene Gläser.

Kreuzungsansätze: Für die Kreuzungen müssen die Weibchen virgin sein. Dazu werden die frisch geschlüpften Tiere aus den Stamm-Kulturen im Abstand von sechs Stunden abgeschüttet, betäubt und nach Geschlechtern getrennt. Die Zeit muss eingehalten werden, denn die Fliegen sind nach sechs bis acht Stunden geschlechtsreif. Männchen und Weibchen werden über mehrere Tage in Reagenzgläsern mit Nährboden getrennt gesammelt.
Es darf keine Verwechslungen geben! Fehlt die Zeit für das mehrfache Trennen, kann man in der Hauptschlupfperiode morgens alle Tiere abschütten und entfernen. Dabei darf keine Fliege zurückbleiben.
Im Brutschrank beschleunigt man dann die Entwicklung und verwendet nach einigen Stunden die neu geschlüpften Fliegen, bevor sie geschlechtsreif sind. Man erhält dabei allerdings weniger Tiere als beim wiederholten Trennen.

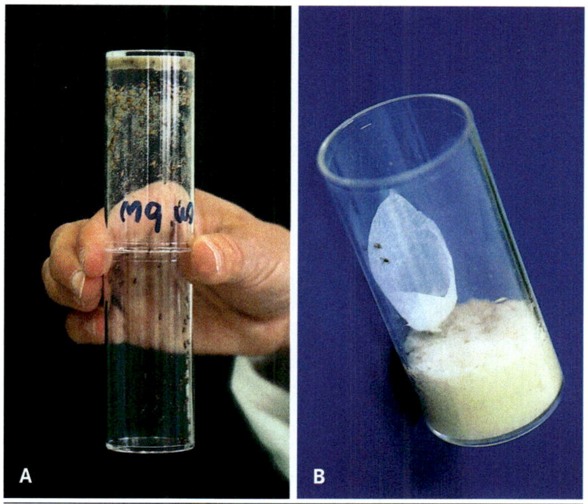

37.1 A Umschütteln; **B** Überführen der Fliegen

Zur Durchführung des Kreuzungsansatzes werden die Fliegen betäubt. Nun gibt man ein Weibchen und ein Männchen mit dem Pinsel in Tütchen von 2 cm Länge. Die Fliegen werden in Tütchen übertragen, damit sie nicht auf dem Nährboden festkleben. Die Tütchen werden aus rechteckigen Seidenpapierstückchen über einem Bleistift gedreht und mit ihrem Stiel mit einer langen Pinzette vorsichtig in den Nährboden gedrückt. Ausgeschüttete Tiere werden sofort entfernt und ersetzt. Die Gläser werden nach dem Besetzen sofort verschlossen und gleich beschriftet.

Schwierigkeiten: Durch fremde Fliegen können sowohl die reinen Stämme verdorben als auch Einzelkreuzungen verfälscht werden. Notwendiges Öffnen der Gläser muss schnell erfolgen. Die Gläser mit den reinen Stämmen sollten nicht in dem Raum stehen, in dem das Umschütten erfolgt. Trotz Nipagin-Zusatz können Nährböden von Schimmel befallen werden. Dann lässt man die Fliegen beim Ansetzen neuer Kulturen von einem Gefäß in das neue, aufgesetzte überfliegen. Beim Umschütten ist die Gefahr der Übertragung von Pilzsporen zu groß. Bei geringem Pilzbefall fressen die Larven den Schimmel mit auf. Man kann dann mit den Kulturen weiterarbeiten. Auf alle Fälle sind bei Schimmelbefall neue Kulturen möglichst schnell und wiederholt aus alten zu erzeugen.
Besonders ältere Kulturen, in denen man mehrere Generationen hat schlüpfen lassen, neigen zu Milbenbefall. Man erkennt die Milben an den Fliegen deutlich mit der Lupe. Von Milben befallene Kulturen werden am besten verworfen und die Gläser gründlich gereinigt und sterilisiert. Muss man mit befallenen Stämmen weiterarbeiten, werden einzelne Fliegen unter dem Binokular mit dem Tuschepinsel von Milben befreit, um mit ihnen weiterzuzüchten. Zusätzlich sollten die Fliegen mehrfach auf neue Nährböden umgesetzt werden.

4 Veränderungen von Merkmalen

38.1 Verschiedene Modifikationen der Kartoffel

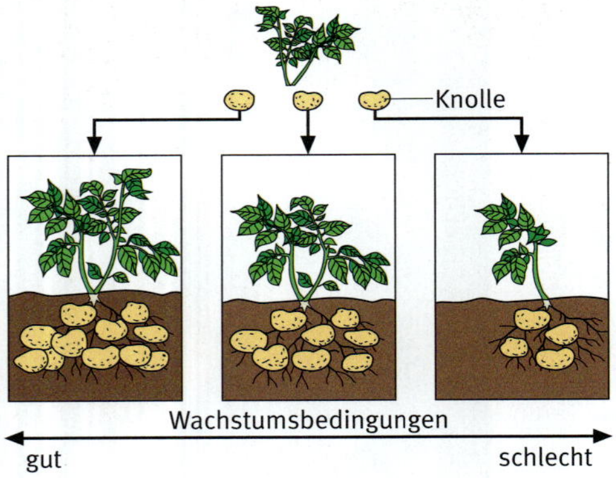

38.2 Variationskurven der Knollengröße aus zwei ausgelegten Kartoffeln

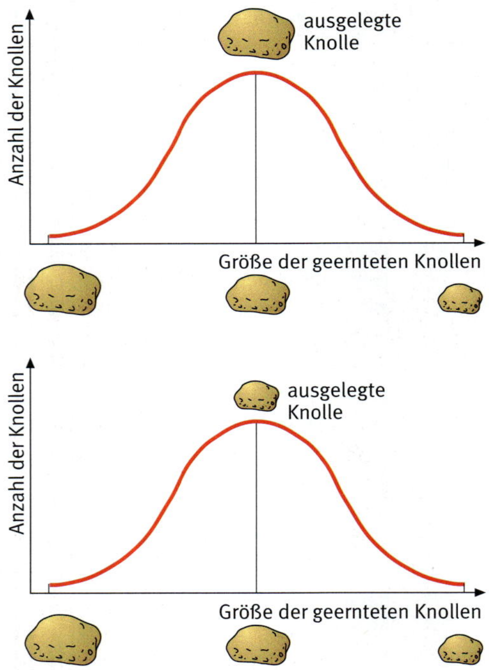

38.3 Experimente mit Löwenzahn

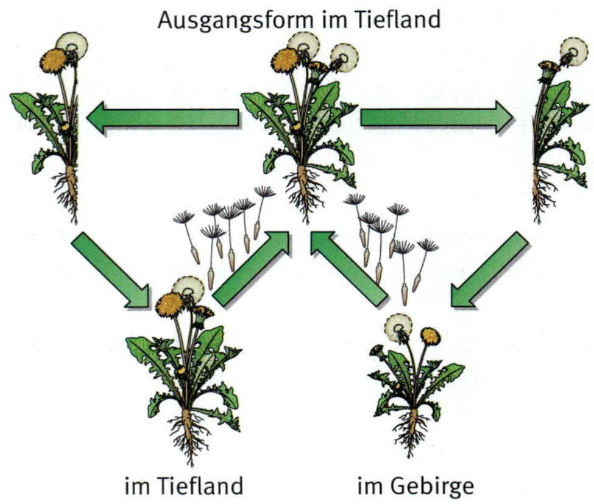

4.1 Modifikation

Seit der Entdeckung der MENDELschen Regeln wurde unter Naturwissenschaftlern heftig diskutiert, ob das Aussehen von Lebewesen nur genetisch oder auch durch Einflüsse der Umwelt bestimmt wird.

Diese Frage kann durch Beobachtungen an Kartoffelpflanzen beantwortet werden: Neben der geschlechtlichen Fortpflanzung über befruchtete Blüten und Samen vermehren sich Kartoffeln auch vegetativ über Knollen. Werden die Knollen einer Kartoffel ausgepflanzt, entwickeln sich daraus verschieden aussehende Individuen, obwohl die Erbinformation der Knollen identisch ist. Offensichtlich bestimmt die genetische Information nicht allein die Merkmalsausprägung. Die verschiedenen Wachstumsbedingungen der Knollen beeinflussen über **Umweltfaktoren** wie Licht, Feuchtigkeit, Temperatur oder Bodengüte den Phänotyp der Pflanzen.

Ein weiteres Experiment sollte klären, ob die Knollengröße vererbt wird. Dazu werden die kleinste und die größte Knolle einer Kartoffelpflanze ausgelegt. Die beiden erbgleichen Knollen entwickeln sich unter identischen Umweltbedingungen zu Kartoffelpflanzen. Dann werden die Knollen der beiden Pflanzen nach der Größe ausgewertet. Durch Auftragen der Anzahl der Knollen pro Größenklasse ergeben sich zwei Variationskurven, die nahezu identisch sind. Damit ist experimentell belegt, dass nicht eine bestimmte Knollengröße vererbt wird, sondern eine **Reaktionsnorm,** innerhalb derer sich die jeweilige Knollengröße bewegt. Die individuelle Größe, die einzelne Knollen unter bestimmten Umwelteinflüssen erreichen, ist die jeweilige **Modifikation** der Reaktionsnorm. Elternindividuen geben an ihre Nachkommen immer die gesamte Reaktionsnorm weiter, die jeweils individuell erworbene Modifikation wird nicht vererbt.

Ein historisches Experiment zu dieser Problematik führte BONNIER (1853–1901) durch. Dieser machte sich zunutze, dass Löwenzahn im Flachland in einer anderen Modifikation wächst als im Gebirge. Er teilte eine Flachlandform in zwei Hälften, die in verschiedenen Gebieten zur jeweils typischen Modifikation heranwuchsen.

Modifikationen, die wie die Knollengröße der Kartoffeln oder die Wuchsform des Löwenzahns in vielen Zwischenformen entstehen können, werden **fließend** genannt. Diese gibt es nicht nur bei Pflanzen, sondern auch bei Tieren. Ein Beispiel dafür ist die Mutante Lobe (stark verkleinerte Augen) bei der Taufliege *Drosophila melanogaster*. Homozygot ist das rezessive Allel für den Träger letal. Im heterozygoten Zustand bestimmt es eine Reaktionsnorm, die von fehlenden Augen über unterschiedlich verkleinerte Augen bis hin zur Augenform des Wildtyps reichen kann. Bis heute sind etwa 800 verschiedene Formen innerhalb der Lobe-Reaktionsnorm bekannt.

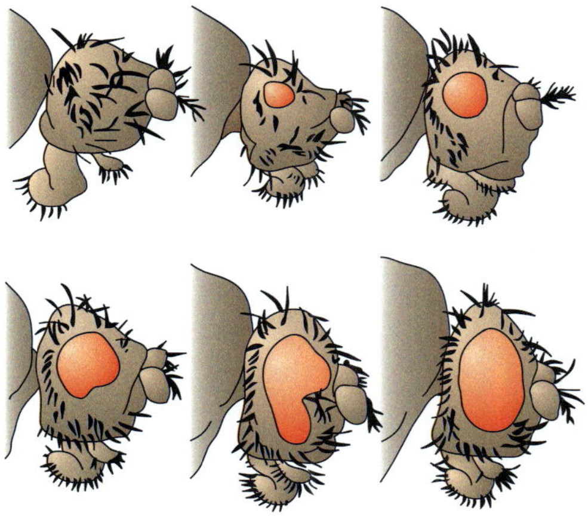

39.1 Fließende Modifikationen des Lobe-Auges bei *Drosophila*

Neben fließenden gibt es auch **umschlagende Modifikationen.** Im Pflanzenreich ist die Blütenfarbe der Hortensien ein anschauliches Beispiel dafür. Diese in China heimische Pflanze kann verschiedene Blütenfarben von Blau über Violett bis Rosa zeigen. Verantwortlich dafür ist ein und derselbe Blütenfarbstoff, der in Abhängigkeit von der Konzentration an Eisenionen seine Farbe wechselt: Die Blaufärbung, die er bei Anwesenheit der Metallionen zeigt, verändert sich immer mehr nach Rosa, je geringer die Eisenkonzentration wird.

39.2 Umschlagende Modifikation: Blütenfarbe von Hortensien

Auch für die umschlagenden Modifikationen gibt es anschauliche Beispiele im Tierreich. Bei der Erforschung der Vererbung der Fellfarbe bei Säugetieren stieß man bei dem Gen „C", das die Vorstufen zu den schwarzen, rötlichen und gelben Pigmenten entstehen lässt, auf das Himalaya-Allel c^h. Dessen Allelprodukt ist hitzelabil. Liegt das Allel homozgot vor, führt dies zum Beispiel bei Katzen zur Siamfärbung: Die Extremitäten und Ohren zeigen ein dunkleres Fell als die wärmeren Körperteile des Rumpfes. Werden andere Hautpartien gekühlt, dunkelt auch dort das Fell nach einiger Zeit nach.
Dasselbe Allel tritt offensichtlich auch bei den Russenkaninchen auf: Diese zeigen bei einer hellen Grundfarbe des Fells ebenfalls dunkle Abzeichen an Ohren, Schnauze, Läufen und Schwanz.

39.3 Umschlagende Modifikation: Fellfarbe der Siamkatzen

Siamkatzen und Russenkaninchen sollen vor mehreren hundert Jahren von englischen Seefahrern aus dem Himalaya-Gebiet in die Heimat mitgebracht worden sein. Deshalb wurde das entsprechende Allel auch Himalaya-Allel c^h genannt.

1 Begründen Sie, warum die vegetativ entstandenen Tochterknollen einer Kartoffelpflanze untereinander erbgleich sind. Beziehen Sie auch cytologische Aspekte mit ein.

2 Beschreiben und erläutern Sie das Löwenzahn-Experiment von BONNIER.

3 Suchen Sie weitere Beispiele für fließende und umschlagende Modifikationen aus dem Tier- und Pflanzenreich.

40.1 **Albino-Eselpinguin in Brutkolonie**

40.2 Birkenspanner, helle und dunkle Form.
A auf Stamm mit hellen Flechten;
B auf dunklem Stamm ohne Flechten

4.2 Mutation und Selektion

Manchmal treten in einer Gruppe von gleichartigen Lebewesen Individuen auf, deren Phänotyp außerhalb der jeweiligen Reaktionsnorm liegt. Der Holländer Hugo DE VRIES fand solche Varianten bei Experimenten mit der Nachtkerze und nannte sie **Mutationen** (lat. *mutatio*, Veränderung).
Der abgebildete weiße Eselpinguin aus den antarktischen Gewässern ist auch eine solche Mutante. Bei ihm liegt ein rezessives Allel reinerbig vor: Dadurch können Pigmente für Haut oder Federn nicht gebildet werden. Im Gegensatz zu anderen Tieren haben solche **Albinos** (lat. *albus*, weiß) rote Augen, weil ihnen auch das Pigment in der Iris fehlt, sodass die gut durchbluteten Gefäße der Netzhaut durch die Iris hindurchscheinen. Albinos sind auch von vielen Säugetieren wie Mäusen, Kaninchen, Gorillas und sogar dem Menschen bekannt. Ursache ist eine **Genmutation**, da nur ein Gen von der Mutation betroffen ist. Sie entsteht durch die Veränderung der genetischen Information eines entsprechenden Wildallels für die Pigmentierung.
Treten solche Veränderungen nur in Körperzellen eines Individuums auf, werden diese **somatischen Mutationen** nicht an die Nachkommen vererbt. Nur Mutationen in Zellen der Keimbahn werden als **generative Mutationen** auch vererbt.

Eine weitere Genmutation ist von einem Nachtfalter, dem Birkenspanner, bekannt. Der Falter ruht tagsüber auf Birkenstämmen oder auf Rinden anderer Baumarten, die durch den Besatz mit hellen Flechten gekennzeichnet sind. In den Populationen dieses Falters treten immer wieder dunkle Mutanten mit dem dominanten „carbonaria“-Allel auf. Bis zum 19. Jahrhundert waren solche Schwärzlinge selten: Sie wurden auf der hellen Baumrinde tagsüber von räuberischen Vögeln viel schneller entdeckt als die homozygot hellen Tiere mit dem „typica“ genannten Wildallel. Mit fortschreitender Industrialisierung nahm der Anteil der dunklen Falter immer mehr zu, weil durch die zunehmende Luftverschmutzung die Flechten zugrunde gingen, und nicht weil sich auf den Baumrinden Ruß absetzte. Dadurch wurden die hellen Birkenspanner für Beutegreifer vor der dunklen Borke leichter sichtbar. Gleichzeitig verbesserte sich die Tarnung der carbonaria-Form. Die zuvor nachtei-

lige Mutation erwies sich nun bei der natürlichen **Selektion** (lat. *selectio,* Auslese) als Vorteil. Solch eine Veränderung von einer Population mit überwiegend hellen, wildfarbenen Individuen zu Populationen mit überwiegend dunklen Mutanten heißt **Industriemelanismus** (gr. *melanizein,* schwarz werden).
Durch verstärkten Umweltschutz ist die Luftverschmutzung mancherorts bereits wieder so weit zurückgegangen, dass die Flechten zurückkehren und die Zahl der hellen typica-Formen wieder zunimmt.

Eine natürliche Genmutation im Pflanzenreich lässt sich bei Miniaturnarzissen beobachten. Fast alle Miniaturnarzissen haben einfache, ungefüllte Blüten wie die abgebildete „February Gold", eine Gartenhybride von *Narcissus cyclamineus* aus Portugal. Seit vielen Jahrhunderten ist den Gärtnern mit „Rip van Winkle" eine gefüllte Mutante von *Narcissus pumilus* bekannt.

Bei den **Chromosomenmutationen** wird die Struktur einzelner Chromosomen verändert, zum Beispiel durch Wegfall oder Verdoppelung einzelner Abschnitte.

Eine dritte Gruppe von Mutationen betrifft die Anzahl einzelner Chromosomen oder sogar ganzer Chromosomensätze. Solche Veränderungen heißen **Genommutationen.** Besonders im Pflanzenreich findet sich das Phänomen der Vervielfachung der Chromosomensätze, der **Polyploidisierung,** relativ häufig. Dies trifft besonders für viele Kulturpflanzen des Menschen zu: Es gibt triploide Zitronen (3n), tetraploide Himbeeren und Weintrauben (4n) und hexaploiden Weizen (6n). Untersucht man die Pflanzen Europas auf die Anzahl ihrer Chromosomensätze, stellt man fest, dass der Anteil polyploider Arten von Süden nach Norden und auch generell vom Flachland zum Gebirge hin zunimmt. Man denkt, dass polyploide Arten eine breitere Reaktionsnorm haben. Dadurch sind sie anpassungs- und widerstandsfähiger. In der nacheiszeitlichen Besiedlung hatten sie somit einen Selektionsvorteil.
Neben der Vervielfachung der eigenen Chromosomensätze, der **Autoploidie** (gr. *autos,* selbst), spielt in der Evolution der Pflanzen auch die Vervielfältigung fremder Chromosomensätze, die **Alloploidie** (gr. *allos,* anders), eine entscheidende Rolle: Bei der Bastardierung verschmelzen die Geschlechtszellen zweier verwandter Arten.

41.1 Miniaturnarzissen. **A** normale Blüte; **B** gefüllte Blüte

41.2 Weintrauben. **A** tetraploid; **B** diploid

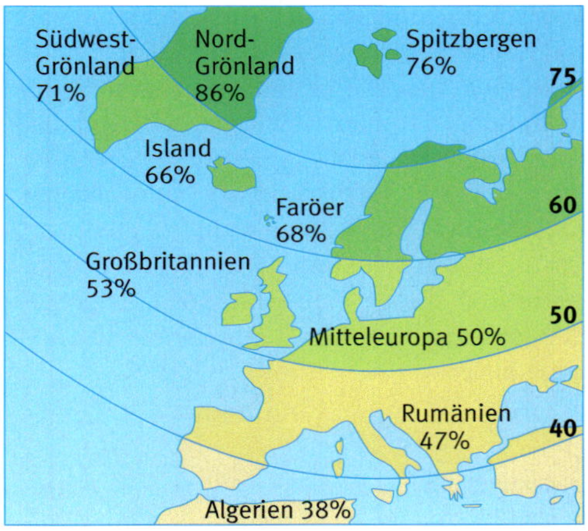

41.3 Anteil polyploider Pflanzen in Abhängigkeit von der geografischen Breite

Die dabei entstehende Zygote enthält keine homologen Chromosomensätze. In der Meiose können entsprechend auch keine homologen Chromosomenpaare gebildet werden, sodass es zwangsläufig zu Fehlern bei der Verteilung der Chromosomen auf die Gameten kommt. Deshalb sind Bastarde vielfach steril. Erst wenn vor der Meiose eine Polyploidisierung der vorhandenen Chromosomen stattfindet, können Geschlechtszellen gebildet werden. Möglicherweise ist dies einer der treibenden Mechanismen bei der Artbildung der Pflanzen. Der Saatweizen *Triticum aestivum* ist ein Beispiel für eine natürliche, alloploide Pflanze.

5 Tier- und Pflanzenzüchtung

5.1 Züchtung des Kulturweizens

42.1 Steppenlandschaft mit Einkorn und Emmer in der Osttürkei

Saatweizen ist heute für die Ernährung der Menschheit neben Reis die wichtigste Kulturpflanze. Er wird weltweit auf etwa 230 Millionen Hektar Land angebaut.
Am Beginn der **Weizenzüchtung** steht Einkorn. Wild- und Kulturform kommen heute noch nebeneinander auf dem Balkan und in Kleinasien vor. Die ersten Einkornfunde aus Siedlungen stammen aus Kleinasien und sind etwa 12 000 Jahre alt. Schon damals wurden Formen des Wildeinkorns, die keine brüchigen Ähren und keine Samenruhe zeigten, zum Kultureinkorn selektiert. Wie alle Weizengräser besitzt dieses eine Chromosomengrundzahl von 2n = 14, sein Genom wird mit „AA" symbolisiert.

42.2 Züchtung von Kulturweizen und Triticale

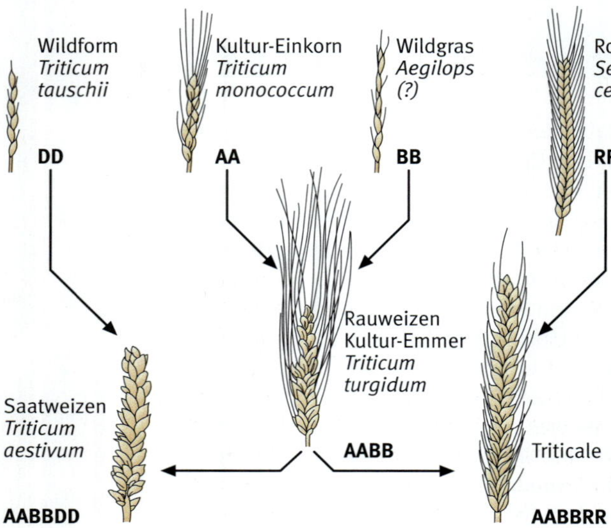

Das Kultureinkorn bastardierte wahrscheinlich mit einer *Aegilops*-Art, deren Genom mit „BB" bezeichnet wird, zum Rauweizen oder Emmer mit dem Genom „AB".
Diese Arthybride ist normalerweise steril, da während der Meiose eine Paarung homologer Chromosomen nicht möglich ist. Durch zufällige **Meiosefehler** wurden verdoppelte Chromosomen nicht getrennt, sodass tetraploide Individuen mit dem Genom „AABB" entstanden. Diese können Meiosen nun erfolgreich durchlaufen. Durch Selektion entstanden wiederum Kulturformen des Emmer ohne brüchige Ähren und lange Keimruhe.
Im letzten Schritt zum hexaploiden Saatweizen kam es zu einer erneuten Bastardierung mit anschließendem Meiosefehler zwischen Kulturemmer und *Triticum tauschii,* das heute noch in Mittelasien verbreitet ist. Dadurch erhielt der Saatweizen wahrscheinlich die breitere Klimatoleranz. Außerdem ist Weizen nun backfähig, sein Teig wird durch Eiweiße, den Kleber, elastisch und dehnbar. Ursprünglich besaß der Weizen Ähren mit festem Spelzenschluss, deshalb heißt diese Form Spelz- oder Dinkelweizen. Durch weitere Spontanmutationen entstand daraus der moderne, nackte Saatweizen ohne lange Grannen.

Konsequenter Einsatz der MENDELschen Regeln ließ vom Ende des 19. Jahrhunderts an neue, ertragreiche Sorten entstehen. In Kanada wurden zum Beispiel in der Sorte „Marquis" die hohen Erträge von „Red Five" und die kürzere Wachstumsphase von „Kalkutta" kombiniert. Dadurch konnte die potenzielle Anbaufläche im frostreichen Kanada um 25 Prozent ausgeweitet werden.
In den letzten 30 Jahren hat der Mensch mit ***Triticale*** ein neues Getreide geschaffen. Roggen mit dem Genom „RR" und Rauweizen mit „AABB" wurden zusammengebracht. Durch den Einsatz des Zellgiftes Colchicin wird der Aufbau der Teilungsspindel in der Meiose gestört, sodass aus Weizen *(Triticum)* und Roggen *(Secale)* hexaploides *Triticale* entsteht. Dieses vereint den Ertragreichtum des Weizens mit der Anspruchslosigkeit und Pilzresistenz des Roggens. Bisher wird es nur als Schweinefutter eingesetzt, weil es durch eine andere Kleberstruktur nicht auf übliche Weise backfähig ist.

5.2 Züchtung des Rindes

Alle Hausrindrassen stammen vom Auerochsen oder Ur ab. Archäologische Funde belegen, dass die früheste **Domestikation** (lat. *domesticus*, häuslich) vor rund 8000 Jahren in Anatolien, Syrien und dem Irak erfolgte.
Auerochsen sind inzwischen ausgestorben, das letzte Tier starb 1627 in Polen. Die Gebrüder HECK versuchten als Zoodirektoren in München und Berlin, Auerochsen durch Kreuzungen ursprünglicher Rinderrassen rückzuzüchten. Sie mussten aber erkennen, dass ihnen nur eine **Abbildzüchtung** gelungen war, da beispielsweise physiologische Eigenschaften auf diese Weise nicht wiedergewonnen werden konnten. In England haben mit den Parkrindern in der Umgebung alter Ritterburgen jedoch Tiere überlebt, die dem Auerochsen molekulargenetisch sehr nahe stehen. Die Parkrinder sollen wegen ihrer weißen Körperfarbe für keltische Druiden besonders wertvolle und deshalb geschützte Opfertiere gewesen sein und so überlebt haben.

2000 lebten auf der Erde etwa 1,5 Milliarden Rinder. Sie sind heute vielerorts das wichtigste Nutztier und liefern 30 % der Weltfleisch- und knapp 90 % der Weltmilchproduktion.
Nach der Domestikation sind durch Züchtungen viele hundert Rinderrassen entstanden, die an regionale Gegebenheiten besonders gut angepasst sind. Durch moderne Züchtungsmethoden kommt es inzwischen aber zur genetischen Verarmung der Rinder.
Mitte des 19. Jahrhunderts hatte sich beispielsweise die Rasse des Schwarzbunten Niederungsviehs an den deutschen und holländischen Küsten als **Zweinutzungsrind** mit Milch- und Fleischnutzung etabliert.
Rinder dieser Rasse gelangten mit Auswanderern nach Nordamerika. Dort erfuhren sie eine Umzüchtung zum reinen Milchrind, dem Holstein-Friesian-Rind, da andere Fleischrassen wie Hereford Rinder bereits vorhanden waren und bevorzugt wurden.
Ab 1965 begann man in Deutschland zur Erhöhung der Milchleistung mit der Einkreuzung von Holstein-Friesian mittels importierten Spermas des kanadischen Bullen „Pabst Ideal". Die Einkreuzung weitete sich in kurzer Zeit zur **Verdrängungskreuzung** aus, ohne dass lebende Tiere in nennenswerter Zahl den Atlantik überquerten. Heute gibt es nur noch wenige Dutzend reinrassige Tiere des Schwarzbunten Niederungsviehs. Viele lokale Rassen mit speziellen Anpassungen sind bereits ganz verloren. Auch die Holstein-Friesians drohen genetisch zu verarmen, da durch die künstliche Besamung nur wenige Bullenlinien zum Einsatz kommen.

43.1 Englisches Parkrind

43.2 Leistungsschau holländischer Holstein-Friesian-Rinder aus kanadischem Sperma

Jahr	Milchleistung (kg)	Fettgehalt (%)	Proteingehalt (%)
1983	5574	3,82	3,50
1984	6255	4,00	3,42
1985	6049	3,93	3,37
1986	6382	4,23	3,38
1987	6178	4,50	3,42
1988	5882	4,37	3,35
1989	6259	4,30	3,44
1990	6181	4,17	3,17
1991	6282	4,28	3,17
1992	6919	4,21	3,18
1993	6626	4,38	3,23
1994	6604	4,41	3,18
1995	6770	4,36	3,19
1996	7047	4,41	3,39
1997	6585	4,60	3,30
1998	7343	4,49	3,28
1999	7431	4,33	3,32
2000	7866	4,35	3,39
2001	7701	4,25	3,36
2002	7607	4,14	3,34
2003	8350	4,16	3,39

43.3 Durchschnittliche Milchleistung und Milchinhaltsstoffe pro Rind und Jahr in einer Herde

1 Übertragen Sie die obige Tabelle in ein Diagramm. Verwenden Sie zwei Y-Achsen, eine für die Jahresmilchleistung und eine für die Milchinhaltsstoffe. Beschreiben und bewerten Sie die erkennbaren Entwicklungstendenzen.

5.3 Klassische Züchtungsverfahren

Die **Auslesezüchtung** basiert auf der natürlichen Variabilität von Lebewesen. Der Mensch verwendet für die Weiterzüchtung nur diejenigen Tiere oder Pflanzen, die erwünschte Merkmale zeigen.

Das Prinzip der Auslese soll am Beispiel der Lupine erläutert werden. Die blau und gelb blühenden Lupinen, die ursprünglich aus dem Mittelmeerraum stammen, wurden zunächst nur angebaut, um als Gründünger zu dienen. Durch Auslese besonders kräftiger Pflanzen konnte man die Grünmasse erheblich steigern. Die bitteren Inhaltsstoffe blieben jedoch und ließen ein Verfüttern der Pflanzen nicht zu. Anfang der Dreißigerjahre des 20. Jahrhunderts gelang es VON SENGEBUSCH, aus mehr als 1,5 Millionen Versuchspflanzen einige bitterstofffreie Mutanten herauszulesen. Ihre Weiterzucht ermöglichte seit 1935 den Anbau der Süßlupine als Futterpflanze.
Erfolgreich ist die Weiterzucht ausgelesener Pflanzen oder Tiere nur dann, wenn die aufgetretenen Veränderungen genetisch verankert sind. Es müssen also **Mutanten** oder Rekombinanten aus der Kreuzung verschiedener Genotypen vorliegen. **Modifikationen** sind dagegen ungeeignet, da sie nicht vererbt werden.

Bei der **Kombinationszüchtung,** die auch Kreuzungszüchtung heißt, werden Erbanlagen, die auf verschiedene Elternformen verteilt sind, durch Kreuzung zu einem neuen Genotyp kombiniert. Durch Auslese und weitere Kreuzungen erhält man homozygote Nachkommen. So besaß die bitterstofffreie Süßlupine zunächst platzende Hülsen, was zu erheblichen Ernteverlusten führte. Man kreuzte sie mit einer Bitterstoffe enthaltenden Rasse mit platzfesten Hülsen. Die F_1-Generation bestand nur aus Pflanzen, die den Bitterstoff enthielten und deren Hülsen platzten. Gemäß der MENDELschen Rekombinationsregel konnten in der F_2-Generation bitterstofffreie Pflanzen mit platzfesten Hülsen aussortiert und weitergezüchtet werden. Beim kanadischen Marquis-Weizen wurden durch Kombinationszüchtung hoher Ertrag, Standfestigkeit und Kältebeständigkeit vereinigt.

Zur Kombinationszüchtung zählt auch die **Inzucht,** die beispielsweise in der Rinderzucht in Form der Rückkreuzung angewendet wird. Hierbei werden die F_1-Bastarde mit den homozygoten Eltern gekreuzt. Durch Inzucht wird die Kombination erwünschter Allele in kürzerer Zeit erreicht, da die Genotypenzahl im Vergleich zu einer Kreuzung der F_1-Individuen untereinander erheblich reduziert ist.
Bei einem Experiment mit zehn Allelenpaaren in der P-Generation ergaben sich in der F_2-Generation etwa 60 000 Genotypen für die untersuchten Allele. Die Rückkreuzung der F_1-Individuen mit der P-Generation führte dagegen nur zu etwa 1000 Genotypen. Aus dieser kleinen Anzahl lassen sich vorteilhafte Allelkombinationen schneller selektieren.
Ein Nachteil der Inzucht besteht jedoch darin, dass auch rezessive krankheitsbestimmende Allele schneller homozygot werden.

Bei der **Heterosiszüchtung,** die in der Tierzucht Gebrauchskreuzung heißt, werden zunächst durch Inzucht reine Linien aus weitgehend homozygoten Individuen gewonnen. Sie werden dann gekreuzt. Die F_1-Bastarde zeigen oft eine gesteigerte Leistung und Vitalität. Die Ursache ist, dass Anlagen für Merkmale heterozygot werden, was **Heterosis** genannt wird. Die Nachkommen gekreuzter F_1-Bastarde, die Hybriden heißen, zeigen die Heterosis nur noch in abgeschwächter Form. Deshalb muss man die Hybriden aus den reinen Linien immer wieder neu gewinnen. Das erfordert deren ständige Weiterzucht.
Bei Tieren sind die Hybriden die Nutztiere, die Reinerbigen die Zuchttiere.

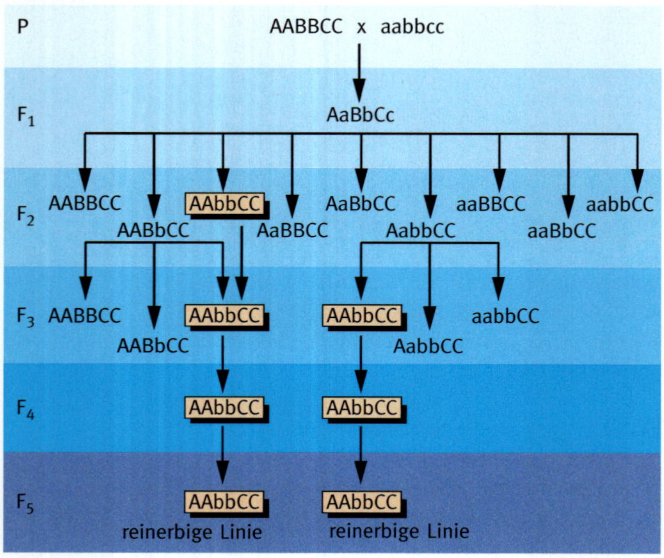

44.1 Prinzip der Kombinationszüchtung

Die Heterosiszüchtung wird seit 1920 in der Pflanzen- und seit 1975 in der Tierzüchtung eingesetzt. Durch Heterosiszüchtung wurden zum Beispiel Mais, Tomaten, Zwiebeln, Zuckerrüben und Gurken erzeugt. Auch Zierpflanzen wie Petunien oder Forstbäume wie Fichte, Kiefer und Lärche werden so gewonnen. Die Heterosiszüchtung führte zum Hybridhuhn und Hybridschwein. Sie hat eine große wirtschaftliche Bedeutung. In den USA stiegen die Mais-Ernteerträge von 1,6 Tonnen pro Hektar um 1930 auf 5,6 Tonnen pro Hektar um 1980. Weitere Steigerungen konnten durch die Heterosiszüchtung nicht mehr erzielt werden.

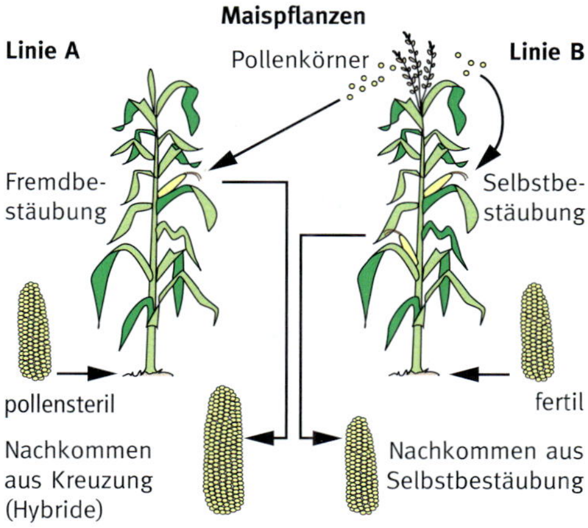

45.1 Heterosis-Züchtung beim Mais (Schema)

Die **Mutationszüchtung** wurde erst angewendet, nachdem man erkannt hatte, dass sich die natürliche Mutationsrate künstlich steigern lässt. Zuchtziele sind ein erhöhter Ertrag, Krankheits-Resistenz, Frühreife oder die vermehrte Bildung von Inhaltsstoffen wie Proteinen oder eine verminderte Bildung von Substanzen wie Bitterstoffen.

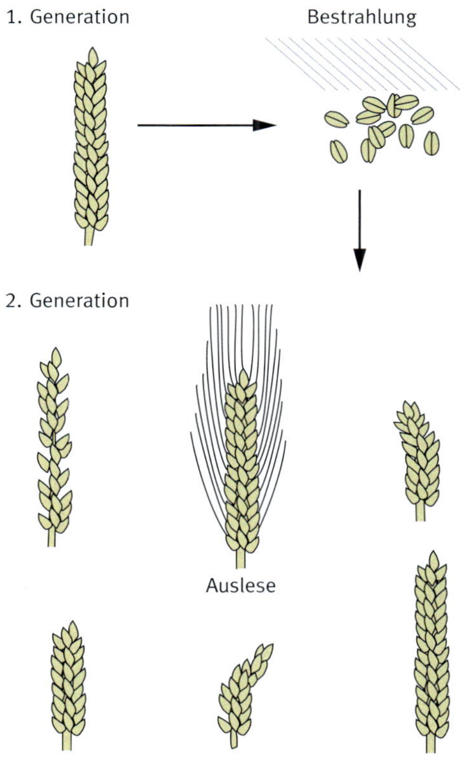

45.2 Mutationszüchtung bei Getreide (Schema)

Samen oder Pollen von Pflanzen werden mit Röntgen- oder Neutronenstrahlen behandelt. Auch chemische Mutagene (Nitrosomethylharnstoff, Senföle) sowie Kälte- oder Wärmeschocks werden eingesetzt. Die Folge sind Gen- oder Chromosomenmutationen. Nach der Bestäubung mit bestrahlten Pollen können bereits in der nächsten Generation dominante Mutanten auftreten. Aus der Vielzahl der Mutanten werden geeignete Organismen zur Weiterzucht ausgewählt, bei der auch die Auslese- und Kombinationszüchtung Anwendung findet. Durch Selbstbefruchtung erhält man dann in den Folgegenerationen die homozygot rezessiven Mutanten. Auf diese Weise wurde zum Beispiel eine frühreife Reissorte mit einem um sieben Prozent höheren Eiweißgehalt und eine kurzhalmige, standfeste Gerstensorte gezüchtet.

Bei mutagenbehandelten Samen können Mutationen im somatischen Gewebe oder im Keimbahngewebe des Embryos auftreten. Ist das somatische Gewebe mutiert, dann ist nur die sich entwickelnde Pflanze betroffen. Keimbahnmutationen werden dagegen an die Folgegenerationen weitergegeben. Bei Pflanzen, die sich auch vegetativ vermehren, können die entsprechenden Organe, wie zum Beispiel Knollen oder Steckreiser, den Mutagenen ausgesetzt werden. Die langjährige und konsequente Mutagenisierung führte zu großen Mutantensortimenten. So stehen für Kreuzungsexperimente und die permanente Neuzüchtung von Sorten zum Beispiel 7000 Reismutanten und 1800 Tomatenmutanten bei Saatzuchtbetrieben zur Verfügung. In der Tierzucht wird die Mutationszüchtung wegen der geringen Reproduktionsrate, des großen Generationsintervalls und der größeren Häufigkeit von Letalmutationen kaum angewendet.

6 Populationsgenetik

6.1 Individuum und Population

Die bei einzelnen Individuen beobachteten Erbgänge konnten mithilfe der MENDELschen Regeln entsprechend erklärt werden. Wie jedoch am Beispiel der Birkenspanner bereits gezeigt wurde, sind nicht Einzelindividuen für den Fortbestand einer Art von Bedeutung, sondern die gesamte Population.

Zum besseren Verständnis werden die Begriffe Art und Population zuerst definiert. Eine frühe Definition des Artbegriffs stammt von dem Engländer JOHN RAY, der 1686 formulierte: *„... ist mir kein Kriterium für die Artbestimmung vorgekommen, dass sicherer wäre als diejenigen Untersuchungsmerkmale, die noch bei der Fortpflanzung durch Samen erhalten bleiben ...“* Einerseits bleibt RAY mit dieser Umschreibung dem antiken **morphologischen Artbegriff** verhaftet, der auf gestaltlichen Übereinstimmungen beruht:

Alle Individuen werden als Angehörige einer Art definiert, die in wesentlichen äußeren Merkmalen übereinstimmen. Diskussionen bleiben dabei nicht aus, welches Merkmal wesentlich ist und welches nicht. Andererseits leitet RAYS Ansatz zu einem modernen Verständnis über, denn nach seiner Ansicht gehören nur diejenigen Individuen zu einer Art, *„die von gleichen Samen abstammen und ihre Eigenart durch Aussaat weiter fortpflanzen“.* Das ist die Überleitung zum **biologischen Artbegriff.** 1940 definierte der in Deutschland geborene Ernst MAYR die Arten als „Gruppen von wirklich oder potenziell sich fortpflanzenden natürlichen Populationen, die reproduktiv von anderen solchen Gruppen isoliert sind“. Als **Population** im genetischen Sinne wird die Gesamtheit aller Individuen einer Art bezeichnet, die sich an der sexuellen Fortpflanzung beteiligen können und dabei fruchtbare Nachkommen erzeugen. Für die Weitergabe der Gene zwischen diesen Individuen gelten die MENDELschen Regeln, deshalb heißen solche Populationen auch MENDEL-Populationen.

Ein für die Genetik wichtiges Merkmal einer Population ist ihr **Genpool,** das sind alle Gene beziehungsweise deren Allele, die in den Geschlechtszellen der Population enthalten sind. Die Anteile verschiedener Allele eines Gens im Genpool werden **Allelhäufigkeit** genannt.

46.1 Zwei Kinder, eines der beiden hat PKU

Eine Teildisziplin der Genetik, die Populationsgenetik, untersucht unter anderem die Allelhäufigkeiten in einer Population. Dies hat durchaus praktische Bedeutung. So ist von vielen genetischen Leiden die Häufigkeit bekannt, mit der sie in der Bevölkerung auftreten. Die Phenylketonurie (PKU) tritt beispielsweise weltweit mit einer Wahrscheinlichkeit von 1 : 10 000 auf. PKU ist eine rezessiv vererbte Stoffwechselstörung, bei der die Aminosäure Phenylalanin im Körper nicht abgebaut werden kann und durch ihre Anreicherung in Gehirnzellen eine schwere geistige Behinderung hervorruft. Wird das Vorliegen von PKU rechtzeitig diagnostiziert, wird mit einer phenylalaninarmen Diät den Schäden vorgebeugt und das Kind entwickelt sich vollkommen normal.

Meist sind die Eltern eines Kindes mit PKU phänotypisch gesund, da sie das Allel nur heterozygot tragen. Das Allel ist demnach in der menschlichen Population sehr viel weiter verbreitet, als die Zahl der betroffenen Personen zunächst glauben macht. Populationsgenetiker können die Häufigkeit des PKU-Allels bestimmen.

6.2 HARDY-WEINBERG-Gleichgewicht

Der Mathematiker Godfrey HARDY und der Arzt Wilhelm WEINBERG zeigten 1908 unabhängig voneinander, wie die Allelhäufigkeit in einer Population berechnet werden kann. Beide gingen dabei von einer Idealpopulation aus, für die folgende Bedingungen gelten:

- Die sich sexuell fortpflanzende Population muss so groß sein, dass Zufallsschwankungen von Allelhäufigkeiten keine Rolle spielen.
- Es muss **Panmixie** (gr. *pan*, alles; gr. *mixis*, vermischen) gelten, das heißt, die Paarungschance muss für jedes Individuum gleich groß sein und jedes muss die gleiche Chance haben, seine Allele an die Folgegeneration weiterzugeben.
- Es dürfen keine Mutationen auftreten.
- Es darf keine Selektionsvorteile geben.
- Es gibt keine Zu- oder Abwanderung.

Unter den oben aufgeführten Bedingungen soll nun in einer Population von 1000 Mäusen die Häufigkeit des Allelpaars SW berechnet werden. Durch die intermediären Allele S und W soll die Fellfarbe der Mäuse bestimmt werden, wobei SS zu schwarzen, SW zu grauen und WW zu weißen Mäusen führt. In der Population sollen 810 Tiere schwarz, 180 grau und 10 weiß sein. Da jedes Individuum diploid ist, gibt es insgesamt 2000 Allele. Wenn die einzelnen Häufigkeiten addiert werden, ergibt sich für S eine Häufigkeit von p = 0,9 (= 90 %) und für W eine von q = 0,1 (= 10 %).

Für die Berechnung der Allelhäufigkeit in der Folgegeneration muss die Wahrscheinlichkeit bestimmt werden, mit der bestimmte Allelkombinationen in Zygoten gebildet werden. Die Wahrscheinlichkeit wird als Produkt der Einzelwahrscheinlichkeiten der beiden beteiligten Allele berechnet. Wie in Abbildung 47.2 gezeigt wird, entspricht die Allelhäufigkeit der F_1 derjenigen der P-Generation. Dies gilt auch für alle weiteren Folgegenerationen.

Die Allelhäufigkeiten stehen in einer Population in einem stabilen Gleichgewicht zueinander. Im vorliegenden Fall bedeutet dies:
$SS : SW : WW = p^2 : 2pq : q^2$ = konstant.
Dabei gilt für die Summe der genotypischen Häufigkeiten:
$p^2 + 2pq + q^2 = 1$.
Dies ist das **HARDY-WEINBERG-Gesetz.**

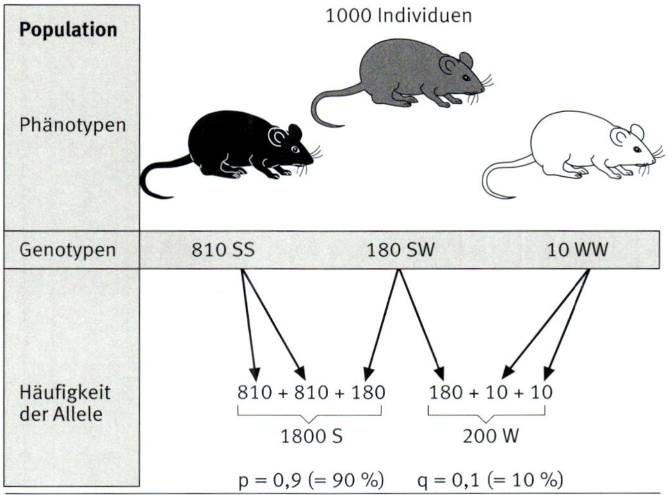

47.1 Berechnung der Allelhäufigkeiten

Wahrscheinlichkeit der Allelkombinationen	Nachkommen (Genotypen) Häufigkeit	Anzahl
SS = p · p = 0,9 · 0,9 =	0,81	810 SS
SW = p · q = 0,9 · 0,1 = WS = q · p = 0,1 · 0,9 =	0,09 0,09	180 SW
WW = q · q = 0,1 · 0,1 =	0,01	10 WW

47.2 HARDY-WEINBERG-Gleichgewicht

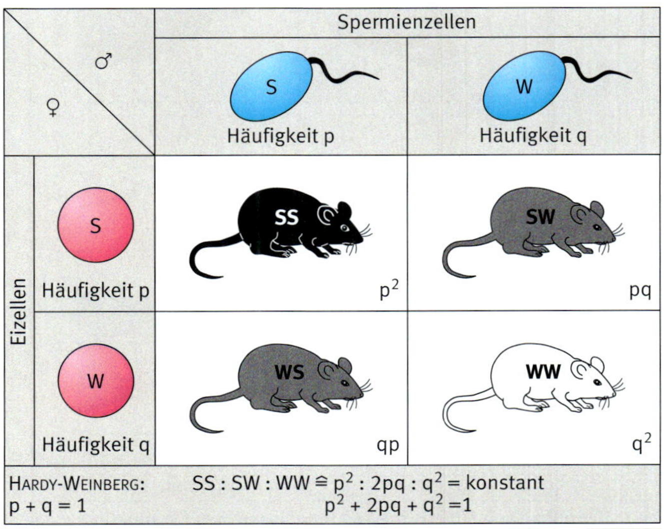

47.3 Schema zur Ableitung des HARDY-WEINBERG-Gesetzes

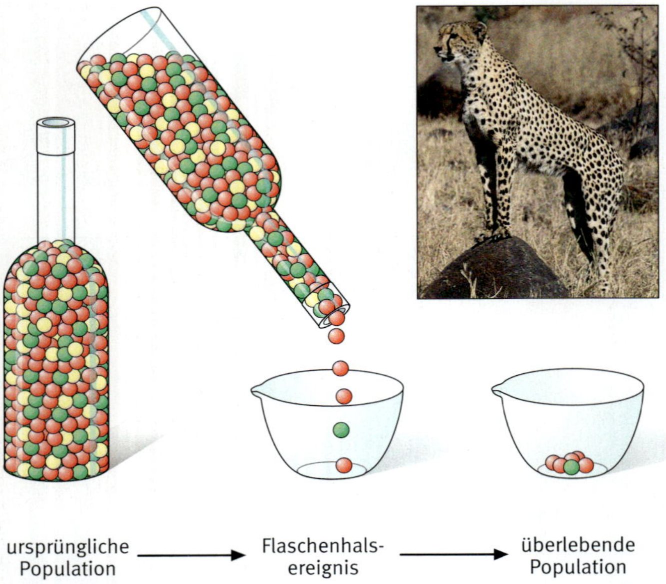

48.1 Flaschenhalsereignis

Das Gleichgewicht der Allelhäufigkeiten ist in einer Idealpopulation konstant. Unter natürlichen Bedingungen verändern verschiedene Faktoren die Verhältnisse laufend.
Bei Birkenspannern gibt es durch Vögel jeweils eine starke Selektion auf Falter, die dem Untergrund farblich angepasst sind. Daraus ergeben sich entweder Bevorzugungen der dunkleren Carbonaria- oder der helleren Typica-Form und damit auch eine Verschiebung der Allelverhältnisse.

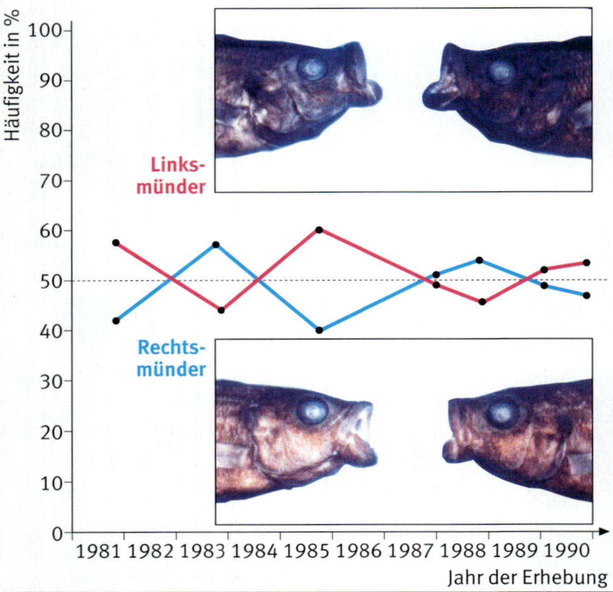

48.2 Häufigkeit von Links- und Rechtsmündern in der Population eines Buntbarsches aus dem Tanganjikasee

Deshalb untersucht die Populationsgenetik auch, wie erfolgreich Individuen jeweils ihre Allele in den Genpool der Folgegeneration einbringen. Dieser **relative Fitness** genannte Wert berechnet sich als Quotient der Anzahl der Nachkommen des untersuchten Genotyps und der Anzahl der Nachkommen des erfolgreichsten Genotyps.

Weiterhin ist die Populationsgröße für den Fortbestand einer Art von Bedeutung: Je kleiner eine Population ist, desto wahrscheinlicher ist, dass seltene Allele nicht in die Folgegeneration gelangen, weil der einzige Träger der Allele keine Nachkommen hinterlässt. Dieses Phänomen wird **Gendrift** genannt.

Katastrophen können die Populationsgröße ebenfalls drastisch reduzieren, dabei sind einzelne Individuen zufällig betroffen und nicht aufgrund ihrer Allelkombination. So kann sich auch hier die Allelhäufigkeit durch Gendrift verändern. Eine solche Situation heißt **Flaschenhalsereignis.** Die Annahme von Naturereignissen während der letzten Eiszeit könnte erklären, warum zum Beispiel südafrikanische Geparden nur extrem geringe genetische Variabilität zeigen.

Ein Beispiel für eine häufigkeitsabhängige Selektion liefert der Buntbarsch *Perissodus microlepis* aus dem Tanganjikasee in Ostafrika, der sich von den Schuppen anderer Fische ernährt. Um diese zu erlangen, nähert er sich seiner Beute von hinten und reißt ihr mit seinem Maul Schuppen aus der Flanke.
P. microlepis besitzt ein asymmetrisches Maul, das entweder nach links oder rechts orientiert ist. Welche Maulform ausgebildet wird, wird offensichtlich von einem einzigen Allelpaar festgelegt, das nach den MENDELschen Regeln vererbt wird. Rechts- und Linksmünder treten in den Populationen des Barsches in etwa gleich häufig auf. Die Häufigkeits-Schwankungen der Maulausrichtung in einer Population rühren wahrscheinlich daher, dass sich die Beutefische jeweils vor der häufigeren Variante besser schützen. Die weniger häufige Variante erlangt dadurch einen Nahrungsvorteil und wird positiv selektiert, bis sie überhandnimmt und der Beutefisch sich vor ihr besser schützt. Dies ist ein Beispiel für eine häufigkeitsabhängige Selektion, die zu einem **ausbalancierten Polymorphismus** (gr. *poly*, viel; gr. *morphe*, Gestalt) führt.

Meuterei auf der Bounty

Alles begann damit, dass der Weltumsegler James COOK 1769 bei seiner ersten Südseereise auf Tahiti den Brotfruchtbaum entdeckte. Auf den 15 bis 20 Meter hohen, immergrünen Bäumen reifen über das Jahr verteilt bis zu 150 Früchte, die bis zu 30 Zentimeter groß und ein Kilogramm schwer werden. Die Kunde von der „Wunderfrucht" kam auch den englischen Plantagenbesitzern in der Karibik zu Ohren. Diese sahen eine Chance, mit ihr die Sklaven auf ihren Zuckerrohrplantagen kostengünstig zu ernähren. Sie baten deshalb König GEORG III., Setzlinge des Baumes in die Karibik zu schicken.

Am 23. Dezember 1787 stach die Bounty unter Captain William BLIGH (1754–1817), der schon mit COOK gesegelt war, in See, um Setzlinge von Tahiti in die Karibik zu bringen. Fast zehn Monate später, am 26. Oktober 1788, erreichte die Bounty Tahiti. Weil gerade Regenzeit war, verfaulten viele Setzlinge und das Schiff legte erst am 4. April 1789 wieder ab. Während der Rückfahrt kam es am 28. April bei den Tonga-Inseln zur Meuterei, weil die Mannschaft zurück nach Tahiti wollte.

Captain BLIGH wurde zusammen mit 18 Matrosen im sieben Meter langen Beiboot der Bounty ausgesetzt und erreichte am 8. Juni 1789 das fast 6000 Kilometer entfernte Timor. Die Meuterer warfen die Setzlinge über Bord und segelten unter dem 1. Offizier Fletcher CHRISTIAN zurück nach Tahiti. Dort gingen 16 von ihnen von Bord. Sie wurden später alle von BLIGH gefangen. Die verbliebenen acht Meuterer, unter ihnen CHRISTIAN, suchten zusammen mit 19 Polynesiern (zwölf Frauen, sechs Männer und ein Kind) nach einer sicheren Insel. Am 15. Januar 1790 erreichte das Schiff Pitcairn Island. Die Bounty wurde nach der Landung zerstört, um die Menschen nicht zu verraten.

49.1 **Brotfrucht**

Brotfruchtbäume kamen trotzdem in die Karibik: BLIGH lieferte mit einer zweiten Fahrt die ersehnten Setzlinge. Die Plantagensklaven lehnten die Nahrungsquelle jedoch ab, sodass die Hoffnungen der Plantagenbesitzer nicht erfüllt wurden.

49.2 Meuterei auf der Bounty

1808 wurden die Insulaner auf Pitcairn von einem Walfänger entdeckt. 1935 stellte der Arzt SHAPIRO fest, dass etwa 5,6 % der Inselbevölkerung helläugig waren.

Dieser Wert soll nun mit dem HARDY-WEINBERG-Gesetz überprüft werden. Man geht davon aus, dass sechs der acht Meuterer Kinder zeugten. Drei von ihnen sollen homozygot helläugig, zwei heterozygot braunäugig und einer homozygot braunäugig gewesen sein. Die Polynesier, zwei Männer und acht Frauen, waren ebenfalls homozygot braunäugig. Weiterhin nimmt man vereinfachend an, dass die Phänotypen hell- oder braunäugig auf einem einzelnen Allelenpaar beruhen, dabei soll braunäugig dominant über helläugig sein. Heiraten sollen unabhängig von der Augenfarbe geschlossen werden, aus jeder Ehe sollen zwei Nachkommen zur Fortpflanzung kommen und das Geschlechterverhältnis wird für jeden Genotyp mit 1 : 1 angenommen.

In der Gründerpopulation gibt es demnach ein Allelverhältnis von braun- und helläugig von $p = 0{,}75$ (24 von 32 Allelen der Gründerpopulation verursachen die dunkle Augenfarbe) zu $q = 0{,}25$ (8 Allele). Diese Werte werden nun in die HARDY-WEINBERG-Beziehung $p^2 + 2pq + q^2$ eingesetzt:

$0{,}75^2 + 2 \cdot 0{,}75 \cdot 0{,}25 + 0{,}25^2 = 1$

$0{,}5625 + 0{,}3750 + 0{,}0625 = 1$

Daraus folgt, dass nach HARDY-WEINBERG insgesamt 93,75 % der Bevölkerung dunkeläugig und 6,25 % helläugig sein müssten. Der Idealwert weicht etwas von dem tatsächlich festgestellten von 5,6 % ab.

1 Erläutern Sie, inwiefern die oben dargestellten Überlegungen auf zum Teil vereinfachenden Annahmen beruhen.

2 Wie könnte der Unterschied zwischen dem festgestellten Wert von 5,6 % Helläugigen zum berechneten Wert von 6,25 % erklärt werden?

GESCHICHTE

Klassische Genetik

1

Der Haustierpark in Warder, Schleswig-Holstein hat sich die Zurschaustellung und Erhaltung seltener Haustierrassen zur Aufgabe gemacht. Unter anderem werden zwei Rinderrassen gezeigt, das norwegische Telemarkrind und das Belted Galloway aus Schottland.
Im Sommer 1998 kam es auf einer gemeinsamen Weide zu einer Fehlbelegung: Ein Belted Galloway Rind wurde vom Telemark-Bullen gedeckt. Die beiden Eltern und das Bastardkalb sind abgebildet.

a) Beschreiben Sie den Phänotyp der beiden Elterntiere sowie den des Bastards.

b) Entwickeln Sie anschließend ein Kreuzungsschema für die vorliegende Kreuzung. Welche der MENDELschen Regeln kommt zur Anwendung?

2

Die Manx-Katzen, die auf der Isle of Man in der Irischen See heimisch sind, zeigen eine Skelettveränderung: Ihr Schwanz ist zu einem kleinen Stummel verkümmert oder fehlt völlig. Das dafür verantwortliche Allel verursacht gleichzeitig Deformationen im Knochenbau. Die daraus resultierenden Wirbelsäulendeformationen sind für Katzen schmerzhaft. Paarungen schwanzloser Manx-Katzen untereinander führen meist kurz vor oder nach der Geburt zum Tod der Kätzchen.

a) Stellen Sie ein Kreuzungsschema für die Paarung einer Manx-Katze mit einer normalen Katze auf. Welcher Erbgang liegt vor?

b) Überlegen Sie, warum Manx-Katzen auf Man relativ häufig sind, obwohl die Häufigkeit des Manx-Allels anfangs sehr klein gewesen sein dürfte. Nehmen Sie aus Sicht des HARDY-WEINBERG-Gesetzes Stellung.

c) In einem Katzenführer ist zu lesen: „Generell ist von der Zucht der Rasse ... abzuraten." Kommentieren Sie diesen Ratschlag.

3

1929 kontrollierte der Besitzer der MCALLEN Grapefruit Farm bei einem Rundgang über seine Plantage den Reifegrad der Grapefruits. Dabei fiel ihm ein Zweig eines Baumes auf. Beim Aufschneiden einer Frucht dieses Astes fand er statt des üblichen gelben rosafarbenes Fruchtfleisch vor. Er prüfte sofort andere Früchte dieses Baumes, stellte aber nur an besagtem Zweig die rosafleischigen Früchte fest. Das Interesse MCALLENs war geweckt, weil die Früchte süßer als die bitter schmeckenden gelbfleischigen Grapefruits waren. Teile des Astes wurden deshalb auf andere Unterlagen gepfropft und wuchsen zu Bäumen heran, die nur rosafleischige Früchte trugen. Das war die Geburtsstunde der Sorte *Ruby Red,* die heute noch im Handel ist.

a) Informieren Sie sich in der Literatur über das Pfropfen.

b) Erläutern Sie dann, unter Verwendung des Fachvokabulars, das Auftreten der rosafleischigen Form.

4

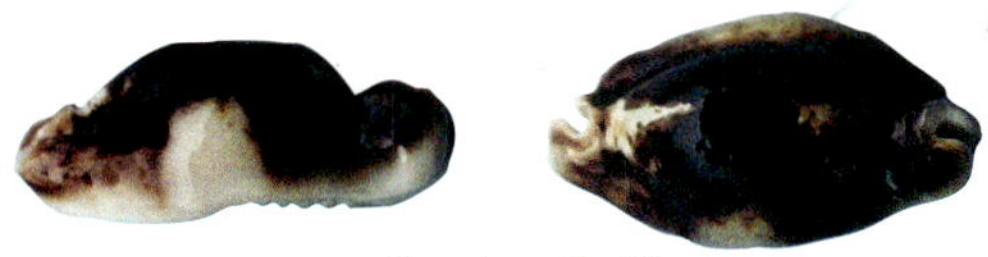

„Napoleonshut“

normale *Cypraea stolida*

Porzellanschnecken sind Bewohner tropischer Meere. Ihre glänzende Oberfläche hat sie zu begehrten Sammlerstücken werden lassen. Die Art *Cypraea stolida* besiedelt den Indopazifischen Raum. Vor der Südwestküste Neukaledoniens, einer Insel etwa 1500 km östlich von Australien, zeigt diese Art genauso wie etwa 40 andere *Cypraea*-Arten erstaunliche Gestaltveränderungen. Mit zunehmendem Alter schwärzen die Schnecken ihr Gehäuse und lagern außerdem an den Enden der Schale zusätzliches Kalkmaterial ab, sodass diese spektakulär aufgebogen sind. *Cypraea stolida* wird in diesem Stadium scherzhaft „Napoleonshut“ genannt. Als Ursache für diese Veränderung sind verschiedene Theorien im Umlauf. Es wird entweder der sehr hohe Nickelgehalt im Wasser, verursacht durch die Nickelmine der Hauptstadt Noumea, verantwortlich gemacht, oder bisher noch nicht entdeckte Krankheitserreger oder Parasiten. Aber auch genetische Ursachen werden diskutiert.

Solch eine Schale ist eine große Rarität und wird von Sammlern entsprechend mit über 500 Euro bezahlt. Findige Händler haben deshalb der Natur auf die Sprünge geholfen und Napoleonshüte produziert, indem sie normale *Cypraea stolida* aus anderen Regionen Neukaledoniens in die entsprechenden Küstenbereiche mit veränderten Schnecken brachten. Dort haben die eingebrachten Schnecken tatsächlich die erhoffte Form entwickelt.

a) Inwiefern haben die findigen Schneckenhändler zur Lösung des Problems beigetragen, wodurch die Veränderungen vieler Porzellanschnecken in den Gewässern Neukaledoniens hervorgerufen werden?

b) Können die von den Händlern zusätzlich „produzierten“ Napoleonshüte als Fälschungen bezeichnet werden? Nehmen Sie begründet Stellung.

5 In der Schweinemast werden seit langem keine reinrassigen Tiere mehr gemästet. Vielmehr werden Inzucht-Elternlinien gekreuzt. Häufig werden *Piétrain* Eber mit Sauen der *Deutschen Landrasse* gekreuzt.

Piétrains zeichnen sich als typische Fleischrasse durch guten Muskelansatz mit geringem Fettanteil aus. Allerdings sind die Tiere relativ stressanfällig, denn die Muskeln werden nicht immer ausreichend mit Sauerstoff versorgt und es kann zum Kollaps kommen. Die Tiere erreichen ihr Schlachtgewicht von 90 bis 95 kg bei einer täglichen Gewichtszunahme von rund 600 g nach 180 Tagen.
Die Muttersauen gehören der *Deutschen Landrasse* an. Diese Tiere erreichen nicht den gleichen Fleischanteil wie die *Piétrains,* sind dafür aber bessere Futterverwerter. Sie erreichen ihr Schlachtgewicht von 100 bis 110 kg bei einer täglichen Gewichtszunahme von 700 g innerhalb von 170 Tagen.
Bei solch einer Hybridkreuzung ist das Risiko von Totgeburten geringer als bei einer reinrassigen Kreuzung von *Piétrain*- oder *Deutscher-Landrasse*-Schweinen. Außerdem sind die Ferkel überaus vital und sehr gesund. Bei ihnen kann auf prophylaktische Antibiotikagaben ganz verzichtet werden. Sie erreichen ihr Mastendgewicht von 100 kg bereits nach 160 Tagen bei 700 g täglicher Gewichtszunahme und benötigen etwa 300 g Futtermittel weniger als die Elternrassen, um 1 kg Körpermasse aufzubauen.

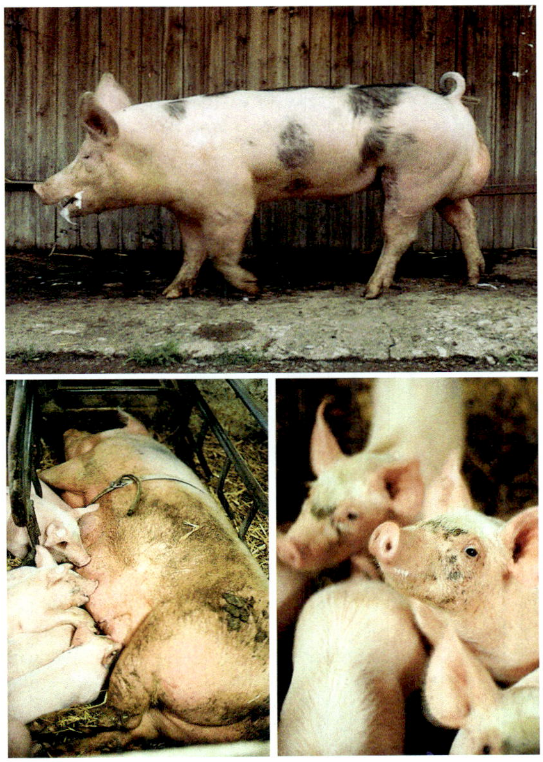

a) Analysieren Sie die Informationen zur Schweinemast. Welcher genetische Effekt tritt hier auf?

b) Sollte der Landwirt mit den Bastardferkeln weiterzüchten? Begründen Sie Ihre Überlegungen.

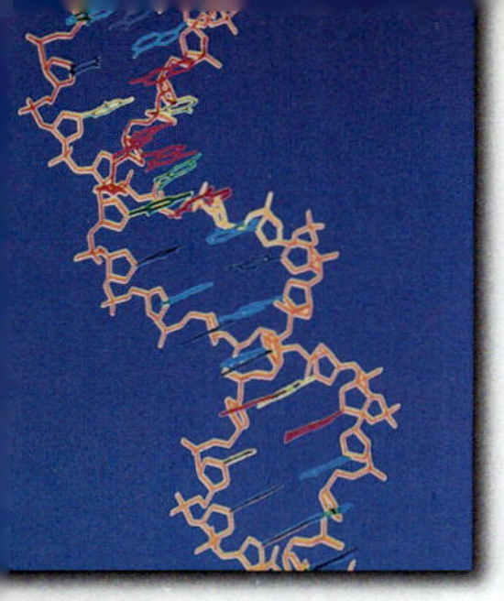

Molekulare Grundlagen der Genetik

1 DNA als Erbsubstanz

Im Jahr 1928 führte der Amerikaner GRIFFITH Versuche mit zwei Stämmen der Bakteriengattung *Pneumococcus* durch. Beim so genannten S-Stamm (S von engl. *smooth,* glatt) sind jeweils zwei Zellen von einer Schleimkapsel umgeben. Auf Nährboden wachsen diese zu Bakterienkolonien mit glatter Oberfläche heran. S-*Pneumokokken* sind die Erreger einer bei Mäusen tödlich verlaufenden Lungenentzündung. Dem anderen Stamm dagegen fehlt die Schleimkapsel. Er ist nicht krankheitserregend, denn die kapsellosen Bakterien werden von den Leukocyten des Wirtes vernichtet. Der kapsellose Stamm bildet Bakterienkolonien mit rau erscheinender Oberfläche; man spricht daher auch vom R-Stamm (R von engl. *rough,* rau).

GRIFFITH injizierte Mäusen lebende S-Bakterien, worauf die Mäuse starben. Durch Hitze abgetötete S-Bakterien waren für die Mäuse dagegen ebenso ungefährlich wie lebende R-Bakterien. Nun impfte er eine Mischung aus lebenden R- und hitzeabgetöteten S-Bakterien. Überraschenderweise erkrankten die Mäuse, und es konnten lebende S-Bakterien in ihrem Blut nachgewiesen werden. Es musste also die Information zur Kapselbildung aus den abgetöteten S- in die lebenden R-Bakterien gelangt sein. GRIFFITH sprach vom „transformierenden Prinzip", konnte aber eine dafür verantwortliche Substanz nicht finden.

Nach der Weiterentwicklung von Methoden zur Isolierung der Makromoleküle aus Organismen wurden die *Pneumococcus*-Versuche von AVERY und seinen Mitarbeitern wieder aufgenommen. Sie isolierten und reinigten **Desoxyribonucleinsäure (DNA)** und Proteine aus den kapselbildenden S-Bakterien und gaben sie jeweils zu einer R-*Pneumococcus*-Kultur. Nur in der Kultur, zu der DNA gegeben wurde, traten danach wieder kapselbildende S-Bakterien auf. Dabei konnte die Häufigkeit des Auftretens der S-Bakterien nicht durch Mutation erklärt werden. AVERY schloss 1944 daraus, dass DNA das „transformierende Prinzip" darstellt. Sie ist die Erbsubstanz und damit Träger der genetischen Information. Man nennt die Übertragung von Erbinformation mithilfe isolierter DNA **Transformation.** Nachfolgende Versuche mit radioaktiv markierter DNA zeigen, dass bei der Transformation die übertragene Fremd-DNA in die DNA des Wirtes eingebaut wird.

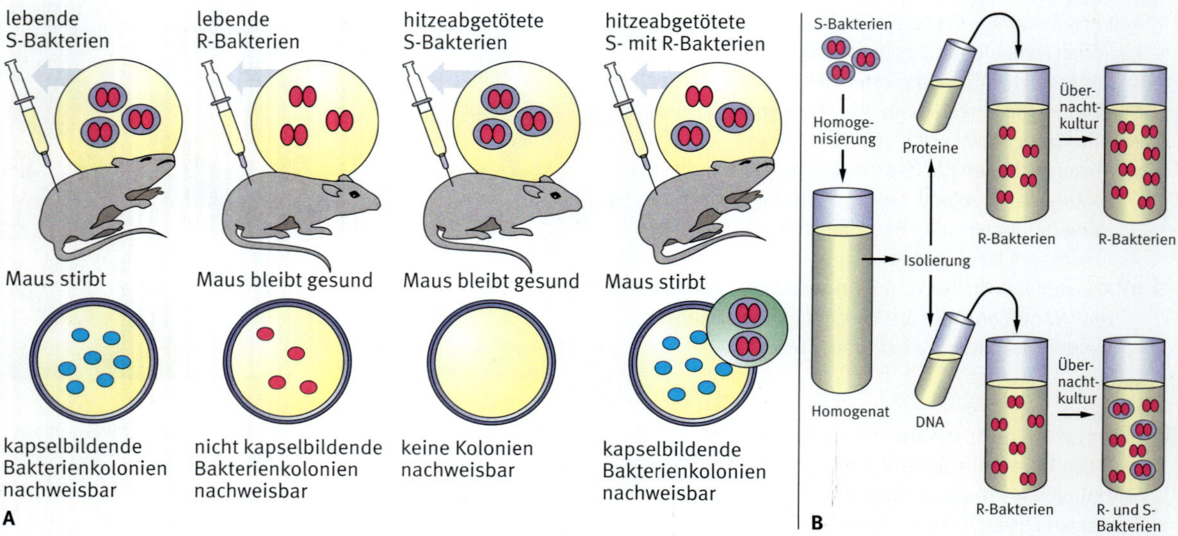

52.1 Transformationsexperimente.
A GRIFFITH 1928,
B AVERY 1944

2 Bau der Nucleinsäuren

2.1 Bausteine der Nucleinsäuren

Die Aufklärung der DNA-Bausteine stand nach der Entdeckung von AVERY im Vordergrund der molekularbiologischen Forschung.
DNA (**d**eoxyribo**n**ucleic **a**cid) kommt in Eukaryoten hauptsächlich im Zellkern (Nucleus) vor. Isolierte Nucleinsäure des Zellkerns ist eine fadenförmige, makromolekulare Verbindung. Sie besteht aus Vertretern dreier verschiedener chemischer Verbindungsklassen: Man findet Phosphorsäure, einen Zucker und vier verschiedene organische Stickstoffbasen.

Der **Zucker** der DNA ist die Desoxyribose, worauf auch der Name Desoxyribonucleinsäure hinweist. Desoxyribose enthält fünf C-Atome, ist also eine Pentose. Anders als bei vielen anderen Zuckern ist bei ihr die OH-Gruppe am zweiten C-Atom durch ein H-Atom ersetzt (desoxy = ohne Sauerstoff).
DNA enthält vier verschiedene **Basen.** Dabei sind zwei vom Pyrimidin, einem Sechsring mit zwei Stickstoffatomen, abgeleitet. Sie heißen Cytosin (C) und Thymin (T). Die beiden anderen Basen sind Guanin (G) und Adenin (A). Sie leiten sich vom Doppelringsystem Purin ab, das vier Stickstoffatome enthält.
Einen Hinweis darauf, wie die genannten Bausteine zu einem Makromolekül verbunden sind, bringt die Zerlegung der DNA durch das Enzym DNase. Man erhält Spaltprodukte, die jeweils aus einer Phosphatgruppe, der Desoxyribose und einer der möglichen vier Basen bestehen. Eine solche Einheit nennt man **Nucleotid.** DNA ist also ein aus vier verschiedenen Nucleotid-Arten bestehendes Makromolekül, ein Polynucleotid. In Nucleinsäuremolekülen überwiegt die Säurestärke der Phosphatgruppen die Stärke der Basen. Nucleinsäuren wirken daher als Säuren.

Mit der **Ribonucleinsäure (RNA)** tritt in der Zelle noch eine zweite, weit kleinere Art von Nucleinsäuren auf, die sich in zwei Bausteinen von der DNA unterscheidet. Der Zucker der RNA ist die Ribose. Die Ribose trägt am zweiten C-Atom eine OH-Gruppe. Außerdem tritt in der RNA Thymin nicht auf, stattdessen findet man dort die Pyrimidin-Base Uracil.

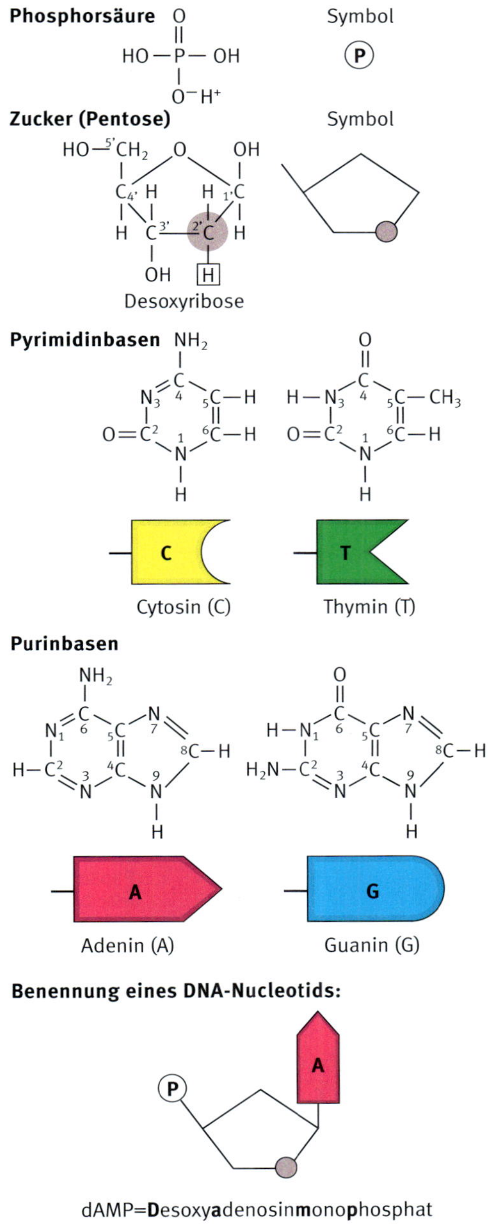

53.1 Bausteine der DNA

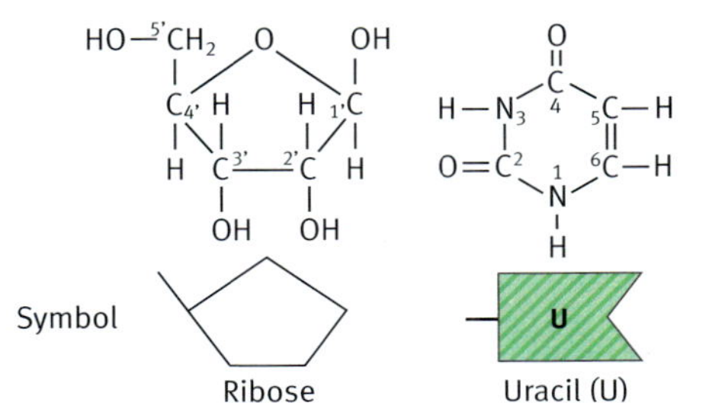

53.2 Abweichende Bausteine der RNA

2.2 Raumstruktur der DNA

In der DNA wechseln sich Zucker und Phosphatreste regelmäßig ab. Beide Bausteine bilden das Grundgerüst der Nucleinsäuren. Dabei sind die Zucker jeweils über das dritte und das fünfte C-Atom durch Phosphatreste über eine Phosphodiesterbindung miteinander verbunden. Ein solches Zucker-Phosphat-Band weist zwei verschiedenartige Enden auf: Am 3´-Ende trägt das dritte C-Atom der Pentose keine Phosphatgruppe. Beim 5´-Ende dagegen sitzt am fünften C-Atom des Zuckers eine Phosphatgruppe.

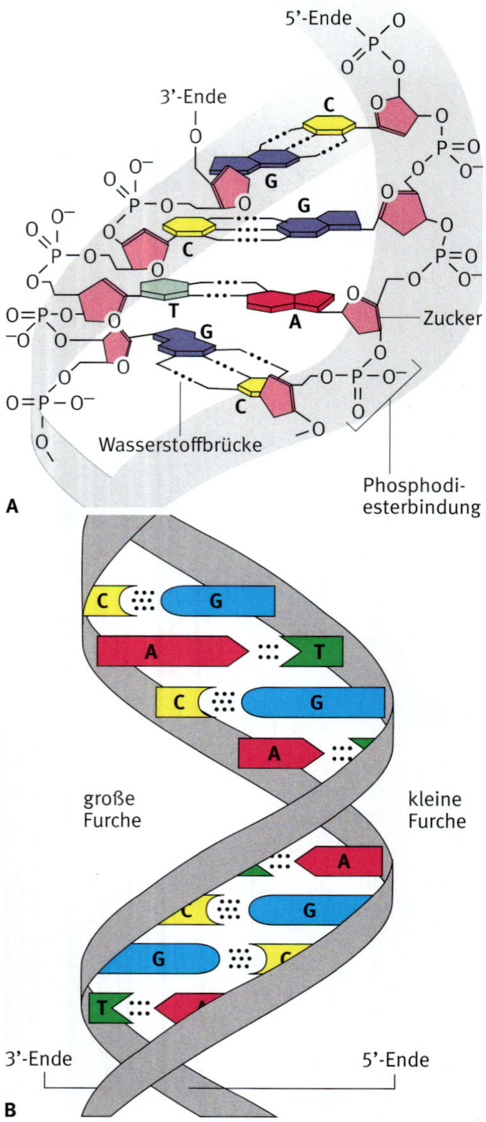

54.1 DNA-Doppelhelix. **A** Chemischer Aufbau; **B** WATSON-CRICK-Modell

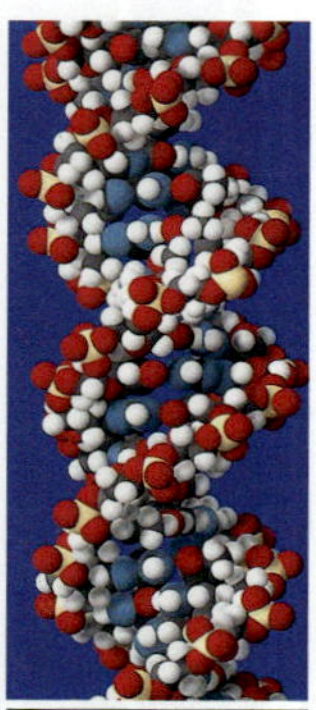

54.2 DNA-Kalottenmodell

1951 kam der Biochemiker CHARGAFF zu folgendem Ergebnis: Bei allen DNA-Analysen war das Zahlenverhältnis von Thymin zu Adenin und das von Cytosin zu Guanin immer 1 : 1.

Aus diesen Ergebnissen und weiteren Daten anderer Forscher zur Struktur der DNA entwickelten der Amerikaner WATSON und der Engländer CRICK 1953 das nach ihnen benannte Raummodell der Desoxyribonucleinsäure. Danach liegt ein DNA-Molekül als Doppelstrang vor. Die beiden Einzelstränge bestehen jeweils aus Zucker-Phosphat-Bändern mit den daran gebundenen Basen, die nach innen ausgerichtet sind. Über diese Basen sind die beiden DNA-Stränge durch Wasserstoffbrücken verbunden. Dabei sind die beiden Stränge schraubig um eine gedachte gemeinsame Achse gewunden. Die Raumstruktur der DNA gleicht also einer Wendeltreppe, deren Geländer links und rechts die Zucker-Phosphat-Bänder stellen und deren Stufen von den Basen gebildet werden. Man spricht daher von der **DNA-Doppelhelix.** Die Helix windet sich einmal alle 3,4 nm. Der Abstand der Basen beträgt 0,34 nm. Somit passen in eine Windung zehn Basenpaare. In ihrer äußeren Form ist die Doppelhelix durch zwei Vertiefungen gekennzeichnet: die kleine und die große Furche. An diese Furchen binden Proteinmoleküle, die *Histone*.

Das besondere Merkmal des WATSON-CRICK-Modells ist, dass im Innenraum der Doppelhelix aus räumlichen Gründen die Basen sich nicht beliebig paaren können. Nur die Basenpaarungen Guanin mit Cytosin und Adenin mit Thymin lassen eine stabile Doppelhelix zu. Dabei werden beim G/C-Paar drei und beim A/T-Paar zwei Wasserstoffbrückenbindungen ausgebildet. Durch diese Festlegung der Paarungen erklärt sich das 1 : 1-Verhältnis von Purin- zu Pyrimidinbasen. Weiterhin ergibt sich, dass die beiden DNA-Stränge der Doppelhelix nicht identisch sind. Vielmehr bestimmt die Basensequenz des einen Stranges zwangsläufig die Basenabfolge des anderen: Die beiden Stränge sind zueinander **komplementär.** Außerdem sind sie hinsichtlich der Bindungsrichtung gegenläufig (antiparallel): In dem einen Strang verläuft die Bindung zwischen der Desoxyribose und der Phosphatgruppe vom 3´- zum 5´- Ende, im komplementären Strang vom 5´- zum 3´-Ende.

Isolierung von DNA und Nachweis von DNA-Bausteinen

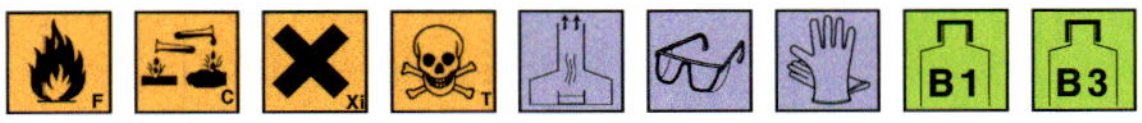

Einführung: Die DNA-Isolierung aus der Küchenzwiebel *(Allium cepa)* verdeutlicht das generelle Prinzip der DNA-Gewinnung aus Geweben.

Material: Küchenzwiebel (20 g), Messer, Schneidebrett, Trichter, Kaffeefilter, Wasserbad, Mörser mit Pistill, Natriumchlorid, Ethanol (96 %, F, auf –20 °C gekühlt), Spülmittel, Waschmittel, Aqua dest., Schwefelsäure (konz., C), Salpetersäure (konz., C), Ammoniaklösung (konz., C), Ammoniummolybdat-Lösung (gesättigt, Xi), DISCHE-Reagenz (1 g Diphenylamin (T) in 100 ml Eisessig (C) und 2,75 ml konz. Schwefelsäure lösen)

Durchführung: 3 g Natriumchlorid und 10 ml Spülmittel werden in ein Becherglas gegeben, mit Aqua dest. auf 100 ml aufgefüllt und das Salz unter Rühren aufgelöst. 20 g Küchenzwiebel werden in kleine Würfel zerschnitten und in die spülmittelhaltige Salzlösung gegeben. Das Becherglas wird für 15 Minuten in ein 60 °C heißes Wasserbad gestellt. Nach Abkühlen des Gemisches auf Raumtemperatur werden die Zwiebelstücke in einem Mörser homogenisiert. Die Suspension aus Zellen und Zelltrümmern wird durch einen Kaffeefilter abfiltriert. Zum Filtrat gibt man unter Umrühren 0,6 g Waschmittel, das Proteasen enthält. Diese dienen dem Abbau mitisolierter Proteine. Das Gemisch wird vorsichtig mit 100 ml eisgekühltem Ethanol überschichtet. DNA ist in Ethanol unlöslich und fällt daher an der Phasengrenze in Form weißer Fäden aus, die mit einem Glasstab aufgewickelt werden können.
Der Niederschlag wird abfiltriert und für die Nachweisreaktionen verwendet. Dazu wird die gefällte DNA zur Hydrolyse im Reagenzglas mit 5 ml konzentrierter Schwefelsäure versetzt und für 15 Minuten in ein siedendes Wasserbad gestellt.

Phosphat-Nachweis: Zu 1 ml des abgekühlten DNA-Hydrolysats gibt man so lange konzentrierte Salpetersäure, bis ein auftretender Niederschlag sich wieder auflöst. Das Gemisch wird erhitzt und dann fünf Tropfen Ammoniummolybdat-Lösung zugegeben.
Positiver Nachweis: Nach Abkühlung bildet sich ein gelber, kristalliner Niederschlag.

Desoxyribose-Nachweis: 1 ml der Probe wird mit 2 ml DISCHE-Reagenz versetzt und für fünf bis zehn Minuten ins siedende Wasserbad gestellt.
Positiver Nachweis: Blaufärbung

Aufgaben:

a) Welche Wirkung hat das verwendete Spülmittel auf biologische Membranen?

b) Welche Bedeutung hat die Zugabe von Kochsalz für die Löslichkeit der DNA?

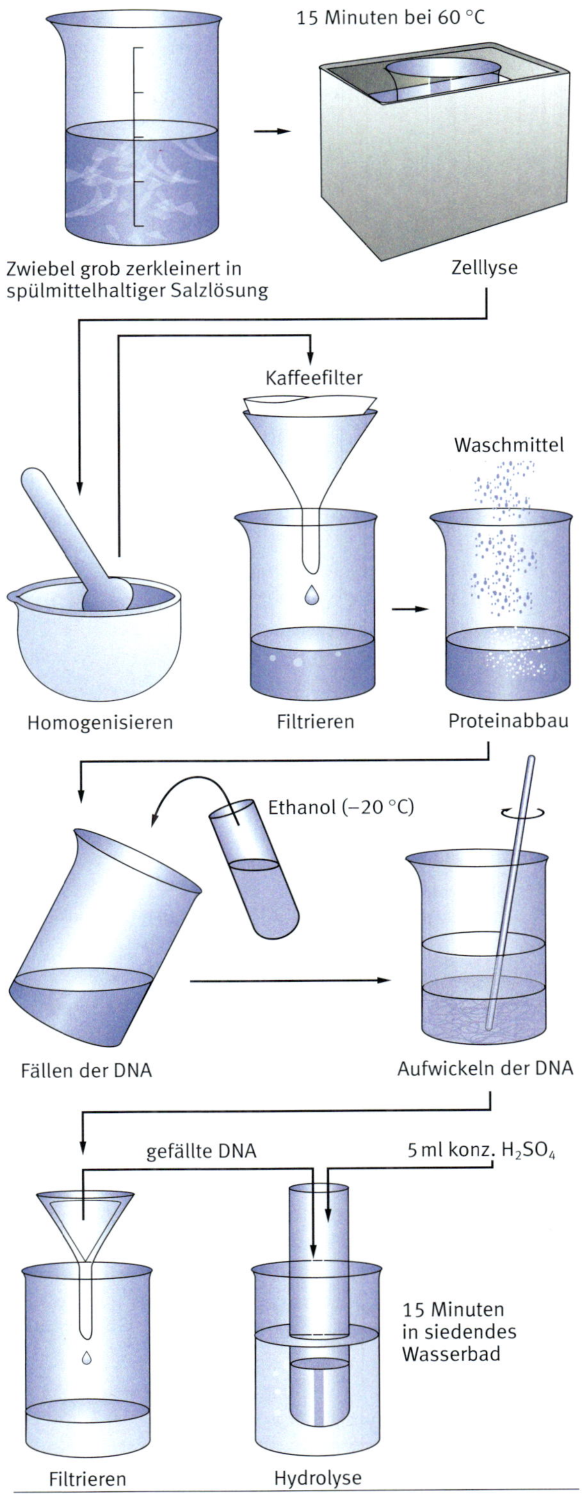

55.1 Präparationsschritte bei der Isolierung von DNA aus Zwiebeln

TECHNIK

Schmelzen der DNA

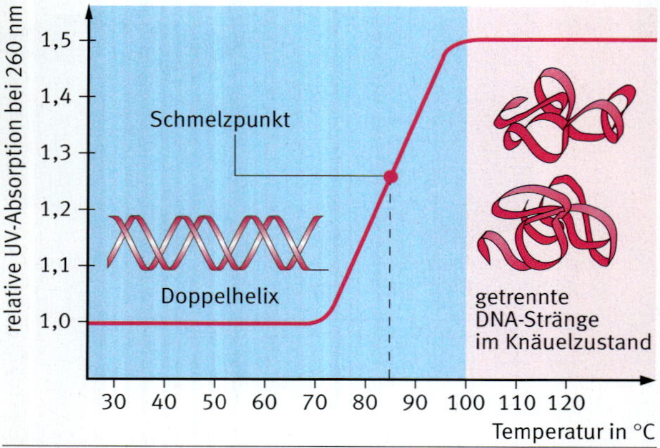

56.1 Schmelzkurve der DNA

Erhitzt man eine Lösung von DNA in Wasser über 70 °C, brechen immer mehr Wasserstoffbrücken auf und die Doppelhelix entwindet sich. Die stärkeren kovalenten Bindungen, welche die Nucleotide in den einzelnen Strängen zusammenhalten, werden dabei nicht zerstört. Die DNA liegt dann in zwei getrennten Einzelsträngen vor, die einen ungeordneten Knäuelzustand einnehmen. Man spricht vom „Schmelzen" oder **Denaturieren** der DNA. Der Übergang von doppelsträngiger DNA zur einzelsträngigen denaturierten Form kann durch die Messung eines Anstiegs der UV-Absorption bei 260 nm festgestellt werden. Jede DNA hat eine charakteristische Denaturierungstemperatur, die auch als Schmelzpunkt bezeichnet wird. Diese ist definitionsgemäß erreicht, wenn 50 Prozent der Wasserstoffbrücken gespalten sind. Menschliche DNA schmilzt bei einer Temperatur von 88,2 °C.
Bei langsamem Abkühlen nimmt geschmolzene DNA wieder die Doppelhelix-Struktur ein. Diesen Vorgang bezeichnet man als **Renaturierung.**

Mischt man geschmolzene DNA aus zwei verschiedenen Organismenarten, so zeigt sich beim Abkühlen, dass auch DNA-Einzelstränge verschiedener Herkunft zu Doppelhelix-Strukturen zusammentreten können: Je näher verwandt die DNA ist, desto größer ist die Zahl der gemeinsam ausgebildeten Wasserstoffbrücken und umso höher ist der Schmelzpunkt bei erneuter Denaturierung. Mit derartigen **DNA-Hybridisierungsversuchen** kann man daher Verwandtschaftsbeziehungen zwischen Arten klären.

1 Bei Hybridisierungsversuchen wurden folgende Schmelzpunkte bestimmt: Mensch/Schimpanse: 86,4 °C; Mensch/Gorilla: 85,8 °C; Mensch/Orang-Utan: 84,6 °C. Erstellen Sie anhand der gegebenen Daten einen Stammbaum.

2.3 Verpackung der DNA

Die Erbsubstanz DNA ist in den Chromosomen des Zellkerns enthalten. Man hat nachweisen können, dass eine Chromatide eines Chromosoms nur aus einer einzigen durchgehenden DNA-Doppelhelix besteht. Beim größten menschlichen Chromosom ist dieser DNA-Doppelstrang in der Interphase gut 8 cm lang und hat einen Durchmesser von 2 nm (1 nm = 10^{-9} m). Das Metaphase-Chromosom hat jedoch nur eine Länge von etwa 10 µm (1 µm = 10^{-6} m). Der DNA-Faden muss also so verpackt sein, dass seine Länge um den Faktor 8000 verkürzt wird. Wie kommt die Verkürzung zustande?
In der Interphase des Zellzyklus sind die Chromosomen entknäuelt und liegen als fädiges Chromatinmaterial vor. Isolierte **Chromatinfasern** haben einen Durchmesser von 30 nm. Sie bestehen im Wesentlichen aus DNA und Proteinen. Diese Chromatin-Proteine heißen Histone. Chromatin ist also ein DNA-Histon-Komplex.
Die Struktur des DNA-Histon-Komplexes konnte nach teilweiser Entfaltung des 30 nm Chromatinfadens mittels Elektronenmikroskopie aufgeklärt werden: Die DNA-Doppelhelix ist auf kugelige Histon-Partikel aufgewickelt. Um jede Histonkugel windet sich der DNA-Faden etwa zweimal und läuft dann zur nächsten Kugel weiter. Es ergibt sich so eine regelmäßige, perlschnurartige Struktur, in der man eine Packungseinheit aus Histon-Kugel und 200 DNA-Nucleotiden als **Nucleosom** bezeichnet. Der Durchmesser eines Nucleosom-Fadens beträgt 10 nm. Gegenüber der histonfreien DNA-Doppelhelix ist die Perlschnurketten-DNA durch die Aufwicklung um etwa den Faktor 7 verkürzt.
Wie elektronenmikroskopische Aufnahmen des Chromatins während der Interphase zeigen, liegt das meiste Chromatin in einer noch kompakteren Form vor: Bei der schon erwähnten 30-nm-Chromatinfaser liegen zwei bis drei Nucleosomen nebeneinander. Durch diese Packung ergibt sich im Vergleich zur histonfreien DNA-Doppelhelix eine um den Faktor 14 kürzere Struktur.
Während der Pro- und Metaphase der Mitose wird die Chromatinfaser durch weitere Aufwindungen und Faltungen auf 1/8000 ihrer ursprünglichen Länge verpackt, wodurch sie schließlich als Metaphase-Chromosom im Lichtmikroskop sichtbar wird.

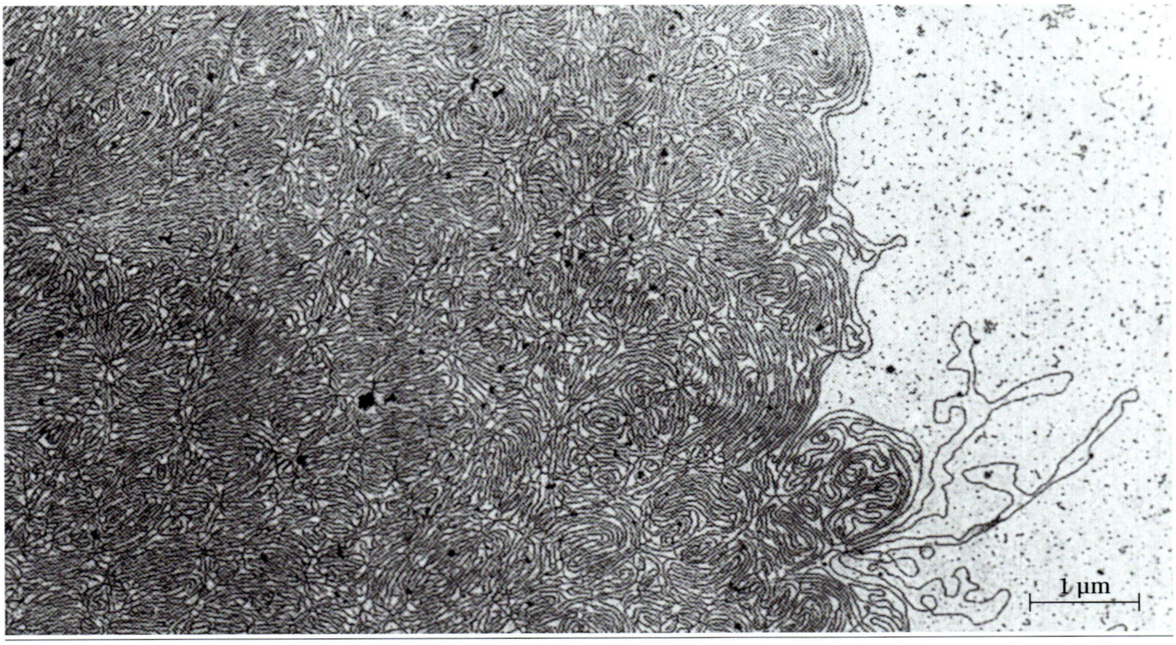

57.1 Chromosom aus einer menschlichen Zelle (EM-Bild). Aus dem Chromosom wurden durch chemische Behandlung die Histone entfernt, dadurch wird der scheinbar endlose 2 nm dicke DNA-Faden sichtbar.

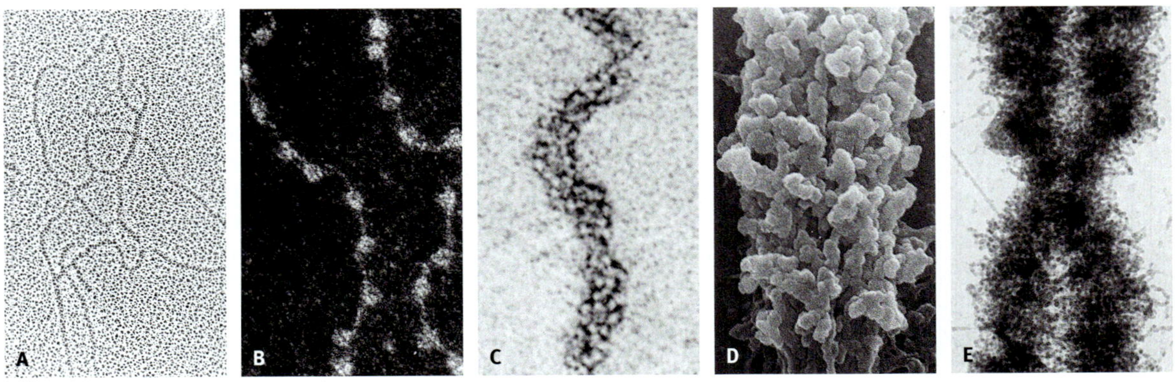

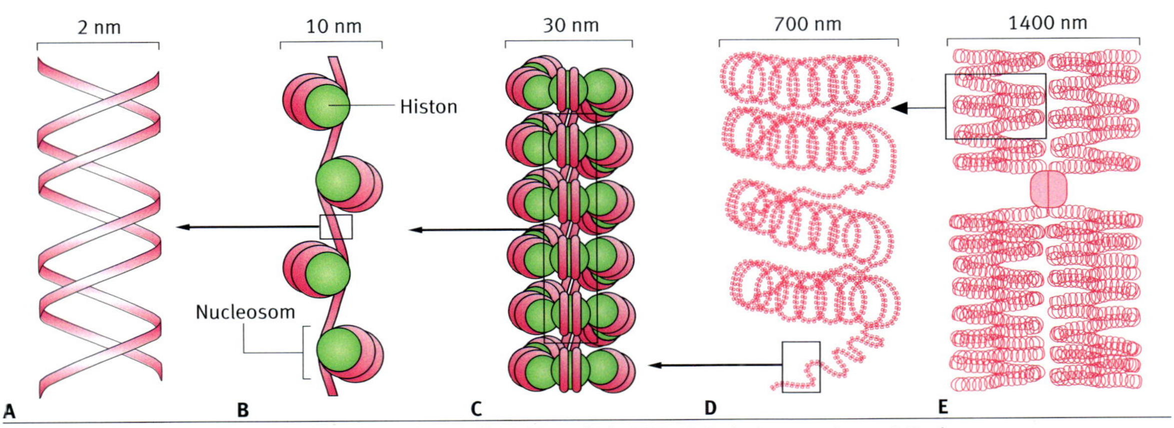

57.2 Packungszustände der DNA (EM-Bild und Modell). **A** histonfreie DNA; **B** Perlschnurstruktur mit Nucleosomen; **C** 30-nm-Chromatinfaser; **D** kondensierte Chromatide; **E** Metaphase-Chromosom

3 Replikation der DNA

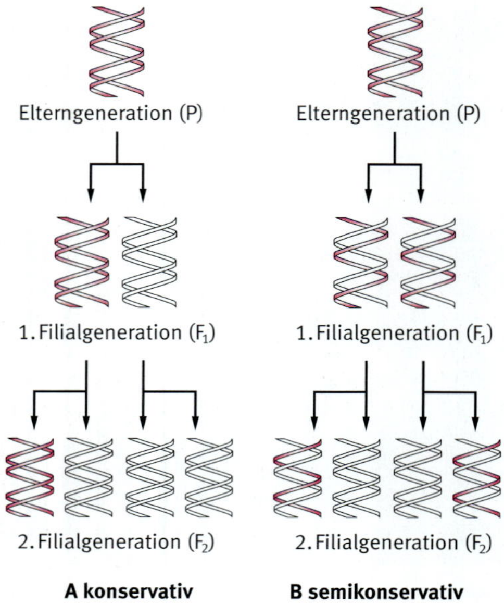

58.1 Denkbare Mechanismen der DNA-Replikation

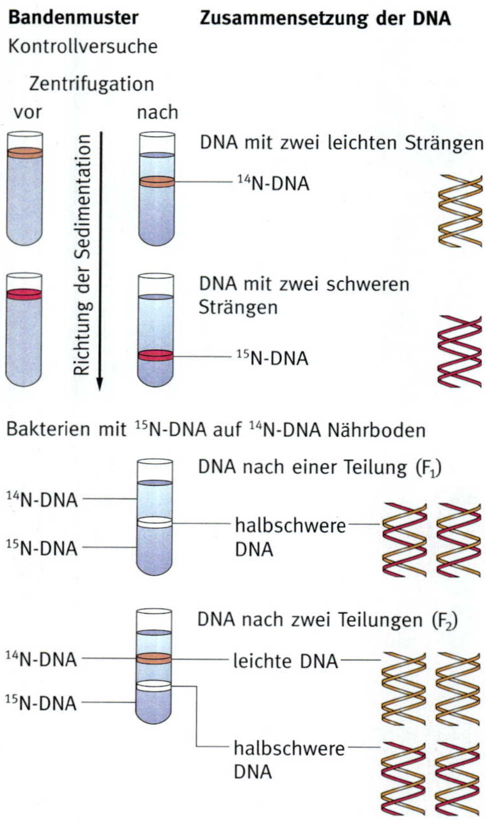

58.2 Das MESELSON-STAHL-Experiment

1 Geben Sie die DNA-Banden des MESELSON-STAHL-Experiments für die dritte Generation der Bakterienkultur an.

3.1 Das MESELSON-STAHL-Experiment

Damit Zellteilungen möglich sind, muss zuvor die DNA identisch verdoppelt werden. In der Interphase des Zellzyklus werden aus Ein-Chromatid-Chromosomen Zwei-Chromatiden-Chromosomen gebildet. Diesen Vorgang nennt man **Replikation.** Zunächst wurden zwei Mechanismen der Replikation diskutiert.

Konservative Replikation: Die elterliche DNA-Doppelhelix bleibt im Kern einer Tochterzelle erhalten. Sie dient als Vorlage für die Neusynthese einer DNA-Doppelhelix, die auf die andere Tochterzelle übergeht.
Semikonservative Replikation: Jeder Einzelstrang ist die Matrize für die Neusynthese eines komplementären Stranges. Die Tochter-DNA bestände demnach aus einem elterlichen und einem neuen DNA-Strang.

Das entscheidende Experiment zur Klärung des Mechanismus der DNA-Replikation wurde 1958 von MESELSON und STAHL durchgeführt. Sie kultivierten Bakterien in einem Medium, das als einzige Stickstoffquelle Ammoniumchlorid mit dem schweren, nicht radioaktiven ^{15}N-Isotop enthielt. Dieser Stickstoff wurde in die DNA eingebaut. Die Wissenschaftler übertrugen die Bakterien dann in ein Medium mit dem üblichen, leichteren Isotop ^{14}N. Dadurch sollte jede in den Bakterien neu synthetisierte DNA leichter sein als die „alte" ^{15}N-DNA.
Getrennt wurden die unterschiedlich schweren DNA-Moleküle durch Dichtegradienten-Zentrifugation. Je schwerer eine DNA, desto tiefer findet man sie als Bande im Zentrifugenröhrchen.
Nachdem man nun die „schweren" Bakterien in ein ^{14}N-Nährmedium gebracht hatte, konnte man nach einer Generation (F_1) eine „halbschwere" DNA-Bande nachweisen, deren Dichte zwischen der schweren ^{15}N-DNA und der leichten ^{14}N-DNA lag.
In der F_2-Generation waren nur noch ^{14}N-DNA- und „halbschwere" DNA-Banden zu finden. Diese Ergebnisse konnten nur mit dem semikonservativen Replikationsmechanismus erklärt werden: In der F_1-Generation bestand die Doppelhelix aus einem schweren alten DNA-Strang und einem neuen leichten DNA-Strang.

3.2 Der molekulare Mechanismus der DNA-Replikation

Die Enzyme, die einen DNA-Strang kopieren können, heißen **DNA-Polymerasen.** Sie stellen einen komplementären Strang her. Die Synthese der DNA erfolgt aus ihren vier Nucleotidarten. Diese müssen in Form energiereicher Nucleosidtriphosphate vorliegen. Beim Verknüpfen der Nucleotide werden jeweils zwei Phosphatreste abgespalten, wodurch die für die DNA-Synthese erforderliche Energie frei wird. Die Untersuchung verschiedener DNA-Polymerasen (man kennt bisher drei dieser Enzyme) zeigte folgende übereinstimmende Eigenschaften:

- Sie brauchen eine DNA-Matrize als Vorlage.
- Sie benötigen zum Start der Synthese ein Startmolekül, einen **Primer.** Daran wird das erste Nucleotid angeknüpft.
- Sie können Nucleotide nur in 5´→ 3´-Richtung verknüpfen, d. h. Nucleinsäureketten können nur am 3´-Ende verlängert werden.

Die Replikation beginnt mit einer Trennung des Doppelstranges an spezifischen Stellen durch das Enzym Helicase. Diese Stellen nennt man **Replikationsursprünge.** Die beiden Stränge werden dort zu einer **Replikationsblase** geöffnet, die an jedem Ende eine **Replikationsgabel** besitzt. In jeder Replikationsgabel katalysieren als Primasen bezeichnete RNA-Polymerasen an beiden Strängen jeweils die Synthese eines kurzen RNA-Moleküls. Dieses stellt das Startmolekül, den Primer, dar. Die Primase ihrerseits braucht keinen Primer. An den Primer heftet die DNA-Polymerase DNA-Nucleotide an und synthetisiert damit den Tochterstrang.

Die Stränge der DNA-Doppelhelix sind gegenläufig ausgerichtet: Ein Elternstrang läuft in 3´→ 5´-Richtung, der andere in 5´→ 3´-Richtung. Da die DNA-Polymerase nur in 5´→ 3´-Richtung verknüpfen kann, verläuft die DNA-Neusynthese lediglich am 3´→ 5´-Strang kontinuierlich, da dort die DNA-Polymerase der Wanderungsrichtung der Replikationsgabel folgt. Am anderen Elternstrang kann die DNA-Polymerase in 5´→ 3´-Richtung nur von der Replikationsgabel weg verknüpfen. Die DNA-Neusynthese bricht daher nach etwa 1000 Nucleotiden ab und beginnt in der weiterschreitenden Gabel von Neuem, verläuft also diskontinuierlich. Es entstehen an diesem DNA-Elternstrang jeweils kurze Stücke neu synthetisierter DNA, die nach ihrem Entdecker OKAZAKI-Stücke genannt werden. Für jedes Stück wurde zuvor ein RNA-Primer synthetisiert.

Mit dem Wachstum der OKAZAKI-Stücke beginnt der Abbau des RNA-Primers, ebenfalls durch die DNA-Polymerase katalysiert. Die daraus resultierenden Lücken zwischen den OKAZAKI-Stücken werden von einer weiteren DNA-Polymerase aufgefüllt. Schließlich werden durch das Enzym DNA-Ligase alle DNA-Stücke zu einem durchgehenden Strang kovalent verbunden.

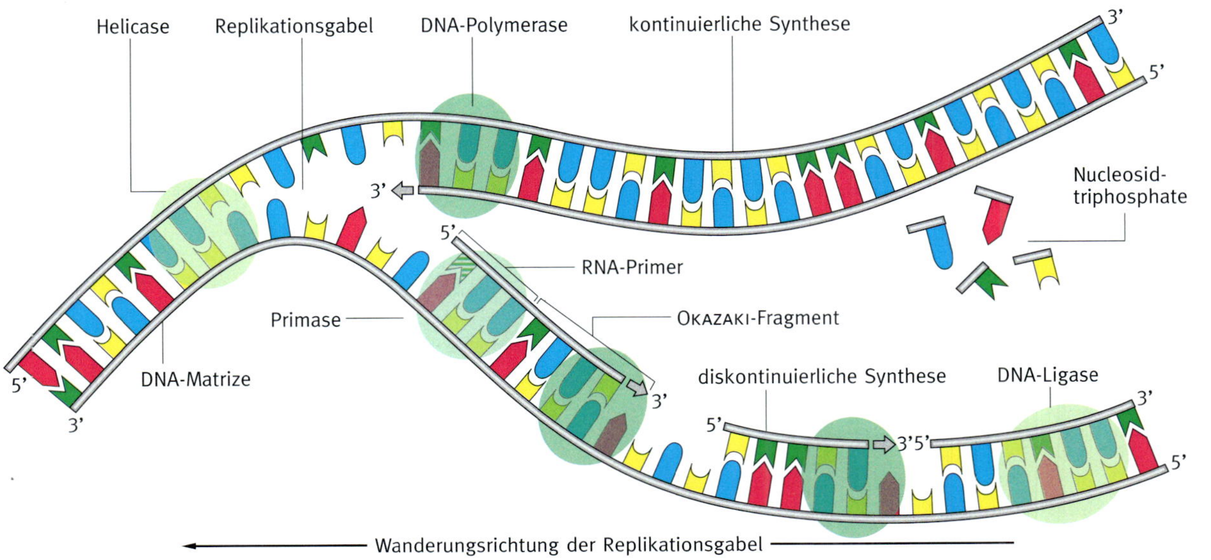

59.1 Mechanismus der DNA-Replikation

(S. 106. Künstliche Replikation)

3.3 DNA-Replikation bei Pro- und Eukaryoten

Um den zeitlichen Ablauf der semikonservativen Replikation in der S-Phase des Zellzyklus bei Prokaryoten aufzuklären, wurden *E.-coli*-Zellen in einem Nährmedium kultiviert, das radioaktiv markiertes Thymin enthielt. Dieses wurde in die neu synthetisierte DNA eingebaut. Die nun radioaktive DNA wurde isoliert, flächig ausgebreitet und mit einer fotografischen Emulsion bedeckt. Die radioaktive Strahlung der eingebauten, markierten Thymidin-Reste belichtet die Fotoschicht. Nach Entwicklung der Fotoschicht tritt überall dort Schwarzfärbung auf, wo das radioaktive Thymin in die DNA eingebaut wurde. Betrachtet man ein solches Präparat im Elektronenmikroskop, erkennt man ein Abbild des DNA-Moleküls. Das Abbild nennt man **Autoradiogramm.**

Autoradiografische Untersuchungen zeigen, dass das *E.-coli*-Chromosom aus einem einzelnen Ring mit einer Länge von 1,7 mm besteht. Die Interpretation von Autoradiogrammen aus unterschiedlichen Stadien der bakteriellen Replikation macht deutlich, dass diese immer an derselben Stelle, dem Replikationsursprung (engl. *origin,* Ursprung), beginnt. Je später die Replikation durch die Autoradiografie abgestoppt wird, desto mehr hat sich das Chromosom blasenförmig aufgeweitet. Diese sich bildende **Replikationsblase** besitzt zwei gleichzeitig aktive *Replikationsgabeln.* Die DNA-Neusynthese läuft somit in beide Richtungen um den Eltern-DNA-Ring herum. Bei zirkulären DNA-Molekülen treffen sich die beiden Replikationsgabeln auf der dem Startpunkt gegenüberliegenden Seite des Ringes wieder. Die Replikation ist damit beendet.

Autoradiogramme von sich verdoppelnder Eukaryoten-DNA zeigen zahlreiche Replikationsblasen unterschiedlicher Größe auf einem linearen DNA-Faden. Die DNA-Neusynthese läuft also an vielen Stellen gleichzeitig ab. Die unterschiedliche Größe der Replikationsblasen kann damit erklärt werden, dass die DNA-Replikation an den verschiedenen Origins zu unterschiedlichen Zeiten in der S-Phase beginnt. Vereinigen sich die benachbarten, aufeinander zulaufenden Replikationsgabeln, ist die Replikation beendet. Das menschliche Genom mit etwa drei Milliarden Basenpaaren (bp) hat schätzungsweise 10 000 Origins. Die Geschwindigkeit der Replikation beträgt bei Prokaryoten etwa 1000 bp, bei Eukaryoten 100 bp pro Sekunde. Die Replikation des *E.-coli*-Chromosoms mit rund 4,6 Millionen bp erfolgt dennoch in 20 Minuten, da die nächste Replikation vor Vollendung der vorangegangenen beginnt. Die Replikation des menschlichen Genoms dauert etwa neun Stunden.

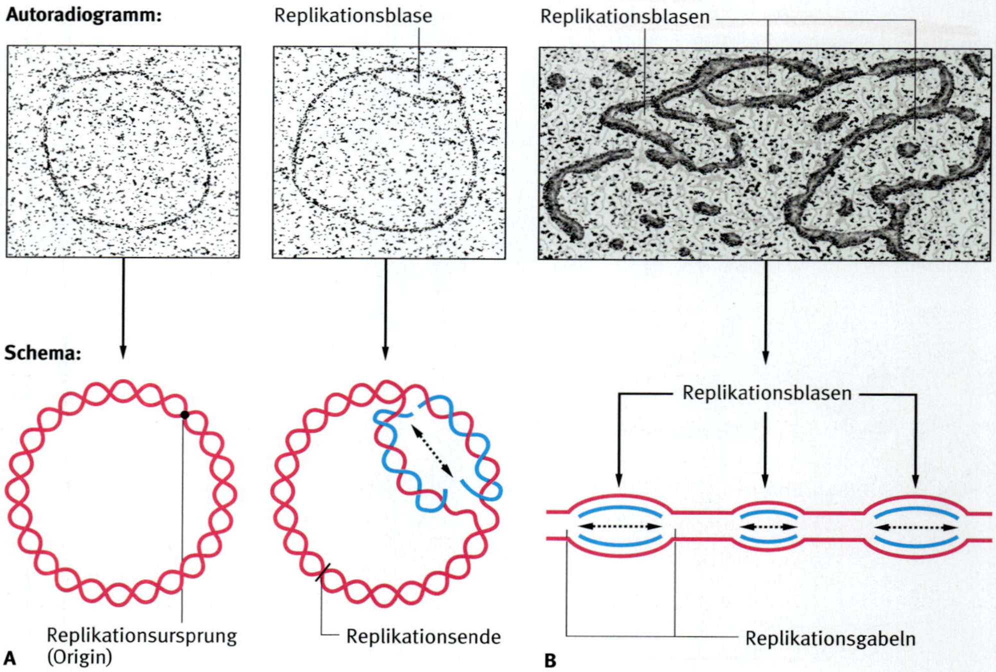

60.1 DNA-Replikation (Autoradiogramm und Schema) bei
A *E. coli;*
B Eukaryoten

4 Vom Gen zum Genprodukt

4.1 Die Funktion von Genen

Bereits 1909 formulierte der britische Arzt GARROD die Hypothese: Gene bestimmen den Phänotyp, indem sie Enzyme codieren, die bestimmte chemische Prozesse in der Zelle ablaufen lassen.

Aber erst 1941 wurde der Zusammenhang zwischen der Erbinformation einer Zelle und deren Enzymausstattung von BEADLE und TATUM experimentell am roten Schimmelpilz *Neurospora crassa* aufgeklärt. Dieser Pilz bildet haploide Sporen, die zu Pilzfäden heranreifen. Durch Bestrahlung mit Röntgen- und UV-Strahlen erzeugten die Forscher Zufalls-Mutationen bei *Neurospora*. Beim Experimentieren hat das haploide Pilzgeflecht den Vorteil, dass die erzeugten Mutationen voll zur Merkmalsausprägung kommen.

Unter den Mutanten waren unter anderem solche, die die Aminosäure Arginin nicht mehr synthetisieren konnten. Solche Mutanten werden als *Mangelmutanten* bezeichnet. Sie wurden wie folgt isoliert: Einzelne strahlenbehandelte Pilzsporen wurden auf ein Vollmedium gebracht, das Saccharose, Salze und alle Aminosäuren einschließlich Arginin enthielt. Wuchs dann eine Pilzkultur heran, wurde sie nachfolgend auf zwei Ansätze verteilt. Der eine enthielt nur das Minimalmedium, dem zweiten war zusätzlich Arginin zugesetzt. Wuchs der Pilz nur auf dem Minimalmedium mit Arginin-Zusatz, so hatte man eine Arginin-Mangelmutante von *Neurospora* isoliert.

BEADLE und TATUM vermuteten, dass bei den Mangelmutanten ein Enzymdefekt im Syntheseweg des Arginins vorlag. Um nun herauszufinden, welche spezifische Enzymreaktion ausgefallen war, wurde das Wachstum der Mutanten auf weiteren Nährmedien getestet. Man setzte den Minimalmedien nicht Arginin, sondern die Vorstufen der Arginin-Synthese Citrullin oder Ornithin zu.

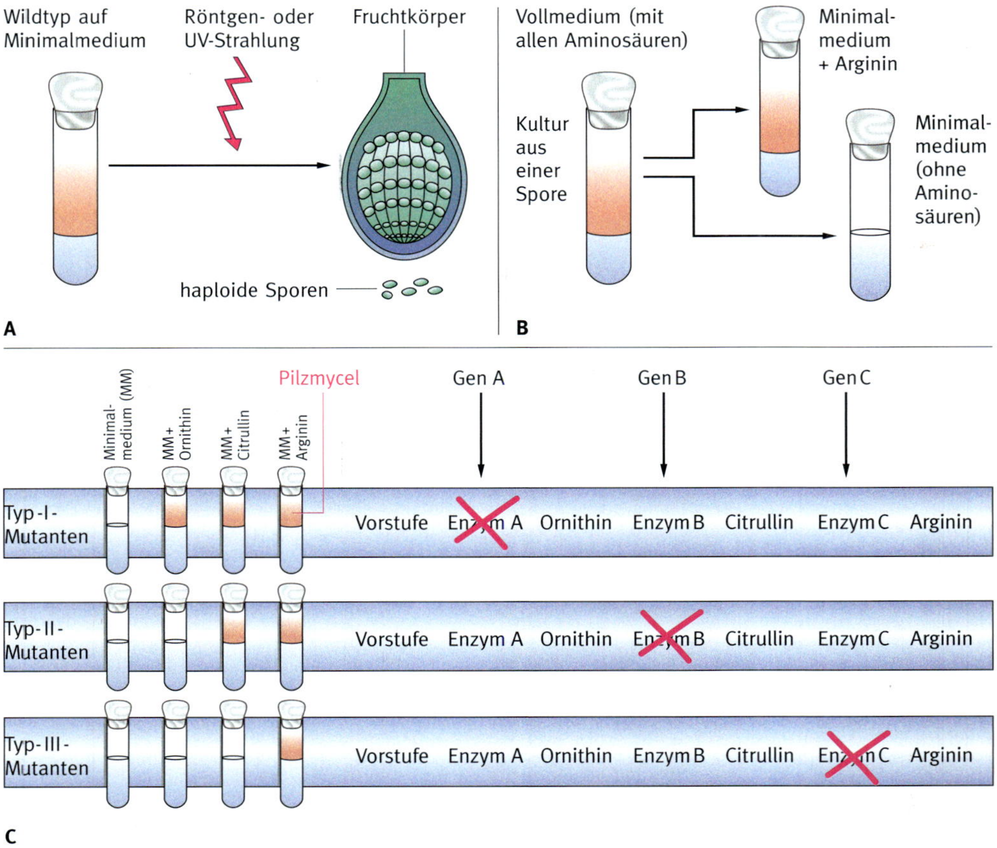

61.1 *Neurospora*-Mangelmutanten. **A** Erzeugung; **B** Isolierung; **C** Identifizierung (BEADLE und TATUM 1941)

BEADLE und TATUM leiteten aus den Experimenten drei verschiedene Mutanten ab (Abb. 61.1C). Zum Beispiel wachsen Typ-II-Mutanten weder auf Minimalmedium noch auf Minimalmedium mit Ornithin. Gaben die Forscher entweder Citrullin oder Arginin in das Nährmedium, konnten diese Mutanten wachsen. Sie schlossen daraus, dass der Typ-II-Mutante dasjenige Enzym fehlte, welches Ornithin in Citrullin umwandelt.

War der Argininmangel bei einer anderen Mutante (Typ I) durch Ornithin auszugleichen, dann war auch immer Citrullin wirksam. Die Ergebnisse zeigen, dass der Pilz einen Stoffwechselweg mit drei abschließenden enzymatischen Schritten benutzt, um aus einer Vorstufe Arginin herzustellen.

Daraus folgerten BEADLE und TATUM, dass verschiedenartige Mutationen auf Defekte an verschiedenen Genen dieser *Genwirkkette* zurückzuführen sind. Jedes Gen codiert die Synthese eines bestimmten Enzyms. Damit hatten sie die **Ein-Gen-ein-Enzym-Hypothese** formuliert.

Diese Hypothese musste erweitert werden, wie das folgende Beispiel zeigt. Menschliches Hämoglobin A besteht aus vier Polypeptidketten, zwei α- und zwei β-Globinketten. Jede der vier Polypeptidketten beinhaltet eine Sauerstoff bindende Häm-Gruppe. Die α- und β-Ketten unterscheiden sich in der Aminosäuresequenz. Sie werden durch zwei verschiedene Gene codiert.

Eine erblich bedingte Krankheit des Menschen ist die Sichelzellanämie. Diese Blutkrankheit hat ihren Namen nach der Sichelform der Erythrocyten, die im Blut homozygot Kranker auftreten. Die Zellform ist auf das Sichelzell-Hämoglobin S zurückzuführen. Dieses verändert sich bei Sauerstoffmangel zu einer faserigen Struktur, die die Gestalt der Zelle verzerrt. Weil diese Zellen sehr zart sind und im Blutstrom häufiger zerbrechen, leiden Patienten an Blutarmut (Anämie), die zum frühen Tod führt.

Ursache für die Bildung von Hämoglobin S ist ein einziger Nucleotidaustausch (A durch T) im β-Globin-Gen. Als Folge wird eine β-Kette gebildet, die sich von der normalen β-Kette nur in einem Austausch von Glutaminsäure (Glu), an Position 6 der insgesamt 146 Aminosäuren, gegen Valin (Val) unterscheidet.

Man hat daher die Ein-Gen-ein-Enzym-Hypothese zur **Ein-Gen-ein-Polypeptid-Hypothese** verfeinert. Danach enthält ein Gen die genetische Information für die Synthese eines Polypeptids.

1 Formulieren Sie die Versuchsergebnisse und Schlussfolgerungen für die *Neurospora*-Mutanten-Typen I und III.

2 Erstellen Sie die Reihenfolge der untersuchten Stoffwechselschritte in der Argininsynthese.

62.1 Mutation im β-Globin-Gen als Ursache der Sichelzellanämie

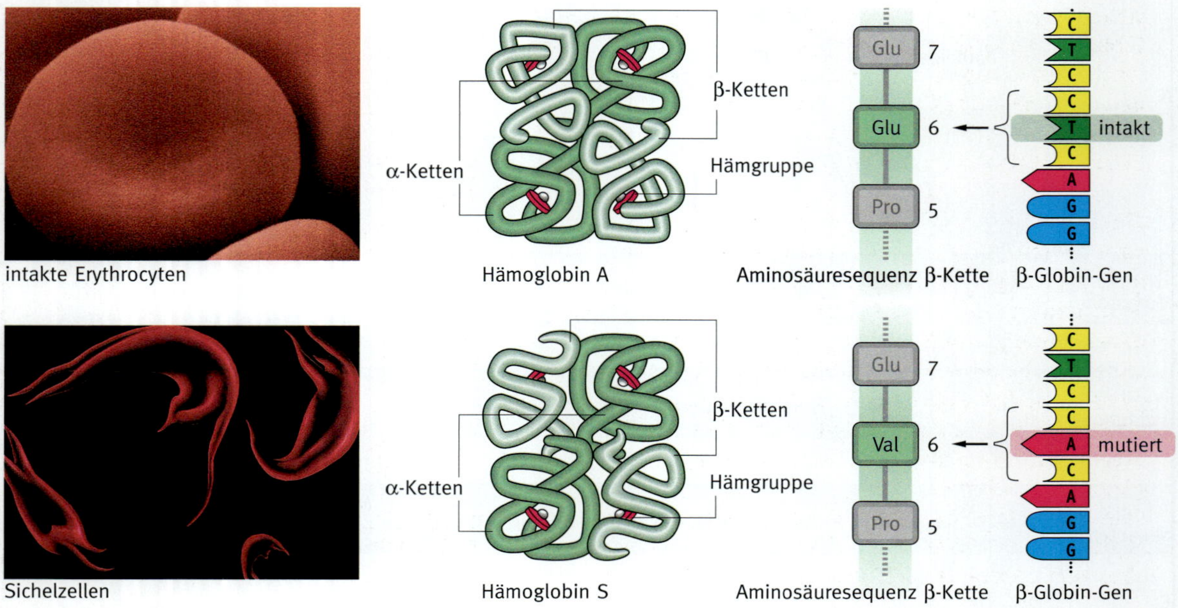

Bausteine der Proteine

Im Organismus erfüllen Proteine vielfältige Aufgaben: Nicht nur Enzyme, sondern zum Beispiel auch Hormone, Hämoglobin, Keratin, Kollagen, Actin, Myosin und Antikörper gehören zu dieser Stoffklasse.
Proteine sind Makromoleküle mit Molekülmassen bis zu mehreren 100 000 u (Einheit der Atommasse). Sie können durch Hydrolyse in ihre Bausteine, die **Aminosäuren,** zerlegt werden. Dabei findet man in natürlichen Proteinen 20 verschiedene Aminosäuren, die alle die gleiche Grundstruktur besitzen. Zwei Atomgruppierungen sind charakteristisch: Die Carboxylgruppe (–COOH) und die Aminogruppe ($-NH_2$). Die Carboxylgruppe kann ein Proton (H^+-Ion) abspalten; sie reagiert sauer. Die Aminogruppe kann an ihr freies Elektronenpaar am Stickstoff ein Proton anlagern; sie reagiert basisch. Die Aminogruppe steht bei den in der Natur vorkommenden Aminosäuren stets in unmittelbarer Nachbarschaft (am α-Kohlenstoffatom) zur Carboxylgruppe. Aminosäuren unterscheiden sich in der ebenfalls am α-Kohlenstoffatom ansetzenden Seitenkette R (Rest). Diese variieren in Struktur, Größe und elektrischer Ladung und damit auch in ihren chemischen Eigenschaften. Nach den chemischen Eigenschaften ihrer Seitenkette teilt man die 20 Aminosäuren in vier Gruppen ein: basische, saure, neutral polare und neutral unpolare.
So wie Säuren und Basen in wässriger Lösung miteinander reagieren, können die Carboxyl- und Aminogruppe innerhalb eines Moleküls miteinander in Reaktion treten. Dabei wandert das Proton der Carboxylgruppe an das freie Elektronenpaar der Aminogruppe. Es entsteht ein Molekül, das sowohl eine positive als auch eine negative Ladung trägt, ein **Zwitterion.** Im normalen Zellmilieu bei einem pH-Wert nahe sieben liegen die freien Aminosäuren, die zur Synthese von Proteinen benötigt werden, vorwiegend als solche Zwitterionen vor. Obwohl jedes Molekül eine positive und eine negative Ladung besitzt, ist es in dieser Form nach außen ungeladen. Die Zwitterionstruktur erklärt auch den salzartigen Charakter kristalliner Aminosäuren.

Wie aber können aus nur 20 verschiedenen Aminosäuren so viele unterschiedliche Proteine aufgebaut werden? Ein Vergleich soll dies erläutern. Unser Alphabet hat 26 Buchstaben (entsprechend 20 Aminosäuren), und dennoch können wir damit unendlich viele Wörter (Peptide) und neue Sätze (Proteine aus mehreren Polypeptiden) bilden. Aktuelle Forschungen zeigen, dass selbst Proteine, die aus mehreren Polypeptiden bestehen, sich zu Komplexen mit neuen Funktionen zusammenlagern können. Dies entspricht in unserem Vergleich einem Text.
Wie erfolgt die Verknüpfung der Aminosäuren zu einem Makromolekül? Wie erfolgt die Bildung einer konkreten räumlichen Struktur eines Proteins?

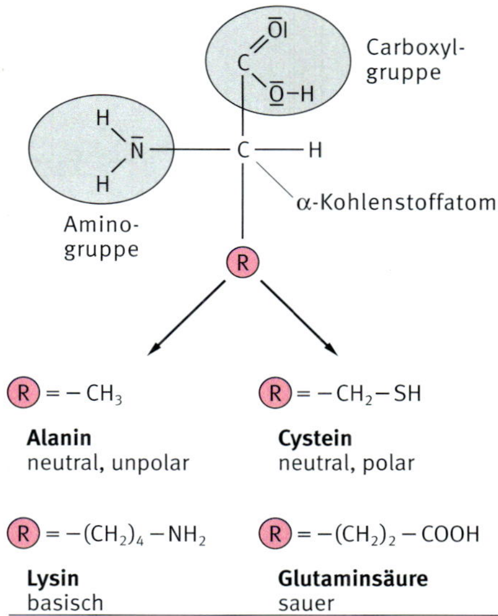

63.1 Allgemeine Formel und Gruppen von Aminosäuren mit Beispielen

neutral, unpolar		neutral, polar	
Alanin	Ala	Asparagin	Asn
Glycin	Gly	Cystein	Cys
Isoleucin	Ile	Glutamin	Gln
Leucin	Leu	Methionin	Met
Phenylalanin	Phe	Serin	Ser
Prolin	Pro	Threonin	Thr
Valin	Val	Tryptophan	Trp
		Tyrosin	Tyr
basisch		**sauer**	
Lysin	Lys	Asparaginsäure	Asp
Arginin	Arg		
Histidin	His	Glutaminsäure	Glu

63.2 Einteilung der Aminosäuren und ihre Abkürzungen

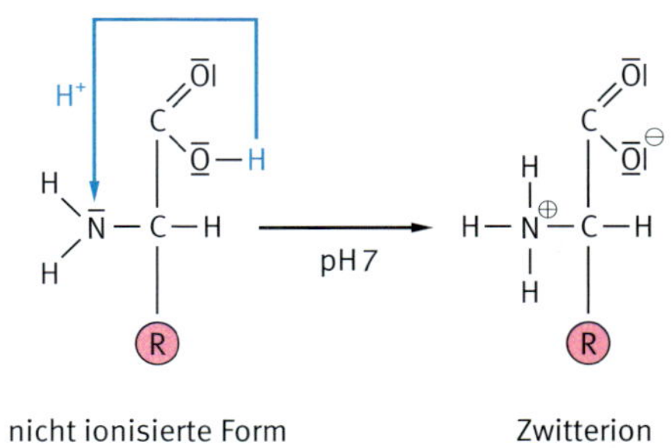

63.3 Entstehung der Zwitterionstruktur einer Aminosäure

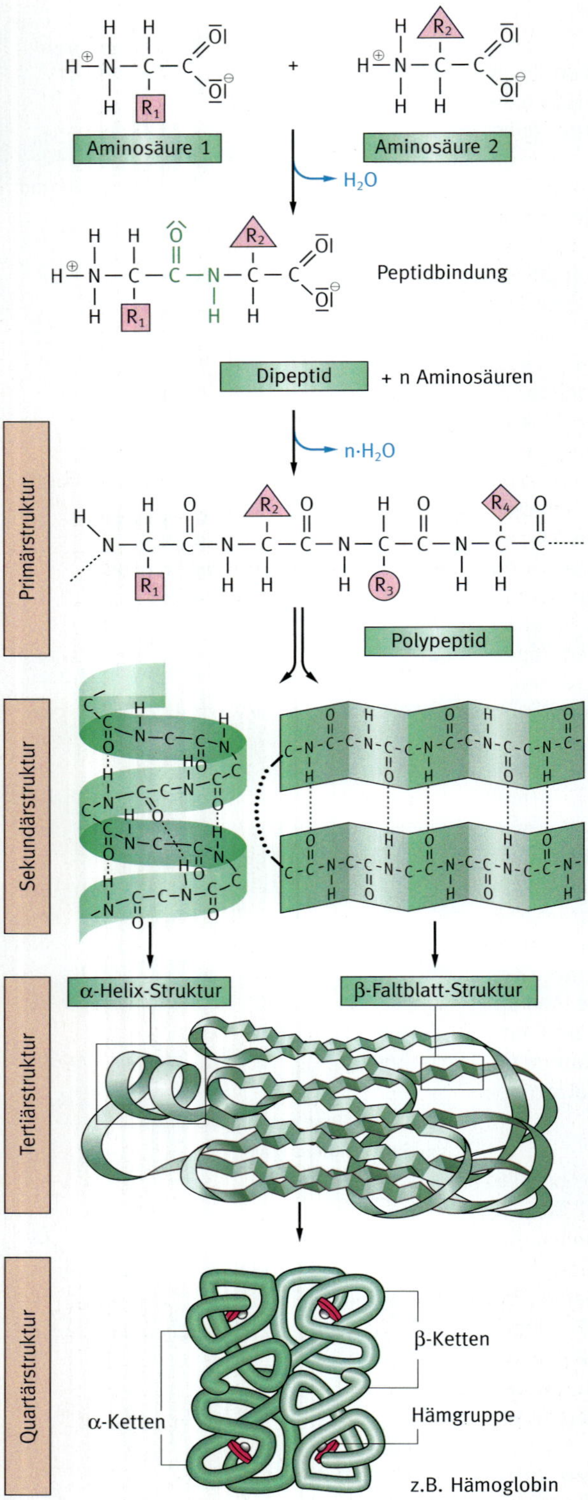

64.1 Aminosäureketten bilden komplexe Raumstrukturen

Raumstruktur der Proteine

Proteine bestehen aus langen, unverzweigten Ketten kovalent verbundener Aminosäuren. Die kovalente Bindung entsteht bei der Reaktion der Carboxyl-Gruppe einer Aminosäure mit der α-Amino-Gruppe der folgenden Aminosäure unter Wasserabspaltung, einer Kondensationsreaktion. Die kovalente Bindung zwischen dem Kohlenstoff- und dem Stickstoffatom innerhalb der Peptidgruppe (–CO–NH–) heißt **Peptidbindung.** Entsprechend der Anzahl der verknüpften Aminosäuren unterscheidet man Di-, Tri-, Tetrapeptide bis hin zu Polypeptiden. Polypeptide unterscheiden sich in ihrer charakteristischen Anzahl und Sequenz (Reihenfolge) von Aminosäuren. Die Aminosäuresequenz einer Polypeptidkette nennt man **Primärstruktur.**

Ist eine Polypeptidkette in ihre räumliche, biologisch aktive Form gefaltet, wird sie als **Protein** bezeichnet. Die Faltung kann spontan erfolgen. Heute weiß man, dass in vielen Fällen Faltungsproteine, Chaperone, bei der Einnahme der korrekten Raumstruktur mithelfen.

Man bezeichnet die räumliche Anordnung eines Proteins, die durch Wasserstoffbrücken zwischen den polaren Gruppen der Peptidbindungen (–CO und –NH) innerhalb der Kette stabilisiert wird, als **Sekundärstruktur.** Die am häufigsten auftretenden Sekundärstrukturen sind die α-Helix- und die β-Faltblattstruktur. Welche dieser beiden Strukturen sich ausbildet, wird von der Primärstruktur des Proteins beeinflusst. Innerhalb eines Proteins können beide Strukturen mehrfach auftreten.

Charakteristisch für Proteine ist eine weitere, übergeordnete Raumstruktur. Diese **Tertiärstruktur** wird durch Wechselwirkungen zwischen den Aminosäureresten erreicht. Zum Beispiel bilden sich Ionenbindungen zwischen basischen und sauren Gruppen oder kovalente Disulfidbrücken (–S–S–) zwischen zwei Cystein-Resten. Die Ausbildung von Wasserstoffbrücken zwischen polaren Resten oder anderen Bindungskräften zwischen unpolaren Resten stabilisiert ebenfalls die Tertiärstruktur.

Viele Proteine setzen sich aus mehreren Untereinheiten zusammen (zum Beispiel aus je zwei α- und β-Globin-Ketten wie beim Hämoglobin), die in bestimmter räumlicher Anordnung zueinander stehen. Man spricht dann von der **Quartärstruktur** eines Proteins.

Enzyme

Die Ausbildung genetisch festgelegter Merkmale beruht auf Stoffwechselvorgängen. Diese müssen im Organismus in einem sehr engen Temperaturbereich ablaufen.
Der Reaktionsverlauf eines Stoffwechselvorganges beinhaltet fast immer eine Energiebarriere, die **Aktivierungsenergie.** Sie muss überwunden werden. Praktisch alle chemischen Reaktionen in Zellen laufen daher mithilfe von Biokatalysatoren, den **Enzymen** ab. Abgesehen von wenigen Ausnahmen handelt es sich bei den Enzymen um Proteine.
Enzyme senken die Aktivierungsenergie, beschleunigen damit die Reaktion, ohne, dass sie dabei verbraucht werden. Im Gegensatz zu technischen Katalysatoren wirken Enzyme meist nur auf eine bestimmte Verbindung, ihr Substrat, katalytisch ein. Enzyme wirken **substratspezifisch.** Enzyme setzen ferner meist nur eine bestimmte Reaktion ihres Substrats in Gang, sie sind **wirkungsspezifisch.** Enzyme steuern sowohl aufbauende als auch abbauende Stoffwechselvorgänge.
Beide Enzymeigenschaften erklären sich über die Wechselwirkung eines Teils des Enzymproteins, dem aktiven Zentrum, mit dem Substratmolekül. Die räumliche Struktur und das Ladungsmuster des aktiven Zentrums legen die entsprechende Spezifität für jedes Enzym fest. In dieses aktive Zentrum passt jeweils nur ein entsprechend gebautes Substratmolekül, so wie ein Schlüssel zum zugehörigen Schloss. Man spricht daher auch vom **Schlüssel-Schloss-Prinzip.**
Eine Enzymreaktion zeigt folgende Teilschritte:
1. Bildung eines Enzym-Substrat-Komplexes,
2. Umsetzung zum Enzym-Produkt-Komplex,
3. Freisetzung der Produkte.

Da Enzyme nach der Reaktion wieder zur Verfügung stehen, können geringe Enzymmengen binnen kürzester Zeit große Substratmengen umsetzen. Dies kann man zum Beispiel beim Abbau von Wasserstoffperoxid, einem giftigen Abfallprodukt des Stoffwechsels, zu Wasser und Sauerstoff sehen. Durch das Enzym Katalase wird die Aktivierungsenergie um 47 kJ/mol gegenüber der unkatalysierten Reaktion gesenkt. Ein Katalasemolekül spaltet eine Million Wasserstoffperoxid-Moleküle pro Minute und beschleunigt damit den Abbau um den Faktor 10^8.

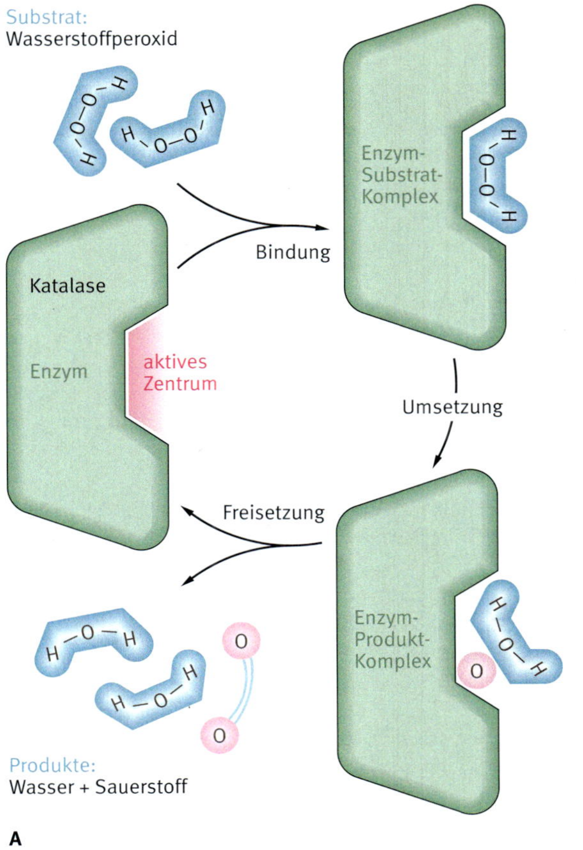

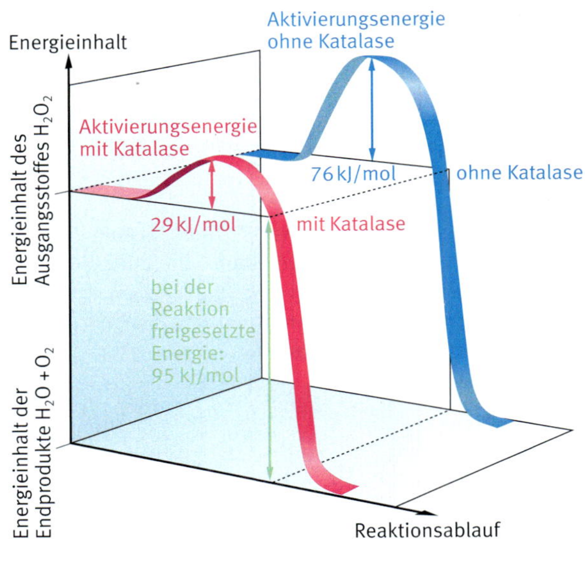

65.1 Enzymreaktion der Katalase.
A Teilschritte; **B** Katalysatorwirkung

CHEMIE

Wirkungsweise von Enzymen

1 Versuche mit Urease

Einführung: Urease (engl. *urea,* Harnstoff) kommt in Bodenbakterien vor. Das Enzym katalysiert die Hydrolyse von Harnstoff in Ammoniak und Kohlenstoffdioxid.

Material: Urease-Aufschwemmung (1 %: 100 mg Urease in 10 ml Aqua dest.), Indikatorpapier, Bromthymolblaulösung (1 %), Harnstoff, Lösungen von Harnstoff (1 %, 200 ml), Thioharnstoff (Xn, N, 1 %, 10 ml) und Guanidin (1 %, 10 ml), Salzsäure (C, 0,001 mol · l^{-1}), Kupfersulfatlösung (Xn, 2 ml, 0,1 mol · l^{-1}), Tropfpipetten, Waage, Reagenzgläser mit Stopfen und Ständer, Bunsenbrenner, Reagenzglasklammer, Stoppuhr, Spatel, Messpipetten (1 ml, 10 ml), Eis, Wasserbad, Thermometer

Durchführung 1: Eine Spatelspitze Harnstoff wird im Reagenzglas trocken erhitzt. In die aufsteigenden Dämpfe wird ein Streifen feuchtes Indikatorpapier gehalten. Durch Zufächeln wird eine Geruchsprobe durchgeführt.
Aufgabe 1:
Welches Gas wird durch die Indikatorverfärbung und die Geruchsprobe nachgewiesen?

Durchführung 2: 10 ml Harnstofflösung werden bei Raumtemperatur mit zwei Tropfen Bromthymolblaulösung versetzt. Weitere 10 ml Harnstofflösung werden kurz zum Sieden erhitzt. In die auf Raumtemperatur abgekühlte Lösung werden ebenfalls zwei Tropfen Bromthymolblaulösung gegeben.
Aufgabe 2:
Beschreiben Sie den Farbumschlag des Indikators und begründen Sie diesen.

Durchführung 3: Jeweils 10 ml Harnstoff-, Thioharnstoff- und Guanidinlösung werden mit zwei Tropfen Bromthymolblaulösung versetzt. Nach Zugabe von 0,5 ml Urease-Aufschwemmung in die drei Reagenzgläser wird die Farbänderung des Indikators beobachtet.

Harnstoff

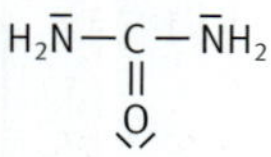

Thioharnstoff

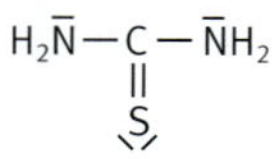

Guanidin

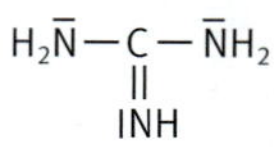

Aufgabe 3:
- **a)** Welche wichtigen Enzymeigenschaften werden am Beispiel der Urease in den Versuchen 1 bis 3 bestätigt?
- **b)** Schreiben Sie das Schema der Ureasereaktion in Strukturformeln.
- **c)** Erläutern Sie das Versuchsergebnis anhand des Schlüssel-Schloss-Prinzips.

Durchführung 4: 10 ml Harnstofflösung werden mit zwei Tropfen Bromthymolblaulösung versetzt. Nach Zugabe von 0,5 ml Urease-Aufschwemmung wird die Zeit bis zum Farbumschlag des Indikators gemessen. Danach werden einige Tropfen Salzsäure bis zur Entfärbung des Indikators zugegeben und der Ansatz weiterhin beobachtet.
Aufgabe 4:
Wie sind die jeweiligen Farbänderungen des Indikators chemisch zu erklären?

Durchführung 5: 10 ml Harnstofflösung werden mit zwei Tropfen Bromthymolblaulösung versetzt. 0,5 ml Urease-Aufschwemmung werden kurz zum Sieden erhitzt, abgekühlt und anschließend zur Harnstofflösung gegeben.
Aufgabe 5:
Beobachten Sie die Indikatorreaktion. Welche Eigenschaft von Eiweißen ist damit nachgewiesen?

Durchführung 6: In 10 ml Harnstofflösung werden 2 ml Kupfersulfatlösung, zwei Tropfen Bromthymolblaulösung und schließlich 0,5 ml Urease-Aufschwemmung zugegeben.
Aufgabe 6:
- **a)** Erläutern Sie die ökologische Bedeutung des Enzyms Urease.
- **b)** Wie ist das Ergebnis dieses Experiments in ökologischer Hinsicht zu interpretieren?

Durchführung 7: Es werden sechs Reagenzgläser mit jeweils 10 ml Aqua dest. beschickt. Zum ersten gibt man 0,02 g, zum zweiten 0,1 g, zum dritten 0,2 g, zum vierten 0,4 g, zum fünften 1 g, zum sechsten 2 g Harnstoff. Die Reagenzgläser werden mit Stopfen verschlossen und geschüttelt, bis der Harnstoff vollständig gelöst ist. Nach Zugabe von jeweils zwei Tropfen Bromthymolblaulösung und 0,5 ml Urease-Aufschwemmung wird die Zeit bis zum Farbumschlag des Indikators gemessen.
Aufgabe 7:
Stellen Sie die Ergebnisse grafisch dar, indem Sie die gemessenen Zeiten als Ordinatenwerte gegen die Harnstoffkonzentration auftragen und interpretieren Sie das Ergebnis.

Durchführung 8: Sechs Reagenzgläser mit jeweils 10 ml Harnstoff- und zwei Tropfen Bromthymolblaulösung werden auf 1 °C, 10 °C, 20 °C, 30 °C, 40 °C und 50 °C im Wasserbad temperiert. Durch Zugabe von jeweils 0,5 ml Urease-Aufschwemmung wird die Reaktion gestartet.
Aufgabe 8:
Stellen Sie die Zeiten bis zum Farbumschlag des Indikators in Abhängigkeit von der Temperatur grafisch dar und interpretieren Sie den Kurvenverlauf.

2 Immobilisierung von Enzymen

Einführung: Teure Enzyme, wie zum Beispiel die Lactase, werden aus wirtschaftlichen Gründen nach deren Einsatz zurückgewonnen. Um die Wiedergewinnung zu vereinfachen, wird das Enzym an einen Träger gebunden. Dadurch ist es zwar unbeweglich geworden, es ist aber weiterhin enzymatisch aktiv.

Material: Material: Waage, Spatel, Stoppuhr, Pipette (10 ml) mit Pipettierhilfe, Teesieb, 2 Messzylinder (100 ml), Magnetrührer mit Rührfisch, Bunsenbrenner, Thermometer, Glasstab, Bechergläser (50 ml, 2 x 100 ml, 2 x 250 ml, 400 ml), Calciumchloridlösung (2 %: 2 g $CaCl_2$ in 100 ml Aqua dest.), Lactaselösung (10 %: 0,8 g Lactase in 8 ml Aqua dest.), 200 ml Molke (Milchfett setzt die Poren der Alginatperlen zu), Glucoseteststreifen, Natriumalginatlösung (3 %: 0,3 g Natriumalginat werden in 10 ml Aqua dest. kurz aufgekocht, dabei gut durchmischt), Dreifuß mit Drahtnetz

Durchführung: In einem Vortest werden 100 ml, 40 °C warme Molke mit 4 ml Lactaselösung versetzt und umgerührt. Zu Beginn und in Abständen von fünf Minuten wird der Glucosegehalt mittels Teststreifen über die Dauer von 20 Minuten bestimmt.

Herstellung immobilisierter Lactase:
4 ml Lactaselösung und 6 ml abgekühlte Natriumalginatlösung werden in ein 50 ml Becherglas pipettiert und mit einem Glasstab kräftig durchmischt. Das Gemisch (10 ml) wird mit derselben Pipette aufgenommen und aus etwa 10 cm Höhe in 100 ml Calciumchloridlösung getropft. An der Eintropfstelle entstehen Alginatperlen mit einem Durchmesser von etwa 4 mm, in die die Lactase eingeschlossen ist. Die Alginatperlen werden über ein Teesieb von der Calciumchloridlösung abfiltriert und zweimal mit je 100 ml Aqua dest. gespült.

Lactosespaltung durch immobilisierte Lactase:
Die Alginatperlen werden in 100 ml, 40 °C warme Molke gegeben, auf den Magnetrührer gestellt und langsam gemischt. Zu Beginn und in Abständen von fünf Minuten wird der Glucosegehalt mittels Teststreifen bestimmt. Nach 20 Minuten werden die Alginatperlen über das Teesieb aus der Molke abfiltriert und dreimal mit je 100 ml Aqua dest. gespült.
Die Perlen können in einem mit Alufolie verschlossenen Becherglas unter Aqua dest. im Kühlschrank bis zu einem Monat aufbewahrt werden. Während dieser Zeit kann die Lactosespaltung beliebig oft wiederholt werden.

67.1 Herstellung immobilisierter Lactase.
A Entstehung der Alginatperlen; **B** isolierte Perlen

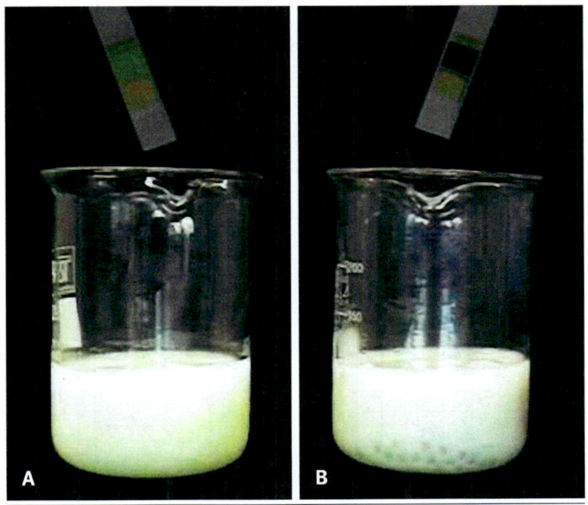

67.2 Glucosenachweis in Milch mittels Teststreifen.
A ohne Lactase; **B** mit immobilisierter Lactase

Aufgaben:
a) Welchen ökonomischen Nachteil besitzen Verfahren mit nicht immobilisierten Enzymen?
b) Informieren Sie sich über die Strukturformel der Lactose und ihre Spaltprodukte und schreiben Sie das Reaktionsschema der Lactasereaktion in Strukturformeln.
c) Wozu werden verschiedene Milchgetränke mit Lactase behandelt?
d) Beim Eintropfen einer Natriumalginatlösung in eine Calciumchloridlösung erstarren die Tropfen zu Gelperlen. Wodurch wird die Vernetzung der Alginatketten zu Gelperlen chemisch erreicht (Alginate sind Salze saurer Polysaccharide)?
e) Wie kann man die Immobilisierung eines Enzyms an einen Träger erreichen?

TECHNIK

Zellfraktionierung

Durch die Zellfraktionierung werden aufgebrochene Zellen, ein Zellhomogenat, in Zellorganellen aufgetrennt, sodass Aufbau und Funktion von Zellorganellen untersucht werden können. Dies erreicht man mithilfe von Ultrazentrifugen, in denen mit einem Zellhomogenat gefüllte Zentrifugenröhrchen rotieren. In mehreren Zentrifugationsschritten werden bei steigenden Rotationsgeschwindigkeiten und unterschiedlicher Dauer die Zellbestandteile fraktioniert. Ultrazentrifugen können Geschwindigkeiten von über 100 000 Umdrehungen pro Minute erreichen. Auf die Zellbestandteile wirken dann Zentrifugalkräfte von etwa der 500 000-fachen Erdbeschleunigung (g) ein.
Ein Zellhomogenat enthält ein Gemisch von Zellorganellen, Membranstücken und Molekülen sehr unterschiedlicher Masse, Gestalt und Größe. Diese setzen sich bei der Zentrifugation mit unterschiedlicher Geschwindigkeit im Zentrifugenröhrchen ab. Diese Absetzgeschwindigkeit wird nach dem Erfinder der Ultrazentrifuge in SVEDBERG-Einheiten gemessen (1 S = 10^{-13} Sekunden). Ein höherer S-Wert zeigt eine höhere Absetzgeschwindigkeit und damit eine größere Masse an. Bakterielle Ribosomen zum Beispiel sedimentieren bei 70 S. Die Ribosomen im Cytoplasma von Eukaryotenzellen sind größer und sedimentieren bei 80 S.

4.2 Proteinbiosynthese

Die Ein-Gen-ein-Polypeptid-Hypothese sagt aus, dass ein Gen die genetische Information für die Synthese eines Polypeptids enthält. Polypeptide beziehungsweise deren biologisch aktive Form, die Proteine, bestimmen die Struktur und Funktion von Zellen und damit deren Merkmale. Wo aber erfolgt die Proteinbiosynthese in einer Zelle?
Man injizierte Ratten radioaktive Aminosäuren unter die Haut und entnahm wenige Minuten nach der Injektion die Leber der Versuchstiere. Diese wurde mit einem Mixer homogenisiert. Anschließend wurde das Zellhomogenat durch Ultrazentrifugation fraktioniert. Dabei stellte man fest: Nur in der Ribosomenfraktion finden sich radioaktiv markierte Proteine.
Autoradiografische Untersuchungen an intakten Leberzellen bestätigten das Ergebnis: Elektronenmikroskopische-Aufnahmen zeigen radioaktiv markierte Proteine an den Ribosomen, die zum Teil auf der Oberfläche des Endoplasmatischen Retikulums fixiert sind.

Wie gelangt die genetische Information für die Bildung eines Polypeptids vom Zellkern an die Ribosomen im Cytoplasma?

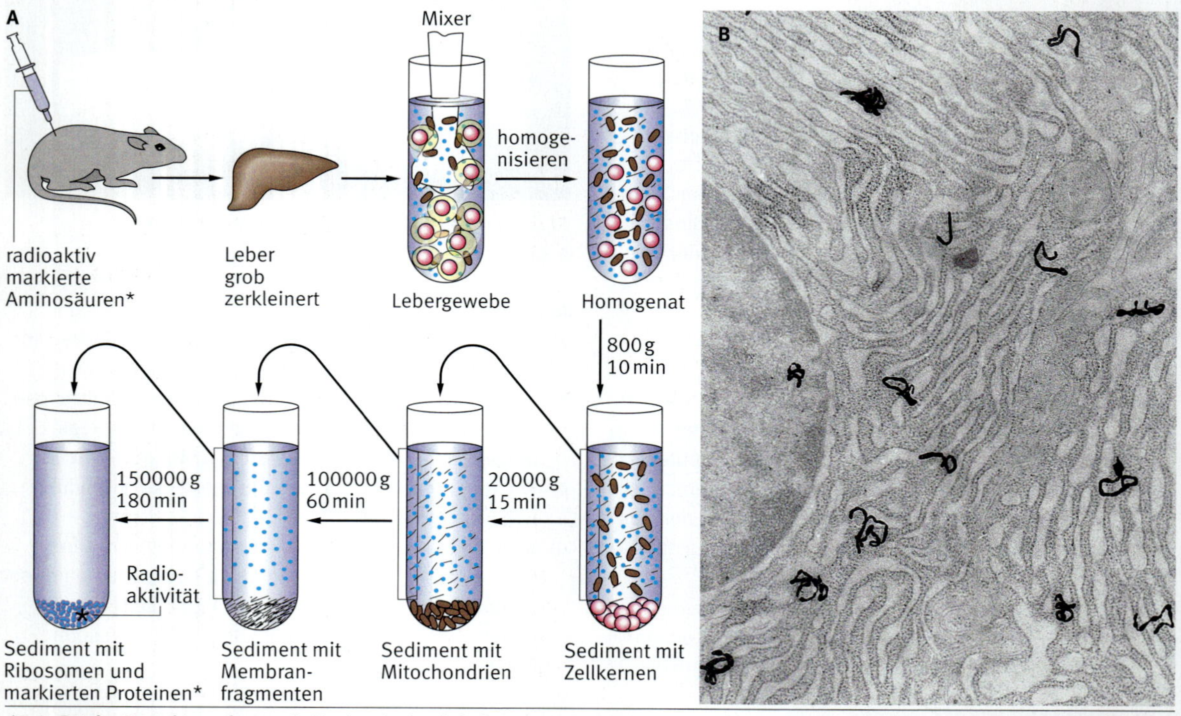

68.1 Ort der Proteinsynthese. A Nachweis durch fraktionierte Zentrifugation; **B** markierte Proteine (autoradiografisches EM-Bild)

Da die DNA den Zellkern nicht verlässt, wurde 1958 daraus die Hypothese abgeleitet, dass die genetische Information über Botenmoleküle zu den Ribosomen gelangt. Die Funktion des Boten (engl. *messenger*) übernimmt eine andere Art von Nucleinsäure, die **messenger Ribonucleinsäure (mRNA).** Es handelt sich um einzelsträngige RNA-Kopien kurzer DNA-Abschnitte, die als Matrizen für die Proteinsynthese benutzt werden.

In Zellhomogenaten kann unter geeigneten Versuchsbedingungen die Synthese von Proteinen *in vitro* (lat. im Gefäß) ablaufen. Fügt man radioaktiv markierte Aminosäuren hinzu, so lassen sich schon wenige Minuten später radioaktive Proteine nachweisen. Solche Zellhomogenate werden als **zellfreie Systeme** bezeichnet. Im zellfreien System konnte die mRNA als Botenstoff wie folgt nachgewiesen werden: Zerstört man durch das hydrolytische Enzym RNase die vorhandenen mRNAs, findet keine Proteinsythese statt. Blockiert man die RNase und fügt frische mRNA zu, bleibt die Proteinsynthese überraschenderweise weiterhin gestört. Erst durch die Zugabe einer weiteren RNA-Art, der **transfer RNA (tRNA),** läuft die Proteinsynthese wieder im zellfreien System ab.
Im Unterschied zu den anderen Nucleinsäure-Arten sind tRNAs mit rund 80 Ribonucleotiden kleine Moleküle. Die mRNA ist dagegen aus einigen Tausend Nucleotiden aufgebaut. Eingebaut in die Ribosomen tritt eine dritte RNA-Art auf, die **ribosomale RNA (rRNA).** Sie dient dem Erkennen und Binden der mRNA am Ribosom.

Die Proteinsynthese in einem zellfreien System akzeptiert sowohl jede mRNA als Matrize, als auch jede eukaryotische Ribosomenfraktion, das heißt, eine Gewebe- oder Artspezifität des Proteinsyntheseapparates besteht nicht.

Der Fluss genetischer Information in einer lebenden Zelle geht demnach von der DNA über die mRNA zum Protein. Alle Zellen, vom Bakterium bis zum Menschen, exprimieren (lat. *exprimere,* ausdrücken) ihre genetische Information auf diese Weise. Dieses Prinzip ist so fundamental, dass es 1958 von dem Mitentdecker der DNA-Doppelhelix CRICK als das *zentrale Dogma der Molekularbiologie* bezeichnet wurde. Heute weiß man, dass es in bestimmten RNA-Viren Ausnahmen gibt.

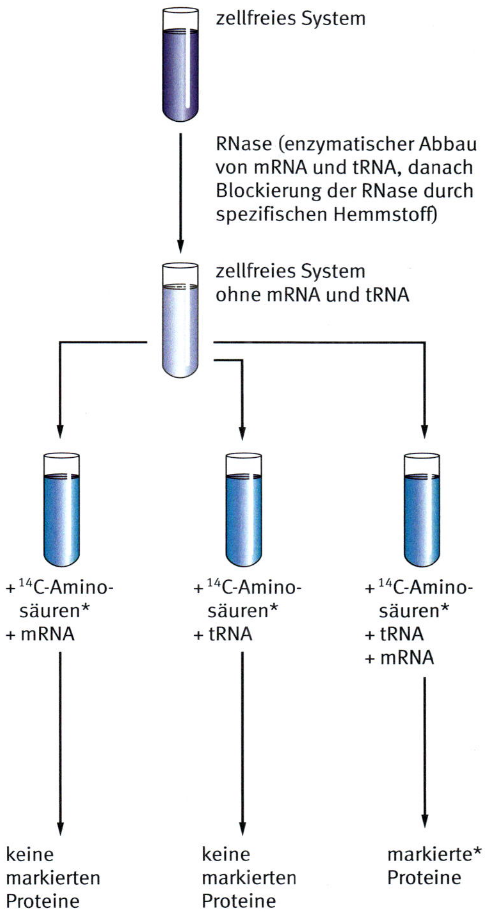

69.1 Proteinsynthese
(* = radioaktive Markierung)

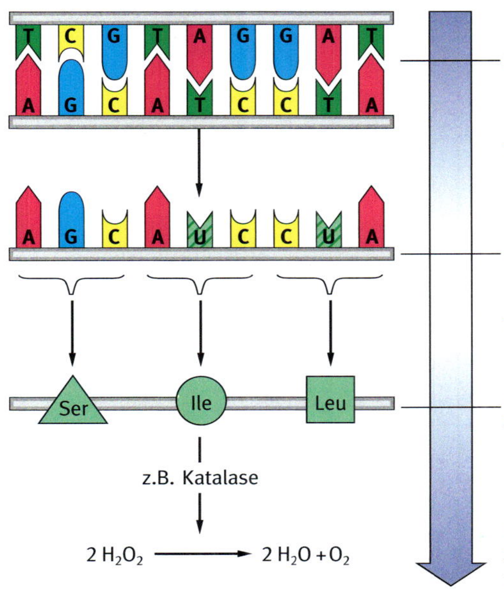

69.2 Fluss der genetischen Information

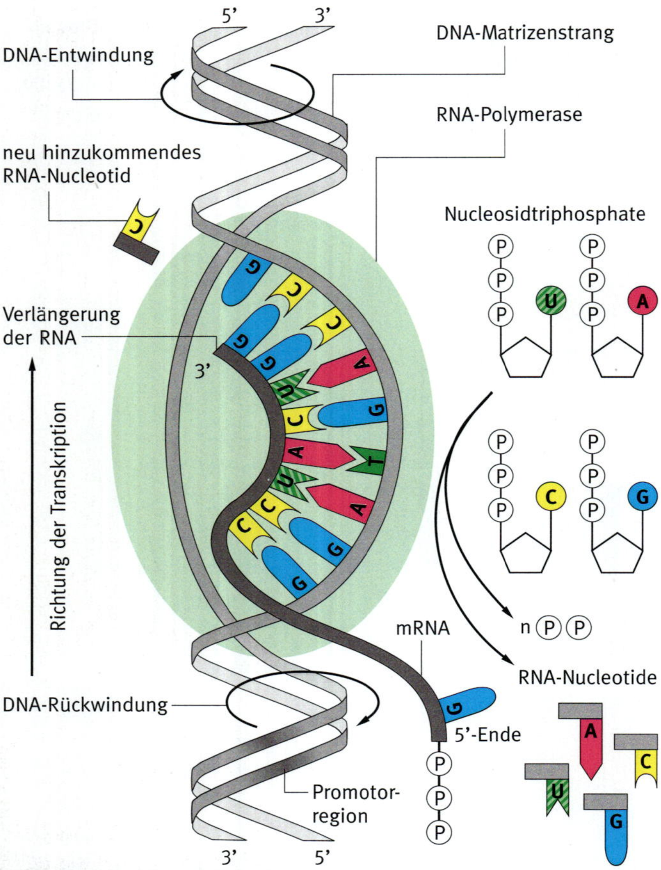

70.1 Transkription (Schema)

Prokarioten

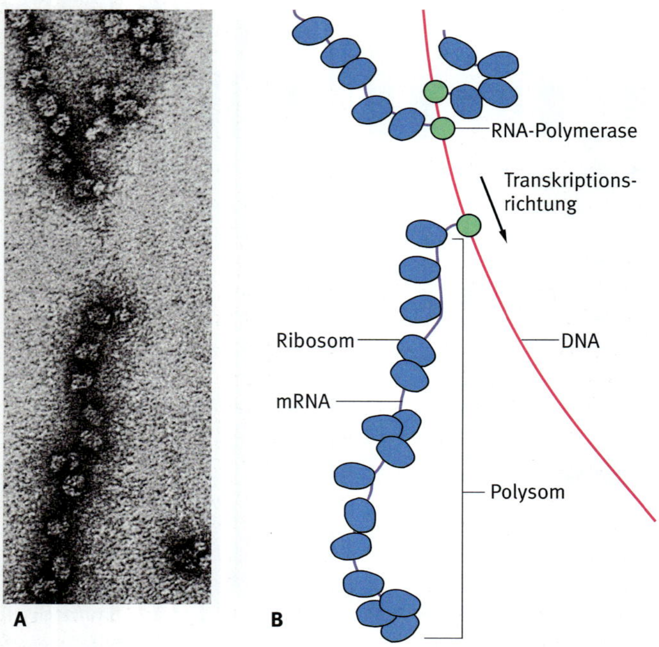

70.2 Transkription an der DNA von *E. coli*. A EM-Bild; **B** Schema

Tranksription u. Translation finden gleichzeitig statt

4.3 Transkription

Der erste Schritt vom Gen zum Genprodukt, der Genexpression, ist die Bildung einer Kopie des entsprechenden Gens in Form der mRNA. Dieser Schritt wird **Transkription** (lat. *trans*, über; lat. *scribere*, schreiben) genannt. Katalysiert wird die Transkription durch die **RNA-Polymerase.**

Dieses Enzym bindet an spezifischen Sequenzen der DNA, die **Promotoren** heißen. Sie steuern die Transkription der sich daran anschließenden Gene. Hinter der Promotor-Region wird die DNA-Doppelhelix ab einem Startsignal durch die RNA-Polymerase blasenartig geöffnet. Bei *E. coli* lässt das Enzym etwa 17 Basenpaare geöffnet, wobei es die DNA vor sich entwindet und hinter sich wieder verdrillt.

Die biologische Information eines Gens ist lediglich in einem der beiden Polynucleotidstränge der Doppelhelix enthalten. Dieser Strang wird **Matrizenstrang** oder **codogener Strang** genannt. Komplementär zu diesem Matrizenstrang wird von der RNA-Polymerase aus den Nucleosidtriphosphaten ein mRNA-Einzelstrang synthetisiert. Die Information des Matrizenstranges wird in 3´→ 5´-Richtung abgelesen. Die mRNA-Synthese verläuft komplementär in 5´→ 3´-Richtung. Die Nucleosidtriphosphate werden unter Abspaltung von zwei Phosphatresten an das 3´-Ende der wachsenden mRNA-Kette angehängt.

EM-Aufnahmen von *E. coli* während der mRNA-Synthese zeigen, dass gleichzeitig mehrere RNA-Polymerasen hintereinander an einem Gen transkribieren. Da Bakterien keine Kernhülle besitzen, lagern sich an diese frisch transkribierten mRNA-Moleküle sofort mehrere Ribosomen hintereinander an und bilden ein **Polysom.**

Die RNA-Polymerase benötigt keinen Primer und erkennt Start- und Stoppsignale auf dem Matrizenstrang. Wird die Transkription mit einem Stoppsignal beendet, schließt sich der abgelesene DNA-Bereich wieder und der mRNA-Strang wird verdrängt.

Die Stabilität der mRNA hat einen entscheidenden Einfluss auf die Proteinmenge, die produziert wird. Man drückt die Stabilität durch die *Halbwertszeit* aus, in der sich die mRNA-Menge durch enzymatischen Abbau halbiert. Bei Bakterien beträgt sie etwa zwei Minuten. In tierischen Zellen liegt sie zwischen vier und 24 Stunden.

4.4 Der genetische Code

Bei der Transkription wird die DNA-Information in eine mRNA-Basensequenz überschrieben, deshalb muss in der Basenabfolge der mRNA die Bauanweisung für ein Polypeptid enthalten sein. 20 verschiedenen Aminosäuren stehen aber nur vier verschiedene Basen gegenüber. Damit wären nur vier verschiedene Aminosäuren zu codieren. Selbst ein Zweibuchstaben-Code mit 16 (4^2) möglichen Kombinationen reicht nicht aus.
Tatsächlich ist die genetische Anweisung für die Synthese eines Polypeptids auf der mRNA durch eine Serie von drei hintereinanderliegenden Basen verschlüsselt. Ein solches **mRNA-Basentriplett** wird **Codon** genannt. Wenn drei aufeinanderfolgende Basen eine Aminosäure codieren, gibt es 64 (4^3) mögliche Codeworte – mehr als genug für die Codierung aller 20 Aminosäuren.

1961 brachte ein Experiment von NIRENBERG und MATHAEI den Durchbruch bei der Entschlüsselung des genetischen Codes. Sie stellten eine synthetische mRNA aus Nucleotiden der Base Uracil her. Damit untersuchten sie die Proteinsynthese in einem zellfreien System von *E. coli*. Die gebildete Polypeptidkette bestand nur aus der Aminosäure Phenylalanin (Phe), viele Male aneinandergereiht. Die Bedeutung des Codons UUU war damit gefunden, es ist das Codewort für die Aminosäure Phenylalanin.

Weitere Versuche mit künstlich hergestellter mRNA bekannter Sequenz führten schließlich zur vollständigen Entschlüsselung des genetischen Codes, der folgende Eigenschaften hat:
- Er ist ein **Triplett-Code.**
- Er ist nahezu **universell.** Er gilt für fast alle Lebewesen.
- Er ist **degeneriert.** Jedes Triplett codiert nur eine Aminosäure, aber viele Aminosäuren werden durch mehrere Tripletts bestimmt.
- Er ist **kommafrei.** Die Codons schließen lückenlos aneinander an.
- Er ist **nicht überlappend.** Eine Base ist immer nur Bestandteil eines Codons.
- Er wird in 5´→ 3´-Richtung gelesen.

Von den 64 möglichen Kombinationen codieren 61 Codons Aminosäuren. Die Codons UAA, UAG und UGA sind Stoppsignale für die Beendigung der Proteinsynthese.

Erste Base	**Zweite Base**				**Dritte Base**
5´	**U**	**C**	**A**	**G**	**3´-Ende**
U	Phe	Ser	Tyr	Cys	U
	Phe	Ser	Tyr	Cys	C
	Leu	Ser	*„Stop"*	*„Stop"*	A
	Leu	Ser	*„Stop"*	Trp	G
C	Leu	Pro	His	Arg	U
	Leu	Pro	His	Arg	C
	Leu	Pro	Gln	Arg	A
	Leu	Pro	Gln	Arg	G
A	Ile	Thr	Asn	Ser	U
	Ile	Thr	Asn	Ser	C
	Ile	Thr	Lys	Arg	A
	Met (Start)	Thr	Lys	Arg	G
G	Val	Ala	Asp	Gly	U
	Val	Ala	Asp	Gly	C
	Val	Ala	Glu	Gly	A
	Val	Ala	Glu	Gly	G

71.1 Der genetische Code

Wie universell ist der genetische Code?

EVOLUTION

Zahlreiche Untersuchungen an verschiedenen Organismen zeigen, dass der genetische Code nahezu universell ist. Im Labor können Gene auch nach Übertragung von einer Art auf die andere korrekt in ein Protein übersetzt werden. Als wichtige Anwendung dieser Universalität hat sich die Gentechnik etabliert.
Es gibt jedoch einige Ausnahmen: Bei dem sehr ursprünglichen Prokaryoten *Mycoplasma capricolum* codiert UGA nicht ein Stoppsignal, sondern die Aminosäure Tryptophan (Trp).
Ausnahmen sind auch einige einzellige Eukaryoten, die Ciliaten oder Wimpertierchen. Zu ihnen gehört zum Beispiel das Pantoffeltierchen *Paramecium*. Bei ihnen werden die Basentripletts UAA und UAG nicht als Stoppsignale gelesen, sondern sie codieren die Aminosäure Glutamin (Gln). Eine mögliche Erklärung für die Abweichung ist, dass die Ciliaten als Gruppe sehr früh in der Evolution isoliert wurden.
Auch bei Mitochondrien und Chloroplasten, die ziemlich unabhängig vom Rest der Zelle arbeiten, bestehen Abweichungen im Code.
Obwohl man noch nicht genau versteht, wie diese Variationen des genetischen Codes im Laufe der Evolution entstanden sind, steht die evolutionäre Bedeutung seines fast universellen Charakters außer Frage. Diese Universalität ist ein Beleg für den gemeinsamen Ursprung und damit die Verwandtschaft aller Lebewesen.

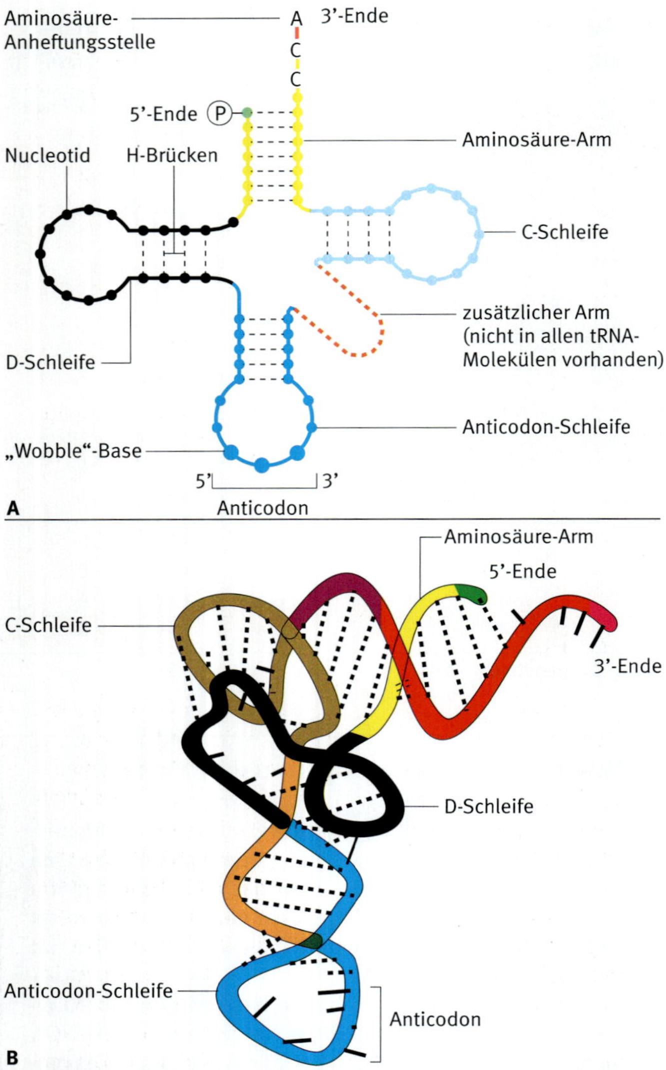

72.1 Struktur der tRNA. **A** Sekundärstruktur; **B** Tertiärstruktur

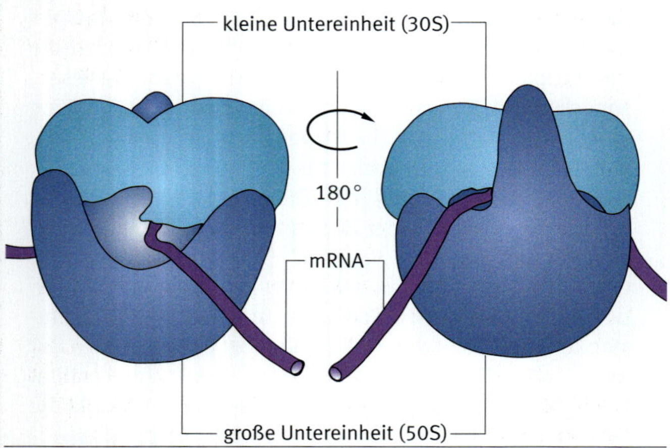

72.2 70S-Ribosomen von *E. coli*

4.5 Translation

Der zweite Schritt der Genexpression ist die Übersetzung der mRNA-Basensequenz nach den Regeln des genetischen Codes in die Aminosäuresequenz eines Polypeptids. Dieser Vorgang heißt **Translation** (lat. *translatio*, Übersetzung) und findet an den Ribosomen statt.
Versuche in zellfreien Systemen zeigten, dass für die Translation die Anwesenheit von tRNA-Molekülen erforderlich ist. Diese bestehen nur aus etwa 80 Nucleotiden. Durch Basenpaarungen entstehen Schleifen, die dem Molekül in der Sekundärstruktur ein kleeblattartiges Aussehen geben. Weitere Windungen und Faltungen lassen eine Tertiärstruktur von L-förmiger Gestalt entstehen.
Zwei Molekülabschnitte sind für die Funktionen der tRNA besonders wichtig: Zum einen hat die **Aminosäure-Anheftungsstelle** am 3´-Ende bei allen tRNA-Molekülen die Basenfolge CCA. Die entscheidende Übersetzung des genetischen Codes wird enzymatisch durch 20 verschiedene Aminoacyl-tRNA-Synthetasen geleistet. Diese verknüpfen jeweils ihre spezifische Aminosäure mit den zugehörigen tRNA-Molekülen.
Zum anderen besitzt jede tRNA ein spezifisches Basentriplett, das **Anticodon.** Mit diesem bindet die tRNA an ein komplementäres Codon der mRNA. Dabei ist die erste Base eines Codons – immer in 5´→ 3´-Richtung gelesen – mit der dritten Base des Anticodons **antiparallel** gepaart.

Pro- und eukaryotische Ribosomen sind beide aus einer großen und kleinen Untereinheit zusammengesetzt. Prokaryotische 70S-Ribosomen sind etwas kleiner und bestehen aus einer 50S- und einer 30S-Untereinheit, die jeweils aus Proteinen und ribosomaler RNA (rRNA) aufgebaut sind. Neben einer Bindungsstelle für die mRNA hat jedes Ribosom zwei Bindungsstellen für tRNAs: Am Ribosomeneingang bindet die tRNA, welche die neu anzuknüpfende Aminosäure anliefert (**A**-Stelle). Am Ribosomenausgang bindet die tRNA mit der wachsenden Polypeptidkette (**P**-Stelle).

Start der Translation. Eine mRNA bindet mit einer bestimmten Sequenz, ihrer Ribosomenerkennungsstelle, an eine kleine Untereinheit. Die kleine Untereinheit wandert dann in Richtung 3´-Ende der mRNA, bis sie auf ein Startcodon trifft. Sobald eine mit Methionin bela-

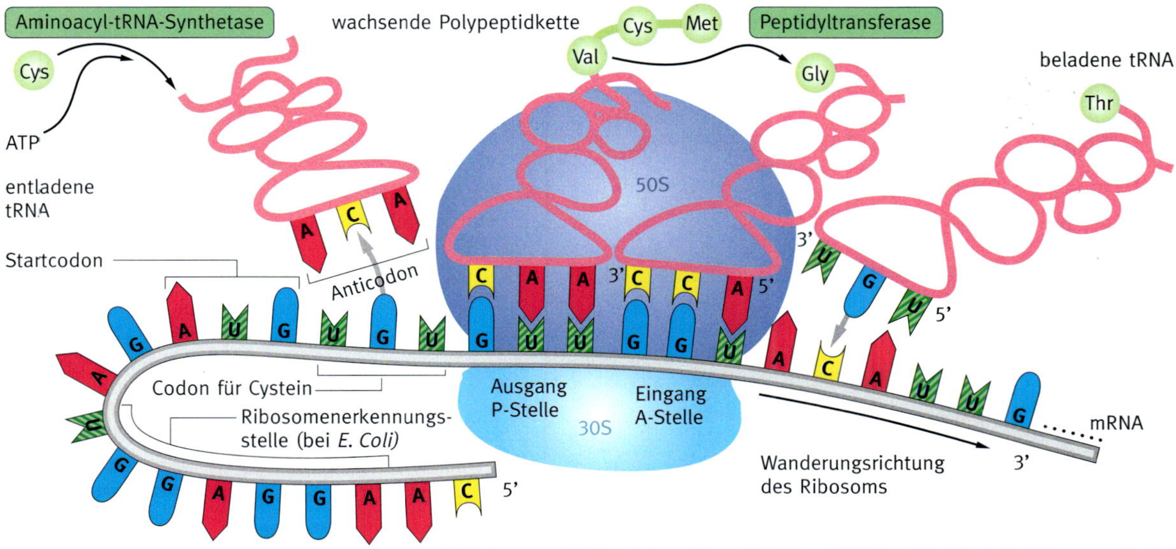

73.1 Translation

dene tRNA (Anticodon UAC) mit dem Startcodon AUG eine Basenpaarung eingeht, lagert sich die große Untereinheit an. Dabei entstehen die tRNA-Bindungsstellen P und A, das Ribosom ist funktionsbereit.

Kettenverlängerung. Sind beide Bindungsstellen mit beladenen tRNAs besetzt, stehen deren Aminosäuren in unmittelbarem Kontakt zueinander. Es erfolgt die Bildung der Peptidbindung, katalysiert durch die Peptidyltransferase in der A-Stelle.
Das Ribosom wandert dann auf der mRNA drei Nucleotide weiter. Dadurch gelangt die mit einem Dipeptid verknüpfte tRNA von der A- zur P-Stelle. Dabei wird die entladene tRNA aus der P-Stelle verdrängt und erneut enzymatisch mit ihrer spezifischen Aminosäure beladen. Die A-Stelle wird frei. Sie steht für diejenige tRNA zur Verfügung, welche das dort jetzt vorliegende Codon erkennt und die nächste Aminosäure anliefert.
Die geschilderten Vorgänge wiederholen sich. Das Ribosom bewegt sich auf der mRNA entlang und übersetzt dabei die Nucleotidsequenz Codon für Codon in eine Aminosäuresequenz.

Kettenabbruch. Sobald ein Stoppcodon (UAA, UAG oder UGA) an die A-Stelle gelangt, kommt es zum Abbruch der Translation. Es gibt keine tRNA mit passendem Anticodon. Das Ribosom zerfällt deshalb in seine beiden Untereinheiten und gibt das fertige Polypeptid frei.

Wobble-Theorie

EVOLUTION

Man könnte erwarten, dass für jedes der 61 Codons, die eine Aminosäure spezifizieren, eine eigene tRNA existiert. Je nach Organismus gibt es aber nur 31 bis 45 verschiedene tRNA-Moleküle. Die Erklärung für diese Unstimmigkeit liefert die *Wobble-Theorie* (engl. *wobble,* wackeln), die CRICK 1966 vorstellte. Nach dieser Theorie erfolgt die Paarung von Codon und Anticodon in den ersten beiden Basen des Codons streng nach den Regeln der Basenpaarung, an der dritten Base hingegen auch mit nichtkomplementären Basen. Diese unübliche Paarung ist möglich, weil die räumliche Anordnung der Anticodonschleife der ersten Base des Anticodons eine gewisse Flexibilität verleiht. Dadurch besitzen einige tRNA-Moleküle Anticodons, die zwei oder mehr Codons erkennen.

Die Basen „wobbeln", weil der genetische Code degeneriert ist. Dessen Regeln bleiben jedoch unangetastet: Die Synthese eines Polypeptids erfolgt streng gemäß der mRNA-Sequenz.

Die Bedeutung der Wobble-Base kann in einem Kompromiss zwischen Schnelligkeit und Sicherheit bei der Proteinsynthese liegen: Würde die dritte Base ebenfalls komplementär gebunden, wird zwar eine größtmögliche Sicherheit bei der Translation erreicht, aber die zusätzliche Basenpaarung der tRNA im Ribosom benötigt Zeit. Die Verweildauer der tRNA am Ribosom verlängert sich, die Proteinsynthese würde verlangsamt. Berechnungen ergaben, dass die gemessenen Proteinsynthesegeschwindigkeiten einer Zelle nicht zu erreichen wären.

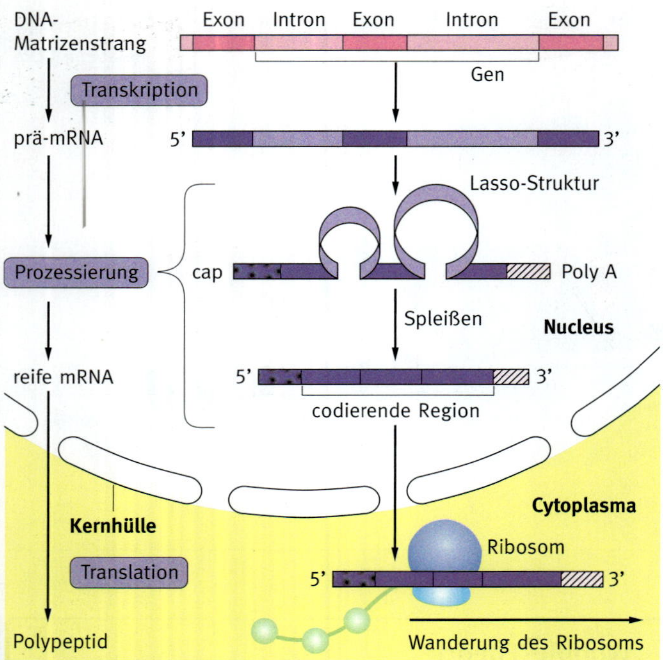

74.1 Genexpression bei Eukaryoten

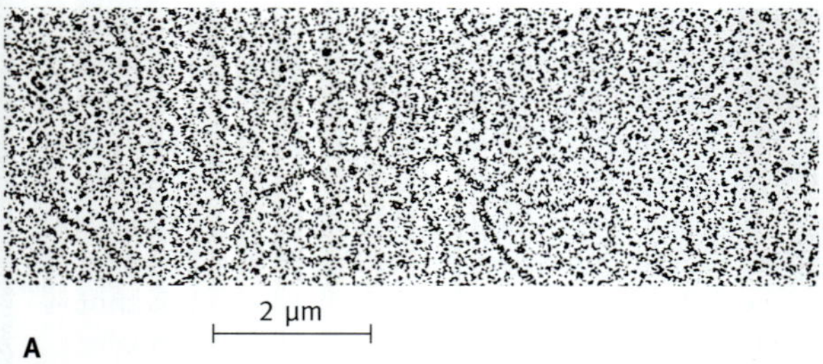

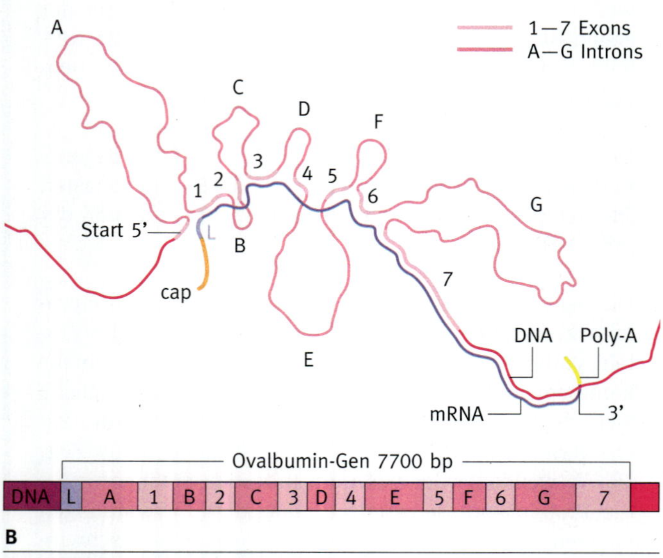

74.2 DNA-mRNA-Hybridisierung beim Ovalbumin-Gen.
A EM-Bild; **B** Schema

4.6 Das genetische System der Eukaryoten

„Was für *E. coli* stimmt, stimmt auch für den Elefanten." Diese Aussage des französischen Nobelpreisträgers JACOB verdeutlicht, dass die genetischen Systeme der Pro- und Eukaryoten sehr ähnlich sind. Dennoch gibt es wichtige Unterschiede.

Im Jahr 1977 konnten ROBERTS und SHARP zeigen, dass eukaryotische Gene nicht aus einer einzigen durchgehend codierenden Nucleotidsequenz bestehen. Die genetische Information eines solchen **Mosaikgens** ist auf der DNA von Sequenzen unterbrochen, die für die Codierung des Genprodukts nicht erforderlich sind. Derartige nichtcodierende Segmente der DNA werden **Introns** genannt, codierende dagegen **Exons.**

Sowohl Introns als auch Exons eines Mosaikgens werden in eine vorläufige **prä-mRNA** transkribiert. Sie verlässt aber nicht den Zellkern, sondern wird noch im Zellkern spezifisch enzymatisch verändert:

- Die Introns werden aus der prä-mRNA unter Ausbildung von „Lasso-Strukturen" herausgeschnitten. Die jeweils zu beiden Seiten gelegenen Exons werden zu einer zusammenhängenden mRNA verknüpft. Dieser Vorgang wird **Spleißen** (engl. *splicing*, Zusammenschneiden) genannt.
- Am 5´-Ende wird eine cap-Struktur (engl. *cap*, Mütze) aus einem methylierten Guanosin-Triphosphat angeheftet. Sie erleichtert die Anlagerung der mRNA an das Ribosom und schützt das 5´-Ende vor enzymatischem Abbau.
- An das 3´-Ende wird eine Sequenz von bis zu 250 Adenin-Nucleotiden angefügt. Dieser Poly(A)-Schwanz erleichtert den Export der mRNA ins Cytoplasma und schützt das 3´-Ende vor enzymatischem Abbau.

Die Veränderungen im Zellkern, die von der prä-mRNA zur reifen mRNA führen, werden als **mRNA-Reifung** oder **mRNA-Prozessierung** zusammengefasst.

Mit der Elektronenmikroskopie kann man direkt nachweisen, dass Eukaryoten-Gene gestückelt sind. Wird eine reife mRNA mit denaturierter einzelsträngiger DNA, die das entsprechende Gen enthält, zusammengebracht, entsteht ein DNA-RNA-Hybridmolekül. In die-

Proteine werden bei Eukarioten noch modifiziert,

sem haben sich komplementäre DNA- und RNA-Sequenzen zusammengelagert. Im Elektronenmikroskop zeigt ein solches Hybrid-Molekül an einigen Stellen schleifenartige Ausstülpungen. In diesen Schleifen treten einzelsträngige DNA-Bereiche aus dem doppelsträngigen Hybridmolekül heraus. Die Schleifen entstehen, weil für bestimmte DNA-Sequenzen keine komplementären mRNA-Sequenzen vorhanden sind. Das sind die Introns eines Mosaikgens. Die Schleifen lassen die Lage und Größe der Introns erkennen.
Das Gen für Ovalbumin, ein Protein des Eiklars, enthält acht Exons und sieben Introns. Das DNA-RNA-Hybridmolekül zeigt dementsprechend sieben Schleifen. Das erste der acht Exons enthält die Leadersequenz (L). Sie hilft bei der Anheftung der mRNA an das Ribosom. Die reife mRNA verlässt schließlich den Zellkern durch die Kernporen und wird an den Ribosomen im Cytoplasma in eine Polypeptid-Sequenz translatiert. Auch die reife mRNA enthält noch nichtcodierende Bereiche: Die 5´-cap-Struktur und die sich anschließende Leadersequenz sowie der Poly(A)-Schwanz werden nicht in Aminosäuren übersetzt.

Häufig werden Polypeptide nach der Translation noch modifiziert. Erst dann können sie ihre räumliche Struktur einnehmen und spezielle Aufgaben in der Zelle erfüllen. Beispiele sind die Abspaltung von Aminosäuren oder die Anheftung von Zuckern, Phosphatgruppen oder Lipiden an bestimmte Aminosäuren.

Das Auftreten gestückelter Gene ist nur ein Punkt, in dem sich die genetischen Systeme von Eu- und Prokaryoten unterscheiden.

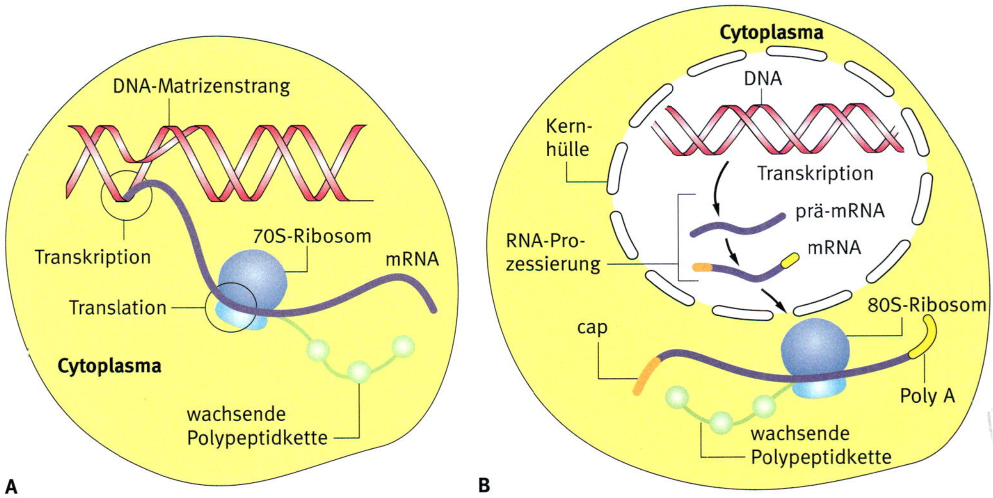

A B

75.1 Genexpression im Vergleich.
A Prokaryoten;
B Eukaryoten;
C Auflistung der Unterschiede

Enzym das RNA abbaut RNAsen

	Prokaryoten	Eukaryoten
Genaufbau	Die Gene enthalten nur codierende Sequenzen.	Die Mosaikgene enthalten Exons und Introns.
räumliche Organisation (Kompartimentierung)	Die Transkription und die Translation finden im Cytoplasma statt.	Die Transkription findet im Kern statt, die Translation im Cytoplasma.
zeitliche Organisation	Die Translation beginnt, bevor die Transkription beendet ist.	Die Translation beginnt nach Abschluss der Transkription.
Reifung der mRNA	Die mRNA wird ohne Modifizierung translatiert.	Die prä-mRNA wird durch Spleißen, Capping und Anheften des Poly(A)-Schwanzes prozessiert.
DNA-Aufbau	Die DNA enthält keine Stützproteine (Histone).	Die DNA enthält Histone (Nucleohiston-Komplex).
Ribosomenaufbau **C**	Die 70S-Ribosomen bestehen aus 50S- und 30S-Untereinheiten.	Die 80S-Ribosomen bestehen aus 60S- und 40S-Untereinheiten.

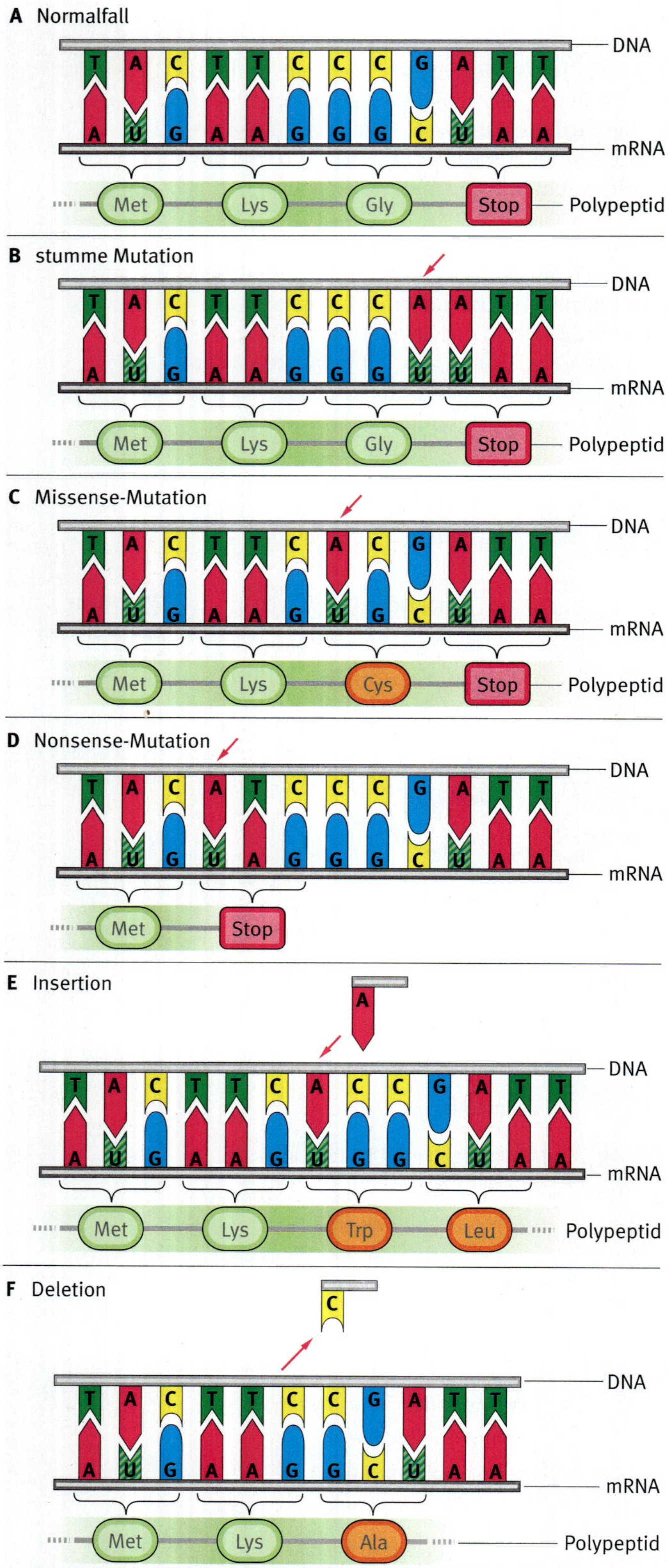

76.1 Typen und Konsequenzen von Genmutationen

4.7 Veränderungen der DNA

Veränderungen der genetischen Information einer Zelle werden **Mutationen** genannt. Betrifft die Veränderung ein einzelnes Gen, spricht man von einer **Genmutation**. Sie ist mikroskopisch nicht nachweisbar, da sich die Chromosomengestalt nicht verändert. Entsprechend ihrer molekularen Ursachen werden den Genmutationen in drei Gruppen eingeteilt: **Punktmutationen**, **Insertionen** oder **Deletionen** und **Inversionen**.

Punktmutationen kommen durch den Austausch eines Nucleotids und seines Partners im komplementären Strang durch ein anderes Nucleotidpaar zustande.
Erfolgt eine Punktmutation im nichtcodierenden Bereich eines Gens, hat sie keine Auswirkung auf das codierte Protein. Auch beim Austausch des dritten Nucleotids eines codierenden Tripletts wird zwar ein anderes Codon gebildet, dieses wird aber aufgrund des degenerierten genetischen Codes oft in dieselbe Aminosäure übersetzt. Derartige Veränderungen werden als *stumme Mutationen* bezeichnet.
Erfolgt der Austausch eines Basenpaares an erster oder zweiter Stelle eines codierenden Tripletts, wird bis auf wenige Ausnahmen eine falsche Aminosäure eingebaut. Man spricht von einer *Missense-Mutation* (engl. *missense*, Fehlsinn). Der Austausch einer einzigen Aminosäure, etwa im aktiven Zentrum eines Enzyms, kann dessen Aktivität verändern. Die Sichelzellanämie ist ein Beispiel für eine Missense-Mutation, die sich nachhaltig auf den Phänotyp auswirkt.
Wird durch eine Punktmutation ein Triplett, das für eine Aminosäure codiert, in ein Stoppsignal umgewandelt, entsteht eine *Nonsense-Mutation* (engl. *nonsense*, Unsinn). Die Translation endet verfrüht. Das gebildete Polypeptid ist meist funktionslos.

Durch **Insertion** (engl., Einfügung) oder **Deletion** (engl., Verlust) von Nucleotidpaaren in einem Gen verschiebt sich das Leseraster, wenn die Zahl der eingefügten oder deletierten Paare kein Vielfaches von drei ist. Da der genetische Code kommafrei ist, ändert sich von der Stelle der Mutation an das Leseraster aller nachfolgenden Tripletts. Solche *Rastermutationen* führen mit großer Wahrscheinlichkeit zu einem Protein mit veränderter Aktivität.

Wird ein Teil der DNA-Doppelhelix herausgeschnitten und an derselben Stelle in umgekehrter Orientierung wieder eingesetzt, liegt eine **Inversion** vor.

Unter natürlichen Bedingungen tritt bei Bakteriengenen unter 100 Millionen Zellteilungen eine Mutation auf: Die spontane Mutationsrate liegt bei $1:10^8$. Bei Eukaryoten liegt diese Rate höher. Sie wird für den Menschen auf $1:10^5$ geschätzt.

Wie jedes andere Molekül in einer Zelle unterliegt die DNA der BROWNschen Molekularbewegung. Zusammenstöße mit anderen Molekülen können ebenfalls zu Mutationen führen. Dabei können spontan die Purinbasen Adenin und Guanin freigesetzt werden. Man spricht von *Depurinierung*. Trifft die DNA-Polymerase bei der Replikation auf einen Zucker mit fehlender Purinbase, kann sie zum nächsten Nucleotid springen. Dadurch wird eine Deletion im neu synthetisierten Strang erzeugt.
Eine weitere Basenveränderung ist der Verlust einer Aminogruppe, *Desaminierung* genannt. In einer Säugerzelle werden täglich spontan etwa 100 Cytosinreste zu Uracil desaminiert.

Ionisierende Röntgenstrahlung verursacht Strangbrüche der DNA. Energiereiche ultraviolette Strahlung (280 bis 320 nm) kann den Zusammenschluss zweier benachbarter Thymin-Basen zu einem Thymin-Dimer auslösen. Beide Strahlungsformen sind Beispiele für **physikalische Mutagene**.

Eine wichtige Gruppe **chemischer Mutagene** sind die **Basenanaloga**. Sie sind den Basen der DNA so ähnlich, dass sie bei der Replikation anstelle dieser eingebaut werden. Ein Beispiel ist *Bromuracil*, das bis auf eine Methyl-Gruppe dem Thymin entspricht. Die mutagene Wirkung beruht darauf, dass Bromuracil durch Umlagerung von der Keto- in die Enolform übergehen kann. Während sich die Ketoform, wie Thymin auch, mit Adenin paart, ist zur Enolform Guanin komplementär.

Eine andere Gruppe chemischer Mutagene schiebt sich anstelle eines Nucleotids in die DNA ein und bewirkt bei der Replikation eine Rastermutation. Sie werden *interkalierende Substanzen* genannt. Ein solches Mutagen ist das Ethidiumbromid, womit im Labor DNA in Elektrophoresegelen sichtbar gemacht wird.

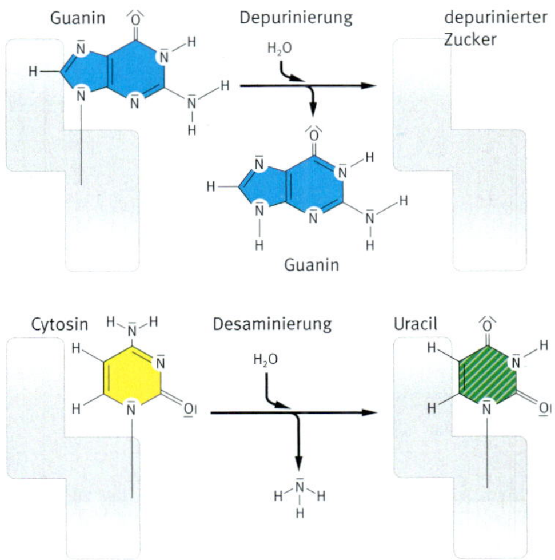

77.1 Depurinierung und Desaminierung

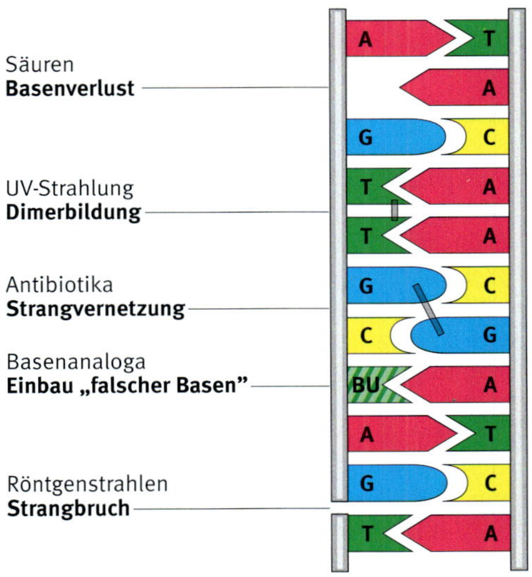

77.2 Wirkungen von Mutagenen auf die DNA

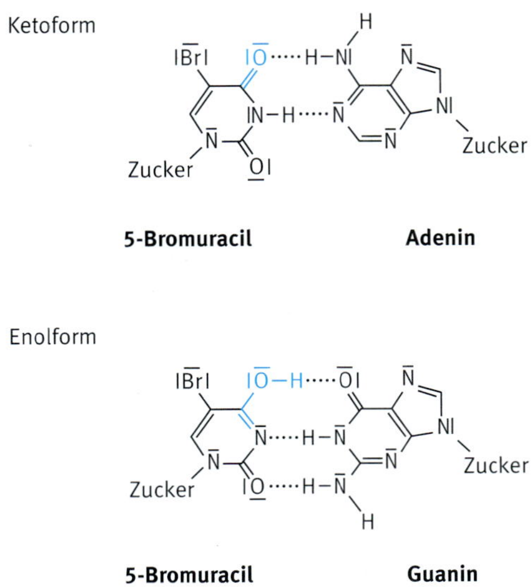

77.3 Bromuracil als Basenanalogon

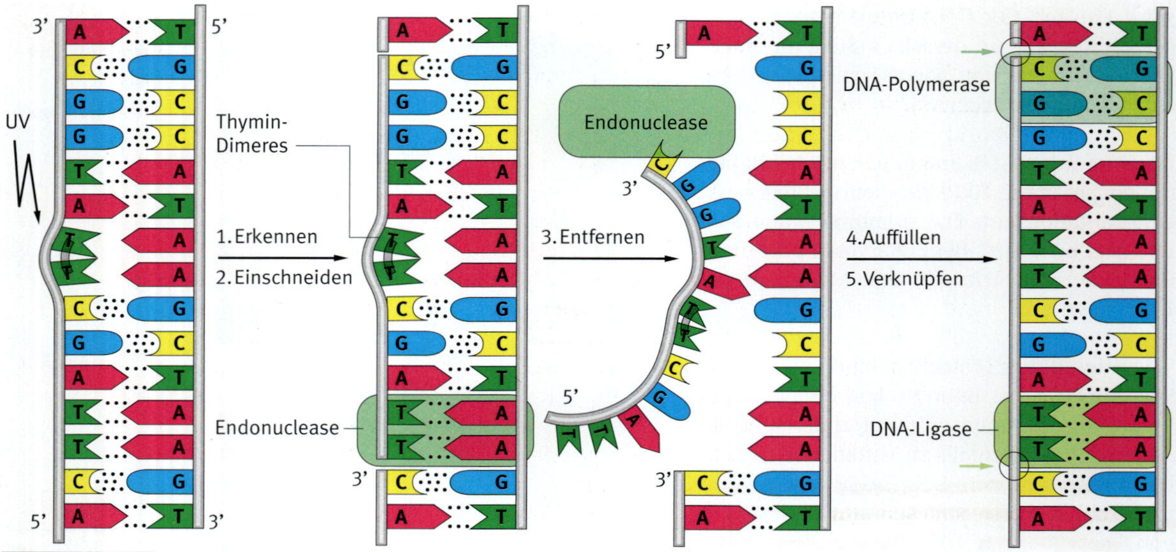

78.1 Prinzip der Excisionsreparatur der DNA

4.8 DNA-Reparatur

Praktisch alle Lebewesen sind energiereicher Strahlung ausgesetzt, die chemische Veränderungen an der DNA auslösen kann. In den letzten Jahren wurde ein globaler Anstieg der Hautkrebsrate festgestellt. In Gebieten mit hoher UV-Strahlung, wie zum Beispiel in Australien, ist dieser Anstieg besonders auffallend. Man erklärt dieses Phänomen mit dem teilweisen Abbau der UV-B absorbierenden Ozonschicht in der Stratosphäre 15 bis 30 Kilometer über dem Erdboden. Dadurch nimmt die UV-B-Dosis zu, die die Erdoberfläche erreicht. Als Folge davon treten vermehrt Thymin-Dimere zwischen benachbarten Basen eines DNA-Stranges auf. Sie führen zu einer Verformung der DNA. Die DNA-Polymerase kann das Dimer nicht passieren, was letztlich zu Fehlern bei der Replikation führt. Eine Mutation ist entstanden.

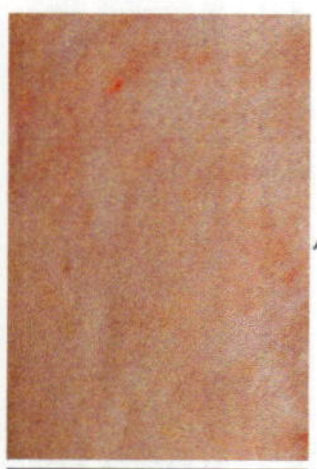

78.2 Xeroderma pigmentosum

Im Genom einer Säugerzelle ereignen sich innerhalb von 24 Stunden viele Tausende von DNA-Schäden, ausgelöst durch unterschiedlichste Faktoren. Ohne DNA-Reparatursysteme würde die Anhäufung dieser Schäden und deren Folgen Leben unmöglich machen. Sofern nur ein Strang im DNA-Molekül betroffen und der andere als unveränderte Matrize erhalten ist, sind drei Typen von enzymatischen Reparatursystemen zu unterscheiden:

Die **Fotoreaktivierung** erfolgt durch DNA-Fotolyasen, Enzyme, die durch sichtbares Licht aktiviert werden. Sie machen DNA-Veränderungen rückgängig, zum Beispiel werden Thymin-Dimere wieder getrennt.

Durch die **Postreplikations-Reparatur** werden Fehlpaarungen korrigiert, die während der DNA-Replikation entstanden sind. Das falsche Nucleotid befindet sich im Tochterstrang. Die beteiligten Enzyme können nicht nur die Fehlpaarung erkennen und reparieren. Sie können auch zwischen dem elterlichen DNA-Strang und dem neu synthetisierten Tochterstrang unterscheiden.

Bei der **Excisionsreparatur** (lat. *excisere*, herausschneiden) erkennt eine *Endonuclease* die Schadstelle, zum Beispiel ein Thymin-Dimer, in der DNA. Sie schneidet den betroffenen DNA-Strang vor und hinter dem Dimer ein und entfernt die schadhafte Stelle. Die entstandene Lücke füllt eine DNA-Polymerase auf. Abschließend verknüpft die DNA-Ligase das neu synthetisierte DNA-Stück mit dem reparierten DNA-Strang.
Die Bedeutung dieses Reparatursystems wird besonders deutlich an der Hautkrankheit *Xeroderma pigmentosum.* Diese wird durch einen autosomal-rezessiv vererbten Defekt in einem Enzym der Excisionsreparatur verursacht. Patienten mit dieser Krankheit sind extrem empfindlich gegenüber Sonnenlicht. Durch UV-Strahlung verursachte Mutationen können nicht repariert werden, was letztlich bei den Betroffenen zu Hautkrebs führt.

4.9 Extrachromosomale DNA

Die Erbanlagen der Eukaryoten sind in ihrer überwiegenden Mehrzahl in den Chromosomen als Kerngenom lokalisiert. Sie unterliegen den MENDELschen Regeln. Plastiden und Mitochondrien besitzen eigene, **extrachromosomale DNA** (lat. *extra*, außerhalb). Diese wird innerhalb der Organellen repliziert und exprimiert. Die ringförmige mitochondriale DNA des Menschen besteht nur aus etwa 17 000 Nucleotidpaaren. Von dieser **mtDNA** werden verschiedene RNAs und 13 Proteine codiert. Für die volle Funktion eines Mitochondriums reichen diese Genprodukte nicht aus. Plastiden und Mitochondrien sind daher in Bau und Funktion auch von Genprodukten des Zellkerns abhängig, sie sind **semiautonom.**

Extrachromosomale Gene wurden zuerst bei Pflanzen beschrieben. Im Jahre 1909 untersuchte CORRENS die Vererbung der weiß-grün gescheckten Blattzeichnung (Panaschierung) der japanischen Wunderblume. Bei diesen Pflanzen gibt es blühende Zweige mit jeweils vollständig grünen, panaschierten oder rein weißen Blättern. Die weißen Blätter enthalten nur defekte Plastiden, die kein Chlorophyll bilden können. Panaschierte Blätter enthalten defekte und intakte, grüne nur intakte Plastiden.
Bestäubte CORRENS Blüten eines panaschierten Zweiges mit Pollen von Blüten grüner Zweige, so erhielt er grüne, panaschierte und weiße Nachkommen. In der reziproken Kreuzung hingegen waren alle Nachkommen uniform grün. Diese Ergebnisse beruhen darauf, dass die Plastiden nur an die Eizellen weitergegeben werden. Pollen haben fast kein Cytoplasma und sind plastidenfrei. Nach der Befruchtung zeigt eine Zygote die gleiche Plastidenausstattung wie die beteiligte Eizelle. Die Fähigkeit zur Chlorophyllsynthese wird deshalb nur mütterlich *(maternal)* und unabhängig von den Kernteilungsvorgängen auf die Tochterzellen vererbt. Man spricht von einer **extranucleären Vererbung.**
Wie spätere Forschungsarbeiten zeigten, wird die Panaschierung durch Plastidengene verursacht, welche die Begrünung der Blätter kontrollieren. Bei einer Zygote mit beiden Plastidentypen werden diese bei den anschließenden Zellteilungen nach dem Zufallsprinzip auf die Tochterzellen verteilt, dadurch entsteht die Panaschierung. Zuvor haben sich Plastiden und Mitochondrien autonom geteilt. Dazu wird ihre DNA repliziert und die Tochter-DNA-Moleküle werden auf die Tochterorganellen verteilt.

Ähnliches findet man auch bei Menschen und Tieren: Paaren sich zwei Laborratten mit unterschiedlichem mitochondrialem Genotyp, so hat die gesamte Nachkommenschaft den mitochondrialen Genotyp des Muttertiers. Demnach werden auch die mitochondrialen Gene extranucleär und maternal vererbt.
Den evolutionären Ursprung der Mitochondrien- und Chloroplasten-DNA versucht die *Endosymbionten-Hypothese* zu erklären. Danach sind sie die Überbleibsel der Chromosomen ursprünglicher Bakterien, die in das Cytoplasma der Wirtszellen integriert und so zu Vorläufern dieser Organellen wurden.

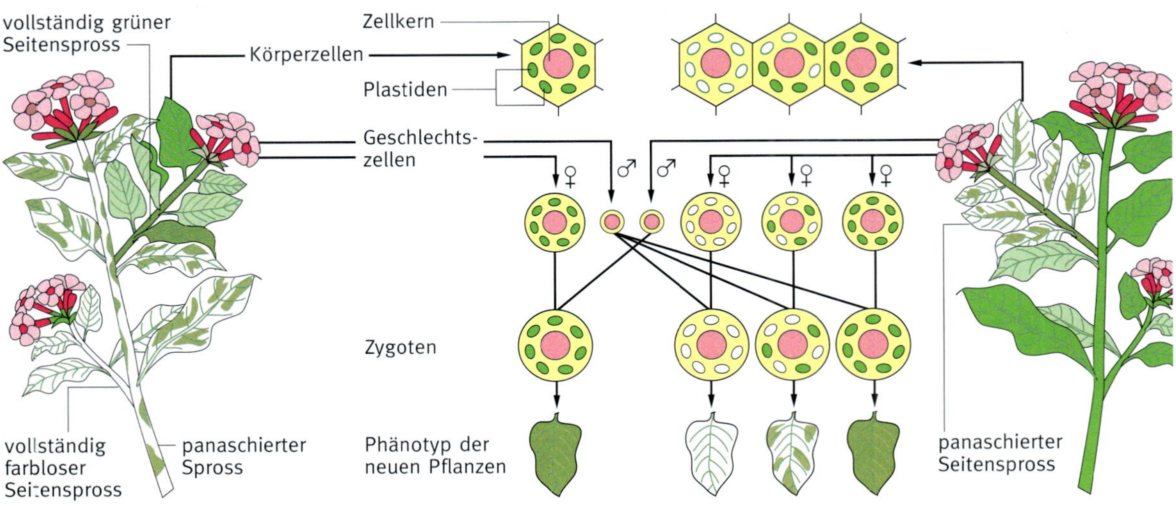

79.1 Extranucleäre Vererbung der Wunderblume

5 Genregulation

5.1 Genregulation bei *E. coli* – das Operon-Modell

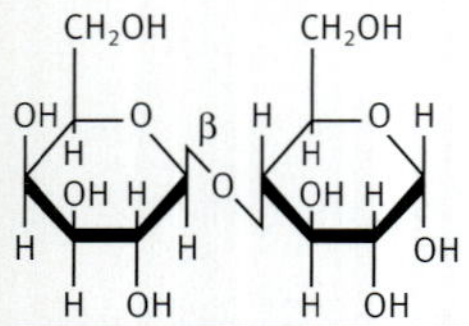

Lactose

Eine Bakterienzelle besitzt etwa 4300 Gene. Manche Genprodukte, wie etwa die Enzyme zur Energiegewinnung, müssen in allen Zellen ständig in hohen Konzentrationen vorhanden sein. Andere Genprodukte wie Enzyme, die DNA-Schäden reparieren, enthält eine Bakterienzelle zu einem bestimmten Zeitpunkt nur in geringer Anzahl. Der Bedarf an einem bestimmten Genprodukt kann mit der Änderung der UV-Dosis zu- oder abnehmen. In Anbetracht des hohen Energieaufwands bei der Proteinbiosynthese wird eine Regulation der Genexpression in der Evolution positiv selektiert.
Durch Auswertung zahlreicher Versuche mit *E.-coli*-Mutanten entwickelten die Franzosen JACOB und MONOD 1961 das **Operon-Modell**, das die Genregulation bei Prokaryoten auf molekularer Ebene beschreibt. 1965 erhielten sie für ihre Arbeiten den Nobelpreis für Medizin.

80.1 Zweiphasiges Wachstum einer *E.-coli*-Kultur

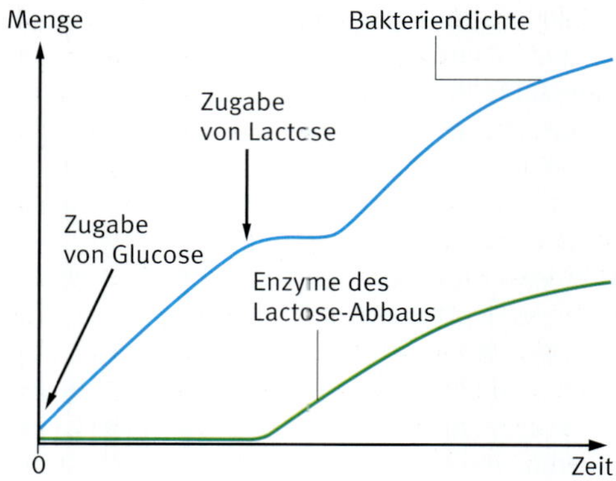

Wachstumskurven von *E.-coli*-Kulturen zeigen einen zweiphasigen Verlauf, wenn im Nährmedium die Energiequelle Glucose verbraucht ist und Lactose als einzige neue Energiequelle hinzugefügt wird. Danach setzt die Bakterienvermehrung erst mit einer Verzögerung wieder ein.
Wird während des Wachstums die Enzymausstattung der Bakterien untersucht, können anfangs nur die Enzyme des Glucose-Abbaus nachgewiesen werden. Erst nach Zugabe von Lactose treten mit einer gewissen Verzögerung die Enzyme des Lactose-Abbaus auf. Daraus ergibt sich der vorübergehende Wachstumsstillstand der Kultur.
E. coli synthetisiert Enzyme für die Verwertung von Lactose nur, wenn Lactose zur Verfügung steht. Es ist offensichtlich in der Lage, auf Veränderungen seiner Umwelt innerhalb weniger Minuten zu reagieren: Die Konzentration eines Enzyms wird im Bakterium von weniger als fünf Molekülen auf bis zu 5000 erhöht. Man bezeichnet den Vorgang, durch den sich die Expression eines Gens aufgrund eines molekularen Signals erhöht, als **Induktion** (lat. *inducere*, herbeiführen).
E. coli besitzt drei Enzyme zur Verwertung von Lactose aus der Umgebung. Beteiligt sind entsprechend drei Gene:

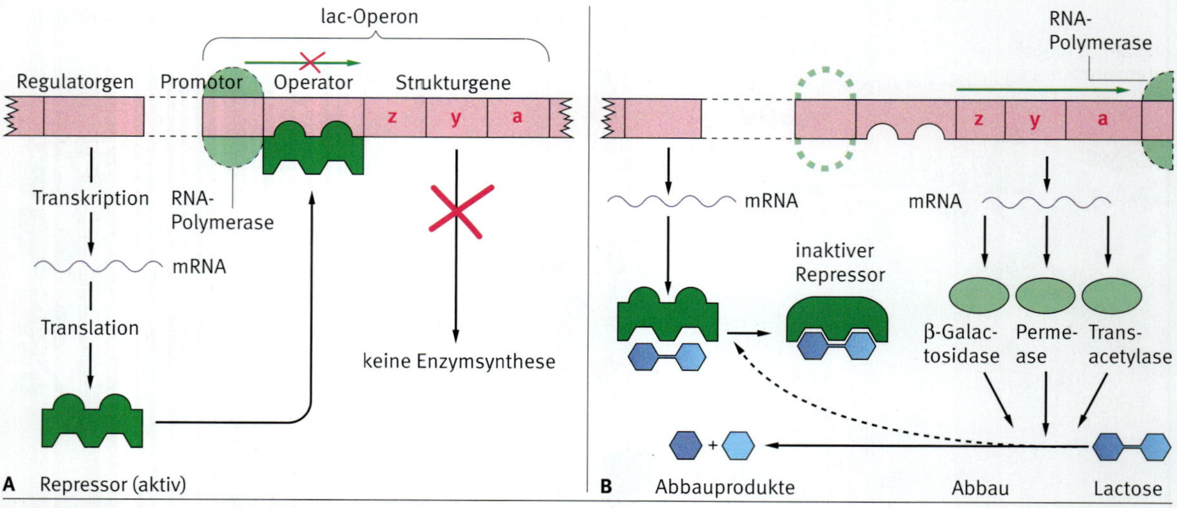

80.2 Lactose-Operon. **A** blockiert; **B** induziert

- Das *lacY*-Gen codiert die Lactose-Permease, die Lactose in die Zelle transportiert.
- Das *lacZ*-Gen codiert β-Galactosidase, sie spaltet Lactose in Galactose und Glucose.
- Das *lacA*-Gen codiert eine β-Galactosid-Transacetylase, deren Funktion bei der Lactosespaltung noch unklar ist.

Die drei Gene liegen nebeneinander auf der DNA. Man bezeichnet sie als **Strukturgene**, weil sie jeweils ein Polypeptid codieren. Diese drei Strukturgene bilden eine Transkriptionseinheit, die durch eine gemeinsame DNA-Region kontrolliert und in ein einziges mRNA-Molekül transkribiert wird. Die Bakterienzelle translatiert diese mRNA dennoch in drei getrennte Polypeptide, da die mRNA durch Start- und Stoppcodons gegliedert ist, die Anfang und Ende jedes Polypeptids signalisieren.

Die Kontrollregion einer Transkriptionseinheit besteht aus **Promotor** und **Operator.** Promotor, Operator und Strukturgene zusammen werden als **Operon** bezeichnet. Der Promotor ist die Bindungsstelle für die RNA-Polymerase, er stellt die eigentliche Startstelle der Transkription dar. Der Start der Transkription kann allerdings nicht erfolgen, wenn in der anschließenden Operator-Region ein **Repressor-Protein** gebunden ist. Es blockiert das Weiterwandern der RNA-Polymerase in Richtung Strukturgene. Dies ist dann der Fall, wenn das Substrat Lactose fehlt: Die Strukturgene des *lac*-Operons sind damit weitgehend blockiert (reprimiert), sodass nur wenige Kopien der Enzyme in der Bakterienzelle gebildet werden.

Das Repressor-Protein selbst ist das Produkt eines Gens, das als **Regulatorgen** bezeichnet wird. Es liegt außerhalb des Operons. Wird es mutiert, sodass ein inaktives Repressor-Protein entsteht, bleibt das *lac*-Operon auch ohne Lactose ständig aktiviert.

Werden die Bakterien mit Lactose versorgt, wird das *lac*-Operon aktiviert. Man spricht von einer **Substratinduktion:** Lactose bindet an das Repressor-Protein und verändert dadurch dessen räumliche Struktur. In dieser Form kann das Repressor-Protein nicht mehr an den Operator binden. Die Blockade der RNA-Polymerase wird aufgehoben, die Strukturgene abgelesen und die Lactose abbauenden Enzyme gebildet.

Das **Tryptophan-Operon** bei *E. coli* umfasst fünf Strukturgene. Diese codieren für fünf Enzyme, über die aus einer Vorstufe in fünf Schritten die Aminosäure Tryptophan hergestellt wird. Wenn ein Bakterium selbst Tryptophan herstellen muss, weil sich die Aminosäure nicht mehr im umgebenden Medium befindet, wird das Tryptophan-Operon aktiviert. Der gebildete Repressor bleibt inaktiv und kann damit auch keine Bindung mit dem Operator eingehen. Das Tryptophan-Operon wird exprimiert.

Reichert sich Tryptophan in der Zelle an, hemmt es seine eigene Synthese, indem es mit dem Repressor-Protein reagiert und dieses dadurch aktiviert. So kann es an den Operator binden und damit das Operon abschalten. Da hier mit Tryptophan das Endprodukt eines Syntheseweges die Genregulation ausübt, spricht man von einer **Endproduktrepression.** Dies entspricht dem Prinzip der negativen Rückkopplung.

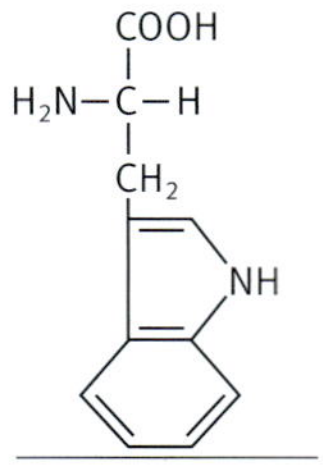

Tryptophan

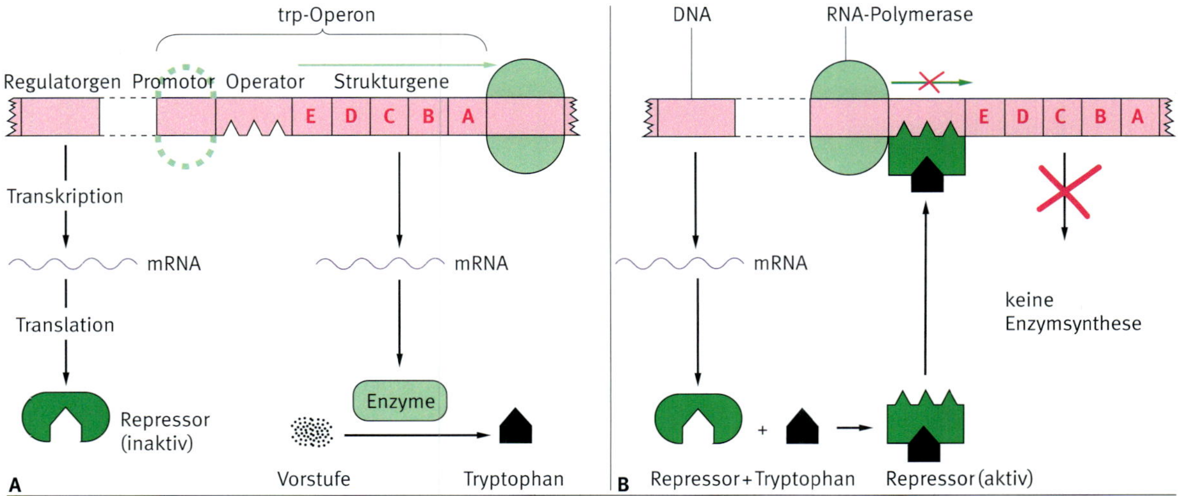

81.1 Tryptophan-Operon. A induziert; **B** blockiert

5.2 Genregulation bei Eukaryoten

Die Regulation der Proteinkonzentration findet überwiegend bei der Transkription statt. Bei Eukaryoten ist die Genregulation aber wesentlich komplexer als bei Prokaryoten und erst in einigen Fällen aufgeklärt.
Die verschiedenen RNA-Polymerasen sind nicht von sich aus in der Lage, eine Transkription zu starten. Vielmehr dienen mehrere kurze Sequenzen in der direkten Nachbarschaft eines Gens als Erkennungsstellen für an die DNA bindende Regulatorproteine, die **allgemeinen Transkriptionsfaktoren.** Die Bezeichnung „allgemein" bezieht sich darauf, dass sich diese Transkriptionsfaktoren an allen Promotoren, die von der RNA-Polymerase erkannt werden, anlagern. Allgemeine Transkriptionsfaktoren binden an die DNA und ermöglichen so der RNA-Polymerase die Anlagerung und deren Aktivierung. Meist befinden sich mehrere solcher Erkennungssequenzen vor dem 5'-Anfang der eigentlichen Protein codierenden DNA-Sequenz. Sie sind stromaufwärts angeordnet und bilden den Promotor. Eine häufig in eukaryotischen Promotoren vorkommende Bindungsstelle für einen Transkriptionsfaktor weist eine typische Basensequenz aus Thymin und Adenin auf, die **TATA-Box.** Diese liegt in der Regel 25 Basenpaare stromaufwärts. Eine Mutation nur einer Base in der TATA-Box setzt die Promotorfunktion und damit die Transkriptionsrate des Gens deutlich herab.

Charakteristisch für eukaryotische Gene ist das Vorhandensein weiterer nichtcodierender regulatorischer Kontrollsequenzen. Sie werden **Enhancer** (engl., Verstärker) genannt. Vereinzelt wurden Regulationselemente nachgewiesen, die die Transkriptionsaktivität unterdrücken. Man nennt sie **Silencer** (engl., Dämpfer). Beide Typen von Kontrollsequenzen binden jeweils nach dem Schlüssel-Schloss-Prinzip ein Regulatorprotein, den **spezifischen Transkriptionsfaktor.**
1979 wurde entdeckt, dass die Kontrollsequenzen, die Enhancer und die Silencer, einige Tausend Nucleotidpaare vom Promotor und der codierenden Sequenz stromaufwärts oder stromabwärts entfernt liegen können.

Wie können so weit entfernt liegende DNA-Sequenzen Einfluss auf die Transkriptionsrate nehmen? Dies wird durch eine Schleifenbildung der DNA zwischen den Kontrollsequenzen und dem Promotor möglich. Der an die Kontrollsequenz gebundene spezifische Transkriptionsfaktor besitzt eine zweite Bindungsstelle. Mit dieser kann er entweder mit der RNA-Polymerase direkt oder einem der am Promotor gebundenen anderen allgemeinen Transkriptionsfaktoren in Kontakt treten. Durch diesen Kontakt kann die Aktivität der am Promotor gebundenen RNA-Polymerase entweder erhöht oder verringert werden. Die Effekte mehrerer spezifischer Transkriptionsfaktoren wirken zusammen und bestimmen so die Transkriptionsrate eines Gens.

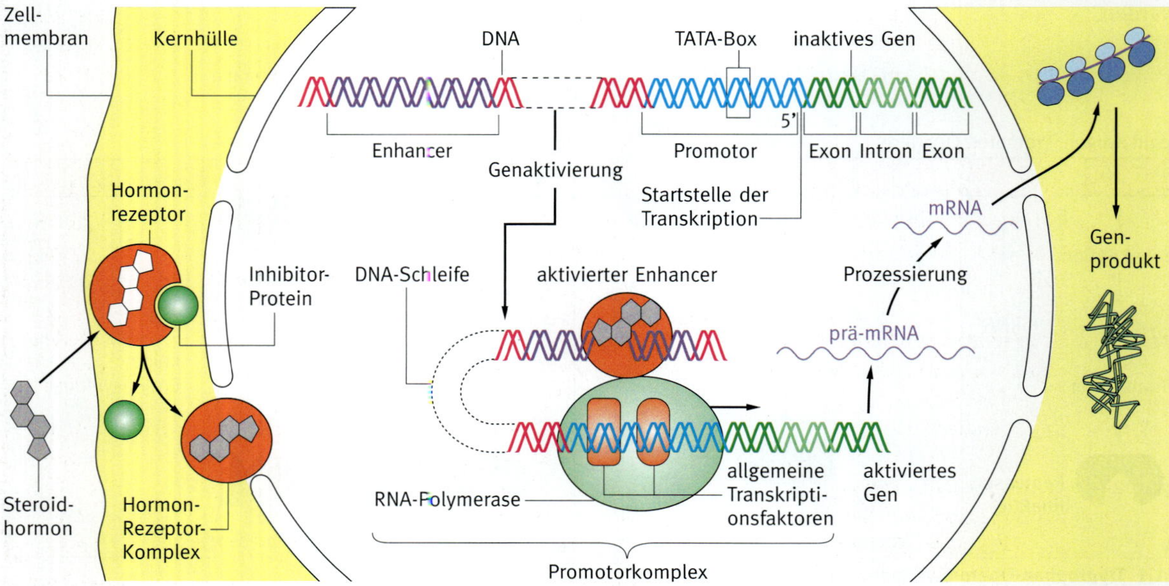

82.1 Modell der Genaktivierung durch Steroidhormone

Bei Prokaryoten werden Gene, welche die Enzyme eines Stoffwechselweges codieren, gemeinsam kontrolliert. Sie sind hintereinanderliegend als Strukturgene in einem Operon zusammengefasst. In eukaryotischen Zellen liegen entsprechende Gene oftmals über verschiedene Chromosomen verteilt vor. Selbst wenn sie nahe beieinanderliegen, besitzt jedes von ihnen seinen eigenen Promotor und wird individuell transkribiert. Wie können die verstreut liegenden Gene eines Stoffwechselweges gemeinsam exprimiert werden?

Als Beispiel für eine koordinierte Genexpression soll die Wirkung von Steroidhormonen wie den Sexualhormonen auf deren Zielzellen erläutert werden: Die Hormone sind so lipophil, dass sie durch Diffusion die Zellmembran ihrer Zielzellen passieren können. In deren Cytoplasma oder Zellkern binden sie an Steroidrezeptoren. In Abwesenheit des entsprechenden Steroidhormons verhindert ein Inhibitor-Protein die Bindung des Steroidrezeptors an die DNA. Erst das Hormon veranlasst den Rezeptor, seine Raumstruktur zu verändern und damit den Inhibitor freizusetzen.
Der Hormon-Rezeptor-Komplex dockt an einen Enhancer an und aktiviert diesen. Er übernimmt dabei die Funktion eines spezifischen Transkriptionsfaktors. Durch Schleifenbildung der DNA zwischen Promotor und Enhancer kommt er mit dem bereits vorhandenen Promotorkomplex aus RNA-Polymerase und allgemeinen Transkriptionsfaktoren in Kontakt und steigert die Transkription des Gens. So bewirkt zum Beispiel das Sexualhormon Östradiol im Hühnereileiter, dass die Menge der Ovalbumin-mRNA von 10 auf 50 000 Moleküle pro Zelle ansteigt.

Besitzen Gene eines Stoffwechselweges regulatorische Sequenzen für denselben Transkriptionsfaktor, kann ein einziges Regulatorprotein die Expression dieser Gene gemeinsam kontrollieren.

1 Stellen Sie weitere Kontrollmöglichkeiten der Genexpression eukaryotischer Zellen dar, die neben der Regulation der Transkriptionskontrolle existieren könnten.

2 Stellen Sie Gemeinsamkeiten und Unterschiede der Genexpression bei Pro- und Eukaryoten auf der Ebene der Transkription vergleichend gegenüber.

STECKBRIEF

Gendefinitionen

1865 Johann Gregor MENDEL erkennt, dass für die Weitergabe von einzelnen Merkmalen Erbfaktoren notwendig sind, die er „Elemente" nennt.

1904 Walter SUTTON und Theodor BOVERI identifizieren über die Chromosomentheorie der Vererbung die Chromosomen als Träger der Erbfaktoren.

1909 Der dänische Pflanzenzüchter Willhelm JOHANNSEN führt den Begriff „Gen" ein. Er verbindet damit keine konkrete Struktur, sondern benutzt den Begriff als „Rechnungseinheit" in statistischen Untersuchungen an Populationen.

1911 Thomas Hunt MORGAN und Alfred STURTEVANT zeigen, dass Gene auf den Chromosomen linear angeordnet sind.

Ein Gen ist klassisch-biologisch als Teilstück eines Chromosoms definiert, das eine einzelne sichtbare Eigenschaft des Phänotyps wie die Augenfarbe festlegt.

1941 George BEADLE und Edward TATUM formulieren die Ein-Gen-Ein-Enzym-Hypothese: Ein Gen ist der Abschnitt des Erbmaterials, der ein Enzym codiert.

1948 BEADLE und TATUM ändern ihre Definition zur Ein-Gen-ein-Protein-Hypothese, denn einige Gene codieren Proteine, die keine Enzyme sind.

1957 Vernon INGRAM zeigt an der Strukturaufklärung des Hämoglobins, dass viele Proteine aus mehreren Polypeptiden bestehen und stellt die Ein-Gen-ein-Polypeptid-Hypothese auf.

1961 Francois JACOB und Jacques MONOD zeigen, dass im Operon regulatorische Gene sind, die nicht exprimiert werden.

1977 Richard ROBERTS und Philip SHARP entdecken, dass die meisten eukaryotischen Gene in Introns und Exons gestückelt vorliegen.
Ferner codieren einige Gene verschiedene RNA-Arten wie tRNA oder rRNA.

2000 *Heute wird ein Gen daher als eine Kombination von DNA-Abschnitten definiert, die zusammen die Information für ein spezifisches Genprodukt, ein Polypeptid oder ein RNA-Molekül, codieren.*

6 Prionen

Prionen sind infektiöse Proteine mit Zuckeranteilen (Glykoproteine), die bei Schafen und Ziegen für die Traberkrankheit verantwortlich sind. Weil sich betroffene Tiere häufig kratzen, wird die Krankheit im Englischen scrapie genannt (*to scrape,* sich kratzen). Die Übertragung auf Rinder soll zur neuen Krankheit **BSE** („Rinderwahnsinn") geführt haben. Bisher ging eine Hypothese davon aus, dass die Krankheit durch Verfütterung von Tiermehl, das Reste von scrapieerkrankten Schafen enthielt und nicht ausreichend erhitzt wurde, auf Rinder übertragen wurde. Heute ist der Ursprung von BSE sehr umstritten.
Ein Schnitt durch die graue Gehirnsubstanz bei betroffenen Tieren zeigt auffallend große und zahlreiche Löcher. Man spricht daher bei BSE von einer Rinder (engl. *bovine*) betreffenden, schwammartigen (engl. *spongiforme*) Degeneration des Zentralnervensystems (engl. *encephalopathy*).
Nach heutigem Wissen kann BSE auf den Menschen übertragen werden. Nach einer Inkubationszeit von mehreren Jahren wird eine Encephalopathie, die neue Variante der CREUTZFELD-JAKOB-Krankheit, hervorgerufen, die mit dem Tod endet.

Infektionskrankheiten gehen in der Regel auf Erreger wie Viren oder Bakterien zurück, die sich durch Verdoppelung ihrer Erbsubstanz im Körper rasant vermehren können. Bei Prionen-Erkrankungen trifft dies offenbar nicht zu.
PRUSINER prägte das Kunstwort Prion, es bedeutet infektiöses Protein. Dieses erwies sich gegenüber Chemikalien, Röntgenstrahlung oder Hitze ungewöhnlich widerstandsfähig.
Mit der Aufklärung der für den Proteinanteil codierenden Gensequenz konnte nachgewiesen werden, dass diese auch in jedem gesunden Organismus vorkommt. Jeder Organismus produziert das Glykoprotein in einer ungefährlichen Form. Diese harmlose Form wird als *Pr*ion-*P*rotein PrP^{c} (c von engl. *cell,* Zelle), die infektiöse Variante als PrP^{sc} (sc von *scrapie*) bezeichnet.
PRUSINER schlug 1987 einen Mechanismus für die Umwandlung von PrP^{c} in PrP^{sc} vor, bei dem ein PrP^{sc}-Molekül sich an ein PrP^{c} anlagert und dieses veranlasst, gleichfalls die krank machende Form anzunehmen.
Falls diese Hypothese richtig ist, könnte ein PrP^{sc}-Molekül eine Kettenreaktion auslösen und würde somit für seine eigene Vermehrung sorgen. Ein einzelnes PrP^{sc} ist noch nicht ansteckend, erst etwa hunderttausend PrP^{sc}-Moleküle konnten eine Erkrankung im Tierexperiment auslösen. PRUSINER erhielt für seine Arbeiten 1997 den Nobelpreis.

PrP^{c} und PrP^{sc} unterscheiden sich in ihrer räumlichen Struktur. Dieser Unterschied bedingt ein unterschiedliches Verhalten gegenüber dem Protein spaltenden Enzym Proteinase K. Während PrP^{c} vollständig abgebaut wird, erweist sich PrP^{sc} gegenüber dem enzymatischen Abbau als resistent. Ein Abbaurest mit 142 Aminosäuren verbleibt, wie durch Gelelektrophorese gezeigt wurde. Auf diesem unterschiedlichen Verhalten beruhen die heute verwendeten BSE-Tests.

84.1 Prion-Proteine. **A** Raumstrukturen; **B** Beständigkeit gegen Proteinase K

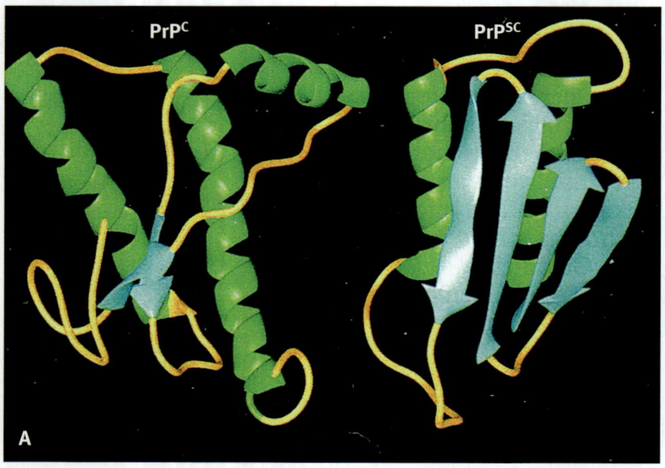

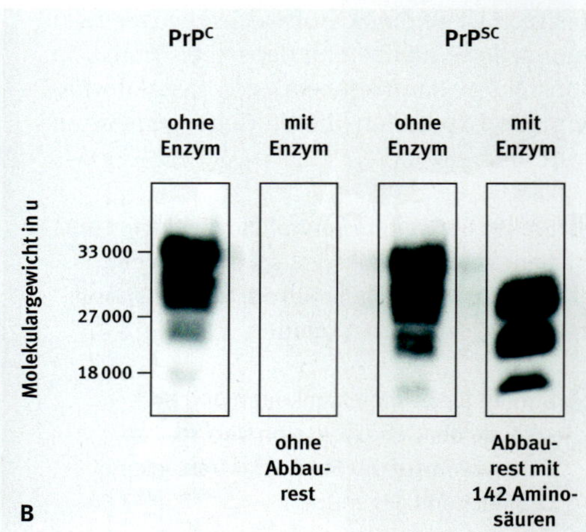

Molekulare Grundlagen der Genetik

1 Einen *E.-coli*-Stamm hält man abwechselnd in einem ^{14}N-Medium und ^{15}N-Medium. Nach jeder Zellteilung wird die DNA der Bakterien mithilfe der Dichtegradienten-Zentrifugation untersucht. Es ergibt sich folgendes Bandenmuster:

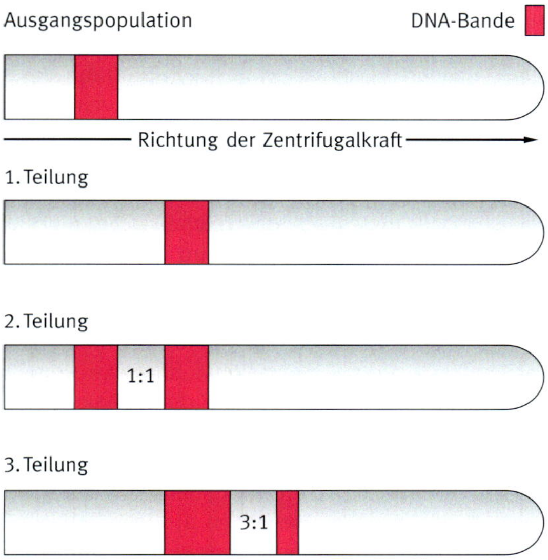

a) In welchem Medium wurden die Bakterien vor jeder Zellteilung gehalten? Begründen Sie mittels einer geeigneten Skizze.

b) Erläutern Sie, was MESELSON und STAHL aus derartigen Experimenten schließen konnten.

2 Die folgende Abbildung zeigt den Phenylalaninstoffwechsel beim Menschen.

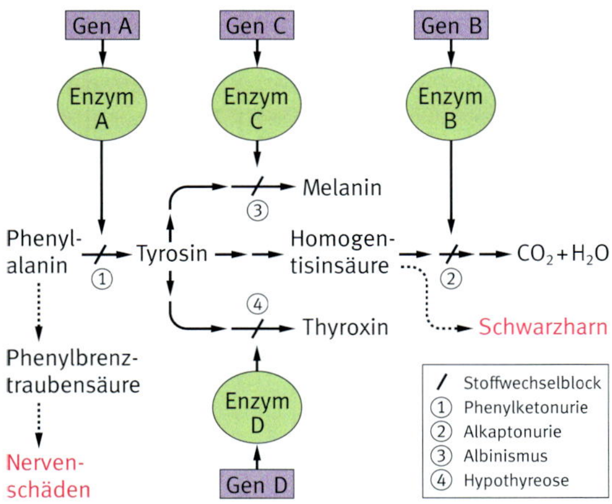

a) Beschreiben Sie die obige Abbildung.

b) Welcher molekulargenetische Grundsatz wird durch dieses Stoffwechselgeschehen veranschaulicht? Begründen Sie.

3 Zu Beginn der Translation eines Gens erreichen nacheinander vier tRNA-Moleküle mit folgenden Anticodons die A-Stelle eines Ribosoms:

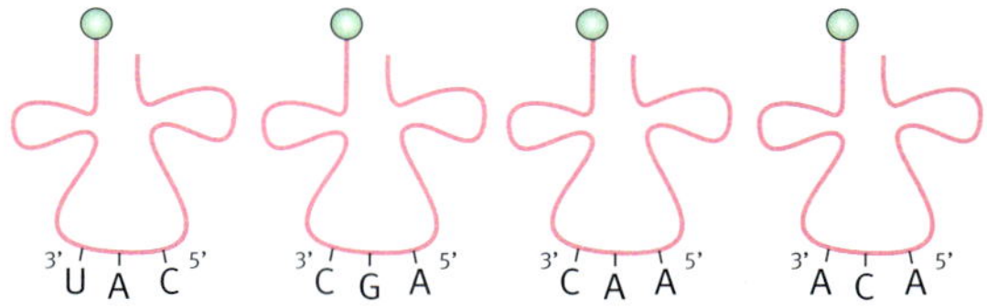

a) Wie beginnt die Basensequenz der mRNA und des DNA-Matrizenstrangs des exprimierten Gens?

b) Wie lautet die Aminosäuresequenz am Anfang des gebildeten Enzyms? Nehmen Sie die Tabelle des genetischen Codes zu Hilfe.

c) Bei einem späteren Translationsvorgang desselben Gens kommen zu Beginn die tRNA-Moleküle mit folgenden Anticodons an das Ribosom:

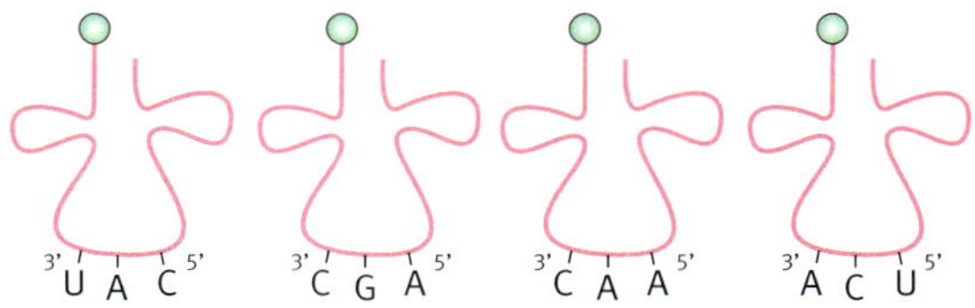

Erläutern Sie die Ursache für diese Veränderung. Welche Folgen sind im Stoffwechsel zu erwarten?

4 Der genetische Code wurde mit Experimenten entschlüsselt bei denen Polynucleotide mit sich wiederholenden Sequenzen als mRNAs in zellfreien Systemen zur Proteinbiosynthese eingesetzt wurden. Dabei konnten die Ribosomen die Translation an jedem Nucleotid der mRNA beginnen, ohne dass ein Startcodon nötig gewesen wäre.
A) AAAAAAAAA… **B)** AUAUAUAUA… **C)** AUCAUCAUC…
Welche Polypeptide würden Sie erwarten, wenn die genannten Polynucleotide als Matrize in einem solchen zellfreien System eingesetzt würden?

5 *E.-coli*-Kulturen weisen folgende Mutationen auf:

A) Eine Nonsense-Mutation im Regulatorgen, sodass der Repressor nicht mehr synthetisiert wird.

B) Eine Deletion im Operator, sodass der Repressor nicht mehr binden kann.

C) Eine Insertion im Promotor, sodass die RNA-Polymerase nicht mehr binden kann.

D) Eine Deletion im Regulatorgen, sodass der Repressor keine Lactose binden kann.

Leiten Sie die Auswirkungen der genannten Mutationen auf die Expression der Strukturgene des *lac*-Operons bei An- und Abwesenheit von Lactose ab und begründen Sie diese.

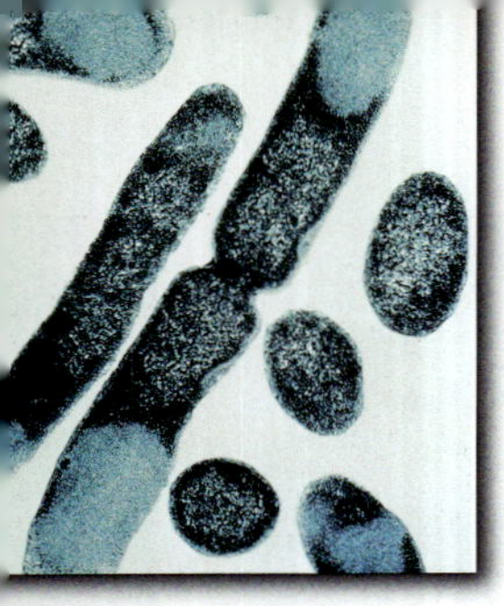

Genetik der Bakterien und Viren

1 Vorkommen und Bau der Bakterien

Im Gegensatz zu den meisten anderen Lebewesen sind Bakterien für das bloße Auge nicht sichtbar. Ihre Bedeutung als Grundlage alles Lebendigen wird daher oft unterschätzt oder nicht wahrgenommen. Dabei leben schon in einer Hand voll Erde mehr Bakterien, als es Menschen auf unserem Planeten gibt. Die allgegenwärtigen Bakterien sind der Motor fast aller globalen Stoffkreisläufe. Würden alle Bakterien sterben, kämen diese Stoffkreisläufe zum Erliegen. Damit würde auch die Basis aller anderen Lebensformen zugrunde gehen.
Von Bakterien gehen die ältesten Lebensspuren aus. Erste Formen existierten auf der Erde unter extremen Bedingungen vor mehr als drei Milliarden Jahren. Damals gab es noch keinen freien Sauerstoff im Meer oder in der Atmosphäre, folglich auch keine atmenden Organismen. Sauerstoff entstand erst 500 Millionen Jahre später – als erstes „Umweltgift" – durch fotosynthetisch aktive Bakterien.
Auch heute noch existiert eine große Gruppe von Bakterien, die in ihren Lebensgewohnheiten an die Verhältnisse der jungen Erde erinnern: Archaebakterien oder Archäen (gr. *archaios*, ursprünglich). Sie besiedeln scheinbar lebensfeindliche Räume wie Salzseen, heiße Quellen in der Tiefsee oder Tiefengestein in der Antarktis. Sie sind häufig chemoautotroph (gr. *autos*, selbst; *trophein*, ernähren), das heißt sie gewinnen Energie durch Chemosynthese und benötigen nur anorganische Stoffe zum Leben.

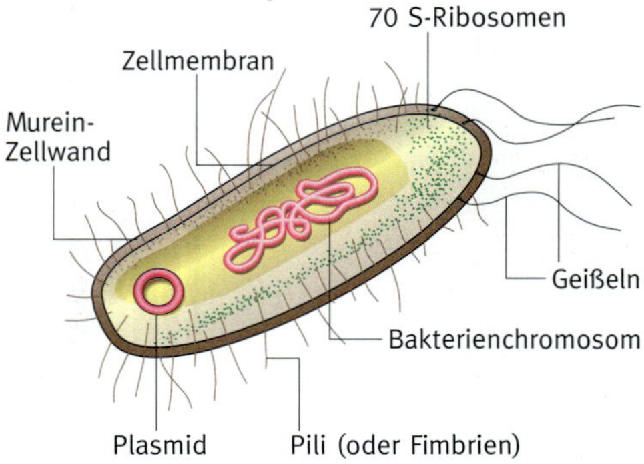

86.1 Bakterienzelle (Schema)

Heute ist bekannt, dass Archäen mit den Eu-Bakterien (gr. *eu*, echt) kaum verwandt sind und neben Bakterien sowie Einzellern, Pflanzen, Pilzen und Tieren eine eigenständige systematische Gruppe bilden.
Dass auch der menschliche Körper mit Bakterien zusammenlebt, wird oft erst bei einer Infektion wahrgenommen. Ein Mensch besitzt am und im Körper jedoch zehnmal weniger eigene Zellen als Bakterien, die für seine Existenz sogar unabdingbar sind. So erschwert zum Beispiel eine natürliche Bakterienflora eine Infektion mit Hautpilzen. Man schätzt, dass bis zu vier Millionen Bakterienarten auf unserem Planeten existieren, zehntausende sind für den Menschen ausgesprochen nützlich, einige hundert nur sind Krankheitserreger. Von wenigen geht Gefahr für das Leben aus. Diese lässt sich aber durch Schutzimpfungen oder Einhaltung von Hygienevorschriften auf ein Minimum reduzieren.
Im Vergleich zu Zellen anderer Organismen ist eine Bakterienzelle kleiner und einfacher aufgebaut. Sie ist etwa 1 µm lang. Viele Arten besitzen Geißeln. In diesem Fall zeigen die Zellen rotierende oder gerichtete Bewegungen, je nachdem ob sie allseits oder nur an einer Seite begeißelt sind. Aufgrund des Fehlens eines membranumhüllten Zellkerns werden Bakterien in Abgrenzung zu den **Eukaryoten** (Einzellern, Pilzen, Pflanzen, Tieren) auch als **Prokaryoten** (lat. *pro*, vor; gr. *karyon*, Kern) bezeichnet. Bakterien besitzen eine Zellwand. Diese enthält Murein, eine Substanz, die bei Eukaryoten nicht vorkommt. Murein besteht aus langen Kohlenhydratketten, die durch kurze Peptidketten netzartig miteinander verknüpft sind.
Früher fand man in Bakterienzellen Einfaltungen der Zellmembran, die man als „Mesosomen" bezeichnete. Heute weiß man, dass dies Artefakte sind, die in lebenden Zellen nicht vorkommen. Auch fehlen typische Organellen wie bei eukaryotischen Zellen. Das frei im Cytoplasma liegende Bakterienchromosom besteht aus einem histonfreien, ringförmigen DNA-Doppelstrang.

Mit rund 4,6 Millionen Basenpaaren trägt das Chromosom von *Escherichia coli* die genetische Information für etwa 4300 Genprodukte. Extrachromosomal kann DNA zusätzlich in Form kleinerer Ringe auftreten. Diese **Plasmide** können bis zu 300 000 Basenpaare enthalten. Sie tragen weitere Gene.
Nach ihrer Anfärbbarkeit werden zwei Gruppen von Bakterien unterschieden: Behandelt man verschiedene Bakterienarten mit einem nach dem Mikrobiologen GRAM benannten Farbgemisch, so behalten einige von ihnen – die GRAM-positiven – nach Spülung mit Alkohol den violettschwarzen Farbstoff. Diese Arten, zum Beispiel *Bacillus subtilis,* besitzen eine Zellwand mit dicker Mureinschicht. *Escherichia coli* dagegen ist GRAM-negativ, seine Zellwand ist relativ dünn; der Farbstoff wird mit Alkohol ausgewaschen. Durch zusätzliche Färbung mit einem hellroten Farbstoff erscheinen GRAM-negative Zellen rosa.

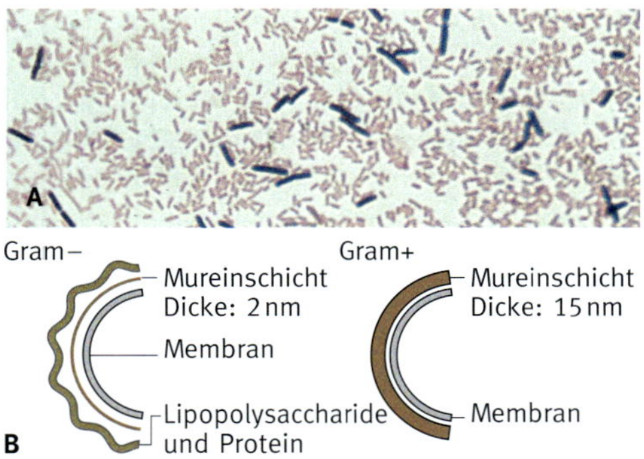

87.1 GRAMtest. A Färbung *E. coli:* rosa und *B. subtilis:* violettschwarz; **B Zellwandaufbau** (Schema) im Vergleich

STECKBRIEF

Bacillus subtilis

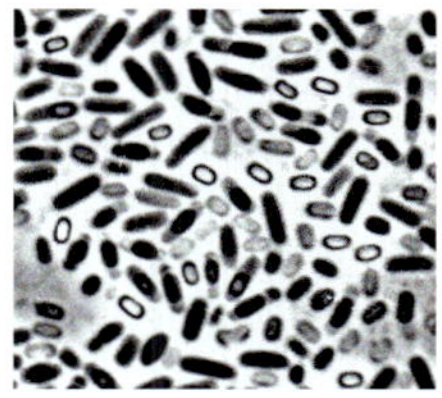

Name: abgeleitet von lat. *bacillum,* Stäbchen; lat. *subtilis,* schlicht
Größe: 0,8 µm breit, 3 µm lang
Sporen: ellipsoid, 0,6 µm
Geißeln: allseitig (peritrich)
Färbung: GRAM-positiv
Das Bakterium ist unter anderem in der Lage, Stärke abzubauen. Dieser Prozess ist mit starker Hitzeentwicklung verbunden. Wird Heu zu feucht eingefahren, kann es durch bakterielle Abbauvorgänge sogar zur Selbstentzündung des Heus kommen. *B. subtilis* ist als *strikter Aerobier* auf Sauerstoff angewiesen. Bei Hitzestress bildet sich jede Zelle unter Abgabe von Cytoplasma zu einer Spore um. Man nennt diese auch Endosporen.

STECKBRIEF

Escherichia coli

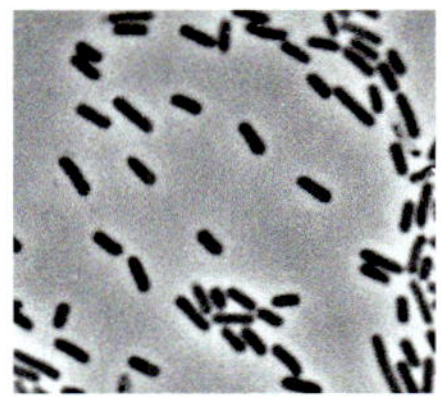

Name: abgeleitet von ESCHERICH (Entdecker), gr. *colon,* Darm
Größe: 0,5 µm breit, 1,5 µm lang
Sporen: keine
Geißeln: allseitig (peritrich)
Färbung: GRAM-negativ
Die kurze Generationszeit (20 Minuten), die Möglichkeit, auf Minimalmedien zu wachsen, und die leichte Manipulierbarkeit haben einen Stamm dieses Darmbakteriums zum wichtigsten Objekt der Molekularbiologen werden lassen. Dieser wird mit K-12 bezeichnet und ist harmlos. *E. coli* braucht als Gärer keinen Sauerstoff und ist daher *fakultativ anaerob.* Abkömmlinge von *E. coli* K-12 werden auch zur Produktion von Humaninsulin eingesetzt.

SICHERHEIT

Sicherheitshinweise zum Umgang mit Bakterien

- Schulgeeignete Bakterienstämme werden von autorisierten Instituten bezogen. Diese Reinkulturen dürfen offen überimpft werden.
- Unbekannte Kulturen aus der Umwelt werden noch vor der Bebrütung mit Klebeband versiegelt und keinesfalls berührt.
- Frische Nährmedien werden zur Abtötung von Sporen im Autoklav oder Schnellkochtopf bei 121 °C in feuchter Hitze sterilisiert.
- Trockene Glasgeräte werden bei 180 °C im Backofen sterilisiert.
- Arbeitsflächen werden mit 70 %igem Ethanol sterilisiert. Für die Handdesinfektion muss zur Hautpflege Glycerin zugesetzt sein.
- Alte Kulturen werden im hitzefesten Kunststoffbeutel (z. B. im Bratenbeutel) gesammelt, im Schnellkochtopf abgetötet und im Hausmüll entsorgt.
- Im Zweifelsfall ist die Lehrerin oder der Lehrer zu fragen.

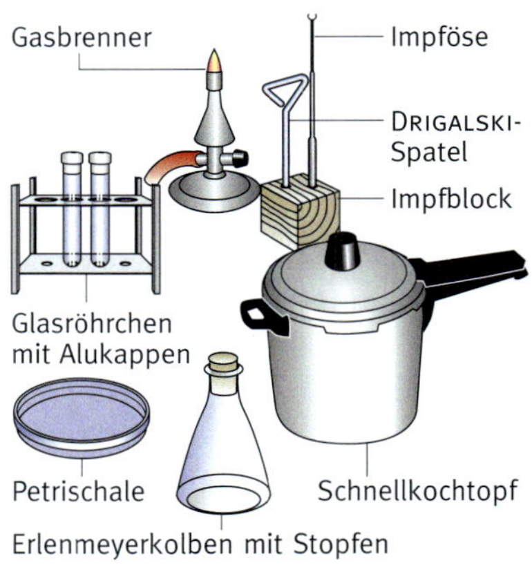

87.2 Mikrobiologische Arbeitsgeräte

Mikrobiologisches Arbeiten

Bakterien eignen sich aus mehreren Gründen für Versuche zur Biotechnik und Genetik:

- Sie lassen sich leicht und preiswert anzüchten.
- Sie vermehren sich rasch und erzeugen eine hohe Zahl von Nachkommen.
- Das Genom ist haploid, das heißt, sie „mendeln“ nicht: Vom Phänotyp, zum Beispiel den Stoffwechselleistungen, lässt sich direkt auf den Genotyp rückschließen.
- Bakterien werden bei der Herstellung von Nahrungs- und Genussmitteln sowie von medizinischen oder pharmazeutischen Produkten oft eingesetzt.

Mikrobiologisches Arbeiten setzt die Anwendung steriler Techniken voraus, die auch in der Schule ohne großen Aufwand eingehalten werden können. Besondere Arbeitsgeräte sind der Trockenschrank (bis 200 °C), der Brutschrank (bis 50 °C), der Dampfdrucktopf und die Impfgerätschaften, die im Folgenden eingesetzt werden.

1 Sterilisieren von Oberflächen

Material: Messzylinder, Schraubflasche, Ethanol (F, 96 %), Aqua dest.

Durchführung: Es wird 70%iges Ethanol hergestellt, indem 70 ml Ethanol und 30 ml Aqua dest. in einer Schraubflasche vermischt werden. Mit dieser verdünnten Mischung werden zum Beispiel Tischoberflächen nach Versuchsende sterilisiert.
Hinweis: Wegen der stark austrocknenden Wirkung ist dieses Mittel ohne Anwendung von Hautcreme nicht zur Handdesinfektion geeignet. Handelsübliche Hautdesinfektionsmittel enthalten bereits Stoffe zur Rückfettung der Hände.

2 Sterilisieren von Glasgeräten

Material: Trockenschrank oder Backofen (bis 200 °C), Erlenmeyerkolben, Reagenzgläser, Petrischalen aus Glas, Glaspipetten, Glas-Schraubflaschen, Alufolie, evtl. auch Zellstoffstopfen

Durchführung: Alle Glasgeräte werden sauber ausgespült und 30 Minuten bei 180 °C oder drei Stunden bei 140 °C im Trockenschrank oder Backofen sterilisiert. Vorher werden die Öffnungen der Erlenmeyerkolben und Reagenzgläser mit Alufolie oder Zellstoffstopfen verschlossen. Glas-Schraubflaschen dürfen nur verwendet werden, wenn der Kunststoff der Schraubflasche hitzeresistent ist. Geeignete Verschlüsse von Laborflaschen besitzen eine Prägung mit Temperaturangabe. Glaspipetten werden vor der Sterilisation im Trockenschrank in Pipettendosen aus Alublech gesteckt oder in Hülsen aus Alufolie gewickelt. Die Böden von Glaspetrischalen werden mit deren Glasdeckeln verschlossen.
Hinweis: Einwegpetrischalen aus Kunststoff sind von vornherein steril, sofern sie noch in Folie verpackt sind. Um den Aufwand zu minimieren, wird empfohlen, diese anstelle von Glaspetrischalen zu verwenden. Unverpackte oder offen stehende Einwegpetrischalen darf man nicht durch Hitze sterilisieren, da sie schmelzen und unbrauchbar werden.

3 Herstellung von Nährmedien

Für die Anzucht von Bakterien wird oft ein *Flüssigmedium* benötigt, das als Vorkultur dient. Diese wird auch als *Übernachtkultur* bezeichnet, weil die Kultur über Nacht anwächst. Anschließend wird bakterienhaltiges Material aus dieser Flüssigkultur auf *Nährböden* übertragen, um ein Experiment zu starten oder eine Dauerkultur anzulegen, von der man lange Zeit Bakterien entnehmen kann. Nährböden enthalten als gelförmigen Grundstoff hauptsächlich *Agar*. Dieser Stoff ist ein Mucopolysaccharid, das aus Braunalgen gewonnen wird und von den meisten Mikroorganismen nicht abgebaut werden kann. Die Herstellung von Flüssig- oder Agarmedien erfolgt nach dem gleichen Prinzip.

Material: Dampfdrucktopf, Erlenmeyerkolben (250 ml), Grobwaage, Spatel, sterile Petrischalen, sterilisierte Reagenzgläser, Schutzbrille, Topflappen, Alufolie, Bunsenbrenner, Nährbouillon oder Nähragar

Durchführung: Je nachdem ob Flüssig- oder Agarkulturen hergestellt werden sollen, werden in einem Erlenmeyerkolben je 1 g Nährbouillon oder 2,5 g Nähragar eingewogen und mit 100 ml destilliertem Wasser versetzt. Diese Mengen sind ausreichend, um zehn Übernachtkulturen à 10 ml oder vier Nährbodenplatten herzustellen. Jeder Ansatz wird mit Alufolie verschlossen und 20 Minuten im Dampfdrucktopf bei 121 °C bzw. 30 Minuten im Schnellkochtopf bei Stufe 2 gekocht. Bei Herausnahme der Kolben aus dem Topf besteht die Gefahr eines plötzlichen Siedeverzugs.

Nährbodenplatten: Der auf etwa 50 °C abgekühlte Nähragar (Handrückentest) wird auf vier Petrischalen verteilt, die zum Gießen nur einen Spalt geöffnet werden und anschließend bis zum Erstarren ruhig stehen müssen.

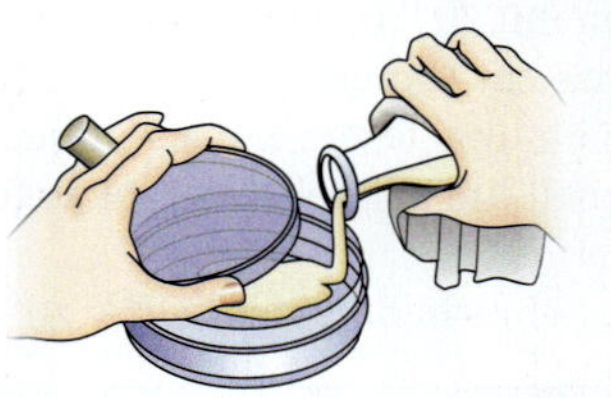

Nährbouillon-Gläschen: Sterile Nährbouillon wird auf zehn verschlossene, sterilisierte Reagenzgläser verteilt. Dabei werden die Ränder der Gefäßöffnungen vor dem Gießen abgeflammt, indem sie kurz in die nicht leuchtende Flamme des Bunsenbrenners gehalten werden.
Stichagarröhrchen: Nähragar kann ebenfalls in sterilisierte Reagenzgläser abgefüllt werden. Man erhält auf diese Weise Stichagarröhrchen.

Aufgabe:
Erklären Sie, warum es nicht ausreicht, Nährmedien lediglich bei 100 °C abzukochen.

4 Gebrauch von Impfgerätschaften beim Ansetzen bakterienhaltiger Übernachtkulturen

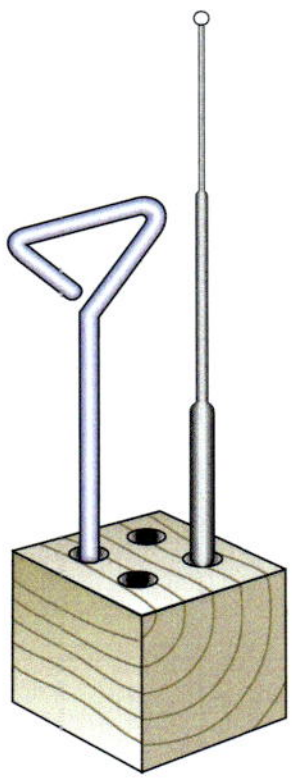

Impfösen oder Impfnadeln werden durch Ausglühen sterilisiert. Der triangelförmige DRIGALSKI-Spatel aus Glas wird in Alkohol getaucht. Dieser wird zur Sterilisation des Spatels angezündet. Impfgerätschaften werden in einen angebohrten Holzwürfel gesteckt, damit sie nicht frei auf dem Arbeitsplatz herumliegen.
Zum Arbeiten werden zunächst schulgeeignete Bakterienkulturen von einem autorisierten Mikrobiologie-Institut bezogen. Plattenkulturen sind einige Wochen im Kühlschrank bei 4 °C haltbar. Gefriergetrocknete Bakterienkulturen in Glas-Ampullen können jahrelang im Kühlschrank aufbewahrt werden.

Material: Bakterienkulturen, Kühlschrank, Impföse, Bunsenbrenner, Nährbouillon-Gläschen, Nährbodenplatten, Brutschrank (37 °C)

Durchführung: Glas-Ampullen werden entsprechend der beiliegenden Gebrauchsanweisung geöffnet. Ihr Inhalt wird in Nährbouillon übergeführt. Dieser Ansatz wird als Übernachtkultur bei 37 °C im Brutschrank inkubiert, das heißt bebrütet.
Bakterien von Plattenkulturen werden zunächst in eine Übernachtkultur übergeführt. Die Impföse wird in einer nicht leuchtenden Flamme des Bunsenbrenners ausgeglüht, die Plattenkultur geöffnet, die heiße Öse wird durch Auftupfen am sterilen Rand des Nährbodens abgekühlt. Anschließend wird eine Bakterienkolonie auf dem Nährboden oberflächlich gestreift. Die Petrischale wird wieder verschlossen, das Nährbouillon-Glas geöffnet, abgeflammt, die Impföse eingetaucht und kurz umgerührt. Dieser Ansatz wird als Übernachtkultur bei 37 °C im Brutschrank inkubiert. Die Öse wird ausgeglüht und in den Block zurückgestellt. Übernachtkulturen werden am nächsten Tag auf sterile Nährbodenplatten überimpft.

5 Reinkultur von *Escherichia coli* K-12

Material: Übernachtkultur von *E. coli* K-12, 1 Reagenzglas mit Nährbouillon, 4 Petrischalen mit Nähragar, Impföse, Bunsenbrenner, Brutschrank (37 °C)

Durchführung: Die Impföse wird im Bunsenbrenner ausgeglüht und in die Übernachtkultur getaucht. Anschließend werden drei parallele Striche am Rand einer Nähragarplatte aufgetragen (A). Die Impföse wird erneut ausgeglüht und am sterilen Rand der Agarplatte abgekühlt (B). Die Öse wird, ohne sie erneut in die Übernachtkultur zu tauchen, drei Mal im rechten Winkel durch die ersten drei Striche geführt. Dabei wird beim ersten Mal nur ein Strich, beim zweiten Mal zwei Striche und beim dritten Mal alle drei Striche durchkreuzt (C). Das Ende dieser drei Striche wird mit sterilisierter und abgekühlter Öse erneut drei Mal durchkreuzt, und zwar in gleicher Weise wie vorher (D). Zuletzt wird die sterile Öse durch den letzten Strich im Zickzack über die Plattenmitte geführt (E). Die Platte wird zwei Tage bei 37 °C bebrütet.

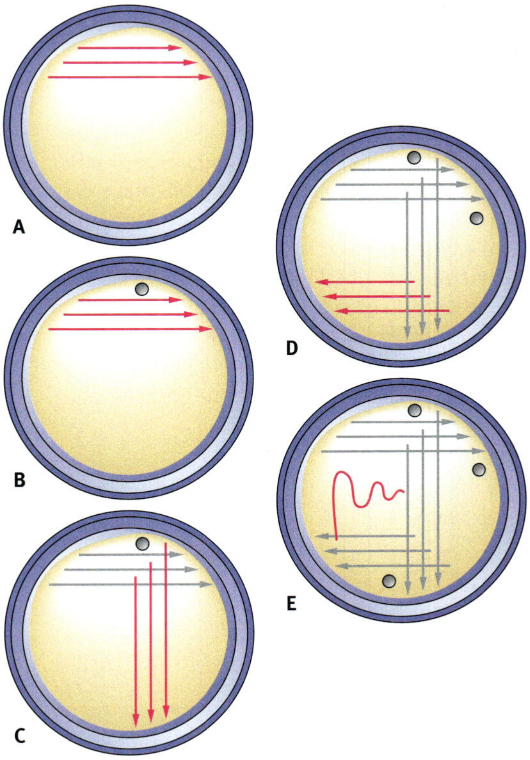

Aufgaben:
a) Beschreiben Sie das Ergebnis.
b) Geben Sie eine Begründung für das wiederholte Durchkreuzen der Impfstriche.
c) Einzelne kreisförmige, bakterienhaltige Gebilde auf dem Nährboden werden als Kolonie bezeichnet. Erläutern Sie, wie solche Einzelkolonien entstehen.

6 Gebrauch des DRIGALSKI-Spatels bei der Keimzahlbestimmung von Milch

In Rohmilch, aber selbst in pasteurisierter Vollmilch, sind Keime enthalten, die in der Milch wachsen und sie verderben lassen. Bei diesem Versuch wird die Keimzahl, d. h. die Anzahl lebender Zellen in Roh- und Vollmilch, verglichen.

Material: 12 sterile Reagenzgläser, 12 sterile Petrischalen, Chinablau-Lactose-Agar, 2 sterile Pipetten (10 ml), 14 sterile Pipetten (1 ml), Pipettierhilfen, DRIGALSKI-Spatel, Becherglas (250 ml), Uhrglas als Deckel, Ethanol (F, 96 %), steriles Leitungswasser, Rohmilch (Bauernhof, Reformhaus), Vollmilch, Klebeband, Brutschrank (37 °C)

Durchführung: Chinablau-Lactose-Agar wird nach Angaben des Herstellers angesetzt, im Schnellkochtopf aufgekocht und in die zwölf Petrischalen gegossen. In sechs sterile Reagenzläser werden mit einer sterilen Pipette jeweils 9 ml steriles Leitungswasser vorgelegt. In Glas 1 wird anschließend 1 ml Rohmilch mit der Pipette hinzugegeben und vermischt. Mit einer neuen Pipette wird 1 ml verdünnte Suspension aus Glas 1 entnommen, in Glas 2 gegeben und vermischt. Der Vorgang wird wiederholt, indem 1 ml von Glas 2 mit einer neuen Pipette in Glas 3 übertragen wird. Die Übertragung wird so lange jeweils mit neuen Pipetten wiederholt, bis sich 10 ml Suspension in Glas 6 befinden. Beginnt man bei der Übertragung mit der niedrigsten Konzentration, also Glas 6, muss man die Pipetten nun nicht mehr wechseln. Anschließend werden jeweils 0,1 ml Flüssigkeit aus jedem Glas auf einen Nährboden getropft und mit sterilem DRIGALSKI-Spatel sofort verteilt.

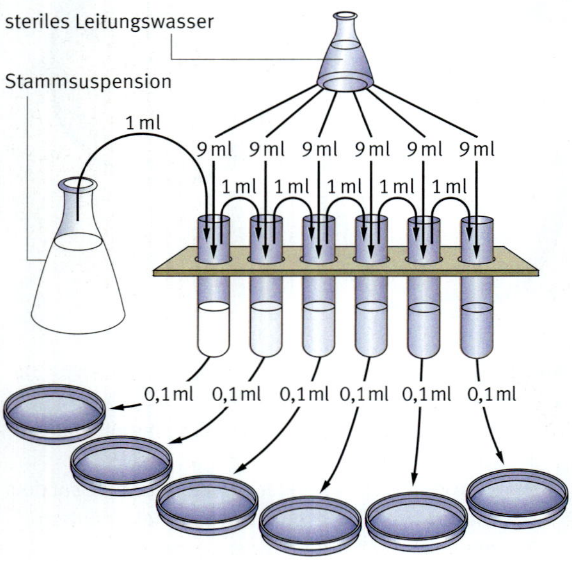

Der DRIGALSKI-Spatel wird mit seinem Dreieck in Ethanol eingetaucht und kurz in die entleuchtete Flamme des Bunsenbrenners gehalten. Es wird beobachtet, wie der Alkohol abflammt. Sollte sich versehentlich einmal der Alkohol im Becherglas entzünden, ist Ruhe zu bewahren und das Becherglas zum Beispiel mit dem Uhrglas abzudecken. Der abgeflammte, noch warme Spatel wird zum Abkühlen zuerst auf den Rand der Agaroberfläche der geöffneten Petrischale gedrückt, anschließend wird der aufgetragene Tropfen in kreisenden Bewegungen gleichförmig auf der Oberfläche des Agars ausplattiert. Der DRIGALSKI-Spatel wird erneut sterilisiert und zurückgestellt.
Der gleiche Vorgang wird mit der Vollmilch, sechs neuen Reagenzgläsern und sechs neuen Platten wiederholt. Die Rohmilch-/Vollmilch-Platten werden entsprechend der 1 : 10-Verdünnungsstufen auf der Rückseite beschriftet (10^{-1}, 10^{-2} ... 10^{-6}), mit Klebeband versiegelt und zwei Tage bei 37 °C bebrütet.

Auswertung: Die Platten, auf denen sich etwa 20 bis 200 Kolonien befinden, werden zur Auswertung herangezogen. Milchsäurebakterien bilden blaue Kolonien, da die entstehende Galakturonsäure mit Chinablau reagiert. Die blauen und weißen Kolonien werden ausgezählt. Die Keimzahl der Milch (Keime/ml) wird errechnet unter Berücksichtigung der Verdünnungsstufe und der Auftragsmenge (0,1 ml), d. h. beispielsweise für die Platte „10^{-2} Rohmilch" bei 54 blauen und 13 weißen Kolonien:

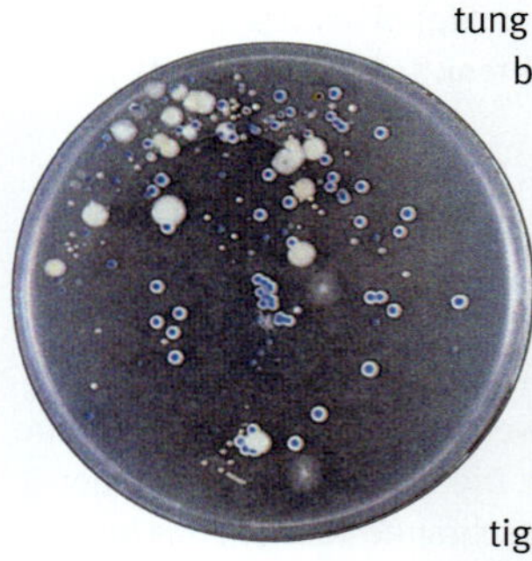

$54 \cdot 10 \cdot 10^2 = 540\,000$ Keime/ml (Milchsäurebakterien)
$13 \cdot 10 \cdot 10^2 = 130\,000$ Keime/ml (andere Bakterien)
Gesamtkeimzahl = 670 000 Keime/ml

Aufgaben:

a) Bestimmen Sie die Keimzahlen für Rohmilch und pasteurisierte Vollmilch.
b) Erklären Sie, warum nur die Rohmilch blaue Kolonien liefert, nicht aber die Vollmilch.
c) Begründen Sie, weshalb man Rohmilch einfach nur warm stellen muss, um Dickmilch herzustellen.

Bacillus subtilis contra *Escherichia coli*

Durch vergleichende Beobachtungen an *Bacillus subtilis* und *Escherichia coli* können sowohl Eigenschaften als auch Leistungen zweier typischer Vertreter exemplarisch beobachtet werden. So unterscheidet sich *B. subtilis* als typisches Bodenbakterium in seinem Sauerstoffbedarf, Zellwandaufbau oder Verhalten beim Stärkeabbau vom Darmbakterium *E. coli*.

1 Sauerstoffbedarf

Material: Übernachtkulturen oder Platten von *B. subtilis* und *E. coli*, Stichagarröhrchen, Impfnadel, Bunsenbrenner, Brutschrank

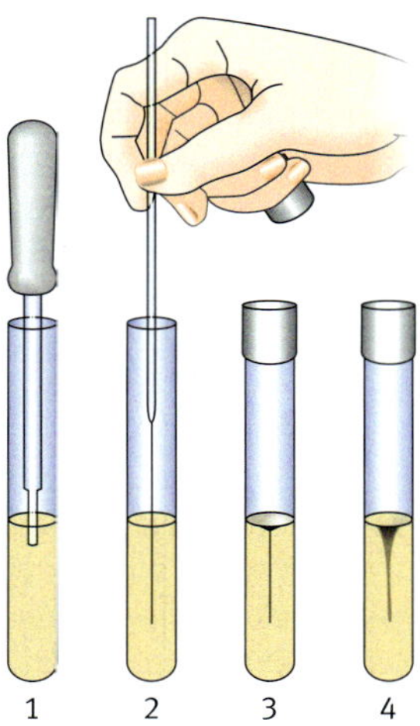

Durchführung: Aus Übernachtkulturen oder von Nährbodenplatten beider Bakterienstämme wird nacheinander mittels ausgeglühter Impfnadel bakterienhaltiges Material durch tiefes Hineinstechen in je ein Stichagarröhrchen übertragen. Nach zwei bis drei Tagen Bebrütung bei 37 °C werden die Stichkanäle untersucht und ausgewertet. Eine Trübung im oder auf dem Agar (Nr. 3 und 4) zeigt Zellwachstum an.

Aufgaben:

a) Geben Sie an, welches Wachstumsverhalten *B. subtilis*, welches *E. coli* zeigt.

b) Begründen Sie das Wachstumsverhalten der Bakterien anhand ihrer Steckbriefe auf Seite 87.

2 GRAM-Schnelltest

Material: Platten mit *B. subtilis* und *E. coli*, Objektträger, Impföse, Zahnstocher, Kalilauge (C, 2 %)

Durchführung: Von Nährbodenplatten beider Bakterienstämme wird mittels Zahnstocher bakterienhaltiges Material auf je einen Objektträger übertragen und in einem Tropfen Kalilauge verrührt. Anschließend wird versucht, mit dem Zahnstocher einen Faden aus der Kalilauge-Kultur-Suspension hochzuziehen.

Aufgaben:

a) Untersuchen Sie, aus welcher der beiden Kulturen sich ein Faden hochziehen lässt.

b) Erläutern Sie, welchen Vorgang die Kalilauge in den Bakterienzellen auslöst.

c) Erklären Sie, woraus der Faden besteht.

d) Begründen Sie, warum man dieses Verfahren auch als Schnelltest im Sinne des GRAM-Färbeverfahrens bezeichnet.

3 Abbau von Stärke

Material: Nähragarplatten mit einem 2%igen Stärkezusatz, Übernachtkulturen oder Nährbodenplatten von *B. subtilis* und *E. coli*, Impföse, Bunsenbrenner, LUGOLsche (Jodkaliumjodid-)Lösung, Brutschrank

Durchführung: Wie vorstehend beschrieben werden Nährbodenplatten hergestellt, allerdings wird vor dem Kochen im Schnellkochtopf 2 % Stärke zugesetzt. Die Platten werden gegossen. Nach Abkühlen und Erstarren des Agars stehen die Platten zum Animpfen bereit. Aus Übernachtkulturen oder von Nährbodenplatten beider Bakterienstämme wird mittels vorher ausgeglühter Impföse auf je einen Nährboden ein Kreuz, ein Punkt oder ein Smiley aufgetragen. Zwei Tage werden die Platten bei 37 °C in den Brutschrank gestellt. Anschließend werden die Platten betrachtet, geöffnet und mit LUGOLscher Lösung übergossen.

Aufgaben:

a) Notieren Sie die Veränderungen des Nährbodens um die verschiedenen Kolonien.

b) Geben Sie an, welcher Nachweis geführt wurde.

c) Erklären Sie das Färbeverhalten der Nährböden von *B. subtilis* und *E. coli*.

d) Stellen Sie molekulare Zusammenhänge zwischen Zellwandbau, Substrat und Ort der Verwertung dar.

2 Nutzung der Leistungen von Bakterien

92.1 Industrieller Großfermenter

Schon seit Jahrtausenden verwendet der Mensch Mikroorganismen zur Herstellung und Konservierung von Nahrungsmitteln oder zur Entfaltung von Heilkräften. Bis ins 19. Jahrhundert wusste er allerdings nichts von deren Existenz. Gärungsprozesse bei der Herstellung von Brot oder alkoholischen Getränken wurden nicht mit mikroskopisch kleinen Lebewesen in Verbindung gebracht. Auch über die Bakterien der Milchsäuregärung in Dickmilch oder Sauerkraut war nichts bekannt. Und schon gar nicht wusste man, dass die Empfehlung der Hildegard VON BINGEN(1098–1179), auf entzündete Wunden Erde aus dem Wurzelbereich der Erle aufzutragen, auf der Bakterien tötenden Wirkung des Streptomycins beruhte, das die Bodenbakterien ausscheiden, die in Symbiose mit der Erlenwurzel leben.

Die technische Nutzung der Leistungen von Lebewesen oder deren Bestandteile wird als **Biotechnik** definiert. Ein Beispiel sind enzymatische Prozesse, die in der Technik als Fermentationen (lat. *fermentare*, vergären) bezeichnet werden. Fermentationen werden in Bioreaktoren durchgeführt. Das sind tankähnliche Behälter, die wenige bis tausende Liter Flüssigkeit enthalten können. In diesen Fermentern werden alle Bedingungen zum Wachstum der Kulturen gesteuert. Da einige Mikroorganismen auf Sauerstoff angewiesen sind, zum Beispiel Essigsäurebakterien, wäre es irreführend, Fermentation mit „Gärung" gleichzusetzen, die unter Sauerstoffabschluss abläuft. Fermentationen werden je nach Produkt *statisch* oder *kontinuierlich* durchgeführt: Will man beispielsweise aus dem Zellinnern von *Escherichia coli* K-12 Lactase gewinnen, muss man die Zellen nach deren Wachstum zerstören und damit den Prozess stoppen. Intrazelluläre Enzyme sind daher relativ kostspielig. Werden Enzyme wie die Amylase aus *Bacillus subtilis* massenhaft nach außen abgegeben, kann die Fermentation kontinuierlich weiterlaufen, da das extrazelluläre Enzym als freies Produkt im Behälter anfällt. Amylase ist damit etwa 200 000-mal preiswerter als Lactase.

Bei Fermentationen ist optimales Wachstum wichtig. Nach dem Animpfen des Nährmediums aktivieren in der *Anlaufphase* die Bakterien ihren Stoffwechsel, ohne dass sie sich teilen. Danach setzen Zellteilungen ein und die Kultur geht in *exponentielles Wachstum* über. Bakterien verdoppeln sich ungefähr alle 20 Minuten, logarithmisch dargestellt durch einen geradlinigen Anstieg der Kurve; die Teilungsrate ist konstant. Es werden primäre Stoffwechselprodukte gebildet wie zum Beispiel extrazelluläre Amylase. Will man diese gewinnen, muss die Kultur „gefüttert" werden. Andernfalls geht sie in die *stationäre Phase* über, in der die Zellzahl konstant bleibt.

Dies ist unter anderem auf die Verknappung der Nährstoffe zurückzuführen. In dieser Phase werden sekundäre Stoffwechselprodukte ausgeschieden, zum Beispiel Antibiotika, die Mikroorganismen auch in freier Natur produzieren. Dadurch werden Nahrungskonkurrenten ausgeschaltet. Schließlich kann die Bakterienkultur in die *Absterbephase* übergehen.

92.2 Wachstumskurve einer Bakterienkultur. Die Zunahme der Zellzahl lässt sich grafisch darstellen, indem man die Bakterienzahl in Abhängigkeit von der Zeit logarithmisch darstellt: Für 1000 Bakterien zum Beispiel wird der Wert 3 ($\lg 1000 = \lg 10^3 = 3$) aufgetragen.

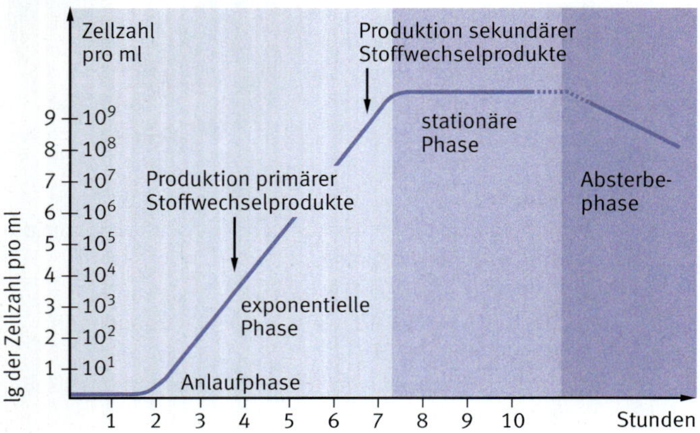

Antibiotika

Im Jahr 1928 entdeckte Alexander FLEMING auf einem Nährboden eine von einem Brotschimmel abgegebene Substanz, die Bakterienwachstum hemmte. Er nannte diesen Hemmstoff Penicillin nach dem Pinselschimmel *Penicillium notatum*. Erst viele Jahre später wurden ähnliche Hemmstoffe bekannt, die man unter dem Begriff **Antibiotika** (gr. *anti*, gegen, gr. *bios*, Leben) zusammenfasst. Darunter versteht man Stoffe, die von Lebewesen erzeugt werden und schon in geringen Konzentrationen das Wachstum von Bakterien hemmen oder sie abtöten. Heute sind Antibiotika im Einsatz, die nach ihrer Herstellung chemisch verändert oder vollständig synthetisiert werden.

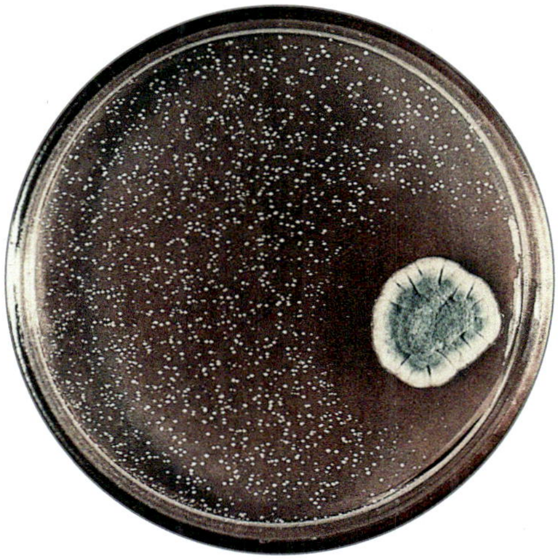

93.1 Wirkungsweise von Antibiotika. Um die Pilzkolonie ist kein Bakterienwachstum möglich (Hemmhof).

Die Bedeutung der Antibiotika für den Menschen liegt darin, dass sie zur Bekämpfung von Infektionskrankheiten eingesetzt werden können. Penicillin wirkt, indem es die Quervernetzung des Mureins in der Zellwand von Bakterien verhindert. Penicillin wird daher vor allem gegen GRAM-positive Arten eingesetzt. Da Murein nur bei Prokaryoten auftritt, hat Penicillin für den Patienten in der Regel keine Nebenwirkungen. Es kann allerdings allergische Reaktionen auslösen.

Die meisten Antibiotika wirken auf den genetischen Apparat von Prokaryoten und hemmen dort die Translation. Streptomycin zum Beispiel führt am 70S-Ribosom zu Ablesefehlern bei der mRNA. Das erste „Breitband-Antibiotikum" war Chloramphenicol. Es hemmt das Enzym Peptidyltransferase und ist so wirksam, dass es auch die 70S-Ribosomen der Mitochondrien hemmt und deswegen beim Menschen schädliche Nebenwirkungen auftreten können. Dieses Phänomen stützt die Hypothese, nach der Mitochondrien aus in Zellen eingewanderten aeroben Bakterien hervorgegangen sind.

Der zunehmende Einsatz von Antibiotika hat zu einem vermehrten Auftreten antibiotikaresistenter Keime (lat. *resistere*, widerstehen) geführt. Penicillinresistente Bakterien produzieren das Enzym Penicillinase, das Penicillin spaltet und unwirksam macht. Die Resistenz kann aber auch darauf beruhen, dass einige bakterielle Gene für Membranproteine codieren, die ein eindringendes Antibiotikum gezielt wieder ausschleusen.

Resistenzeigenschaften, die auf der Produktion eines Antibiotikum abbauenden Enzyms beruhen, sind oft außerhalb des Bakterienchromosoms auf einem Plasmid codiert. Man nennt diese Plasmide **Resistenzfaktoren** (R-Faktoren). R-Faktoren können mehrere verschiedene Resistenzgene tragen, sodass Bakterien dann eine Mehrfachresistenz aufweisen. Weiterhin enthält der R-Faktor Gene, die den Übergang des Faktors von einer Zelle auf eine andere ermöglichen. Solche Übergänge sind von *E. coli* auf den Typhus-Erreger *Salmonella typhii* bekannt. Das Auftreten resistenter bakterieller Krankheitserreger kann sowohl auf spontanen Mutationen als auch auf der Übertragung von R-Faktoren beruhen. Die Mehrfachresistenz stellt die Medizin vor neue Probleme. Deswegen schränkt man heute den Einsatz von Antibiotika bei „Bagatellkrankheiten" ein und sucht nach immer neuen Wirkstoffen. Werden Mehrfachresistenzen befürchtet, verwendet man Kombinationspräparate aus mehreren Antibiotika.

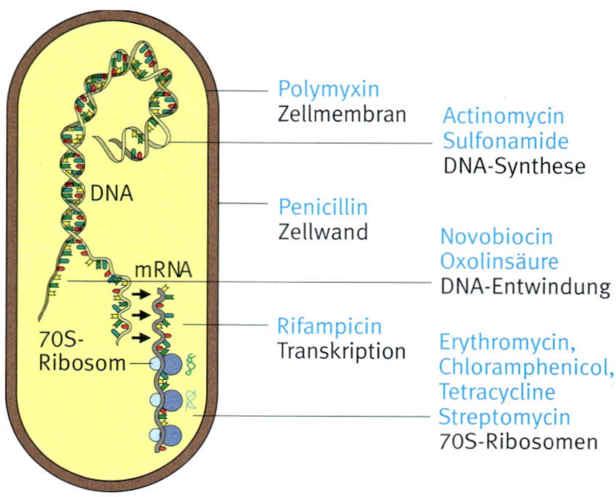

93.2 Wirkorte verschiedener Antibiotika in der Bakterienzelle

Biotechnik

1 Bakterien einer Münze

Material: 2 Petrischalen mit Standardnährböden, Übernachtkultur von *Bacillus mycoides*, Pipette, DRIGALSKI-Spatel, Becherglas (250 ml), Uhrglas zum Abdecken des Becherglases, Ethanol (F, 95 %), Parafilm oder Klebeband, 2 gebrauchte Münzen, Gasbrenner, Brutschrank (37 °C), Trockenschrank (180 °C)

Durchführung: Auf je eine Nährbodenschale werden mit einer Pipette drei Tropfen der Übernachtkultur getropft und mit dem sterilisierten DRIGALSKI-Spatel ausplattiert. Dazu wird das Becherglas geöffnet, das Ethanol enthält. Der DRIGALSKI-Spatel wird mit seinem Dreieck in Ethanol eingetaucht und kurz in die entleuchtete Flamme des Bunsenbrenners gehalten. Es wird beobachtet, wie der Alkohol abflammt. Sollte sich versehentlich einmal der Alkohol im Becherglas entzünden, ist Ruhe zu bewahren und das Becherglas zum Beispiel mit dem Uhrglas abzudecken. Der abgeflammte, noch warme Spatel wird zum Abkühlen zuerst auf den Rand der Agaroberfläche der geöffneten Petrischale gedrückt. Anschließend wird der aufgetragene Tropfen in kreisenden Bewegungen gleichförmig auf der Oberfläche des Agars ausgestrichen. Der DRIGALSKI-Spatel wird erneut sterilisiert und in den Halter zurückgestellt.
Auf einen der beiden Nährböden wird anschließend eine gebrauchte Münze gelegt (1). Die zweite Münze wird im Trockenschrank bei 180 °C sterilisiert und auf den anderen Nährboden gelegt (2). Die Platten werden mit Parafilm oder Klebeband versiegelt und vier Tage bei 37 °C bebrütet.

Aufgaben:

a) Beschreiben Sie die Ergebnisse des Bakterienwachstums um die Münzen (1) siehe Abbildung, 2) nicht abgebildet).

b) Erläutern Sie, was mit der ausplattierten Kultur von *Bacillus mycoides* geschehen ist.

c) Treffen Sie Aussagen hinsichtlich einer möglichen Schwermetallresistenz für *Bacillus mycoides* und die unbekannten Bakterien der Münze.

d) Erläutern Sie anhand dieses Modells die Problematik des Einsatzes von Desinfektionsmitteln in Kliniken.

2 Antibiotikastrichtest

Material: Standardnähragar, Glucose, Übernachtkulturen von *Bacillus mycoides* (DSM 2048), *Escherichia coli* K-12 (DSM 498), *Micrococcus luteus* (DSM 20030), *Pseudomonas fluorescens* (DSM 50090), *Streptomyces griseus* (DSM 40236), *Saccharomyces cerevisiae* (DSM 70449), Erlenmeyerkolben, Waage, Petrischalen, Impföse, Gasbrenner, Brutschrank (37 °C)

Durchführung: 100 ml Standardnähragar mit 5 g Glucosezusatz werden hergestellt. Vier Nährbodenplatten werden gegossen. Nach dem Erstarren der Platten wird an einem Rand des Nährbodens mit der ausgeglühten Impföse ein Strich der über Nacht angesetzten *Streptomyces*-Kultur aufgetragen. Nach dreitägiger Bebrütung bei 37 °C ist die Kultur als strichförmige Kolonie angewachsen. Es werden die anderen fünf Bakterienstämme als Übernachtkultur angesetzt. Nach dem Anwachsen werden diese fünf Testorganismen senkrecht zum *Streptomyces*-Strich mit der ausgeglühten Impföse ausgestrichen, und zwar ohne den sichtbaren Kolonierand zu berühren. Am besten bewegt man dazu die Öse auf der Agaroberfläche in Richtung Strich und stoppt kurz vor dem Kolonierand. Die Platten werden zwei Tage bei 37 °C inkubiert.

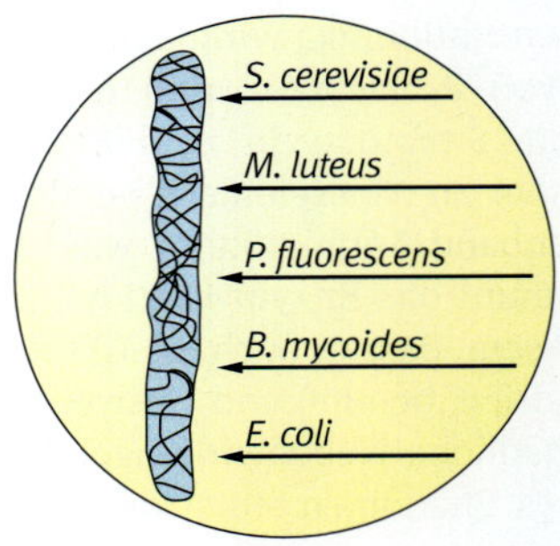

Aufgaben:

a) Erklären Sie das unterschiedliche Wachstum der Teststämme in der Nähe von *Streptomyces*.

b) Welche Bedeutung hat dies für den Menschen?

3 Genetische Rekombination bei Bakterien

Bereits kurz nach der klinischen Einführung des Penicillins im Jahre 1942 beobachtete man bei einigen Bakterienstämmen Resistenzerscheinungen, die sich schlagartig ausbreiteten, sodass Mutationsereignisse einzelner Bakterien als alleinige Ursache nicht in Frage kamen. Dies war erstaunlich, denn bei Prokaryoten war lediglich die Vermehrung durch Zellteilung bekannt, bei der sich Erbfaktoren nicht verändern. Können Bakterien auf andere Weise genetisches Material untereinander austauschen und verbreiten?

Dieser Frage gingen 1946 die Amerikaner LEDERBERG und TATUM nach. Sie arbeiteten mit zwei Mangelmutanten von *E. coli.* Stamm A konnte die Aminosäuren Phenylalanin und Cystein, Stamm B dagegen die Aminosäuren Threonin und Leucin nicht synthetisieren. Beide Doppelmutanten wuchsen nur auf Nährböden mit entsprechendem Aminosäurezusatz. Mischte man beide Stämme und plattierte sie auf Minimalnährboden aus, so wuchsen einige Kolonien heran. Bakterien aus solchen Kolonien verhielten sich wie der Wildtyp, das heißt, sie konnten alle vier Aminosäuren synthetisieren. Die Wildtypen traten mit einer Häufigkeit von $1:10^6$ auf. Dieser Wert widersprach der Annahme, dass einzelne Bakterien die volle Synthesefähigkeit durch eine doppelte Rückmutation wiedererlangt hatten. Die Wahrscheinlichkeit für ein derartiges Ereignis ist zehn Millionen Mal kleiner: Sie liegt bei $1:10^{14}$.

Zusätzlich prüften die beiden Wissenschaftler: Gibt die eine Mangelmutante genau die Substanzen in das Nährmedium ab, die der andere Stamm zum Wachstum braucht? Dafür verwendeten sie ein U-förmiges Rohr, dessen Schenkel durch einen feinporigen, bakteriendichten Filter getrennt waren. In den einen Schenkel füllten sie eine Bakterienkultur des Stammes A, in den anderen eine Kultur der Mutante B. Die Kulturflüssigkeit wurde anschließend zwischen beiden Schenkeln durch den Filter hin- und hergepresst, sodass eventuell gebildete Aminosäuren in beide Schenkel gelangen konnten. Nach einigen Stunden plattierten die Forscher Bakterien aus beiden Schenkeln auf Minimalnährböden aus. Es wuchsen keine Kolonien heran.

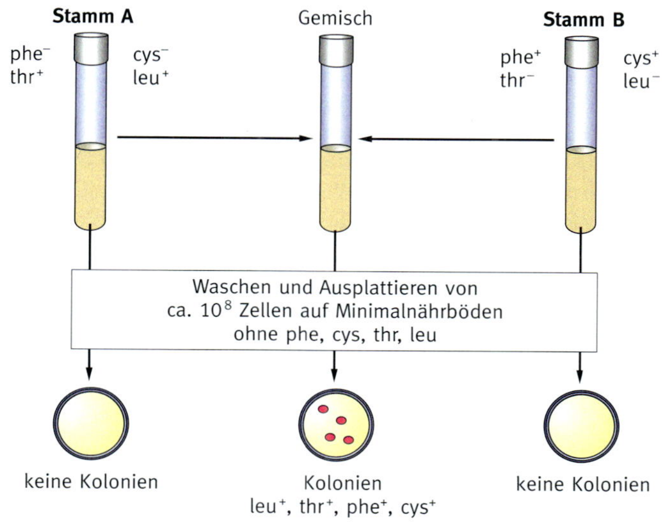

95.1 Konjugation. Versuch mit Minimalnährböden nach LEDERBERG und TATUM

LEDERBERG und TATUM schlossen aus diesen Ergebnissen, dass es zwischen Zellen beider Stämme zu einer Übertragung genetischen Materials gekommen war, und zwar unter der Bedingung eines direkten Zellkontaktes beider Mutanten. Tatsächlich konnte man später anhand elektronenmikroskopischer Aufnahmen solche Kontakte zwischen Bakterienzellen nachweisen. Dabei kommt es zur Ausbildung einer Plasmabrücke, über die Genmaterial transportiert wird. Man nennt diesen Vorgang **Konjugation** (lt. *conjugare,* verbinden). Weitere Untersuchungen ergaben, dass die Konjugation ein einseitig gerichteter Gentransfer ist, bei dem eine Bakterienzelle als **Spender** und die andere als **Empfänger** fungiert.

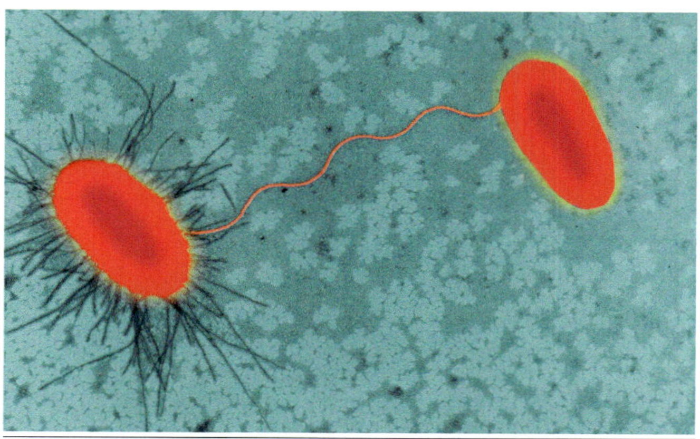

95.2 F⁺-Zelle (Spender, links), die mit einer F⁻-Zelle (Empfänger, rechts) über eine Plasmabrücke konjugiert (TEM-Bild)

Spenderzellen besitzen meist ein besonderes Plasmid, auf dem der **Fertilitätsfaktor** oder **F-Faktor** liegt. Nur Bakterien mit diesem Faktor, die **F⁺-Zellen,** können bei der Konjugation Gene übertragen. Die Empfängerzellen sind entsprechend **F⁻-Zellen,** besitzen also keinen F-Faktor. Dieser selbst enthält unter anderem die genetische Information für die Ausbildung von spezifischen fadenförmigen Fortsätzen. Mit diesen F-Pili erkennt die Spenderzelle die Empfängerzelle und stellt einen ersten Kontakt her. Nach Ausbildung einer Plasmabrücke wird ein DNA-Einzelstrang des F-Plasmids auf die Empfängerzelle übertragen.

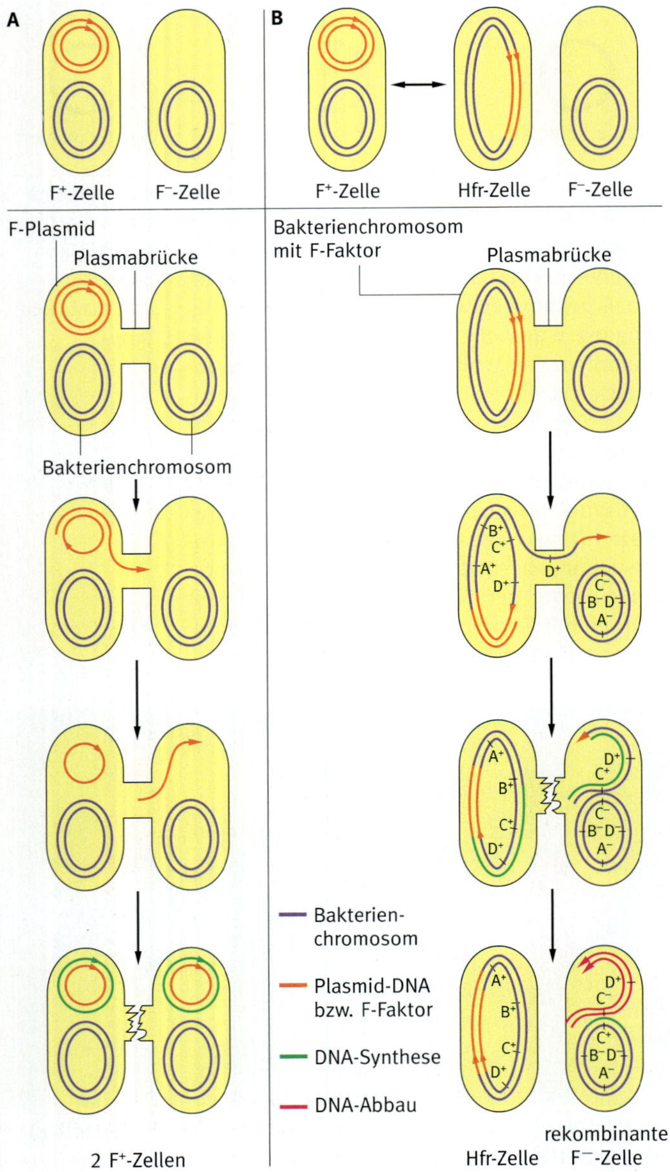

96.1 Bakterielle Konjugation. **A** allgemeine Form. Übertragung eines F-Plasmids; **B** spezielle Form. Übertragung eines Teils des Bakterienchromosoms

In Spender- und Empfängerzellen werden beide Stränge zu vollständigen Plasmiden ergänzt, sodass zwei F⁺-Zellen hervorgehen. Die entstandene F⁺-Zelle wird als **Transkonjugant** bezeichnet. In einer Kultur mit den beiden Zelltypen F⁺ und F⁻ würden durch Konjugation nach einiger Zeit theoretisch nur noch Spenderzellen vorliegen. Dies tritt aber in Wirklichkeit nicht ein, weil der F-Faktor auch verloren gehen kann, zum Beispiel wenn er vor einer Zellteilung nicht verdoppelt und auf beide Tochterzellen verteilt wurde.

LEDERBERG und TATUM zeigten, dass bei einer speziellen Form der Konjugation nicht nur der F-Faktor, sondern auch chromosomale Gene übertragen werden können. Dies beobachtet man bei Bakterien einer bestimmten F⁺-Kultur besonders häufig. Bei ihnen ist der F-Faktor in das Bakterienchromosom eingebaut. Man spricht hier von **Hfr-Zellen** (engl. ***H****igh* ***f****requency of* ***r****ecombination*). Bei Kontakt mit einer F⁻-Zelle öffnet sich in der Hfr-Zelle ein DNA-Strang des ringförmigen, doppelsträngigen Bakterienchromosoms. Dieses Aufbrechen geschieht immer in der Mitte des eingebauten F-Faktors. Durch die Plasmabrücke hindurch geht ein Teil des geöffneten DNA-Einzelstranges in die Empfängerzelle über.

Sowohl das übertragene DNA-Stück als auch das zurückgebliebene Bakterienchromosom werden schon während des Konjugationsvorgangs jeweils zu DNA-Doppelsträngen ergänzt. In der F⁻-Zelle liegt dann ein doppelsträngiges DNA-Stück der Spenderzelle vor, das einem Abschnitt des Empfängerchromosoms homolog ist. Kommt es zu einem Stückaustausch zwischen Spender- und Empfänger-DNA, so findet genetische Rekombination statt: Die F⁻-Zelle hat Gene der Hfr-Zelle eingebaut. Überschüssige DNA-Stücke werden nach einiger Zeit wieder abgebaut. Da bei dieser Konjugation nur ein Teil des F-Faktors der Hfr-Zelle übertragen wird, bleibt die Empfängerzelle F⁻.

Die Plasmabrücke zwischen Hfr- und F⁻-Zelle wird meist während der Übertragung unterbrochen. Da die Spender-DNA im Bereich des F-Faktors geöffnet wird, werden chromosomale Gene häufiger übertragen, wenn sie dem Faktor benachbart sind. In Hfr-Zellen kann der F-Faktor wieder aus dem Chromosom ausscheren und zum Plasmid werden.

Konjugationsversuch

Mithilfe der Konjugation lässt sich ein F-Plasmid von einer Spender- auf eine Empfängerzelle übertragen, das zusätzlich das lac-Operon enthält. Dadurch werden die Zellen zum Lactoseabbau befähigt. Beim Mischen beider Zelllinien wird das F-lac-Plasmid übertragen. Der Spenderstamm (lac$^+$) wächst auf einem so genannten MACCONKEY-Nährboden mit roten Kolonien, da der Nährboden Lactose enthält sowie einen Indikator, der den Lactoseabbau anzeigt. Der Empfängerstamm (lac$^-$) wächst weißlich, da Lactose nicht abgebaut wird, folglich auch der Indikator nicht reagiert.

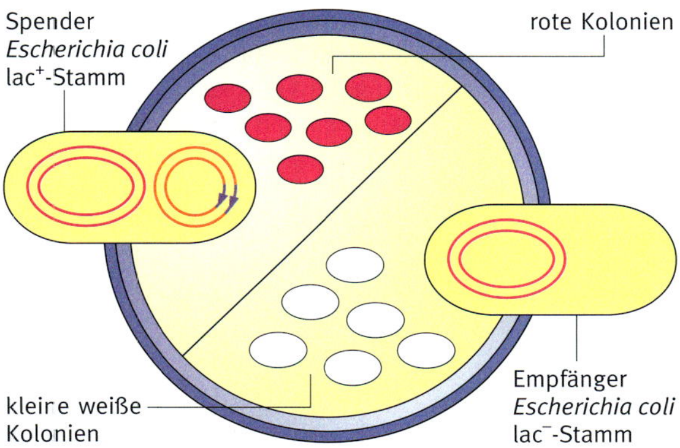

Wenn man beide Stämme miteinander mischen würde, würden die Spendereigenschaften durch Konjugation nach und nach auf alle Empfängerzellen übergehen, das heißt, die weißlichen Kolonien wären nach einiger Zeit nicht mehr nachweisbar. Damit wäre aber ein Gentransfer nicht schlüssig bewiesen. Man könnte nämlich vermuten, dass der Empfängerstamm wegen der Unfähigkeit, Lactose zu verwerten, abgestorben ist. Wie lässt sich ein Gentransfer des F-lac-Plasmides vom Spender- zum Empfängerstamm nachweisen? Um Empfängerzellen, die das F-lac-Plasmid erhalten haben und auch als transkonjugante Zellen bezeichnet werden, von den Spenderzellen und den ursprünglichen Empfängerzellen zu unterscheiden, bedient man sich eines genetischen Tricks. Der Empfängerstamm wird mit einem chromosomalen Resistenzgen gegen das Antibiotikum Streptomycin markiert. Dem MACCONKEY-Nährboden fügt man ferner Streptomycin hinzu. Auf diesem Nährboden können also nur noch Empfängerzellen wachsen.

Material: 4 Erlenmeyerkoben (50 ml), sterile Nährbouillon (100 ml), MACCONKEY-Agar (100 ml; s. MERCK-Nährbodenhandbuch) und Streptomycinzusatz (Xn, 2 mg · ml^{-1}), Übernachtkulturen vom Spenderstamm *E. coli* CSH 36 und Empfängerstamm *E. coli* L 17, Brutschrank (37 °C), Impföse, Gasbrenner, Waage, Dampfdrucktopf, Petrischalen

Durchführung: 100 ml MACCONKEY-Nährboden werden autoklaviert und nach dem Abkühlen auf 50 °C (Handrückentest) mit 1 ml Streptomycinlösung versetzt. Anschließend werden vier Platten gegossen. Je 10 ml Nährbouillon werden in drei Erlenmeyerkolben gegeben. Ein Ansatz wird mittels Impföse mit dem Spenderstamm beimpft, der zweite nach vollständigem Ausglühen der Öse mit dem Empfängerstamm. Beide Ansätze werden über Nacht bebrütet. Der dritte Ansatz wird tags darauf mit 0,8 ml der Übernachtkultur des Spenders und mit 0,2 ml der Übernachtkultur des Empfängers versetzt und eine Stunde bebrütet. Eine MACCONKEY-Platte wird auf der Unterseite an drei Punkten mit „S“ (für Spender), „E“ (für Empfänger) und „T“ (für Transkonjugant) beschriftet. Anschließend werden alle drei Ansätze mit einer ausgeglühten Impföse an den entsprechend beschrifteten Stellen aufgetragen.

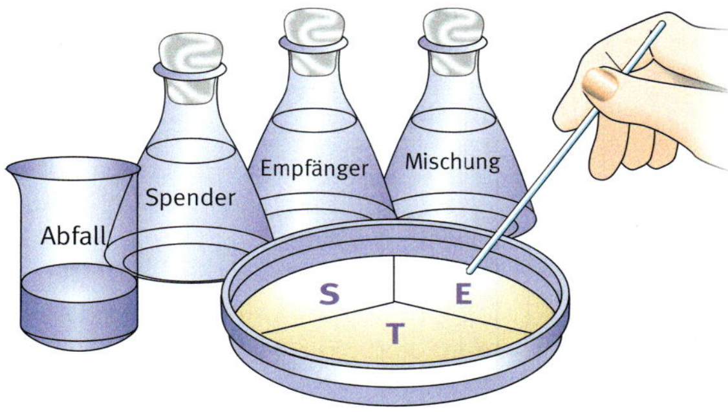

Die Kolonien werden am Tag vor der Auswertung über Nacht bebrütet und sofort ausgewertet. Wenn die Auswertung am Folgetag nicht möglich ist, werden die Platten so lange im Kühlschrank aufbewahrt.

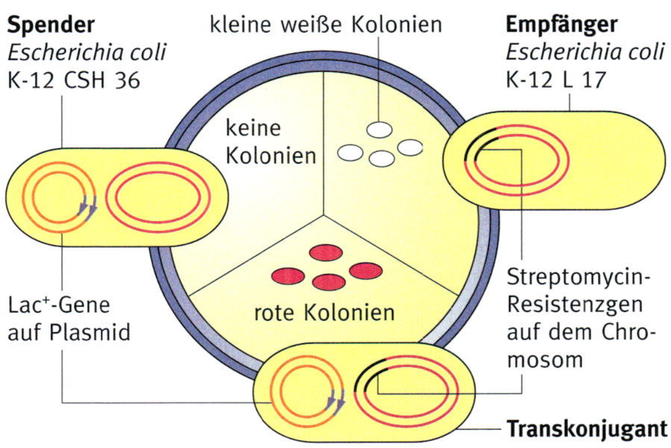

Aufgaben:

a) Beschreiben und deuten Sie das Ergebnis.

b) Wie würde das Ergebnis aussehen, wenn der Spenderstamm das Resistenzgen tragen würde, nicht aber der Empfängerstamm?

4 Bau und Vielfalt der Viren

Tabakmosaik
einzelstr. RNA
6,5 kb
Wirt: Pflanzen

Grippe (Orthomyxo)
einzelstr. RNA
14 kb
Wirt: Säugetiere

Tollwut (Rhabdo)
einzelstr. RNA
11–15 kb
Wirt: Säugetiere

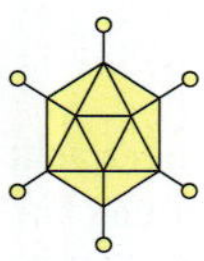

Krebs (Adeno)
doppelstr. DNA,
30–45 kbp
Wirt: Säugetiere

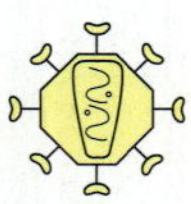

Aids/HIV (Retro)
einzelstr. RNA,
7–10 kb
Wirt: Säugetiere

Phage λ
doppelstr. DNA
48502 bp
Wirt: Bakterien

Viele Menschen haben einmal grippale Infekte, Windpocken oder Röteln gehabt. Das Gemeinsame dieser Erkrankungen ist, dass sie nicht von Bakterien herrühren. Folglich lassen sie sich nicht mit Antibiotika behandeln. Schon 1883 erforschte A. MAYER eine ansteckende Krankheit bei Tabakpflanzen, durch die ihre Blätter helle Flecken bekommen. Er dachte bei dieser Tabakmosaikkrankheit zunächst an einen Befall durch Bakterien. 1897 versuchte BEIJERINCK, die vermuteten Erreger zu isolieren. Dazu wurde der Gewebesaft einer erkrankten Pflanze durch einen bakteriendichten Filter gegeben. Der Rückstand wurde auf Nährböden überimpft. Darin wurden aber keine infektiösen Bakterien nachgewiesen. Der Saft hingegen war weiterhin ansteckend. Der Erreger musste also kleiner als Bakterien sein. Er nannte ihn **Virus** (lat. *virus,* Gift).

1935 isolierte STANLEY das Tabakmosaik-Virus. Es ist ein 300 nm langes Stäbchen, das aus nur zwei chemischen Verbindungen besteht: einer schraubig gewundenen, einsträngigen RNA und einer Proteinhülle. Die RNA besteht aus rund 6400 Nucleotiden.

Heute kennt man eine Vielzahl von Viren, denen allen ein bestimmter Aufbau gemeinsam ist: Jedes Virus enthält entweder RNA oder DNA als genetisches Material und eine Proteinhülle, die man auch **Capsid** nennt.

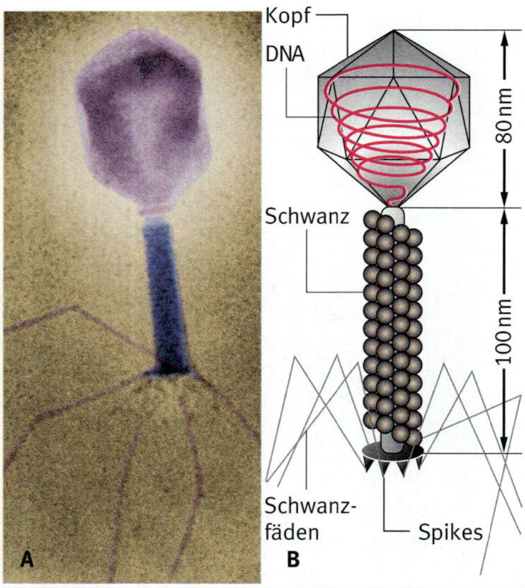

98.1 T-Phage. A EM-Bild; **B** Schema

Dieses ist bei kugeligen Viren oft ein geometrischer Körper aus 20 gleichseitigen Dreiecken. Bei komplexer gebauten Viren, besonders denen, die Tiere oder Menschen infizieren, wird das Capsid von Glycoproteinen umgeben. Viren sind zwischen 10 und 100 nm groß und damit etwa zwanzig- bis hundertmal kleiner als Bakterien: Wäre eine eukaryotische Zelle etwa so groß wie diese Buchseite, ließe sich die Größe einer Bakterienzelle mit diesem *Wort* vergleichen. Ein Virus wäre so groß wie der Punkt am Ende dieses Satzes.

Nach der Art der Nucleinsäure unterscheidet man **DNA-** und **RNA-Viren.** Es gibt auch solche mit einsträngiger DNA oder doppelsträngiger RNA. Manche Viren enthalten gerade so viel Nucleinsäure, dass sie etwa drei, andere gut 200 Proteine codieren können.

Zu den RNA-Viren, die tierspezifisch sind, gehören die **Retroviren** (lat. *retro,* zurück). Zu ihnen zählt auch der Erreger von Aids. Ihr Name deutet an, dass deren RNA in DNA zurückübersetzt werden muss. Dazu besitzen sie ein besonderes Enzym, die reverse Transkriptase.

Sind Viren Lebewesen? Diese Frage ist umstritten, da Viren niemals zugleich DNA und RNA besitzen und auch über keinen eigenen Stoffwechsel verfügen. Sie enthalten aber in ihrer Nucleinsäure die genetische Information zu ihrer Vermehrung.

Zur Verwirklichung dieser Information müssen sie in eine Zelle eindringen und deren Synthesefähigkeiten nutzen. Viren sind also infektiöse Partikel aus Nucleinsäure und Proteinhülle, die zur Vermehrung den Stoffwechsel einer Wirtszelle benötigen. Dabei zeigen Viren eine enge Wirtsspezifität; meist können sie nur eine Art befallen. Wirte sind Mensch, Tier, Pflanze und Bakterien. Manche Viren verlieren bei längerem Aufenthalt außerhalb ihres Wirtes ihre Infektiösität.

Viren, die auf Bakterien spezialisiert sind, werden Bakteriophagen oder kurz **Phagen** (gr. *phagein,* fressen) genannt. Gut untersucht sind die Phagen des Typs T und des Typs Lambda (λ), die nur *E. coli* befallen.

T-Phagen sind in Kopf, Schwanz und Endplatte gegliedert. Das Capsid des Kopfteils hat eine Vieleckstruktur mit einem Durchmesser von etwa 50 nm. Es enthält einen DNA-Doppelstrang von 56 µm Länge mit rund 200 kbp (bp = Basenpaare). Der Schwanzteil ist 100 nm lang und besteht aus einem hohlen Stift, der von einer kontraktilen Hülle umgeben ist. Kopf und Schwanz sind über einen „Kragen" miteinander verbunden. Der Schwanz schließt mit einer Endplatte ab, die sechs kurze Spikes und sechs lange Fäden trägt.

Der Phage λ sieht dem T-Phagen sehr ähnlich. Der DNA-Doppelstrang umfasst etwa 48 kbp. Im Gegensatz zu den T-Phagen vermehrt er sich aber nach dem Befall einer Bakterienzelle nicht immer sofort, sodass die Infektion zunächst verborgen bleibt und bei Zellteilungen versteckt weitergegeben werden kann.

Untersuchungen von Bakteriophageninfektionen waren für die Aufklärung molekularbiologischer Vorgänge wegweisend. Obwohl AVERY im Jahre 1944 mit den Transformationsversuchen die DNA als genetische Substanz identifiziert hatte, suchte man weitere experimentelle Bestätigungen. Ein entscheidender Versuch wurde 1952 von Alfred HERSHEY und Martha CHASE mit T-Phagen durchgeführt. Wird eine *E.-coli*-Zelle von einem T-Phagen infiziert, so löst sich die Bakterienzelle nach etwa 30 Minuten auf. Dabei werden etwa 200 neue Phagen freigesetzt.

Welche Phagen-Komponente gelangt bei der Infektion in die Zelle? HERSHEY und CHASE ließen eine Bakterienkultur in einem Medium mit radioaktiv markiertem Phosphor (^{32}P) wachsen, sodass das markierte Material in die Bakterien eingebaut wurde. In einem Parallelversuch wurden die Bakterien mit radioaktivem Schwefel (^{35}S) markiert. In beiden Bakterienkulturen ließ man T-Phagen sich vermehren. Das Experiment beruhte darauf, dass die virale DNA keinen Schwefel und die Hüllproteine keinen Phosphor enthalten. Daher enthielt die eine Phagenkultur radioaktiv markierte Phagen-DNA und die andere radioaktiv markierte Phagenhüllen. Mit diesen beiden Phagenkulturen wurde dann jeweils eine frische, nicht markierte Bakterienkultur infiziert. Die Phagen hefteten sich an die Bakterienzellwände. Kurz vor der Lyse der Bakterien wurden die außen noch vorhandenen Phagenreste vom Bakterium mithilfe eines Mixers getrennt und abzentrifugiert. Bei der Messung der Radioaktivität zeigte sich, dass nur die Phagen-DNA in die Bakterienzellen gelangt war. Sie allein also trägt die genetische Information für die Bildung neuer, vollständiger Phagen.

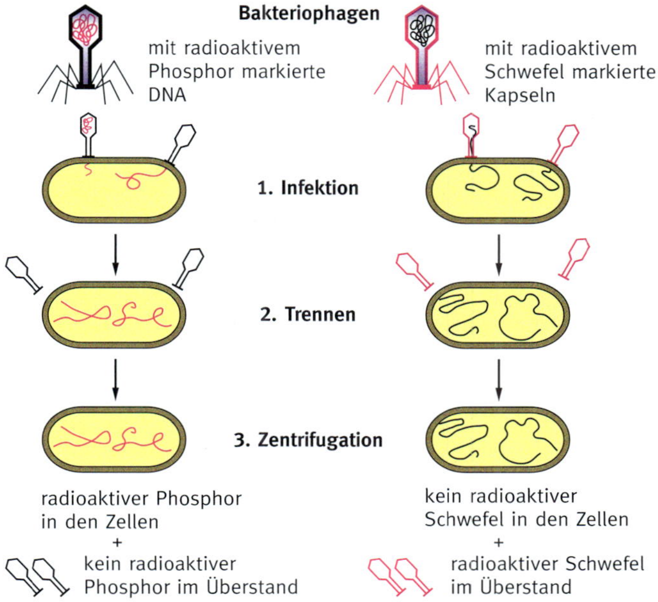

99.1 Schema des HERSHEY-CHASE-Experimentes

1 Warum lassen sich DNA und Proteine mit ^{32}P und ^{35}S unterschiedlich markieren?

PORTRÄT

Alfred Day HERSHEY wurde 1908 im Bundesstaat Michigan geboren, wo er auch im Jahre 1934 promovierte. Als er 1950 bei Cold Spring Harbor in New York arbeitete, wurden leicht handhabbare radioaktive Isotope wie Schwefel (^{35}S), und Phosphor (^{32}P) Forschern zugänglich. Diesem Umstand verdankte HERSHEY zusammen mit seiner damaligen Mitarbeiterin Martha CHASE die Möglichkeit, Stoffwechselwege von Proteinen und Nucleinsäuren zwischen Bakteriophagen und von ihnen infizierten Bakterien gezielt zu untersuchen. Dafür erhielt Hershey 1969 den Nobelpreis. Er starb im Jahre 1997 im Alter von 89 Jahren. – Die Rolle der Mitentdeckerin Martha CHASE blieb bis heute im Dunkeln.

5 Vermehrung von Phagen

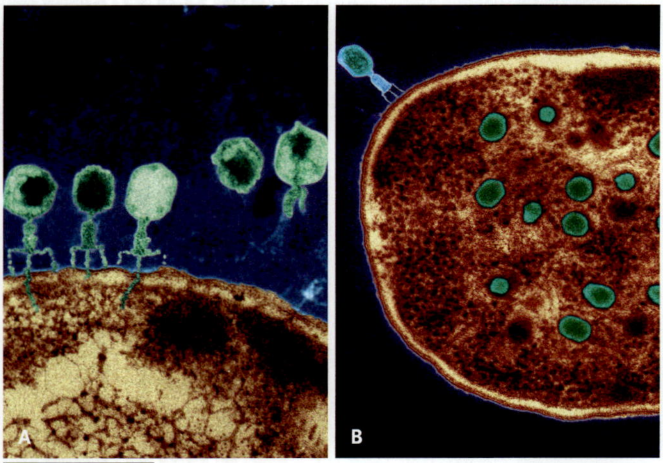

100.1 Vermehrung von T-Phagen.
A Adsorption und Injektion;
B *E.-coli*-Zelle gefüllt mit Phagenköpfen

Die Infektion einer *E.-coli*-Zelle durch T-Phagen und die folgende Phagenvermehrung lässt sich in mehrere Phasen unterteilen:
Bei der **Adsorption** (lat. *adsorbere,* anheften) eines Phagen lagern sich die Enden der Schwanzfäden an die spezifische Oberflächenstruktur von *E. coli* an. Mehrere Phagen können gleichzeitig an eine Zelle binden.
Nach dem Andocken des T-Phagen folgt die **Injektion** der Phagen-DNA in die Wirtszelle. Auf der Bakterienoberfläche bleibt die leere Phagenhülle zurück.
Während der folgenden **Latenzphase** (lat. *latens,* verborgen) von etwa 25 Minuten lassen sich im Bakterium keine Phagen nachweisen. Dennoch haben bereits die etwa 150 Gene der eingedrungenen Phagen-DNA die Kontrolle über das Bakterium erlangt.

In der **Produktionsphase** werden die Phagengene in einer festgelegten Reihenfolge aktiv und entsprechende Genprodukte werden gebildet. Alle Virusbausteine wie Hüllproteine, Phagen-DNA oder Schwanzfäden werden im Zellinnern getrennt aufgebaut.
Die Einzelteile treten in der **Reifungsphase** spontan in Selbstorganisation zusammen: Zuerst wird ein mit Proteinen gefülltes Kopfteil oder Capsid gebildet. Die Proteine im Innern dienen als Platzhalter. Nach deren Auflösung tritt die Phagen-DNA in das Capsid ein. Dabei wird der DNA-Faden einem Wollknäuel ähnlich aufgewickelt.
Die **Freisetzung** der fertigen Viren erfolgt durch die Wirkung des Lysozyms, eines Enzyms, zu dessen Bildung die Bakterien umprogrammiert wurden. Es löst die bakterielle Mureinzellwand auf: Die Zelle platzt, und etwa 200 infektiöse Phagen werden frei.
Der Befall von *E. coli* mit einem T-Phagen führt immer zur Auflösung, zur *Lyse* des Bakteriums. T-Phagen besitzen demnach einen **lytischen** Vermehrungszyklus. Diese Phagen sind **virulent** (lat. *virulens,* giftig).
Der Phage Lambda (λ) ist dagegen **temperent** (lat. *temperans,* enthaltsam): Seine DNA wird in das Bakterienchromosom der Wirtszelle eingebaut: Ein **Prophage** ist entstanden. Bei jeder Zellteilung werden die Phagengene zusammen mit den Bakteriengenen verdoppelt und an die Tochterzellen weitergegeben. Dieser verborgene Vermehrungszyklus wird als **lysogen** bezeichnet. Er kann in den lytischen Zyklus einmünden.

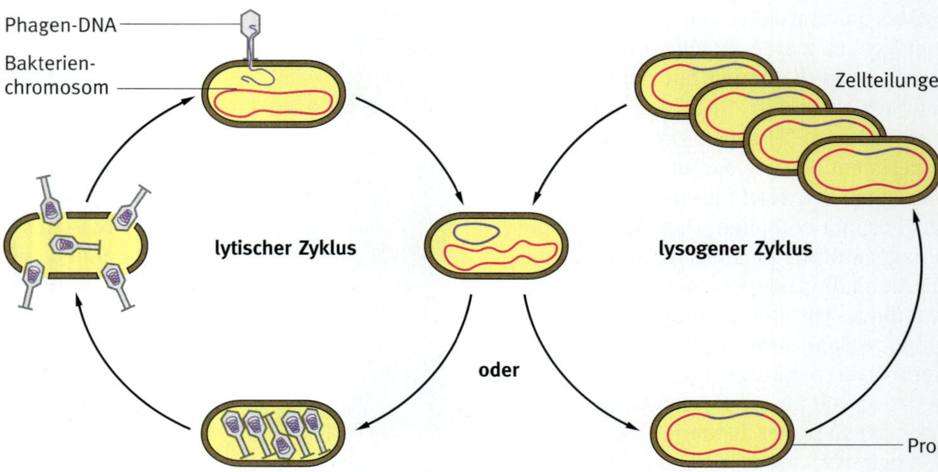

100.2 Lytischer und lysogener Vermehrungszyklus des Phagen λ

6 Genübertragung bei Viren

Viren enthalten genetische Information in Form von DNA oder RNA. Damit besitzen Viren und lebende Zellen sozusagen dasselbe „Betriebssystem“ und auch den universellen genetischen Code. Deshalb ist es viralen Nucleinsäuren möglich, direkt mit zellulären Nucleinsäuren zu interagieren.

Auch Viren zeigen ähnliche Phänomene der Mutation und der genetischen Rekombination wie lebende Zellen. Allerdings sind diese Vorgänge immer an Infektionen lebender Zellen gekoppelt, da Viren keinen eigenen Stoffwechsel besitzen.
Rekombinationen viraler DNA sind beispielsweise am T2-Phagen untersucht worden. Dies geschah mithilfe von Infektionsbildern auf Nährbodenplatten, die auf einem mit Phagenlysat beimpften Bakterienrasen sichtbar geworden sind. Ein *Phagenlysat* erhält man, indem man bakterienhaltiges Teichwasser durch einen Filter presst, dessen Poren zu klein für Bakterien, aber groß genug für die im Wasser enthaltenen Phagen sind (Porengröße 200 nm).

Es gibt Mutanten des T2-Phagen, die nach dem Befall eines Bakterienrasens unterschiedlich große und durchsichtige Löcher auf der Nährbodenoberfläche hinterlassen. Diese sind ein Abbild einer bakteriellen Phageninfektion. Sie entstehen, wenn sich Phagen nach dem Befall einer Zelle in den benachbarten Zellen einer wachsenden Bakterienkultur ausbreiten und die Wirtszellen platzen lassen. Man spricht daher von **Plaques** (fr. *plaque,* Platte) oder **Lyselöchern.** Größe und Aussehen der Plaques hängen mit den viralen Genen zusammen. Sie steuern die Geschwindigkeit der Phagenvermehrung im Innern der Wirtszelle und beeinflussen die Ausbreitung von Neuinfektionen.
Experimentell wurden zwei Mutanten eines T2-Phagenstammes untersucht, von denen der eine die Gene h^- und r^+ (engl. ***h**uge,* groß; ***r**eal,* echt) trägt. Dieser erzeugt kleine, klare Plaques. Eine andere Mutante hat die Gene h^+ und r^-, die große, trübe Lyselöcher verursachen. Setzt man eine hoch konzentrierte Mischung beider Phagenstämme einer *E.-coli*-Kultur zu, so treten in Einzelfällen Doppelinfektionen von Bakterienzellen mit beiden Phagen-Mutanten auf.

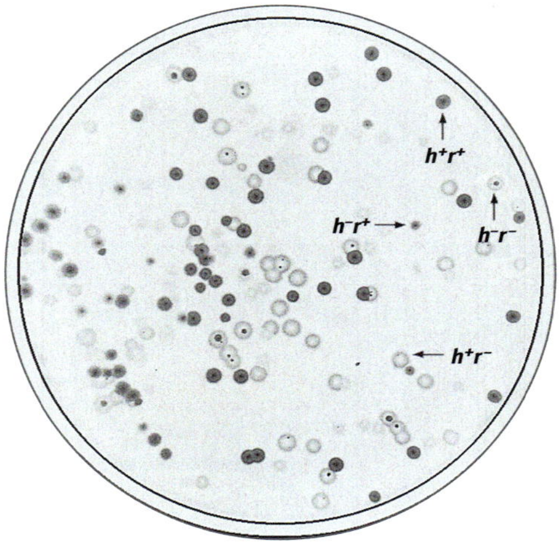

101.1 Plaque-Typen bei T-Phagen

Nach dem Ausplattieren beobachtet man neben den beiden „Elterntypen“ von Lyselöchern zwei neue Formen von Plaques: Es treten kleine, trübe und große, klare Lyselöcher auf. Bei der Vermehrung der Phagenstämme ist es folglich zwischen ihren DNA-Molekülen zu einem Stückaustausch gekommen, sodass neue Phagenstämme mit den Genkombinationen h^+/r^+ sowie h^-/r^- entstanden sind.

Nicht nur verschiedene Virenstämme tauschen untereinander genetisches Material aus. Eine Genübertragung kann auch zwischen lebenden Zellen, die von Viren oder Phagen infiziert werden, erfolgen. Dabei dienen die Viren als „Gen-Taxi“.

101.2 Rekombination bei T-Phagen (Schema)

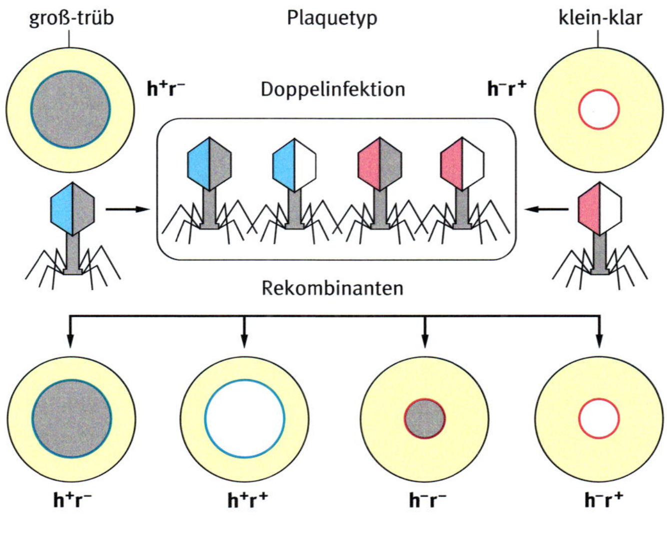

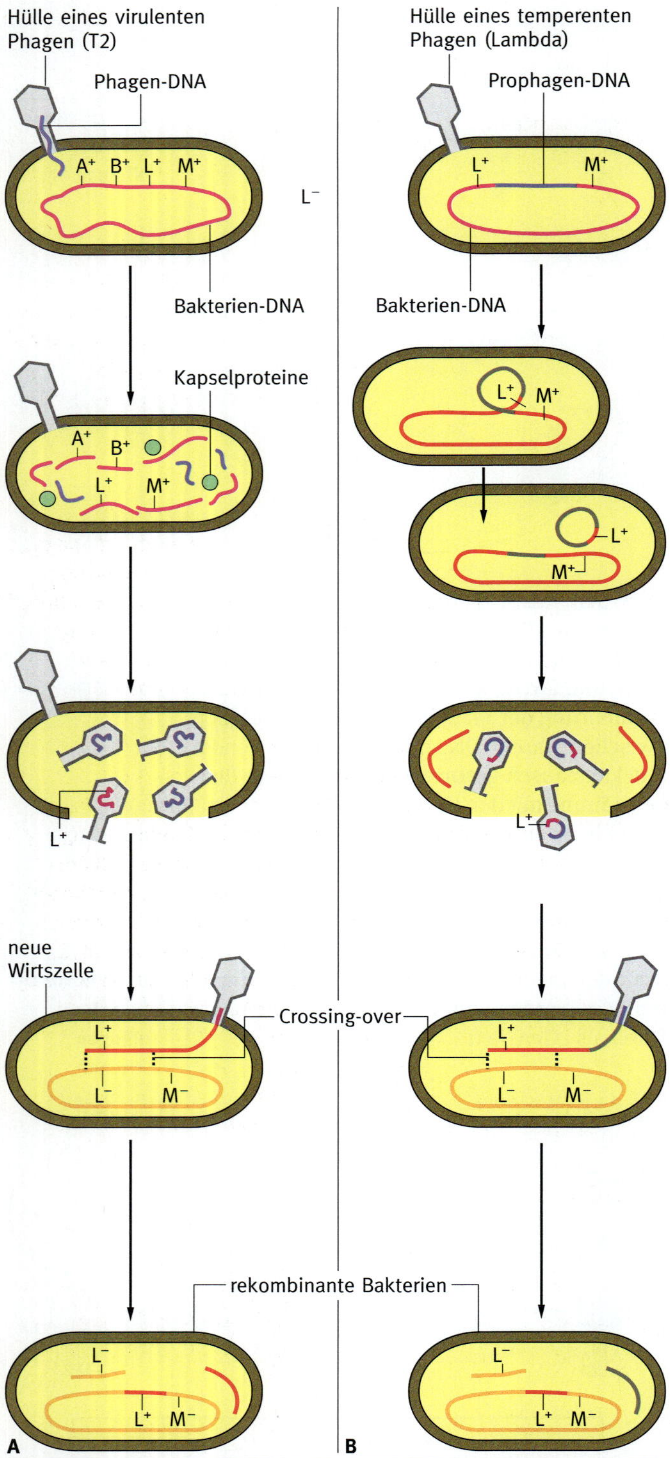

102.1 Transduktion. A allgemeine Transduktion. Möglichkeit der Verpackung zufälliger Fragmente des Wirtsgenoms nach der Infektion mit einem virulenten Phagen; **B spezielle Transduktion.** Übertragung von Wirtsgenen, die der Integrationsstelle eines temperenten Phagen benachbart sind.

Ein Bakterienstamm von *E. coli,* der die Aminosäure Leucin synthetisieren kann – man bezeichnet diesen auch als Leucin$^+$-Stamm – wird mit einem virulenten Phagen infiziert. Bei der darauf folgenden Phagenvermehrung im Zellinnern kann in Einzelfällen anstelle der Phagen-DNA zufällig auch ein Stück des zerlegten Bakterienchromosoms in eine Phagenhülle verpackt werden.

Ein solcher Phage ist defekt, weil ihm ein Teil seines eigenen genetischen Materials fehlt. Wenn er aus dem lysierten Bakterium freigesetzt wird, kann sich ein solcher defekter Phage trotzdem an ein neues Bakterium anlagern. Das Stück DNA mit bakteriellen Genen kann injiziert werden, beispielsweise das mit dem Leucin$^+$-Gen (L$^+$). Trennt man derartige Phagen ab und gibt sie zu einer Leucin-Mangelmutante des Wirtsbakteriums, so treten nach der Infektion inmitten der Leucin$^-$-Bakterienkolonien auch Leucin$^+$-Kolonien auf. Diese erkennt man, wenn auf einem Leucin-Mangelnährboden Kolonien entstehen, nachdem das ursprüngliche Koloniemuster mit einem Stempel übertragen wurde. Die Zahl der gewachsenen Leucin$^+$-Kolonien ist so hoch, dass deren Entstehung durch Rückmutation nicht zu begründen ist. Vielmehr müssen die Phagen das bakterielle L$^+$-Gen von einer Wirtszelle auf eine andere übertragen haben. Man bezeichnet die Übertragung von beliebigen, nach dem Zufallsprinzip übertragenen Wirtsgenen mithilfe von virulenten Phagen als **allgemeine Transduktion.**

Die DNA eines temperenten Phagen dagegen wird grundsätzlich am gleichen Ort des *E.-coli*-Chromosoms, zum Beispiel zwischen die benachbarten Gene L$^+$ und M$^+$ eingebaut, wo sie zunächst verborgen mitvermehrt wird. Beim Ausscheren des Prophagen in den lytischen Zyklus kann ein Stück benachbarter Bakterien-DNA mitgenommen werden. In den Phagenkopf wird dann ein zusammengesetztes DNA-Stück aufgenommen, das neben den Phagengenen das Bakteriengen L$^+$ oder M$^+$ enthalten kann.

Bei dieser Form der Genübertragung mithilfe von temperenten Phagen können demnach nur solche Gene transferiert werden, die nahe der Integrationsstelle des Prophagen im Bakterienchromosom liegen. Man bezeichnet sie als **spezielle Transduktion.**

Versuche zur Phagengenetik

1 Entstehung von Phagenplaques

Bakteriophagen sind häufig im Lebensraum ihrer Wirte zu finden und lassen sich dort leicht isolieren. Als Maß für die Verseuchung von Gewässern mit coliformen Bakterien wird häufig die Anzahl der Phagen für *E. coli* pro Milliliter (Phagentiter) untersucht. Dazu entnimmt man eine Wasserprobe, etwa an einer Badestelle, und stellt ein bakterienfreies Phagenlysat her. Man presst die Wasserprobe durch ein Bakterienfilter, dessen Porengröße (200 nm) Viren nicht zurückhält. Das Filtrat enthält Phagen für *E. coli*. Derartige Phagenlysate werden für die Forschung auch kommerziell hergestellt.

Material: 4 Reagenzgläser, je 1 Messpipette (10 ml, 1 ml), 5 Messpipetten (0,1 ml), 2 Nähragar-Platten, steriles Wasser, Übernachtkultur von *E. coli* (5 ml), Lysat einer Mischung verschiedener T-Phagen, Brutschrank (37 °C), steriler DRIGALSKI-Spatel, Alkohol (F, 96 %) in abgedecktem Becherglas, Gasbrenner

Durchführung:

a) Tropftest: Man verteilt 0,1 ml einer Übernachtkultur von *E. coli* mit abgeflammtem DRIGALSKI-Spatel gleichmäßig auf einer Agarplatte. Diese wird kurz bis zum Antrocknen bebrütet. Dann trägt man an zwei verschiedenen Stellen des Nährbodens je einen Tropfen Phagenlysat auf. Nicht verteilen! Nach einigen Stunden Bebrütung sind als Folge der Lyse zwei große Löcher im Bakterienrasen zu erkennen. Nach weiteren 24 Stunden Bebrütung treten in den Löchern kleine Kolonien auf. Es sind phagenresistente *E.-coli*-Mutanten.

b) Plaque-Technik: Auf die möglichst trockene Oberfläche einer Agarplatte gibt man 0,1 ml des Phagenlysats und 0,2 ml einer Übernachtkultur von *E. coli*. Man vermischt und verteilt die Suspension mit abgeflammtem DRIGALSKI-Spatel gleichmäßig. Nach Bebrütung kann aus der Anzahl der Plaques auf den Phagentiter geschlossen werden, da jeder virulente Phage ein Plaque-Loch verursacht hat.

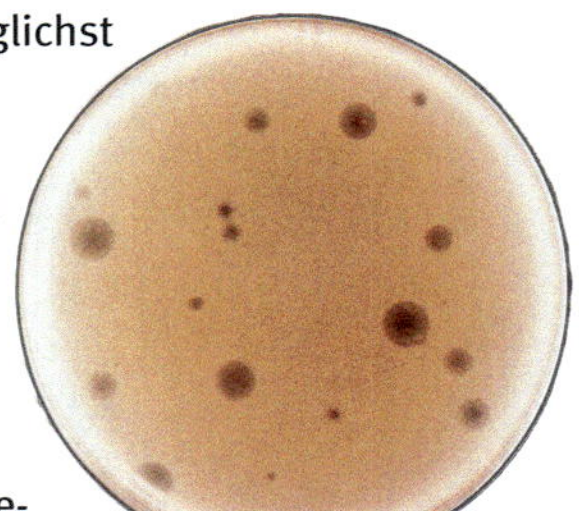

Aufgaben:

a) Wie sind die Plaques entstanden?

b) Erklären Sie das unterschiedliche Aussehen der Lyselöcher beim Ergebnis der Plaque-Technik.

c) Zählen Sie Plaques, berechnen Sie den Phagentiter.

2 Transformation mit λ-DNA

Die Transformation ist heute die Grundlage vieler gentechnischer Verfahren. Man muss dazu Zellen für die Aufnahme freier DNA *kompetent* machen. Dazu wird die Zellmembran mittels Calciumchloridlösung vorübergehend durchlässig gemacht. Wird freie Phagen-DNA aufgenommen, erleiden die *trans*formierten Zellen gleichzeitig eine Phagen-*Infektion* und gehen zugrunde. Dies wird zu dem Begriff **Transfektion** zusammengefasst.

Material: Zentrifuge (6000 U/min), sterile Zentrifugenröhrchen mit sterilen Stopfen, Wasserbad (42 °C), Brutschrank (37 °C), Eppendorfpipette (20–200 µl) mit Spitzen, Eppendorfgefäße, sterile Nährbodenplatten, DRIGALSKI-Spatel, Gasbrenner, steriler Tris/EDTA-Puffer (Xi, TE-Puffer), sterile Calciumchlorid-Lösung (Xi, 50 mmol, 5 ml), Übernachtkultur von *E. coli*-LE 392 (5 ml), Lambda-DNA in TE-Puffer (0,25 µg/ml), Becherglas mit Eiswürfeln

Durchführung: Eine Übernachtkultur von *E. coli*-LE 392 wird zehn Minuten in einem Zentrifugenröhrchen bei 6000 U/min zentrifugiert, der Überstand wird verworfen. Das Sediment wird mit 5 ml steriler Calciumchlorid-Lösung versetzt. Das mit sterilem Stopfen verschlossene Zentrifugenröhrchen wird aufgeschüttelt, bis sich das Sediment gleichmäßig verteilt hat. Die kompetenten Zellen werden auf Eis gelegt. 20 µl Lambda-DNA werden mit 180 µl TE-Puffer verdünnt (1 : 10). 100 µl dieser DNA-Lösung werden im Eppendorfgefäß mit 200 µl der Lösung kompetenter Zellen versetzt und zwei Minuten im Wasserbad inkubiert. In die Mitte einer Nährbodenschale werden 100 µl dieses Ansatzes pipettiert und mit dem abgeflammten DRIGALSKI-Spatel ausplattiert. Die Platte wird über Nacht bebrütet.

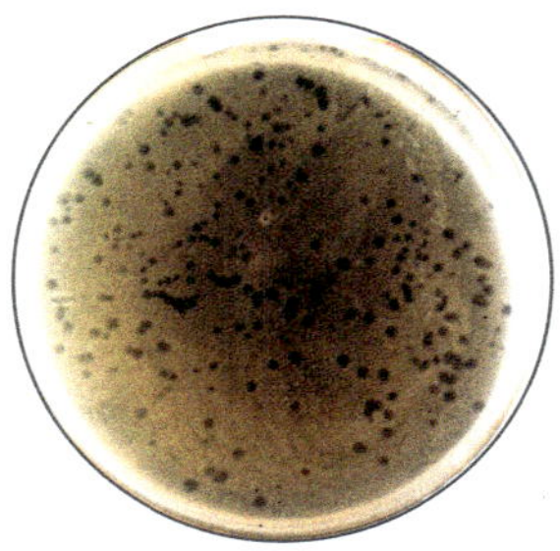

Aufgabe:

Warum sind die Phagen-Plaques nach einer Transfektion mit Lambda-DNA gleich groß, beim Auftragen einer Mischung von T-Phagen (Versuch 1) in Größe und Form jedoch verschieden?

AUFGABEN

Genetik der Bakterien und Viren

1 Eine unbehandelte bakterielle Infektion nimmt vielfach einen völlig anderen Verlauf als eine Ansteckung mit Viren. Die Abbildung zeigt jeweils die Zahl der Bakterien bzw. Viren in der Blutprobe eines infizierten Patienten.

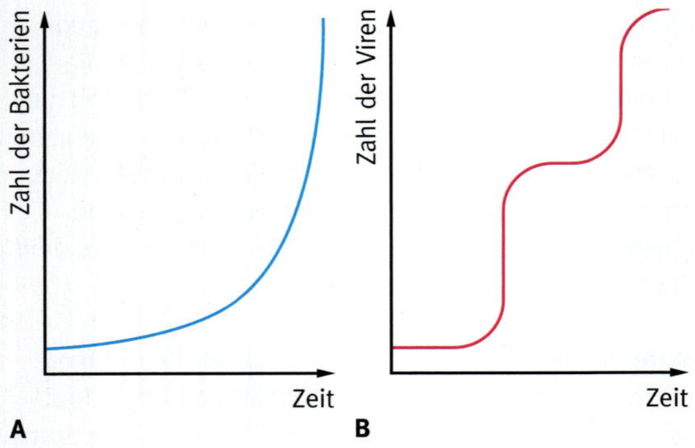

a) Beschreiben Sie den jeweiligen Kurvenverlauf.
b) Erklären Sie den Unterschied der beiden Wachstumskurven.

2 Puromycin ist ein Antibiotikum, dessen chemische Struktur dem Ende einer tRNA ähnelt, die die Aminosäure Tyrosin trägt.

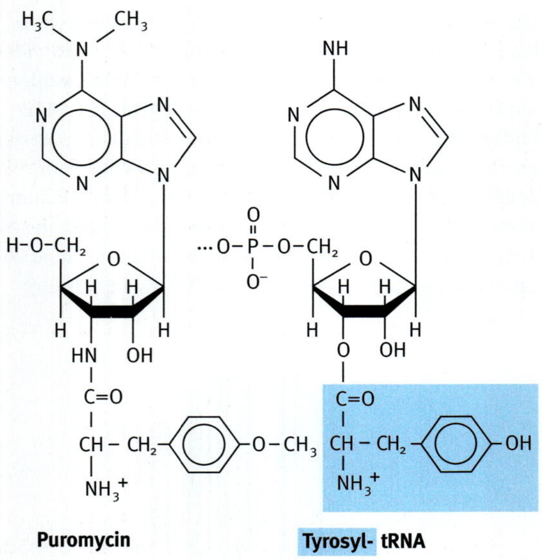

a) Worauf beruht die Bakterien hemmende Wirkung des Puromycins?
b) Vergleichen Sie die Wirkung des Puromycins mit der des Penicillins.
c) Welcher Umstand spricht gegen einen Einsatz des Puromycins in der medizinischen Praxis?

3 Die beiden Bakterienstämme zweier Arten A und B wurden auf drei Petrischalen ausplattiert, die anschließend dicht verschlossen wurden:
Petrischale 1: nur mit der Art A
Petrischale 2: nur mit der Art B
Petrischale 3: eine Hälfte mit der Art A, die andere Hälfte mit der Art B; die beiden Hälften sind durch einen agarfreien Bereich voneinander getrennt.

Nach eintägiger Bebrütung konnten folgende Beobachtungen gemacht werden:
Petrischale 1: dichter Bakterienrasen der Art A
Petrischale 2: kein Wachstum erkennbar
Petrischale 3: dichter Bakterienrasen der Art A, wenige Kolonien der Art B

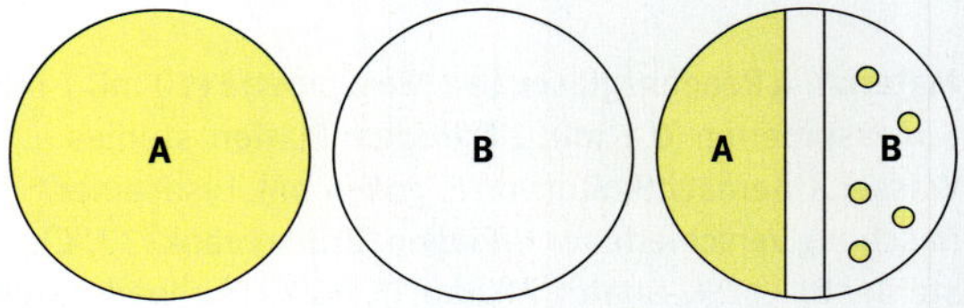

a) Formulieren Sie eine Hypothese, die diese Beobachtungen schlüssig erklärt.
b) Erklären Sie die Bedeutung des agarfreien Bereichs für Ihre Hypothese.
c) Beschreiben Sie ein Experiment, das Ihre Hypothese stützt.

4 Drei Bakterienstämme wurden nach Beimpfung mit einer Impfnadel in drei verschiedenen Reagenzgläsern in Agar kultiviert. Die Bereiche des bakteriellen Wachstums sind in der Abbildung gezeigt.

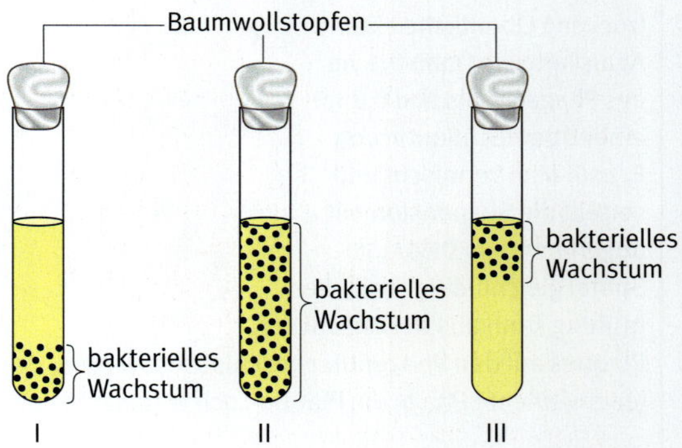

a) Beschreiben Sie die Orte des Wachstums in Bezug auf den Stichkanal.
b) Wie lässt sich das Wachstum der drei Stämme hinsichtlich des Sauerstoffbedarfs klassifizieren?

5 Benennen Sie die Zellstrukturen der Schemazeichnungen einer Bakterienzelle (oben) und einer eukaryotischen Zelle (unten).

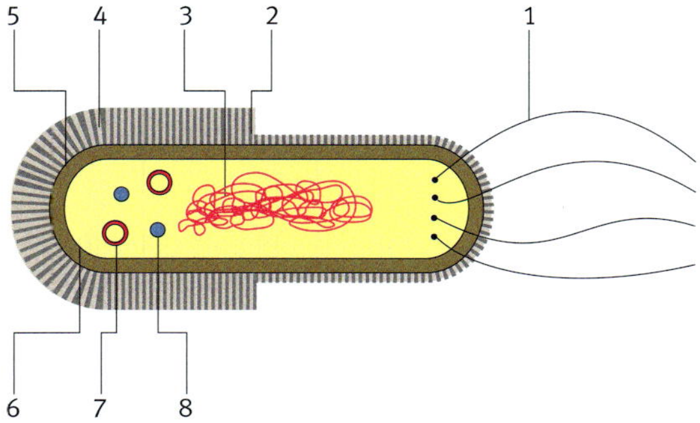

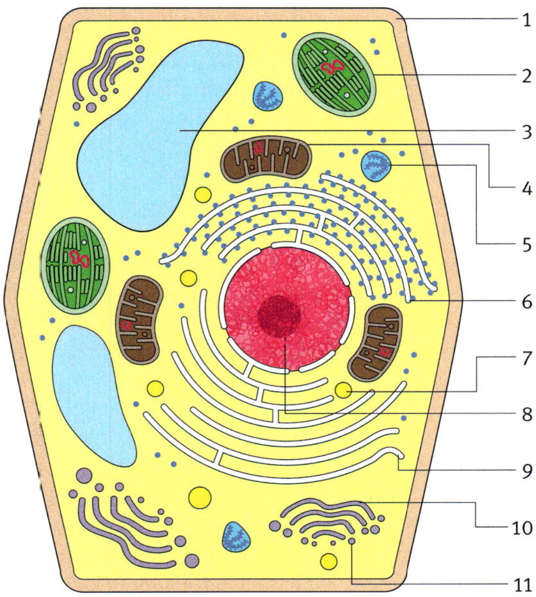

6 Bakteriophagen wurden in Bakterienzellen gezüchtet, die die Gene A^+ und B^- enthalten. Diese Bakteriophagen wurden nach der Lyse der Zellen erneut mit Bakterienzellen zusammengebracht, die jedoch die Gene A^- und B^+ enthielten. Nach der Infektion und dem Ausplattieren der Kultur traten Bakterienkolonien mit den folgenden Genen auf: A^-B^+, A^-B^-, A^+B^+, jedoch keine mit A^+B^-.

a) Beschreiben Sie den Vorgang einer Bakteriophageninfektion.

b) Wie lassen sich Phagen in Bakterien züchten, ohne dass die Bakterien lysiert werden?

c) Welcher Vorgang führt hier zur Entstehung neuer Kombinanten? Beschreiben Sie den Vorgang kurz mithilfe einer Skizze.

d) Erklären Sie, wie es zur Bildung der neuen Kombinationen kommt und warum die Kombination A^+B^- fehlt.

7 Wissenschaftler haben entdeckt, wie man einen Bakteriophagen aus dem Hüllprotein des Phagen T2 und der DNA des Phagen Lambda zusammensetzt. Wenn man mit diesem künstlich erzeugten Phagen eine Wirtszelle infiziert, so werden in der Wirtszelle neue Phagen produziert. Die mögliche Zusammensetzung dieser Phagen ist aufgelistet:

- Die Phagen enthalten das Protein von T2 und die DNA vom Phagen Lamdba.
- Die Phagen enthalten das Protein von Lambda und die DNA vom Phagen T2.
- Proteine und DNA beider Phagen sind in den neu produzierten Phagen gemischt.
- Die Phagen besitzen Protein und DNA nur vom Phagen T2.
- Die Phagen besitzen Protein und DNA nur vom Phagen Lambda.

a) Wählen Sie die richtige Möglichkeit aus und geben Sie eine exakte Begründung an.

b) Vergleichen Sie Ihr Ergebnis mit den Ergebnissen der Arbeit von HERSHEY und CHASE.

8 Eine große Gefahr in Milch verarbeitenden Betrieben sind Ausfälle ganzer Tagesproduktionen von Jogurt- und Dickmilcherzeugnissen, wenn die Ausgangsmilch mit Bakteriophagen für Milchsäurebakterien verunreinigt ist.

a) Erläutern Sie dieses Problem aus mikrobiologischer Sicht.

b) Erklären Sie, welche Maßnahmen in Betrieben gegen Phagenbefall unternommen werden können.

9 Das Diagramm zeigt die Abfolge spezifischer enzymatischer Reaktionen in einem Bakterium, bei dem, ausgehend von einer Aminosäure als Vorstufe, fünf weitere Aminosäuren gebildet werden.

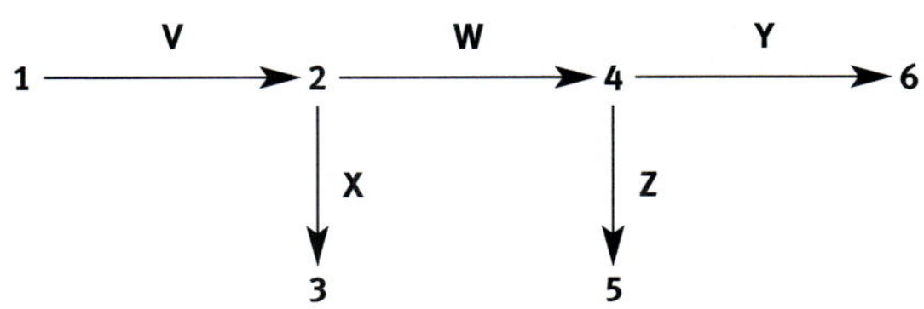

Die Zahlen 1 bis 6 bezeichnen sechs Aminosäuren und die Buchstaben V bis Z fünf verschiedene Enzyme. Alle sechs Aminosäuren sind für das Überleben der Zelle notwendig. Der Wildtyp benötigt zum Wachstum nur Aminosäure 1. Eine bestimmte Mutante hingegen kann nur überleben, wenn das Kulturmedium zusätzlich die Aminosäuren 2 und 5 enthält.
Welche Enzyme fehlen der Mutante? Begründen Sie Ihre Antwort.

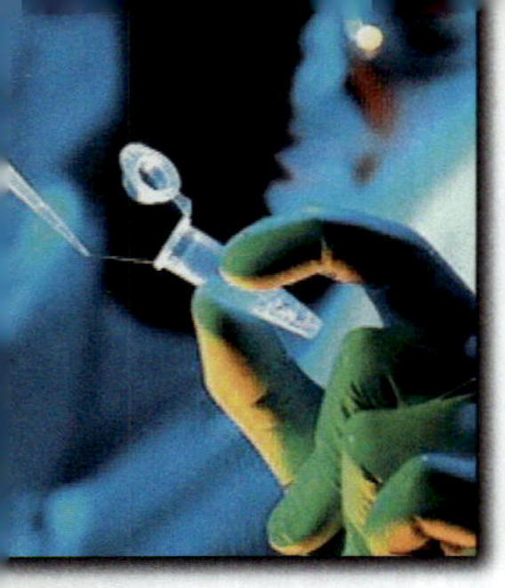

Gentechnik

1 Methoden der künstlichen DNA-Rekombination

1973 gelang es den amerikanischen Wissenschaftlern COHEN und BOYER erstmals, DNA-Fragmente von verschiedenen Bakterien im Reagenzglas neu zu kombinieren und in das Bakterium *Escherichia coli* einzuschleusen. Das Bakterium erhielt so neue Antibiotikaresistenzen. Diese Experimente leiteten den Beginn der Gentechnik ein.

106.1 Grundoperationen der Gentechnik

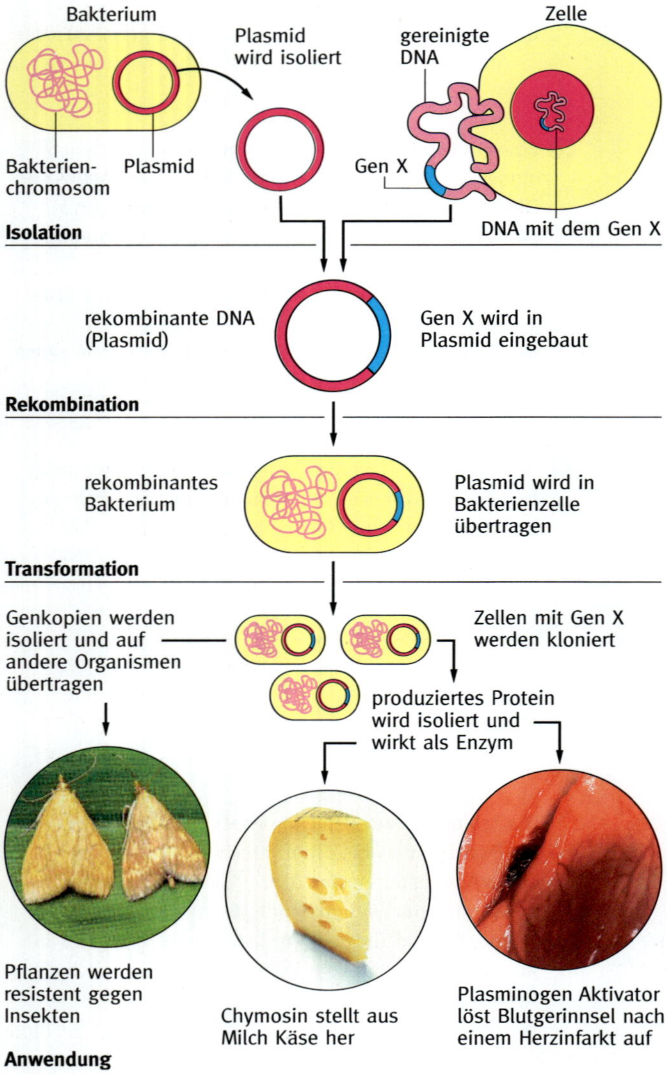

Gentechnik beinhaltet die Isolierung von DNA, deren Rekombination im Reagenzglas und ihre Übertragung in vermehrungsfähige Zellen.

Ein wichtiges Werkzeug der Gentechnik wurde bereits in den 60er-Jahren entdeckt. Man beobachtete, dass *E. coli* eine Phageninfektion erfolgreich verhindert, indem die Phagen-DNA von Enzymen zerschnitten wird. Den Prozess bezeichnet man als Restriktion und die Enzyme als **Restriktionsenzyme.** Die eigene DNA wird nicht geschnitten, da diese durch Methylgruppen geschützt ist. Heute sind sehr viele Restriktionsenzyme bekannt. Sie werden nach der Bakterienart benannt, aus der sie stammen. So bedeutet der Name *Eco*RI, dass es als erstes Restriktionsenzym aus dem Stamm R des Bakteriums *Escherichia coli* isoliert wurde. *Hin*dIII wurde als drittes Restriktionsenzym aus dem Stamm d des Bakteriums *Haemophilus influenzae* gewonnen.

Die unterschiedlichen Restriktionsenzyme finden die spezifische Schnittstelle durch eine ganz bestimmte Basensequenz aus zumeist vier bis acht Nucleotiden. Diese Stelle nennt man deshalb Erkennungssequenz. Bei den gentechnisch wichtigen Enzymen liegt die Schnittstelle in der Erkennungssequenz. Für *Eco*RI heißt diese Sequenz GAATTC, die Schnittstelle liegt zwischen G und A. Häufig ist diese Basensequenz am Komplementärstrang der DNA entgegengesetzt gelesen identisch. So ein Phänomen heißt Palindrom. Dafür gibt es auch sprachliche Beispiele: ERIKA FEUERT NUR UNTREUE FAKIRE. Da der DNA-Doppelstrang versetzt geschnitten wird, entstehen überstehende Einzelstrangenden. Sie sind zu den Enden der DNA-Fragmente, die mit dem gleichen Restriktionsenzym geschnitten wurden, komplementär. Man nennt diese Enden „klebrige Enden“ (sticky ends), da sie sich leicht über Wasserstoffbrücken verbinden. Das hinzugefügte Enzym *Ligase* verknüpft dann die DNA-Fragmente kovalent unter Ausbildung einer Phospho-Esterbindung. Auf diese Weise lässt sich ein DNA-Fragment mit einem gewünschten „Gen X" in ein Plasmid einbringen. Man erhält eine **rekombinante DNA.** Plasmide dienen als Transportmittel, die ein Gen X in Wirtszellen einschleusen. So ein „Gentaxi" nennt man **Vektor.** Der Vorgang des Einschleusens wird als **Transformation** bezeichnet.

Um herauszufinden, welche Bakterienzellen Plasmide mit einem Gen X auch wirklich aufgenommen haben, muss noch eine Selektion durchgeführt werden. Daher verwendet man als Vektor ein Plasmid, das zwei Antibiotikaresistenzen aufweist, zum Beispiel gegen *Tetracyclin* und gegen *Ampicillin.* Das Wirtsbakterium weist diese Resistenzen nicht auf. Die Schnittstelle auf dem Plasmid, in die das Gen X eingefügt wird, liegt im Gen für die *Ampicillin*-Resistenz. Hat das Plasmid das Gen aufgenommen, so wurde die Resistenz gegen *Ampicillin* durch den Schnitt zerstört. Das rekombinante Bakterium kann also auf Nährböden mit *Ampicillin* nicht mehr wachsen, wohl aber auf einem Nährboden mit *Tetracyclin.* Nicht transformierte Wirtszellen können auf keinem der beiden Nährböden wachsen. Nach der Transformation lässt man die Zellen zunächst auf *Tetracyclin*-haltigem Nährboden wachsen (1) und überträgt dann durch Stempeln die Kolonien auf den Nährboden mit *Ampicillin (2).* Aus dem Vergleich der Koloniemuster lässt sich die Kolonie ermitteln, die auf *Ampicillin* nicht mehr wächst (3). Diese enthält das rekombinante Plasmid und wird deshalb in einer Nährflüssigkeit vermehrt (4).

Die Bakterien produzieren jetzt das Protein, das durch das eingeschleuste Gen codiert wird. Für die Medizin werden auf diese Weise Enzyme und Hormone hergestellt. So hergestelltes Humaninsulin wird zur nebenwirkungsfreien Behandlung von Diabetes eingesetzt. Bei einem Herzinfarkt wird ein gentechnisch hergestelltes Enzym, der Plasminogen Aktivator, in hohen Konzentrationen injiziert, um das Blutgerinnsel im Herzen in Sekundenschnelle aufzulösen. Der Jahresumsatz solchermaßen hergestellter Proteine beläuft sich weltweit auf zweistellige Milliardenbeträge. Die Anwendung der Resistenzgene als Marker nimmt in zunehmendem Maße zugunsten von Genen ab, die für fluoreszierende Proteine codieren.

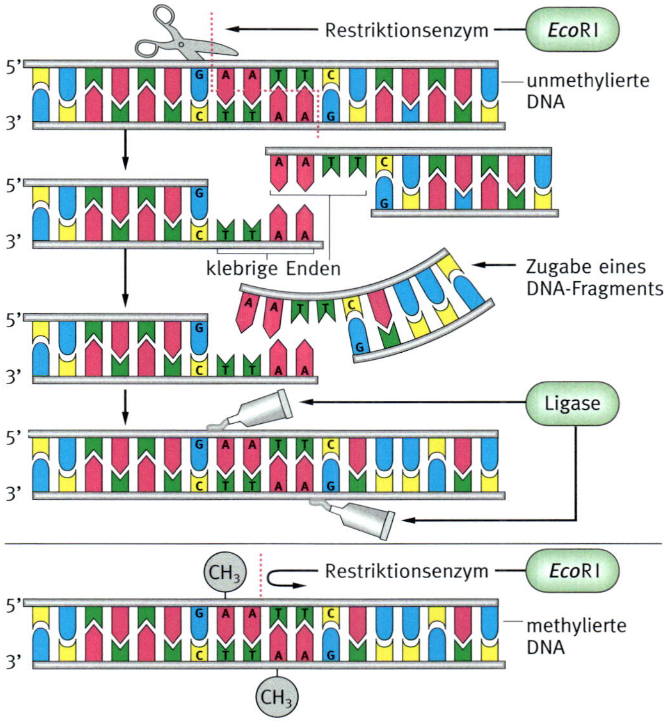

*Eco*RI kann die methylierte DNA an den Schnittstellen nicht schneiden.

107.1 Wirkungsweise von Restriktionsenzymen und Ligase

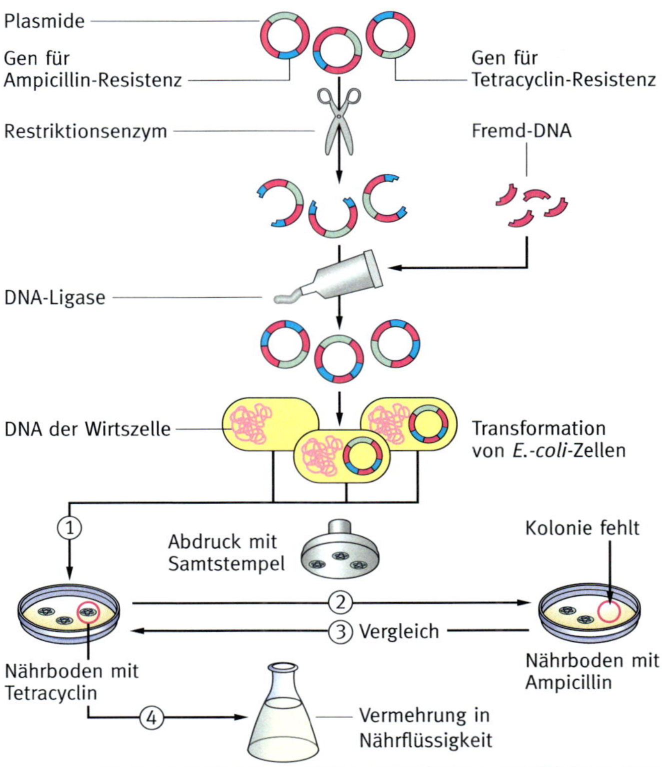

107.2 Prinzip der Selektion

Restriktionsenzyme und Gelelektrophorese

Die Gelelektrophorese trennt in einem Gel und einem elektrischen Feld DNA-Fragmente entsprechend ihrer Größe. Zur Herstellung des Gels wird in die Elektrophoresekammer heiße **Agaroselösung** gegossen. Mit einem Kamm werden Taschen in das Gel geformt. Nachdem das Agarose-Gel erstarrt ist, überschichtet man es mit einer Pufferlösung. Dadurch wird das Milieu zwischen den Elektroden elektrisch leitend. Die zu trennenden DNA-Fragmente werden mit einem Ladepuffer vermischt, der Markerfarbstoff und Glycerin enthält. Glycerin erhöht die Dichte der Probe, die dadurch in die Taschen sinkt. Der Markerfarbstoff zeigt das Fortschreiten der Elektrophorese, weil er etwas schneller wandert als die kürzesten DNA-Fragmente.

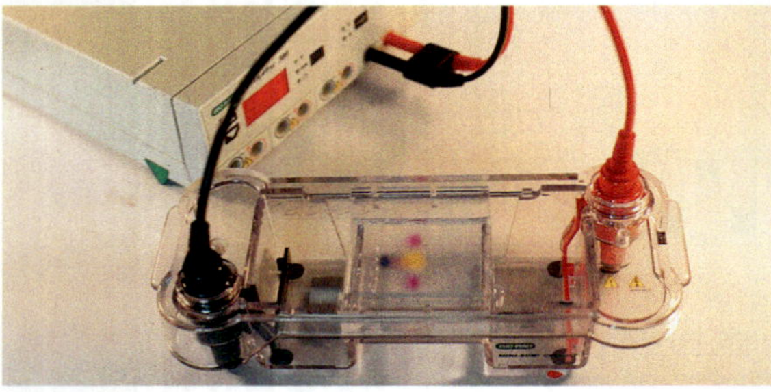

Die negativ geladene DNA wandert im elektrischen Feld durch das Gel zur positiven Elektrode, der Anode. Das Gel wirkt wie ein großes Sieb, durch dessen Poren sich kleinere Fragmente schneller bewegen als große. So werden die Fragmente der Größe nach aufgetrennt.
Nach der Elektrophorese müssen die einzelnen DNA-Banden durch Färben sichtbar gemacht werden. Der Farbstoff Ethidiumbromid bindet spezifisch an die doppelsträngige DNA und fluoresziert orange unter der UV-Lampe. In der Schule wird das mutagene Ethidiumbromid durch andere, allerdings weniger empfindliche Färbemittel ersetzt.

1 Schneiden mit Restriktionsenzymen

Material: Eppendorf-Reaktionsgefäße (0,5 ml), Mikropipette mit Pipettenspitzen (2–20 µl), Wasserbad, Schwimmer bzw. Halter für Reaktionsgefäße, Uhr, Gefrierschrank, Schale für Eis, DNA des Phagen Lambda (λ) (ca. 250 µg), Restriktionsenzyme *Eco*RI und *Hin*dIII (10 units/µl) und mitgelieferter Puffer (10-fach konzentriert), steriles Aqua dest., Eiswürfel (zerkleinert)

Durchführung: Alle bei −20 °C gelagerten Chemikalien werden auf Eis aufbewahrt. Nicht verbrauchtes Material kann wieder eingefroren werden. Die 48 502 bp (Basenpaare) lange Lambda-DNA wird durch Zugabe von Aqua dest. auf eine Konzentration von 1 µg/µl eingestellt. Pro Reaktionsansatz werden in ein Eppendorfgefäß pipettiert: 14 µl steriles Aqua dest., 2 µl Enzympuffer, 2 µl Lambda-DNA, 2 µl Restriktionsenzym. Der Ansatz wird mit der Pipettenspitze gemischt und dann im Wasserbad eine Stunde bei 37 °C erwärmt.

2 Gelelektrophorese

Material: Becherglas (100 ml), kleine Glasschale zum Färben und Entfärben, 2 Vorratsgefäße (500 ml), Messzylinder (500 ml), Elektrophoresekammer mit Stromversorgung und eingestecktem Kamm, TAE-Elektrophoresepuffer (Xi, 10-fach konzentriert), Waage, Mikrowellengerät, Agarose, DNA-Ladepuffer mit Markerfarbstoff, schulgeeignetes DNA-Färbemittel (AzurB-Chlorid, 500-fach konzentriert), Aqua dest.

Durchführung: Zunächst stellt man je 500 ml TAE-Puffer und Färbelösung durch Verdünnen auf Gebrauchskonzentration her. Im Becherglas wiegt man 0,30 g Agarose ab und gibt 30 ml einfach konzentrierten Elektrophoresepuffer zu. Dieses Gemisch wird im Mikrowellengerät kurz aufgekocht und erneut kurz erhitzt (Vorsicht Siedeverzug!). Nach Abkühlen auf etwa 50 °C wird das Gel in die Elektrophoresekammer gegossen. Ist das Gel erstarrt, wird erst mit Puffer überschichtet und dann der Kamm herausgezogen. Zu den Reaktionsansätzen aus Versuch 1 fügt man je 2 µl Ladepuffer zu und mischt. Dann füllt man vorsichtig je einen Reaktionsansatz in eine Geltasche. Beim Pipettieren darf das Gel nicht durchstochen werden. Je nach Kammertyp wird die Spannung zur Elektrophorese eingestellt (Sicherheitshinweise beachten). Man beendet die Elektrophorese, wenn der Farbmarker etwa drei Viertel der Gellänge erreicht hat. Nach Abgießen des Puffers führt man das Gel in die Färbelösung über. Dort bleibt es mindestens 20 Minuten. Zur Entfärbung wird das Gel mehrmals mit Aqua dest. in einer Glasschale gespült.

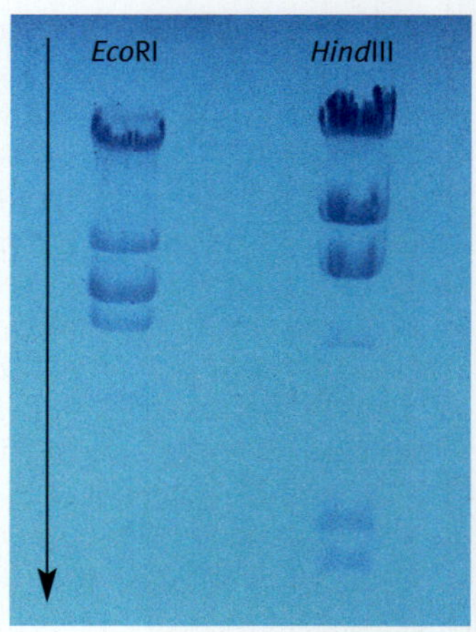

Aufgabe:
Beschreiben und interpretieren Sie das Versuchsergebnis.

Aufklärung von DNA-Sequenzen

Die Basenfolgen von DNA werden mit verschiedenen Sequenzierungsmethoden bestimmt. Eine davon ist die **Kettenabbruchmethode** des Nobelpreisträgers SANGER. Zunächst wird die zu bestimmende DNA denaturiert, das heißt in Einzelstränge zerlegt. Sie dient so als Kopiervorlage für die Synthese des Komplementärstranges. Die Synthese beginnt an einem zugefügten, radioaktiv markierten Primer und wird durch DNA-Polymerase katalysiert.
Man lässt die Synthese in vier verschiedenen Reaktionsgefäßen ablaufen, welche die vier Desoxynucleotid-Triphosphate, abgekürzt dATP, dTTP, dCTP und dGTP für die Synthese enthalten. Außerdem enthält jedes Gefäß noch eine Nucleotidsorte, die die Reaktion stoppt. Solchen als *Abbruchnucleotide* bezeichneten DNA-Bausteinen fehlt am dritten Kohlenstoffatom des Zuckers, der Desoxyribose, ein Sauerstoffatom. Sie werden deshalb auch als Didesoxynucleotid-Triphosphat oder als ddNTP bezeichnet. Entsprechend den vier Basen gibt es die Abbruchnucleotide ddATP, ddTTP, ddCTP, und ddGTP. Es wird jeweils eine Sorte in einen der vier Ansätze gegeben.
Die Synthese kann nur so weit fortschreiten, bis das jeweilige ddNTP zufällig eingebaut wird. In einem Ansatz werden also alle möglichen DNA-Fragmente, die immer mit der gleichen Base aufhören, komplementär synthetisiert.

Die entstandene DNA muss wieder denaturiert werden. Dann werden die DNA-Fragmente der vier Ansätze parallel durch Gelelektrophorese der Größe nach getrennt. Sie können sichtbar gemacht werden, weil die Primer radioaktiv markiert sind und bei der Autoradiografie die Fotoplatte schwärzen. Das Ablesen beginnt mit der DNA-Bande, die am weitesten im elektrischen Feld gewandert ist. Sie enthält das kürzeste DNA-Fragment mit dem entsprechenden Abbruchnucleotid. Die abgelesene Basensequenz ist der zu analysierenden komplementär. Wird automatisch sequenziert, nimmt man zur Markierung farbig fluoreszierende dd-Nucleotide. Ein Detektor registriert diese Farben.

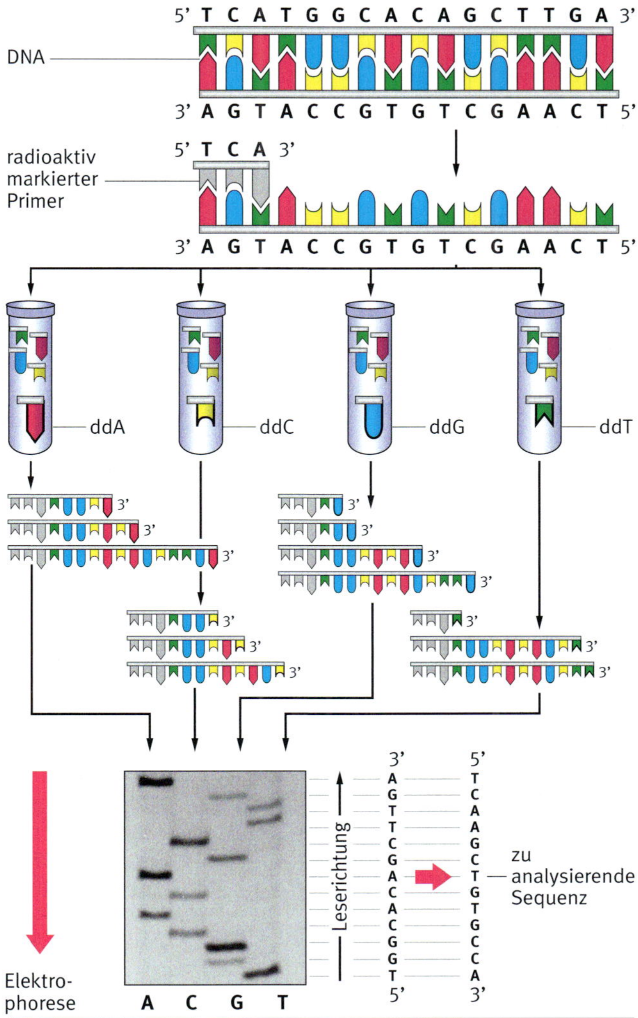

109.1 DNA-Sequenzierung

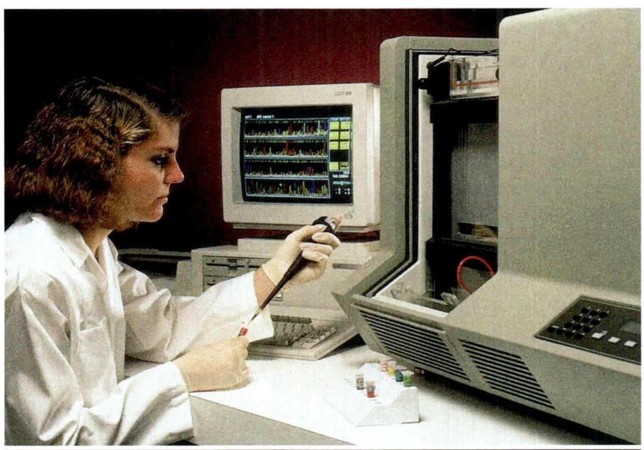

109.2 Sequenzierungsautomat

Genbibliotheken und Gensonden

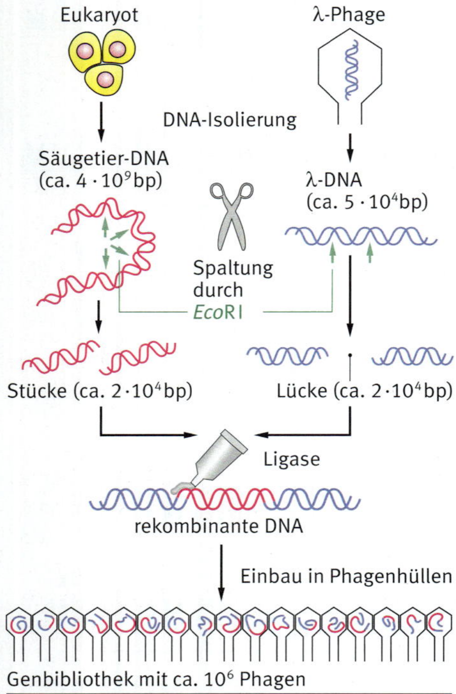

110.1 Anlage einer Genbibliothek

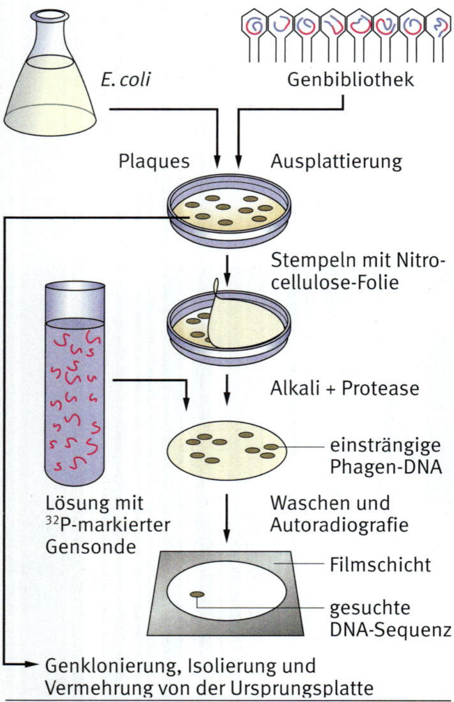

110.2 Identifizierung eines Gens

Wie erhält man die DNA-Abschnitte aus dem Genom eines Organismus, die man zur Rekombination verwenden kann? Eine Möglichkeit besteht darin, die DNA aus der Zelle des Spenderorganismus zu isolieren und mithilfe eines Restriktionsenzyms in ein Gemisch Tausender Fragmente zu zerlegen. Die einzelnen Fragmente werden nach dem Zufallsprinzip (Schrotschussmethode) mit DNA des *λ-Phagen* rekombiniert. Dann wird die rekombinante DNA mit Hüllproteinen des Phagen zusammengebracht, wodurch infektiöse Phagen entstehen. Diese werden in *E. coli* vermehrt. Da auf diese Weise eine Sammlung von Phagen mit den verschiedenen DNA-Fragmenten entsteht, spricht man von einer **Genbibliothek.**

Wie findet man aus der Genbibliothek das gewünschte Gen heraus? Dazu werden **Gensonden** verwendet. Das sind kurze, radioaktiv markierte DNA-Stücke. Sie sind zu bestimmten Bereichen der gesuchten DNA komplementär und können deshalb hybridisieren. Zunächst wird eine mit Phagen aus der Genbibliothek infizierte *E.-coli*-Kultur auf einem Nährboden ausplattiert. Jede infizierte *E.-coli*-Zelle startet eine Infektionskette bei benachbarten Zellen, sodass ein Plaque entsteht. Stempelt man mit einer Folie aus Nitrocellulose, so bleiben die Phagen daran haften. Eine Behandlung mit Alkali und Protease entfernt die Phagenhülle. Es bleibt einzelsträngige Phagen-DNA an der Folie übrig. Die zugegebene, radioaktiv markierte Gensonde hybridisiert dann mit dem gesuchten DNA-Fragment. Die Radioaktivität lässt sich autoradiografisch nachweisen. Da so der Ort gefunden wird, wo eine Hybridisierung stattfand, können die Phagen mit der gesuchten DNA auf der Ursprungsplatte ermittelt werden. Nur diese Phagen werden in *E. coli* kloniert. Aus dem Klon wird dann die gewünschte DNA isoliert.

Wie erhält man Gensonden? Zellen, die ein bestimmtes Protein synthetisieren, enthalten viel mRNA für dieses Protein. Man kann diese mRNA isolieren und mittels des Enzyms *Reverse Transcriptase* in einen DNA-Strang umschreiben. Nach Synthese des Komplementärstranges erhält man die komplementäre DNA, die *cDNA* (engl. *complementary DNA*). Einzelsträngige und markierte *cDNA*-Stücke eignen sich als Gensonden. Es können auch Gensonden konstruiert werden, wenn die Aminosäuresequenz des Genprodukts bekannt ist. Diese wird in die passende Nucleotidsequenz rückübersetzt und synthetisiert. Ein anderer Weg führt über Gene aus verwandten Organismen. So stimmen viele Proteine und somit die dazugehörenden Nucleotidsequenzen eines verwandten Organismus mit der gesuchten DNA weitgehend überein. Besitzt man entsprechende, bekannte DNA-Stücke aus dem verwandten Organismus, so können diese auch als Sonden eingesetzt werden.

PCR

Im April 1983 kam Kary MULLIS bei einer Mondscheinfahrt durch die kalifornischen Berge die Idee zur PCR (engl. *polymerase chain reaction*, Polymerase-Ketten-Reaktion). Die Methode revolutionierte die Molekularbiologie, und 1993 erhielt er dafür den Nobelpreis.

Mit der PCR gelingt es, einen DNA-Abschnitt in kürzester Zeit millionenfach zu vervielfältigen. Zunächst wird die DNA isoliert und in einen Reaktionsansatz gebracht, der einen Puffer, Nucleotide, zwei verschiedene Primer und als Enzym eine DNA-Polymerase enthält. Diese *Taq-Polymerase* wurde ursprünglich aus dem in heißen Quellen lebenden Bakterium *Thermus aquaticus* gewonnen. Primer sind kurze, einzelsträngige DNA-Stücke, die aus etwa 25 Nucleotiden synthetisiert werden. Die beiden Primer passen jeweils komplementär an eine ganz bestimmte Stelle der Ziel-DNA, die vorher einzelsträngig gemacht wurde. Jeweils ein Primer bindet an einen der beiden Komplementärstränge. Sie rahmen so den zu vervielfältigenden DNA-Abschnitt ein. Von den Primern aus verknüpft die *Taq-Polymerase* die Nucleotide zu einem neuen Komplementärstrang.

Die Schritte der PCR laufen bei unterschiedlichen Temperaturen ab. Daher wird der Reaktionsansatz in ein programmgesteuertes Heizgerät, den *Thermocycler* gebracht. Die Temperaturen werden zyklisch nacheinander wiederholt:

1. Bei 95 °C wird die doppelsträngige Ziel-DNA gespalten = **Denaturieren.**
2. Bei 60 °C lagern sich die beiden Primer an = **Hybridisieren.**
3. Bei 72 °C verlängert die Taq-Polymerase den Komplementärstrang = **Polymerisieren.**

In einem solchen Zyklus, der nur wenige Minuten dauert, erfolgt die Verdoppelung der DNA. Wird der Vorgang n-mal wiederholt, erhält man nach n Zyklen theoretisch 2^n DNA-Kopien. Das wären nach 20 Zyklen über eine Million.

Die vervielfältigten DNA-Stücke können nun durch Gelelektrophorese sichtbar gemacht oder weiterverarbeitet werden. Verwendet werden sie beispielsweise bei der Sequenzierung, der Herstellung von Gensonden oder bei der gezielten Erzeugung von Mutationen (Mutagenese).

In der *Medizin* kann man mittels PCR Gewebeverträglichkeiten schnell erkennen oder Krankheitserreger aufspüren. Es können bestimmte Krebsarten früh erkannt oder Erbkrankheiten schnell diagnostiziert werden. Der Nachweis eines *HI-Virus* gelingt, lange bevor eine immunologische Reaktion erfolgen kann.

In der *Paläobiologie* (gr. *palaios*, altertümlich) wurde DNA aus Knochen des Neandertalers, aus in Dauerfrost konserviertem Mammut oder aus fossilisierten Pflanzen vervielfältigt und untersucht.

In der *Kriminalbiologie* spielt die PCR eine große Rolle bei der Erstellung des genetischen Fingerabdrucks.

In der *Lebensmittelanalytik* werden Fremdgene in Lebensmitteln nachgewiesen.

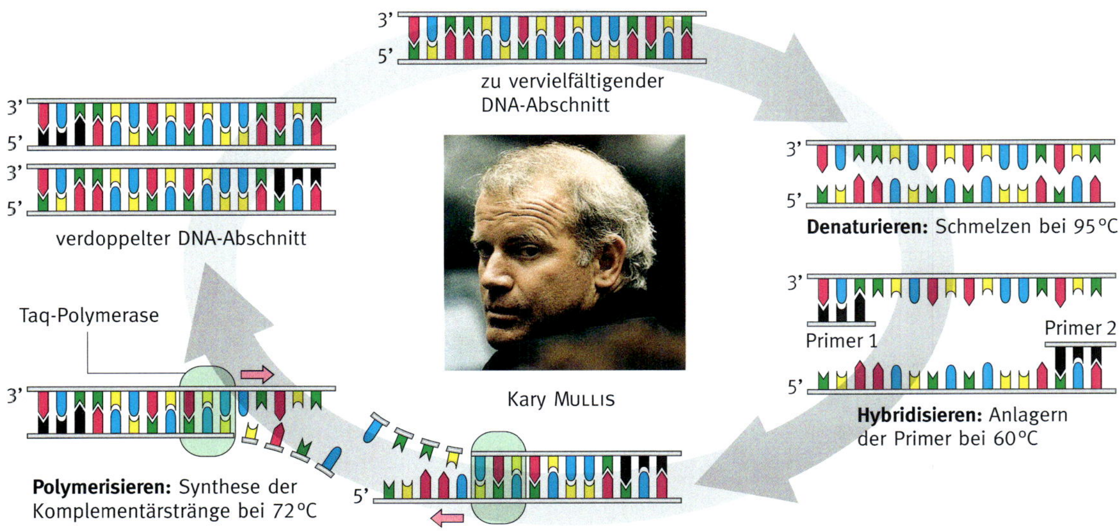

PCR

Ein 799 bp großes DNA-Fragment wird mittels PCR aus der DNA des Bakteriophagen Lambda vervielfältigt und durch Gelelektrophorese nachgewiesen.

Material: PCR-Reaktionsgefäße (0,5 µl), Mikropipette mit Pipettenspitzen (2–20 µl), drei Wasserbäder, Schwimmer bzw. Halter für Reaktionsgefäße, Tiegelzange, Stoppuhr, Gefrierschrank, Schale mit zerstoßenem Eis, Sterilhandschuhe, Dampfdrucktopf, Schutzbrille, steriles Aqua dest., DNA des Bakteriophagen Lambda (1 µg/µl), Ready-Mix (zweifach konzentriert, enthält *Taq-Polymerase,* Puffer mit $MgCl_2$, Nucleotide), Primer 1 (5'–3': GAC GGT GCT GGG TAC GGA AGT GAA A, 12 nmol), Primer 2 (5'–3': GTT CCA TAC CGG CAT ACA GCG CAT C, 12 nmol), Paraffinöl, Elektrophoresematerialien wie auf Seite 108, Längenstandard (DNA-Fragmente bekannter Größe, 0,25 µg/µl)

Durchführung: Die Pipettenspitzen sowie die Reaktionsgefäße werden im Dampfdrucktopf vorher sterilisiert. Alle bei −20 °C zu lagernden Chemikalien werden auf Eis aufbewahrt.
Nicht verbrauchtes Material kann wieder eingefroren werden. Durch Verdünnen mit sterilem Aqua dest. werden Stammlösungen (z. B. 100 µl) der Primer (je 25 pmol/µl) und der Lambda-DNA (100 ng/µl) hergestellt.
Pro Reaktionsansatz werden auf Eis in ein PCR-Reaktionsgefäß zügig nacheinander pipettiert:

19 µl Aqua dest. steril
25 µl Ready-Mix
2 µl Primer 1
2 µl Primer 2
2 µl DNA des Bakteriophagen Lambda

Mit der Pipettenspitze wird gemischt. Dann wird das Reaktionsgemisch mit einem Tropfen Paraffinöl überschichtet und der Gefäßdeckel geschlossen. Das Paraffinöl verhindert ein Verdampfen von Wasser. Für die Negativkontrolle nimmt man keine DNA und dafür 21 µl steriles Aqua dest. Sofort nach dem Mischen werden die Reaktionsgefäße in den schwimmfähigen Halterungen mit einer Tiegelzange in die verschiedenen Wasserbäder gegeben. Dabei wird folgender Zeitplan eingehalten:

Beginn:		2 Minuten bei 95 °C
Zyklus:	a)	20 Sekunden bei 95 °C
	b)	30 Sekunden bei 62 °C
	c)	30 Sekunden bei 72 °C

Der Zyklus a) bis c) wird 25-mal durchgeführt.
Schluss: 5 Minuten bei 72 °C

Nach Durchführung der PCR werden die Proben bis zur Gelelektrophorese gekühlt (z. B. 4 °C) oder eingefroren.
Die Gelelektrophorese wird wie auf Seite 108 beschrieben durchgeführt. Für das Beladen der Geltaschen werden zunächst folgende Proben vorbereitet:

Probe 1 (Spur 1):	8 µl Längenstandard + 8 µl Aqua dest.
Probe 2 (Spur 2):	1 µl Lambda-DNA (1 µg/µl) + 17 µl Aqua dest.
Probe 3 (Spur 3):	17 µl Negativkontrolle
Probe 4 (Spur 4):	17 µl Reaktionsansatz

Zu allen Proben gibt man 2 µl Ladepuffer und mischt mit der Pipettenspitze.

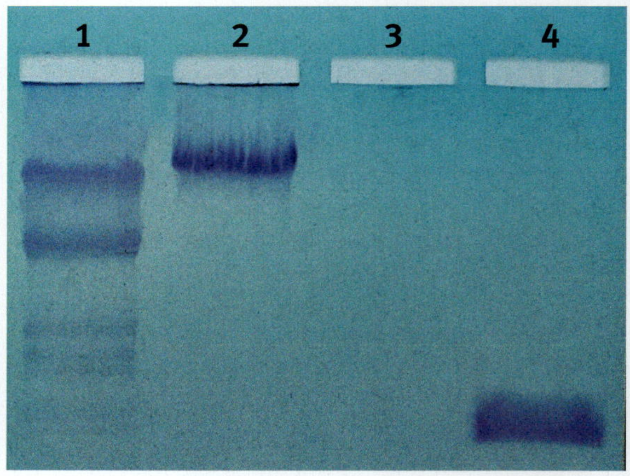

Aufgaben:

a) Beschreiben und interpretieren Sie das PCR-Ergebnis.

b) Warum können verschiedene Primer bei gleicher Basenpaar-Zahl unterschiedliche Hybridisierungstemperaturen haben?

c) Welchen Vorteil bietet die *Taq-Polymerase* gegenüber einer herkömmlichen Polymerase?

d) Das Ergebnis einer Sequenzierung heißt: 5'CG**GTTCCG**ACA...TC**TGGTCG**CTGG3'. Konstruieren Sie zwei Primer aus je sechs Nucleotiden, die an die markierten Stellen passen, und begründen Sie.

e) Beginnt im ersten PCR-Zyklus die *Taq-Polymerase* mit der Synthese an einem Primer, so entsteht ein Synthesestrang, der viel größer ist als das gewünschte Syntheseprodukt. Erklären Sie, weshalb letztendlich fast nur der gewünschte DNA-Abschnitt vervielfältigt wird.

f) Bei der PCR-Reaktion bleibt der Deckel des Reaktionsgefäßes verschlossen. Überlegen Sie, warum dennoch mit Paraffinöl überschichtet werden muss.

PCR als Beweismittel

Ein Täter hinterlässt am Tatort zumeist eine biologische Spur in Form seiner Körperzellen. Das können Mundschleimhautzellen an einer Zigarette, ein verlorenes Haar mit Haarwurzelzellen, Hautabriebzellen an der Tatwaffe oder Spermienzellen sein. Wegen spezifischer Sequenzen kann die DNA typisiert werden, sodass diese wie ein individueller Fingerabdruck zu einer Person passt. Man spricht von einem **genetischen Fingerabdruck.**

Im nicht codierenden Bereich der DNA findet man Loci (lat. *locus,* Ort), in denen sich kleine DNA-Stücke aus nur wenigen Basen tandemartig (engl. *tandem,* Gespann) wiederholen. Man nennt sie *v*ariable *n*umbers of *t*andem *r*epeats (VNTRs):

TGGAGTCTTTCTTTCTTTCTTTCTTTCTTGCCA

Die Anzahl der Wiederholungen dieser Tandems variiert in der menschlichen Population und wird deshalb für den genetischen Fingerabdruck genutzt. Es gibt verschiedene Stellen im Genom, an denen man VNTRs findet. Diese Loci haben Namen wie vWF, FGA, THO1 oder D1S80. Die Abkürzungen gehen meist auf Gene zurück, neben denen man die Loci findet. So bedeutet vWF, dass dieser Locus in der Nähe des Gens für den von-Willebrand-Faktor liegt. Andere Namen stammen aus einer Kartierungsformel für Chromosomen.

Die Basensequenzen, die die verschiedenen Loci jeweils einrahmen, sind beim Menschen gleich. Für diese Sequenzen konstruiert man Primer. Die *VNTRs* werden mithilfe der *PCR* vermehrt, durch Gelelektrophorese sortiert und anschließend sichtbar gemacht.

Um einen Täter zu überführen, wird eine PCR mit der DNA aus der biologischen Spur durchgeführt. So wird auch mit der DNA aus den Mundschleimhautzellen, die sich in der Speichelprobe eines Tatverdächtigen befinden, verfahren. Bei Heterozygotie erhält man pro Locus in der Gelelektrophorese zwei Banden, weil ein Allel von der Mutter und eines vom Vater sichtbar werden. Die Bande, die aus der Vervielfältigung des DNA-Abschnitts mit weniger tandemartigen Wiederholungen stammt, wandert in der Elektrophorese weiter als die mit mehr Wiederholungen. Bei Homozygotie erkennt man nur eine Bande. Die PCR-Ergebnisse des Tatverdächtigen und des Spurenlegers werden dann auf Übereinstimmung verglichen. Die Wahrscheinlichkeit, dass diese PCR mit der PCR eines entsprechenden Locus einer weiteren Person das gleiche Bandenmuster ergibt, ist allerdings relativ hoch. Um solche zufälligen Übereinstimmungen auszuschließen, werden mehrere PCRs mit verschiedenen Loci gleichzeitig durchgeführt. Die Kombination von sechs festgelegten Loci führt dazu, dass eine bestimmte Kombination theoretisch nur einmal unter 55 Milliarden Menschen vorkommen kann. Bei modernen Untersuchungen werden durch den Einsatz eines Primergemisches viele festgelegte Loci mit einer PCR gleichzeitig untersucht.

1 Diese Methode der DNA-Analyse wird auch bei Vaterschaftsbestimmungen angewandt. Skizzieren Sie mögliche Gelbilder des Vaters, der Mutter und des Kindes für einen Locus. Wie müsste sich das Gelbild eines Mannes von dem des Kindes unterscheiden, der als Vater auszuschließen ist?

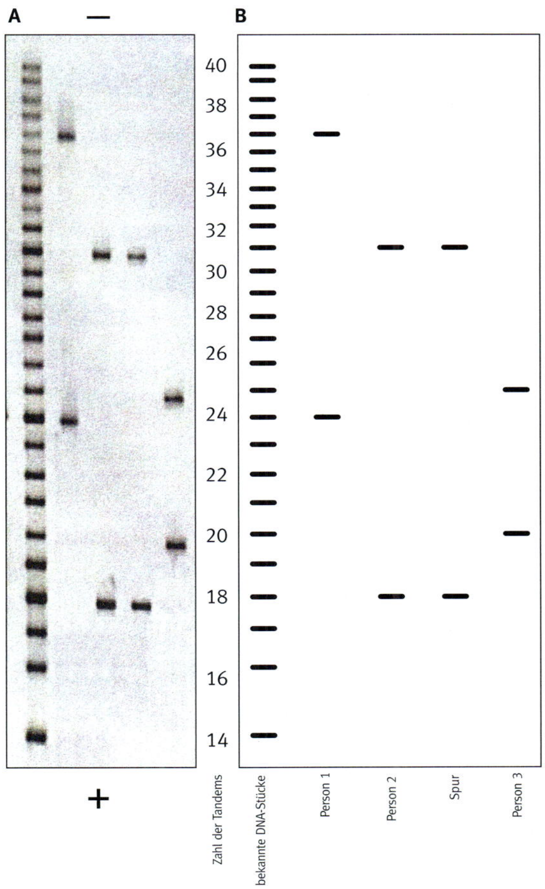

113.1 DNA-Analyse zur Täterüberführung mit dem Locus D1S80. A Gelelektrophorese; **B** Schema

2 Gentechnik in der Anwendung

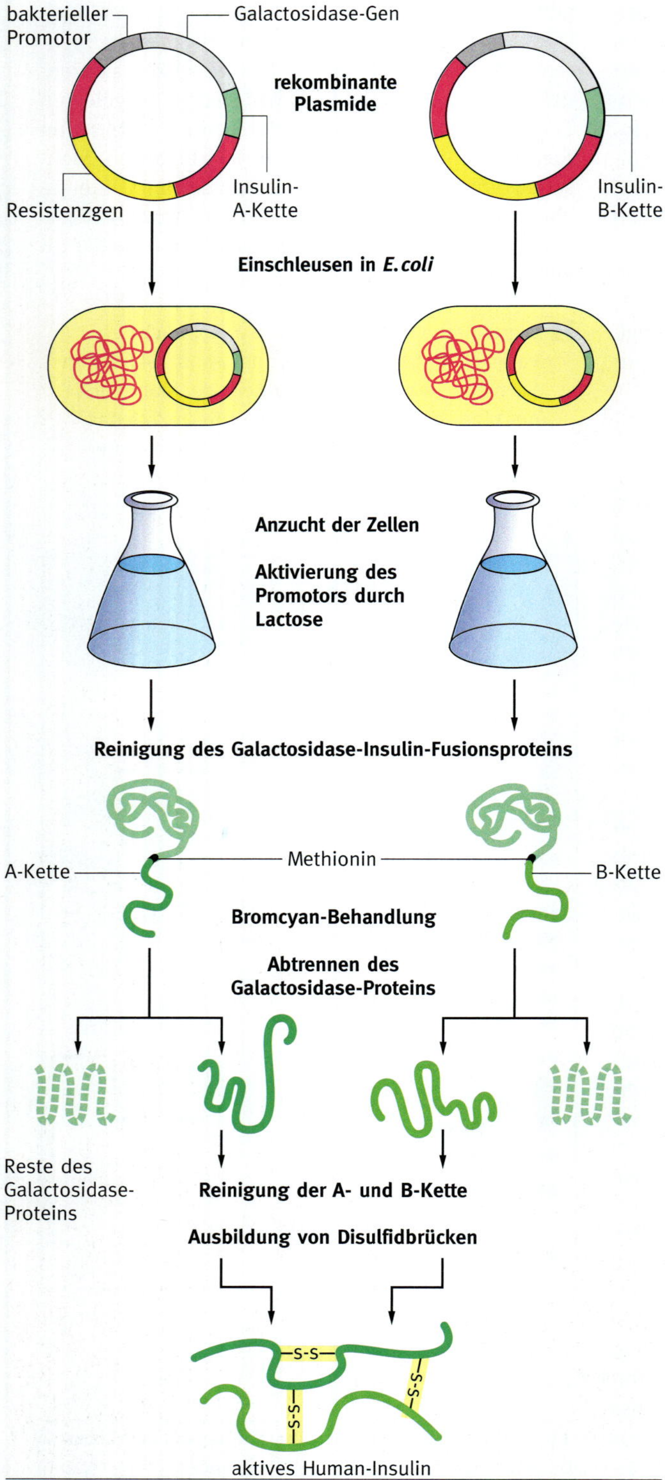

114.1 Gentechnische Herstellung von Humaninsulin mit *E. coli*

2.1 Produktion von Arzneimitteln

Die Gentechnik eröffnet neue Möglichkeiten bei der Arzneimittelherstellung. Ein bekanntes Beispiel ist die Herstellung von Humaninsulin. Insulin ist ein Peptidhormon der Bauchspeicheldrüse, das den Blutzuckerspiegel reguliert. Insulinmangel führt zur Zuckerkrankheit Diabetes. Allein in Deutschland gibt es etwa 400 000 insulinabhängige Diabetiker.

Bis 1982 wurde Insulin hauptsächlich aus der Bauchspeicheldrüse von Schweinen und Rindern isoliert. Für den jährlichen Bedarf eines Diabetikers wurden 50 Bauchspeicheldrüsen aufgearbeitet. Das aus den Tieren gewonnene Insulin unterscheidet sich in wenigen Aminosäuren vom menschlichen Hormon. Obwohl diese Aminosäuren gegen die entsprechenden Aminosäuren des menschlichen Insulins ausgetauscht wurden, konnten unerwünschte Immunreaktionen auftreten. Deshalb bot sich die gentechnische Herstellung von Humaninsulin an.

Das Insulinmolekül besteht aus den beiden Polypeptidketten A und B, die miteinander über Disulfidbrücken verbunden sind. Bei der gentechnischen Herstellung konstruierte man zunächst synthetische Gene für die A- und B-Kette. Jedes der beiden Gene fügte man in ein bakterielles Plasmid ein, sodass es jeweils unmittelbar hinter einem Methionin-Codon des Galactosidase-Gens anschloss. Dieses Gen steht unter der Kontrolle eines durch Lactose zu aktivierenden bakteriellen Promotors. Die beiden so konstruierten Plasmide wurden getrennt in *E. coli* transformiert, und die beiden rekombinanten *E.-coli*-Stämme wurden getrennt angezüchtet. Die Bakterienvermehrung wird durch das Fremdeiweiß Insulin nicht gestört, da der Promotor inaktiv ist. Erst die Zugabe von Lactose bewirkt die Produktion des Fusionsproduktes aus Galactosidase und Insulinkette, das anschließend gereinigt werden muss. Bromcyan, das Proteine hinter Methionin spaltet, trennt die Ketten von der Galactosidase. Die nochmals gereinigten A- und B-Ketten werden schließlich miteinander über Disulfidbrücken zu aktivem Insulin verknüpft, indem man die Cysteinreste miteinander reagieren lässt.

Bei der Insulinproduktion stellen Bakterien ein menschliches Genprodukt her. Diese Herstellungsweise ist nicht immer möglich, da sich die genetischen Apparate von Eu- und Prokaryoten stark unterscheiden. Eukaryotische Gene sind relativ lang und bestehen oft aus weit über 90 Prozent nicht codierenden Intron-Bereichen. Bakterien können die Introns nicht aus der mRNA herausschneiden. Außerdem müssen oft an die synthetisierten Polypeptidketten noch Zuckerstrukturen angeheftet werden, wodurch Glycoproteine entstehen.
Die Zelle erkennt, ob diese oder weitere Modifikationen durchgeführt werden müssen. Da Bakterienzellen dazu nicht in der Lage sind, arbeitet man verstärkt mit Pilzen wie der Bäckerhefe oder mit Säugetierzellen. Bewährt haben sich Zellen, die aus Eierstockzellen des Chinesischen Hamsters gewonnen wurden, die *CHO*-Zellen *(chinese hamster ovary)*.

Ein mit CHO-Zellen hergestelltes Genprodukt ist der Blutgerinnungsfaktor VIII. Dieser fehlt Menschen, die an Bluterkrankheit leiden. Das Faktor-VIII-Gen ist mit 186 000 bp sehr lang und besitzt 25 Introns. Nach deren Entfernung hat die mRNA eine Länge von 9000 bp. Die mRNA wird aus Leberzellen isoliert und dient als Vorlage für die Herstellung einer cDNA. Diese wird in ein Plasmid eingebaut. Das rekombinante Plasmid wird in CHO-Zellen transformiert, welche als Kultur vermehrt werden. In einem Fermenter stellen die Zellen das Glycoprotein her und scheiden es in das Nährmedium ab. Es muss schließlich noch isoliert und gereinigt werden.

Erythropoietin (EPO) ist ein weiteres mit CHO-Zellen hergestelltes Glycoprotein. Das Hormon, das normalerweise in der Niere gebildet wird, regt im Knochenmark die Bildung von Roten Blutkörperchen an. Viele Patienten mit chronischem Nierenversagen leiden deshalb häufig auch an Anämie (Blutarmut), weil sie zu wenig körpereigenes Erythropoietin bilden. Weltweit werden 30 bis 50 Prozent der 300 000 Dialysepatienten mit gentechnisch hergestelltem EPO behandelt. Da Erythropoietin über die Vermehrung der Roten Blutkörperchen zu einer verbesserten Sauerstoffversorgung führt, wird es im Leistungssport auch als Dopingmittel verwendet. Allerdings lässt es das Blut auch zäher werden. Die Folge ist eine erhöhte Gefahr von Herz- und Hirninfarkt.

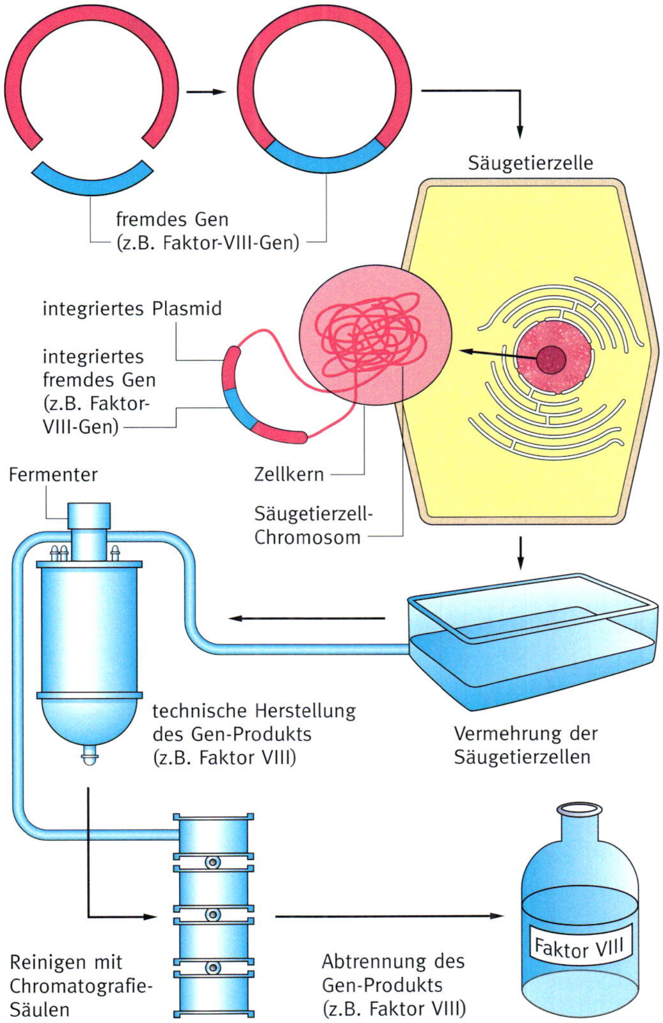

115.1 Gentechnik mit Säugetierzellen

115.2 EPO – Dopingverdacht im Radsport

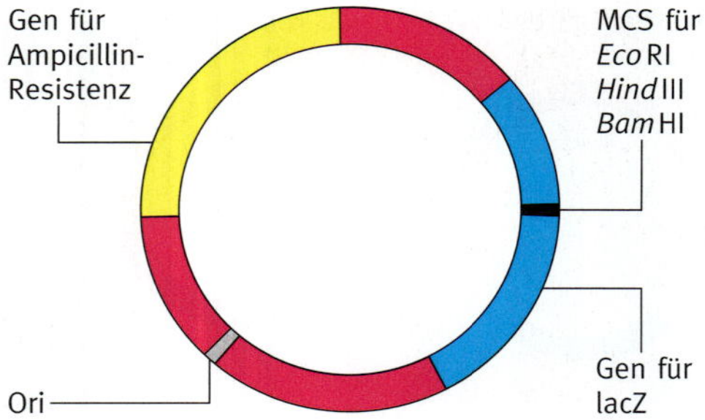

116.1 Klonierungsvektor pUC 10

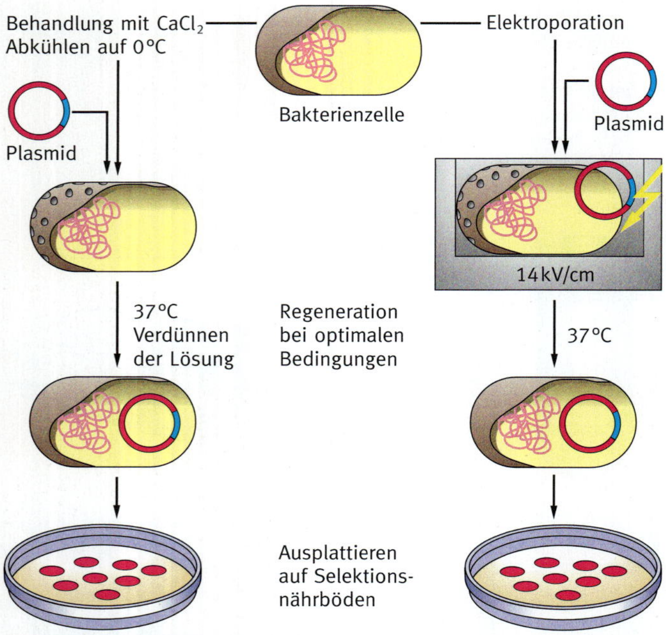

116.2 Bakterielle Transformation

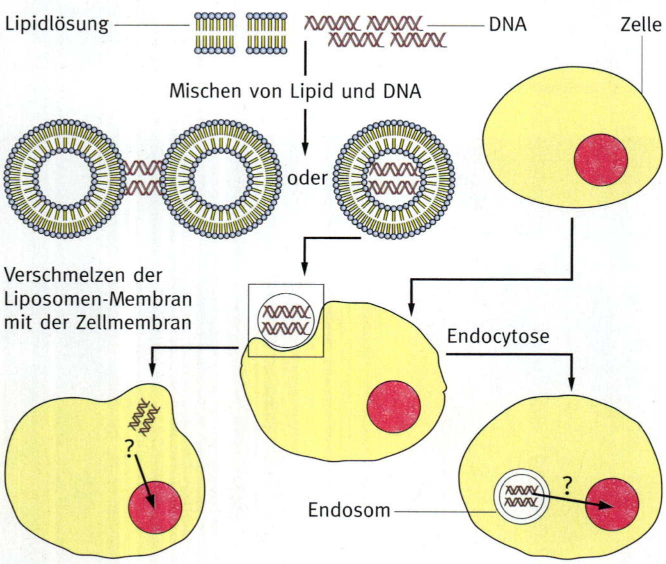

116.3 Lipofektion

2.2 Methoden des Gentransfers

Fremd-DNA wird mit Gentaxis, den **Vektoren,** in Empfängerzellen übertragen. Gängige Vektoren für Prokaryoten sind **Plasmide.** Sie bieten folgende Vorteile:

- Sie lassen sich leicht isolieren.
- Sie können mit Fremd-DNA rekombiniert werden.
- Weil sie klein sind, lassen sie sich leicht in Wirtsorganismen transformieren, in denen sie sich extrachromosomal replizieren.

Für die Gentechnik wurden Plasmide umgebaut. Diese enthalten folgende Elemente:

- den Ort **ori** (origin of replication), an dem die DNA-Polymerase mit der Replikation beginnt
- **Marker-Gene,** die der Selektion dienen. Dies können Gene für Antibiotika-Resistenzen sein oder Gene, deren Expression im transformierten Organismus direkt sichtbar wird. Letztere heißen **Reporter-Gene.**
- jeweils nur eine Schnittstelle für bestimmte Restriktionsenzyme, die **MCS** (multiple cloning site). Wird eine gewünschte DNA in die MCS integriert, so wird die Funktion des Marker-Gens inaktiviert. Durch diese Inaktivierung wird eine Selektion möglich.

Ein Reporter-Gen ist das *lacZ*-Gen. Es codiert das Enzym *β-Galactosidase,* das das Lactose-Derivat *X-Gal* in ein blaues Produkt überführt. Für gentechnische Versuche verwendet man *E.-coli*-Stämme, bei denen das lacZ-Gen inaktiviert wurde. Diese bilden auf X-Gal-haltigen Nährböden weiße Kolonien. Durch Transformation von Plasmiden mit intaktem lacZ-Gen entstehen blaue Kolonien, weil der Farbstoff gebildet wird.
Wurde in die MCS im lacZ-Gen ein Fremd-Gen eingebaut, wird das lacZ-Gen inaktiviert. Überführt man dieses Plasmid in Wirtszellen, entstehen farblose Kolonien. Da transformierte Zellen mit intaktem lacZ-Gen auch blaue Kolonien bilden, enthält das Plasmid noch zusätzlich ein Marker-Gen für eine Antibiotika-Resistenz. Auf einem Nährboden mit X-Gal und dem Antibiotikum wachsen nur transformierte Kolonien: Die blauen sind nicht rekombiniert; die weißen sind rekombiniert.

Die Namen der Vektoren verraten ihre Herkunft: *pUC* stammt beispielsweise von der *University of California.*

Damit Bakterien DNA aufnehmen können, werden sie **kompetent** gemacht, indem man die Membran durchlässig macht. Eine Möglichkeit ist die Behandlung mit einer **Calciumchlorid-Lösung** verbunden mit einem Temperaturwechsel. Über Mechanismen, die noch nicht genau bekannt sind, wird die DNA passiv aufgenommen. Bei der **Elektroporation** wird durch einen elektrischen Impuls die kurzzeitige Bildung von Poren in der Zellmembran bewirkt.

Die **Lipofektion** wird auch bei Eukaryoten angewandt. *Liposomen* sind kleine, kugelige Doppellipidschichten. Mischt man Lipide mit DNA, so entstehen Liposomen, an die sich je nach Bedingungen DNA anlagert oder in die DNA verpackt wird. Die *Liposomen* verschmelzen mit der Zellmembran der Empfängerzelle oder werden durch Endocytose aufgenommen. Dabei gelangt die DNA in die Zelle.

Bei Pflanzen wird häufig die Transformation von zum Beispiel Zellkulturen mittels des Bakteriums *Agrobacterium tumefaciens* durchgeführt. Normalerweise löst es bei Pflanzen nach einer Infektion ein ungeregeltes Wachstum, die Wurzelhalsgallen, aus. Auslöser der Krankheit ist das **Ti-Plasmid** (tumor inducing plasmid), das in die Zellen eingeschleust wird. Ein Teil des Plasmids, die *T-DNA*, wird in die chromosomale DNA integriert. Auf dem Plasmid wurde der Bereich entfernt, der für die Tumorbildung verantwortlich ist. In die verbleibende *T-DNA* können Fremd-DNA und Marker-Gene eingesetzt werden.
Nachteil der Methode ist, dass sich damit in der Landwirtschaft bedeutsame einkeimblättrige Pflanzen schlecht transformieren lassen. Hier bedient man sich der **Biolistik:** Mit einer „DNA-Kanone" werden Metallkügelchen, die mit DNA beschichtet wurden, in Empfängerzellen geschossen. Die Empfängerzelle baut zu einem geringen Prozentsatz die Fremd-DNA in das Genom ein.

Mittels der **Mikroinjektion** werden bevorzugt Säugetiere transformiert. Eine Halte-Pipette fixiert eine isolierte, besamte Eizelle. Unter dem Mikroskop wird rekombinante DNA mittels einer Mikroinjektionskanüle in einen der beiden Vorkerne injiziert. Nach einer Zellteilung wird das Zwei-Zellenstadium in ein Empfängerweibchen implantiert.

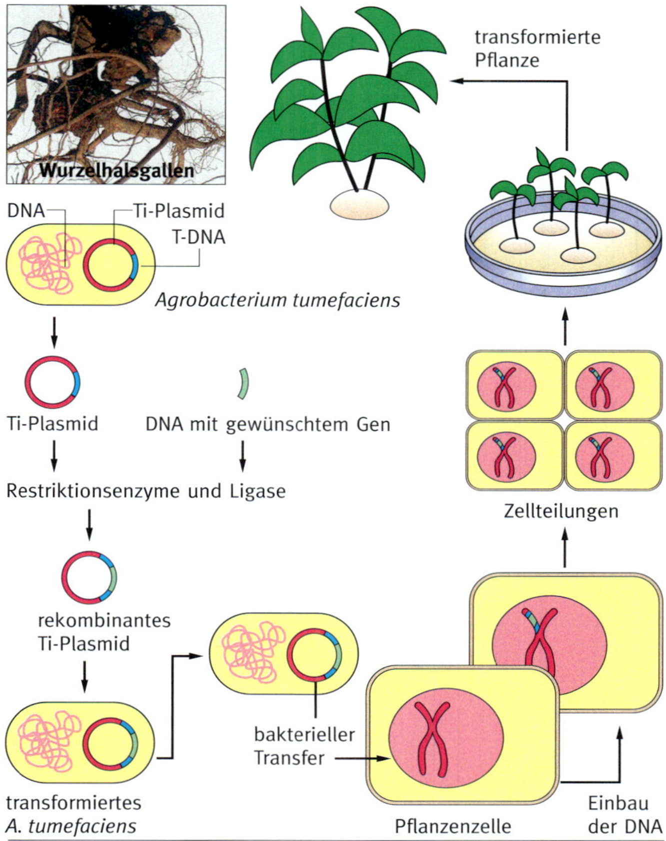

117.1 Verwendung des Ti-Plasmids als Vektor

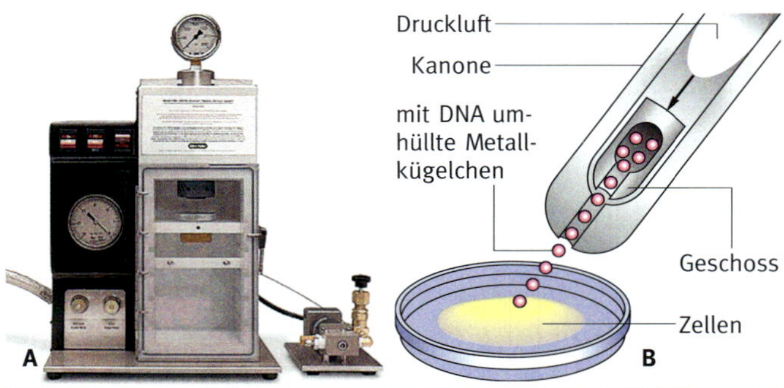

117.2 DNA-Kanone. A Foto; **B** Schema

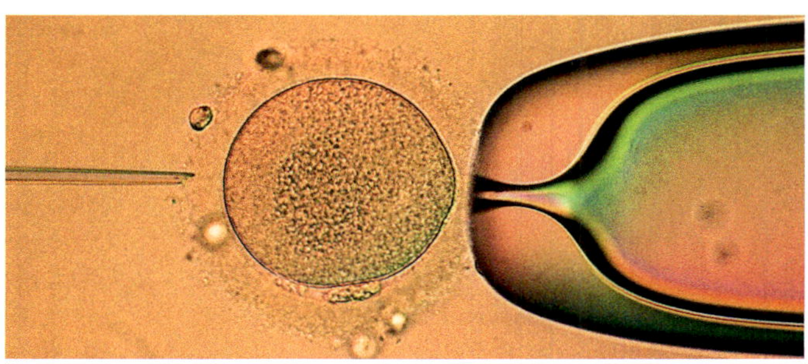
117.3 Mikroinjektion

118.1 In-vitro-Mutagenese

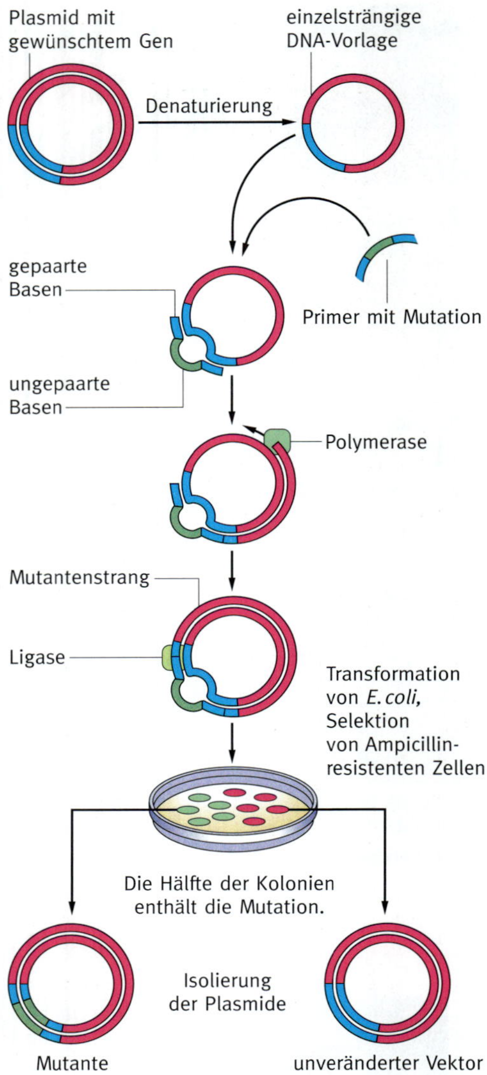

2.3 Gentechnik in der Forschung

Wird in einer Zelle zu einem bestimmten Zeitpunkt mRNA erzeugt, ist die Funktion dieses Genprodukts besonders interessant. Deshalb wird die mRNA isoliert und eine cDNA geschrieben. Durch die Vervielfältigung der cDNA erhält man das gewünschte Gen, das schließlich sequenziert wird. Aus der Basensequenz ergibt sich die Aminosäuresequenz des Proteins. Das intakte Protein entsteht, wenn man das Gen in Wirtszellen transformiert und es exprimieren lässt.

Aufschluss über seine Wirkungsweise erhält man, wenn man das zugehörige Gen verändert. Zunächst wird das gewünschte Gen in ein Plasmid eingebracht und vervielfältigt. Durch Hitze-Denaturierung erhält man eine einzelsträngige DNA-Vorlage.
Ein komplementäres DNA-Fragment des gewünschten Gens, das gleichzeitig als Primer fungiert, wurde in seinem zentralen Bereich verändert. Es hybridisiert, obwohl es nicht vollständig komplementär ist. Vom Primer ausgehend wird nun ein komplementärer Mutantenstrang synthetisiert. Eine Ligase verbindet seine Enden. Diese Mutation wird in einem Gefäß durchgeführt und heißt deshalb **In-vitro-Mutagenese.**
Der neue Vektor wird in Bakterienzellen transformiert. Nachdem die Bakterien sich vermehrt haben, enthält die Hälfte der Kolonien das Plasmid mit der Mutation. Aus diesem Plasmid werden die Gene herausgeschnitten und stehen für die Übertragung auf Eukaryoten zur Verfügung.

MEDIZIN

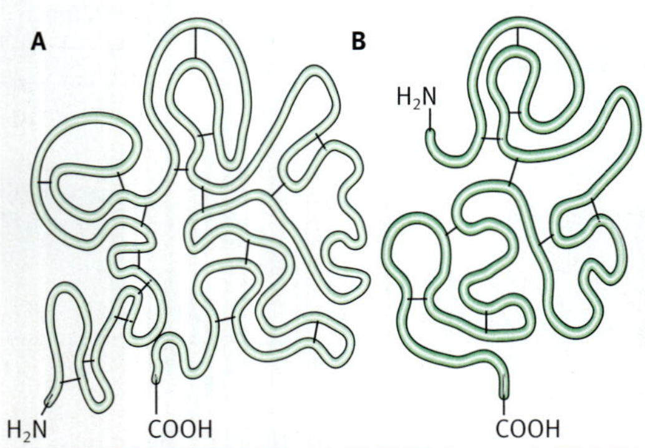

118.2 Gewebeplasminogen-Aktivator.
A natürliches Protein; **B** Mutein

Protein-Design

Durch Mutagenese lassen sich Proteine gezielt verändern. Sie heißen dann **Muteine.** Beim Insulin-Mutein *lispo* wurden an Position 28 und 29 die Aminosäuren Lysin und Prolin vertauscht. Da diese Insulinmoleküle sich weniger häufig zusammenlagern, wirkt es schneller und bleibt kürzer im Blut. Diabetiker können dadurch ihre Mahlzeiten einfacher planen.
Die *Reteplase* ist ein Mutein des Gewebeplasminogen-Aktivators. Sie löst Blutgerinnsel rasch auf und wird deshalb in der Notfallmedizin bei Herzinfarkten eingesetzt. Das Mutein verbleibt länger im Blut und hat dadurch eine verbesserte Wirksamkeit.

Wird Tieren ein solches artfremdes Gen eingesetzt, werden sie als **transgen** bezeichnet. Zur Herstellung transgener Mäuse gibt es zwei Verfahren: die *Mikroinjektion* in die befruchtete Eizelle und die *Blastocysteninjektion*.

Bei der Blastocysteninjektion werden in einem frühen Stadium der Keimesentwicklung der Blastocyste Zellen entnommen. Diese sind in ihrer Entwicklung noch nicht festgelegt und heißen **embryonale Stammzellen.**
Ein Plasmid wird in embryonale Stammzellen transformiert. Es wurde vorher mit homologen Sequenzen bestückt, damit es das zu untersuchende Gen gezielt erkennen und sich komplementär anlagern kann. Durch Aufbrechen und Zusammenfügen der homologen Stränge über Kreuz wird Fremd-DNA in das Chromosom integriert. Die so transformierten Zellen werden in Kulturen vermehrt und wieder in eine Blastocyste injiziert.
Anschließend wird die Blastocyste in ein hormonbehandeltes Empfängertier, zum Beispiel ein Mäuseweibchen, implantiert. Das entstandene transgene Tier ist eine *Chimäre*, weil es ursprüngliche und transgene Zellen enthält. Seine Ei- oder Spermienzellen können auch transgen sein.
Durch Kreuzung mit nicht transgenen Tieren erhält man heterozygote Tiere. Kreuzt man dann zwei heterozygote Tiere, sollten gemäß MENDEL 25 Prozent der Nachkommen homozygot transgen sein.
Wird ein bestimmtes Gen funktionslos gemacht, bezeichnet man dies als **knock-out**-Verfahren. Bei **knock-in**-Mäusen werden transgene Erbanlagen exprimiert.

Bis vor Kurzem konnte die Alzheimer-Krankheit nur an Hirngewebematerial von Verstorbenen studiert werden. Heute können viele Krankheiten auch an **Tiermodellen** unter Verwendung von knock-in- oder knock-out-Tieren erforscht werden. Zum Studium der Alzheimer-Erkrankung wurde einer Maus ein defektes Gen für das *β-amyloid-Vorläuferprotein* eingesetzt. Wie die von der Krankheit Betroffenen zeigt die Maus klumpenartige Proteinablagerungen an Nervenzellen. Auch die Entstehung und Entwicklung von Krebs lässt sich an Mäusen, denen Krebs auslösende oder Krebs hemmende Gene eingesetzt wurden, erforschen.

1 Wie kann überprüft werden, ob eine Mutation für eine Erkrankung verantwortlich ist?

119.1 Transgene Maus mit dem Gen für ein Wachstumshormon der Ratte

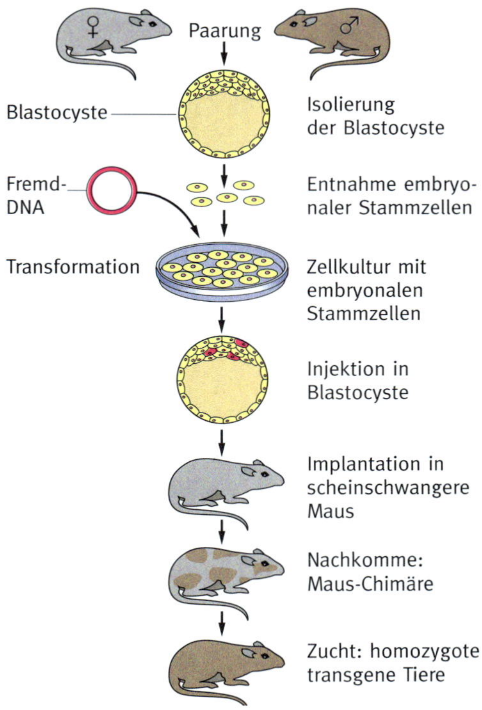

119.2 Herstellung von knock-out-Mäusen

Eine Chimäre ist in der griechischen Mythologie ein Fabelwesen aus Löwe, Schlange und Ziege.

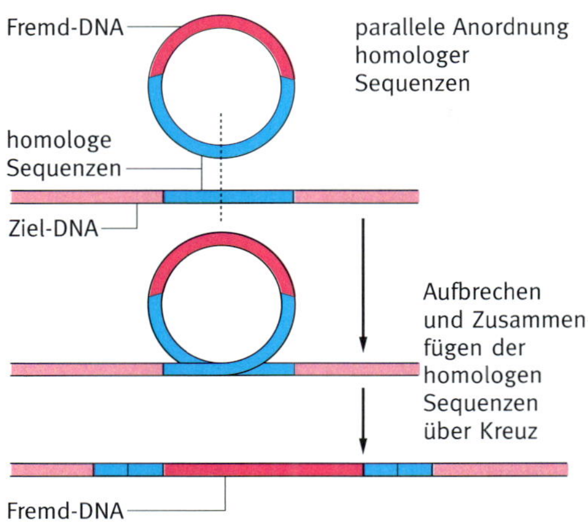

119.3 Gen-Inaktivierung durch Rekombination

2.4 Moderne Techniken in der Tierzucht

In der Nutztierzucht werden verschiedene Reproduktionstechniken angewandt, um möglichst schnell und damit wirtschaftlich Nachkommen von züchterisch wertvollen Elterntieren zu erhalten. Das Spektrum der Methoden reicht von der künstlichen Besamung bis hin zur Herstellung und Klonierung transgener Tiere.

Durch **künstliche Besamung** werden 90 Prozent der Rinder belegt. Das Ejakulat eines Bullen kann man in bis zu 500 Portionen aufteilen und zur Lagerung einfrieren. Mit einem Katheter wird eine aufgetaute Spermaportion in ein brünstiges weibliches Tier übertragen.

120.1 Reproduktionstechniken beim Rind

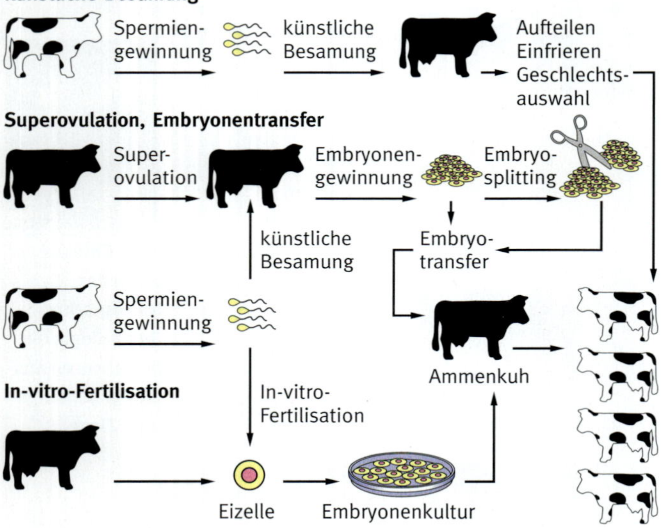

Eine Kuh bringt unter natürlichen Bedingungen jedes Jahr ein Kalb zur Welt. Durch eine Hormonbehandlung wird ein mehrfacher Eisprung, eine **Superovulation,** ausgelöst, die bis zu 25 Eizellen freisetzt. Dann wird diese Kuh künstlich besamt. Die sich entwickelnden Embryonen werden aus der Gebärmutter gespült und durch **Embryonentransfer** in Ammenkühe übertragen.

Findet die Befruchtung außerhalb des Körpers statt, spricht man von einer **In-vitro-Fertilisation.** Aus den Eierstöcken werden Eizellen isoliert. Diese werden mit Spermien in einem Nährmedium befruchtet und bis zu einem frühen Entwicklungsstadium in Kultur gehalten. Die Embryonen werden in Ammenkühen ausgetragen.

Durch **Klonierungstechniken** kann die Anzahl der Nachkommen ebenfalls gesteigert werden. Es entstehen jedoch erbgleiche Individuen. Beim **Embryosplitting** wird vor dem Embryonentransfer der mehrzellige Keim mechanisch geteilt. Die getrennten Zellen werden in Ammentiere transferiert. Dort entwickeln sie sich zu erbgleichen Individuen. Eine zweite Methode ist die **Klonierung durch Kerntransfer.** Dem Spendertier, beispielsweise einem Schaf, werden Euterzellen entnommen und kultiviert. Beim Eispendertier spült man reife Eizellen aus dem Eileiter. Mit einer Pipette wird aus der Eizelle der Zellkern entfernt. Durch Stromstöße kann die Spenderzelle mit der entkernten Eizelle fusionieren. Diese entwickelt sich im Eileiter eines Muttertieres zum Embryo. Es erfolgt ein Embryonentransfer in ein Ammentier.

STECKBRIEF

120.2 Dolly mit Ammentier

Dolly

1996 gelang es schottischen Wissenschaftlern, erstmals ein Säugetier zu klonen. Das Klonschaf Dolly entstand aus Euterzellen eines Schafes der Rasse „Finn Dorset“. Das Ammentier gehörte zur Rasse „Scottish Blackface“. Dolly schien zunächst gesund. Sie brachte sechs Lämmer auf natürlichem Wege zur Welt. Nach sechs Jahren, der Hälfte ihrer potenziellen Lebenszeit, erkrankte sie an Arthritis, einer typischen Alterserkrankung. Anfang 2003 wurde das Schaf wegen einer unheilbaren Lungenerkrankung eingeschläfert. Inzwischen wurden mehrere hundert Tiere, wie Mäuse, Kühe, Ziegen oder Schweine, geklont. Relativ häufig kommt es zu Fehlregulierungen von Genen bei den geklonten Tieren.

Vor dem Embryonentransfer kann mit genanalytischen Methoden auf züchterisch wertvolle Merkmale selektiert werden. Nach der Geburt können gen- und biotechnisch hergestellte therapeutische Wirkstoffe, wie Impfstoffe, Antikörper, Hormone oder Arzneimittel, verwendet werden. Futtermittelzusätze, wie Aminosäuren, dienen dazu, den Nährwert zu steigern. Leistungsförderer, wie das in den USA eingesetzte, gentechnisch hergestellte Rinderwachstumshormon, sind umstritten. Sie steigern zwar die Milch- und Fleischproduktion; allerdings wird die Anfälligkeit für Krankheiten erhöht.

Im Experimentierstadium befindet sich die Erzeugung **transgener Nutztiere** für die Landwirtschaft. Ziele der gentechnischen Veränderung könnten sein: Steigerung des Wachstums, Qualitätsverbesserungen oder Resistenzen gegen Stress und Krankheiten. Die Herstellung solcher Tiere mittels Mikroinjektion ist derzeit ineffizient. Außerdem werden bei transgenen Tieren vielfach genetische Fehlregulierungen beobachtet. Nicht zuletzt muss der Mensch seiner ethischen Verantwortung gegenüber dem Tier gerecht werden.

Beim **Gene Pharming** werden mithilfe von transgenen Nutztieren medizinisch wichtige Proteine hergestellt. Wenn auch inzwischen mehr als 30 Proteine in den Milchdrüsen verschiedener transgener Tiere exprimiert werden können, so wurde noch kein so hergestellter Wirkstoff als Arzneimittel zugelassen. Wenige befinden sich in der klinischen Prüfung. Dazu gehört das Alpha-1-Antitrypsin, das zur Behandlung einer erblichen Lungenerkrankung eingesetzt wird.

In den USA warten etwa 45 000 Menschen auf eine Herztransplantation. Jedoch stehen jährlich nur 2000 Spenderherzen zur Verfügung. Vor diesem Hintergrund gewinnt die Entwicklung transgener Tiere als Organspender Bedeutung. Für die **Xenotransplantation** (gr. *xeno*, fremd), der Organübertragung über die Artgrenze hinweg, scheint das Schwein geeignet zu sein, da seine Organe denen des Menschen sehr ähnlich sind. Es wird angestrebt, das Spenderorgan gentechnisch so zu verändern, dass Abstoßungsreaktionen vermieden werden.

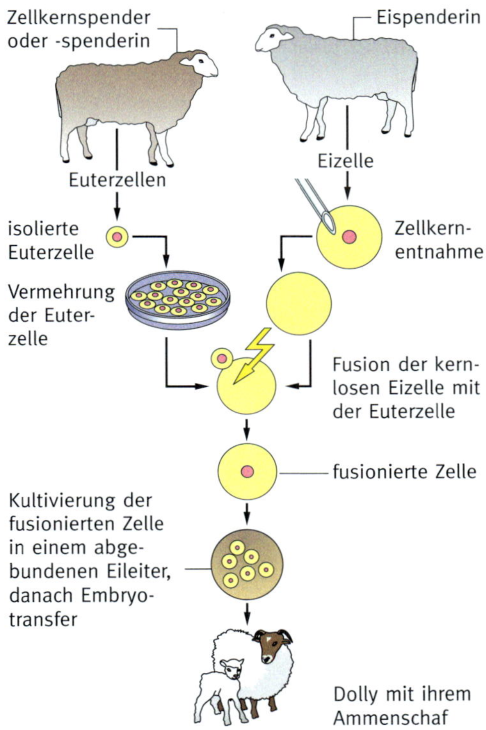

121.1 Klonierungstechnik

Tracy

Tracy ist das teuerste Schaf der Welt. Ein deutscher Chemie-Konzern kaufte es für etwa 15 Millionen Euro einer schottischen Gentechnik-Firma ab. Tracy ist transgen und trägt das Human-Gen Alpha-1-Antitrypsin (AAT). Dieser Wirkstoff ist für eine normale Lungenfunktion erforderlich. In Nordamerika und Europa leben fast 200 000 Menschen, die an einem AAT-Mangel leiden. Sie konnten bislang nur mit AAT behandelt werden, das aus Spenderblut isoliert wurde. Dabei reicht zurzeit die zur Verfügung stehende Menge zur Behandlung aller Betroffenen nicht aus. Tracy gibt jährlich 100 Liter Milch ab, aus denen 3,5 Kilogramm AAT gewonnen werden können. Man geht davon aus, dass eine 2000-köpfige Herde ausreicht, den Bedarf an AAT zu decken.

121.2 Tracy mit Nachkommen

STECKBRIEF

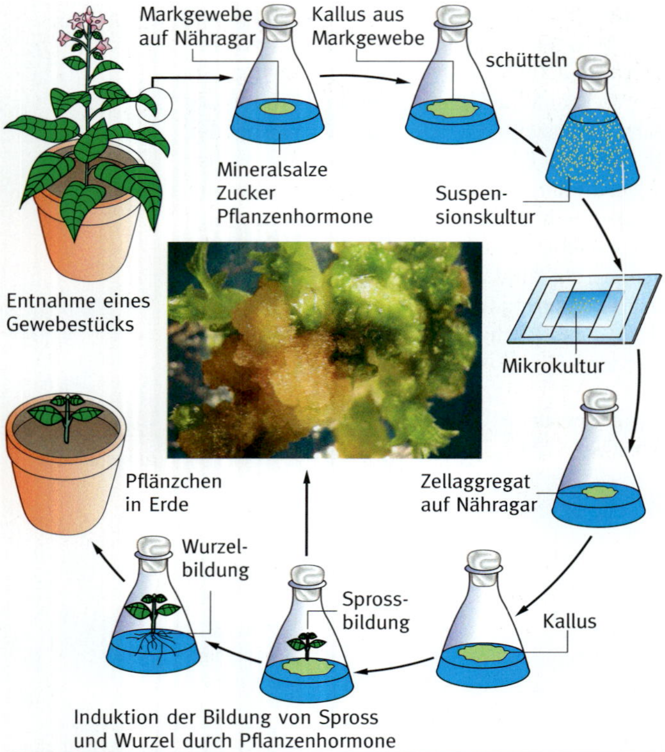

122.1 Klonierung von Pflanzen

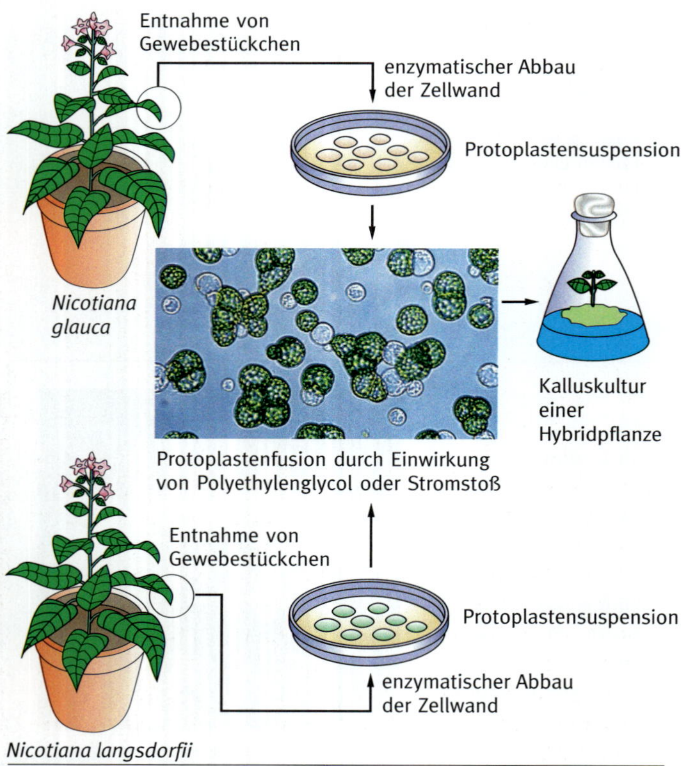

122.2 Protoplastenfusion

2.5 Moderne Techniken in der Pflanzenzucht

Seltene Orchideen lassen sich oft schwer vermehren. Deshalb klont man sie. Ein häufig angewandtes Verfahren ist die **Kalluskultur.** Zunächst wird ein Gewebestück steril isoliert und auf einen Nähragar gebracht. Dieser enthält alles, was die Pflanze zum Wachstum braucht. Die Zellen ernähren sich darauf heterotroph. An der Schnittfläche entsteht durch Zellteilungen ein Wundgewebe aus undifferenzierten Zellen, der **Kallus.** Nach einiger Zeit entsteht im Kallus ein Bildungsgewebe, das beliebig geteilt und weiter kultiviert werden kann. Die Zugabe von Pflanzenhormonen in einem bestimmten Konzentrationsverhältnis induziert die Bildung von Pflanzenorganen. Ein Überschuss von Cytokinin fördert die Sprossbildung. Nachdem der Spross vom Kallus getrennt und auf ein Wachstumsmedium gebracht wurde, bewirkt ein Überschuss an Auxin die Wurzelbildung. Das ausdifferenzierte Pflänzchen kann nun in Erde anwachsen.
Will man Kulturen aus isolierten Einzelzellen anlegen, wird das Kallusgewebe in ein flüssiges, steriles Nährmedium gebracht und geschüttelt. Man erhält eine **Suspensionskultur,** in der sich die getrennten Zellen wie Mikroorganismen oder tierische Zellen verhalten. Werden die Bedingungen verändert, kann man einzelne Zellen auf bestimmte Eigenschaften, wie Resistenzen, selektieren. Die Zellen lassen sich zu vollständigen Pflanzen regenerieren.

Behandelt man Pflanzenzellen mit zellwandabbauenden Enzymen, entstehen Protoplasten. Diese Zellen sind nur von einer Zellmembran umgeben. Auf die Protoplasten verschiedener Arten lässt man Polyethylenglycol oder einen Stromstoß einwirken. Dadurch findet eine **Protoplastenfusion** statt. Somit lassen sich aus Arten, die sonst nicht kreuzbar sind, neue Pflanzensorten züchten. Auf diese Weise wurde die *Tomoffel,* eine Hybride aus Tomate und Kartoffel, erzeugt. Sie hat keine praktische Bedeutung, weil sowohl Knollen als auch Früchte viel zu klein bleiben.
Die Klonierung von Pflanzen aus isolierten Einzelzellen oder Protoplasten ist eine Voraussetzung für gentechnisches Arbeiten.

Mit **transgenen Pflanzen** möchte man die Wirtschaftlichkeit des Pflanzenanbaus verbessern. In den USA werden auf über 20 Millionen

Hektar gentechnisch veränderte Pflanzen angebaut. 60 Prozent der angebauten Baumwollpflanzen sind gentechnisch verändert. Zur Ertragssteigerung wird versucht, die Pflanzen so zu verändern, dass sie gegen Stressfaktoren wie UV-Strahlung, Dürre oder extreme Temperaturen unempfindlich werden.
Da ein Teil der weltweiten Ernten durch Konkurrenz mit Wildkräutern oder den Befall von Insekten und Fadenwürmern, Pilzen und Viren verloren geht, versucht man die Pflanzen auch gegen diese Einwirkungen resistent zu machen. Gegen Wildkräuter werden Herbizide, das sind Pflanzenvernichtungsmittel, eingesetzt. Die Kulturpflanze darf aber nicht geschädigt werden. Eine Herbizidtoleranz wird beispielsweise dadurch erreicht, indem ein Gen aus einem Pilz oder Bakterium in die zu schützende Pflanze eingeschleust wird. Dieses Gen codiert für ein Enzym, welches das Herbizid inaktiviert. Das Herbizid Phosphinothricin (Handelsname Basta™) hemmt in den Pflanzenzellen das Enzym, das die Glutamin-Synthese aus Glutaminsäure und Ammoniak katalysiert. Die Enzymhemmung führt zu einer Anreicherung des Zellgiftes Ammoniak und damit zu einem Absterben der Zellen. Phosphinothricin verliert in der transgenen Pflanze seine Wirkung, weil es durch das vom Resistenzgen codierte Enzym inaktiviert wird.
Ein beträchtlicher Teil der Maisernte kann jährlich durch die Larve eines Schmetterlings, des Maiszünslers, vernichtet werden. Zur Bekämpfung der Larve wird dem Mais ein Gen des *Bacillus thuringiensis* eingeschleust. Es codiert für das Protein BT-Toxin, welches im Insektendarm an bestimmte Rezeptoren bindet. Es wird dort zu einem hochwirksamen Gift zerlegt. Für andere Insekten oder gar Säugetiere ist BT-Toxin nicht giftig.

Eine Qualitätsverbesserung durch Gentechnik wird angestrebt, indem die Zusammensetzung pflanzeneigener Stoffe wie Öle, Kohlenhydrate oder Eiweiße verändert wird, um eine aus menschlicher Sicht ausgewogenere Nährstoffproduktion zu erreichen. Eine transgene Reissorte, die das β-Carotin, eine Vorstufe von Vitamin A, exprimiert, soll in Regionen, wo gehäuft Vitamin-A-Mangelerscheinungen auftreten, diesen Vitaminbedarf decken.
Transgene Pflanzen können auch artfremde Stoffe exprimieren. Dazu gehören Rohstoffe für abbaubare Kunststoffe oder Arzneimittel.

123.1 Transgene Baumwolle. **A** herbizidresistente Form; **B** nicht herbizidresistente Form

Die **Freisetzung von transgenen Pflanzen** kann mit Risiken verbunden sein: Gentechnisch verändertes Material kann einerseits durch Pollen auf verwandte Arten, andererseits mithilfe anderer Organismen wie Bakterien auf andere Arten übertragen werden. Diese sowie weitere Risiken müssen im Rahmen des behördlichen Genehmigungsverfahrens zur Freisetzung transgener Pflanzen genauestens untersucht und bewertet werden.

1 Nennen Sie Risiken, die mit der Freisetzung von transgenen Pflanzen verbunden sein können.

STECKBRIEF

Impfbanane

Experimentiert wird mit transgenen Kartoffeln, die eine aktive Immunisierung gegen Durchfallerkrankungen hervorrufen. Die Infektion wird vor allem durch bestimmte *E.-coli*-Stämme verursacht, die das Protein Enterotoxin produzieren. Es bewirkt eine vermehrte Wasserausscheidung. Die Pflanze produziert den Teil des Proteins, der an die Darmwandzellen bindet. Nach dem Verzehr der rohen transgenen Kartoffel bildet der Körper Antikörper gegen diesen Proteinteil. Da die Kartoffel aber in der Regel zum Verzehr gekocht wird, ihre Produkte jedoch hitzelabil sind, versucht man jetzt die Ergebnisse auf die roh verzehrbare Banane zu übertragen. Ziel ist eine weitere Immunisierung gegen Kinder- und Tropenkrankheiten. Pharmazeutisch wirksame Nahrungsmittel heißen **Nutriceuticals.**

2.6 Nahrungsmittel und Gentechnik

Lebensmittel, die mithilfe der Gentechnik hergestellt werden, kann man unterteilen:

1. Das Lebensmittel selbst ist der lebende **g**entechnisch **v**eränderte **O**rganismus (GVO), beispielsweise Tomaten, Soja, Mais oder Kartoffeln.
2. Das Lebensmittel kann lebende GVOs enthalten. Dazu gehören Mikroorganismen in Wurst und Jogurt.
3. Im Lebensmittel befinden sich inaktivierte GVOs, zum Beispiel in Tomatenketchup, Kartoffelpüree, Brot oder Bier.
4. Das Lebensmittel enthält Produkte aus GVOs. Solche Produkte können Öle, Enzyme, Stärken, Vitamine und Aromen sein.
5. Das Lebensmittel wurde mithilfe von GVOs hergestellt. Dazu zählt Fleisch oder Milch von Tieren, die mit gentechnisch veränderten Futtermitteln gefüttert wurden.

Seit April 2004 gelten in der Europäischen Union neue Verordnungen zur **Kennzeichnung** von Lebensmitteln. Danach müssen Lebensmittel, Zutaten und Aromen, die GVOs enthalten, aus solchen bestehen oder daraus hergestellt wurden, gekennzeichnet werden. Ausnahmen bilden Lebensmittel, die mithilfe von GVOs hergestellt wurden, Enzyme sowie geringe, unvermeidbare oder unbeabsichtigte GVO-Beimischungen.

Gut ein Viertel unserer Lebensmittel wird während seiner Herstellung durch Mikroorganismen verändert. Für den Reifungsprozess, die Fermentation, verwendet man definierte Stämme von Mikroorganismen. Sie werden **Starterkulturen** genannt. Ziel des Einsatzes gentechnisch veränderter Starterkulturen ist eine Optimierung der Produktionstechnik oder Produkteigenschaft sowie eine ernährungsphysiologische Aufwertung. So wurden Milchsäurebakterien entwickelt, die bei der Milchverarbeitung gegen Phageninfektionen resistent sind. Ferner gibt es Starterkulturen, welche die Rohwurstreifung, den Back- oder den Gärungsprozess verbessern. Obwohl in Großbritannien einige modifizierte Bier- und Bäckerhefen zugelassen sind, befinden sich keine weiteren GVOs als Lebendkulturen in Nahrungsmitteln in der EU im Verkehr.

Nicht kennzeichnungspflichtig sind Enzyme, die aus GVOs gewonnen wurden. Ihr Anteil an allen lebensmitteltechnologisch eingesetzten Enzymen beträgt über 80 Prozent. Sie sind nicht nur in ihrer Wirkung mit den herkömmlichen Enzymen identisch. Sie sind auch reiner. Ihre gentechnische Herstellung ist kostengünstig und umweltfreundlich, da Rohstoffe, Abfälle, Energie und Wasser eingespart werden. Das bekannteste Beispiel ist das aus GVOs gewonnene Labferment Chymosin, das zur Käsegewinnung aus der Milch verwendet wird. Während das aus Kälbermägen herkömmlich gewonnene Labferment bis zu 95 Prozent vor allem mit Proteinen verunreinigt wird, enthält das gentechnisch hergestellte Produkt nur etwa 20 Prozent Verunreinigungen, welche vorwiegend aus Salzen bestehen. Der weltweite Jahresbedarf an Lab liegt bei 1000 Tonnen.

1 Wie kann man Spuren modifizierter DNA experimentell nachweisen?

STECKBRIEF

Antimatsch-Tomate

Ursache für das Matschigwerden von Tomaten ist das Enzym Polygalacturonase, welches Pektine in der Zellwand abbaut. Der Vorgang wird verhindert durch eine **antisense-RNA,** die von einem eingeschleusten Gen codiert wird. Da die Sequenz der antisense-RNA zur mRNA, die für die Bildung der Polygalacturonase verantwortlich ist, komplementär ist, lagert sich die mRNA zu einem Doppelstrang zusammen. Diese doppelsträngige mRNA kann am Ribosom nicht mehr translatiert werden.
Somit wird die Enzymsynthese für etwa zehn Tage nach der Reifung verhindert. Daher kann man die *Flavr Savr*™-Tomate in reiferem Zustand ernten. Sie ist besonders haltbar und aromatisch.

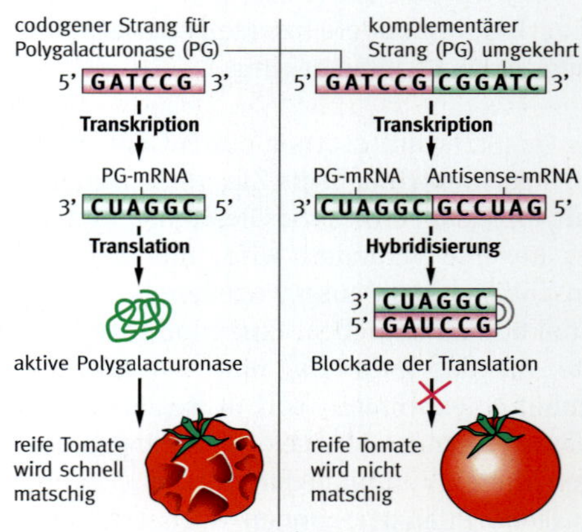

124.1 Bildung von antisense-RNA

Käseherstellung

Wahrscheinlich haben schon in der Jungsteinzeit die Menschen Techniken gekannt, das wertvolle Nahrungsmittel Milch zu konservieren. Möglicherweise hatten sie Kenntnis davon, dass Inhaltsstoffe aus den Mägen von Jungtieren die Milch gerinnen lässt. Die Milch wird so haltbarer.

Bei der Verdauung bereitet das in den Mägen von Säugetieren vorkommende *Lab* die Milch für den enzymatischen Abbau vor. Es lässt eine quarkige Masse entstehen. Wirksame Komponente des Labs ist die hochspezifische Protease **Chymosin,** die auch *Rennin* genannt wird. Milch enthält neben Fett etwa drei Prozent Protein, dessen Hauptbestandteil das Casein ist. Dieses besteht hauptsächlich aus den Phosphoproteinen *α-, β- und κ-Casein.* Besonderheit des *κ-Caseins* ist, dass es durch Glycosylierung eine hydrophile Region besitzt. Diese Proteine lagern sich in der Milch zu Submicellen zusammen, wobei nach innen gerichtete hydrophobe und nach außen gerichtete hydrophile Bereiche mit Phosphatgruppen entstehen. Calcium-Phosphat-Verbindungen lagern die Submicellen zu Micellen zusammen. Die nach außen ragenden polaren Zuckerketten des κ-Caseins stabilisieren die Micellen in wässriger Lösung. Chymosin spaltet spezifisch das κ-*Casein.* Weil dadurch die stabilisierenden, hydrophilen Bereiche entfernt werden, aggregieren die Micellen zu einem räumlichen Netz.

Der gleiche Vorgang läuft bei der Käseherstellung ab. Zunächst werden zur Milch Starterkulturen gegeben. Milchsäurebakterien senken den pH-Wert, weil sie Milchzucker in Milchsäure umwandeln und dadurch Casein denaturieren. Mit dieser *Sauergerinnung* geht die Zugabe von Chymosin einher, der zusätzlichen *Süßgerinnung.* Durch diese Dicklegung der Milch entsteht der *Käsebruch.* Der zerschnittene Bruch wird in Formen gepresst und die Molke fließt ab. Sie besteht hauptsächlich aus Wasser und enthält noch Milchzucker, etwas Fett und wenige Proteine. Die spätere Härte des Käses ist von der Ausgiebigkeit des Pressens abhängig.

Anschließende Salzbäder würzen, entziehen Wasser und verhindern Fäulnisbildung. In der folgenden Hauptreifung erhält der Käse seinen typischen Geschmack. Lipasen bauen dabei Fette zu verschiedenen Fettsäuren ab. Proteasen lassen Eiweißprodukte entstehen. Im Schnittkäse entstehen die Löcher, wenn Milchsäurebakterien die gebildete Milchsäure weiter verstoffwechseln und Kohlenstoffdioxid als Gasblasen absondern. Manchen Käsesorten werden verschiedene Schimmelpilze zur Aromabildung zugegeben. Schweizer Käsesorten erhalten ihren charakteristischen Geschmack von der Propionsäure, die nach Zugabe von Propionsäurebakterien gebildet wird.

125.1 **Käseherstellung vor 300 Jahren**

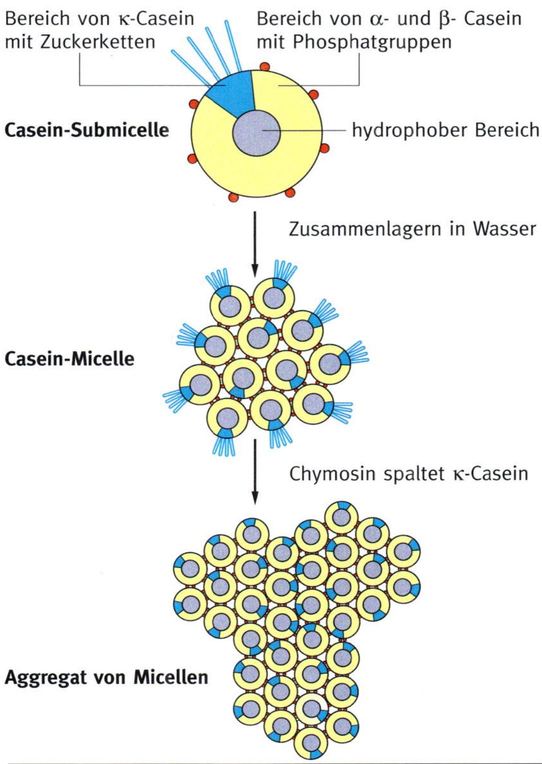

125.2 **Milchgerinnung mittels Chymosin**

BIOTECHNIK

Herstellung von Mozzarella mit Chymosin

Kuhmilch stellt ein Gemisch aus Wasser (87,1 %), Eiweiß (3,5 %, davon Casein 2,8 %), Fett (3,9 %), Kohlenhydraten (Milchzucker, 4,8 %), Mineralstoffen (Calcium, Magnesium, Natrium, Kalium, Phosphate, 0,7 %) und Vitaminen (A, B_1, B_{12}, C, D, E, K) dar. Bei der Käseherstellung macht man sich zunutze, dass das Casein unter bestimmten Bedingungen in der Milch gerinnt. Bei der Sauergerinnung geschieht dies durch Zugabe von Milchsäurebakterien (Jogurt, Harzer Käse). Im Folgenden wird eine Süßgerinnung durchgeführt, bei der das Casein durch das Labferment denaturiert wird. Es entsteht ein Frischkäse (Mozzarella).

Material: Roh- oder Vollmilch (3,5 % Fett, 2 l), Zitrone, Salz (150 g), Chymosin (Labessenz, 2 %, 100 ml), Kochtopf (für 2 l), Kochplatte, Thermometer, Kochlöffel, Zitronenpresse, Kunststoffgefäß (für 2 l, mit Deckel), Pipette (5 ml) mit Pipettierhilfe, Isolierkarton (Styroporkasten, zur Aufnahme der Kunststoffdose), Draht (Durchmesser 3 mm, Länge 40 cm), Küchensieb, Eimer, runde Plastikdose (Durchmesser ca. 10 cm, mit Deckel), Stoffwindel (80 x 80 cm), Stoffwindel (40 x 40 cm), Schale, 3 Holzstäbchen, KG-Abwasserrohr aus dem Baumarkt (Durchmesser 10 cm, Länge 50 cm), Endstück für KG-Rohr, 3 gefüllte Konservendosen (Durchmesser 10 cm), Bohrer (8 mm), Flachzange, evtl. Schraubstock

Durchführung: Als Schneidewerkzeug für die Käsemasse, eine *Käseharfe,* wird ein dicker Draht mit einer Zange oder einem Schraubstock so geformt, dass er die Form eines eckigen „U“ erhält und in das große Kunststoffgefäß passt.
Als Abtropfform dient die runde Plastikdose, die mithilfe eines Bohrers mit Löchern versehen wurde. Als Käsepresse wird ein KG-Abwasserrohr verwendet, auf dessen erweitertes Ende ein Endstück gesetzt wird. Dieses wird von unten und am Seitenrand durchbohrt. Zum Pressen des in das Endstück gelegten, eingewickelten Käses dienen drei gefüllte Konservendosen.

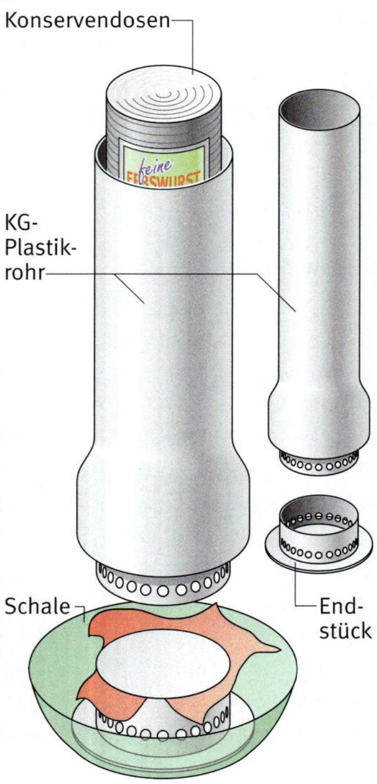

Nicht erhitzte Rohmilch könnte Krankheitserreger, im Extremfall Tuberkulosebakterien, enthalten und muss deshalb pasteurisiert werden. Dazu wird die Milch in einem Topf unter Rühren auf 72 °C erhitzt und eine halbe Minute bei dieser Temperatur gehalten. Danach wird die Milch auf etwa 40 °C abgekühlt; zur Beschleunigung kann der Topf in ein Ausgussbecken mit kaltem Wasser gestellt werden. Dieser Schritt entfällt, wenn man keinen Rohmilchkäse herstellen möchte. Dann verwendet man von vornherein frische, pasteurisierte Vollmilch, keine H-Milch. Diese muss nur auf 40 °C erwärmt werden.

Die handwarme Milch wird in ein Kunststoffgefäß mit Deckel gefüllt. Etwa drei Esslöffel Zitronensaft werden hinzugegeben. 4 ml der Labessenz werden zupipettiert und eingerührt. Der Ansatz wird eine Stunde in den Isolierkarton gestellt. Nach einer Stunde wird die eingedickte Milch, die *Gallerte,* mithilfe des zurechtgebogenen Drahtes, der Käseharfe, in allen drei Dimensionen geschnitten, sodass als „Käsebruch“ 2–3 cm dicke Würfel entstehen. Das Gemenge aus *Bruch* und *Molke* wird weitere fünf Minuten stehen gelassen. Das Bruch-Molke-Gemisch wird anschließend in ein mit der großen Stoffwindel ausgelegtes Küchensieb gegossen, und die abtropfende Molke in einem daruntergestellten Eimer aufgefangen. Das Tuch wird eingeschlagen, und man lässt den Bruch eine Stunde lang gut abtropfen.

Der Bruch wird in die Abtropfform gegeben, die mit der kleinen Stoffwindel ausgelegt ist. Die Form wird auf drei Holzstäbchen in eine Schale gestellt, damit die Molke von der Käsemasse über Nacht abtropfen kann.
Der im Tuch eingewickelte Käse wird aus der Form genommen und im unteren Teil der Presse in das durchlöcherte Endstück gelegt. Das Rohr wird aufgesetzt. Der Käse wird wie vorn beschrieben über drei Stunden gepresst.
Das Salz wird in einem Liter Wasser aufgekocht. Die Salzlake wird wieder abgekühlt, der Käse wird nach dem Pressen dort hineingelegt. Dieser Käse lässt sich drei bis vier Tage im Kühlschrank aufbewahren. Er kann mit Tomaten, Olivenöl, Essig und Basilikum garniert werden.

Aufgaben:

a) Klären Sie die Begriffe Emulsion, Suspension, Lösung und Aufschlämmung.

b) Erläutern Sie, warum das in der Milch gelöste Casein bei der Sauergerinnung und bei der Süßgerinnung ausfällt.

c) Informieren Sie sich über die Chymosinherstellung.

Plasmidisolation aus *Escherichia coli*

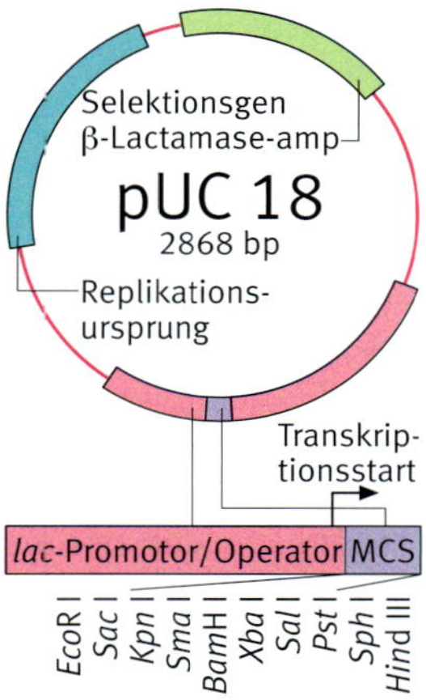

Der Bakterienstamm *E. coli* 3424 trägt das Plasmid pUC 18. Jede Zelle enthält mehr als 50 Kopien dieses Plasmides. PUC 18 ist als Sicherheitsplasmid nur auf *E. coli* beschränkt, kann also auf natürliche Weise nicht auf andere Bakterien oder gar höhere Organismen übertragen werden. Die Gene, die auf pUC 18 liegen, sind bekannt. Es enthält außerdem die für den Einbau eines Fremdgens wichtige MCS-Region im Reporter-Gen lacZ. Bevor derartige Plasmide als Vektoren dienen können, beispielsweise im Rahmen einer Transformation, muss man diese aus den Bakterienzellen isolieren. Die Vermehrung rekombinanter DNA in Bakterien zählt zur Gentechnik. Dieses Experiment zählt zur Sicherheitsstufe 1.

Material: *QIAprep-Kit.* Außerdem werden weitere Materialien benötigt. *Anzucht:* Luria-Bertoni-(LB)-Medium (steril, 20 ml), *E. coli* 3424, Ampicillin (Xn, erst nach dem Autoklavieren zugeben, da hitzeempfindlich), Ethanol (F), Brutschrank (37 °C), Erlenmeyerkolben (250 ml), Impföse, Bunsenbrenner; *Isolation:* 2 Eppendorfgefäße (2 ml), Mikropipette (1000 µl), blaue Spitzen, Abfallgefäße für Spitzen mit Flüssigkeiten, Zentrifuge bis 13 000 UpM (Umdrehungen pro Minute); *Nachweis:* Elektrophoresekammer, 2 Metallkeile, Kamm und Netzgerät, Agarose (0,8 g), TAE-Puffer (Xi, 400 ml), Messzylinder (100 ml), Mikrowelle, Erlenmeyerkolben (250 ml), Mikropipette (100 µl), gelbe Spitzen, Schutzbrille und Thermohandschuhe, Methylenblaulösung (Xn, 0,25 %), Ladepuffer, DNA-Längenstandard (20 µl), Färbeschale, Spatel

Durchführung: Der Bakterienstamm wird in einer Übernachtkultur des LB-Mediums angezogen und auf entsprechenden Nährbodenplatten als Dauerkultur angelegt. Im gleichen Nährmedium wird der Stamm auch für die Plasmidisolierung angezogen, jedoch mit einem Ampicillinzusatz von 20 µg/ml. Die Kultur wird 24 Stunden lang bei 37 °C inkubiert. Puffer 1 des Kits wird mit der vorhandenen Nuclease-Lösung gemischt. Puffer PB wird mit Ethanol versetzt. Zum **Sedimentieren** der Bakterienzellen werden 1,8 ml der Übernachtkultur in ein Eppendorf-Reaktionsgefäß pipettiert. Das verschlossene Gefäß wird zwei Minuten bei 13 000 UpM zentrifugiert. Der Überstand wird zum späteren Autoklavieren in ein Sammelgefäß dekantiert.

Danach werden die Zellen in 250 µl des Puffers P1 **resuspendiert.** Die Komponenten werden durch kräftiges Anschnippen des Reaktionsgefäßes gemischt. RNA wird durch RNase abgebaut.
Es folgt das **Aufbrechen** der Bakterienzellen durch ein Detergens und die **Denaturierung** sämtlicher Nucleinsäuren und Proteine: 250 µl Puffer P2 werden in das Reaktionsgefäß pipettiert. Der Ansatz wird durch achtmaliges Umdrehen des verschlossenen Reaktionsgefäßes vermischt und fünf Minuten bei Raumtemperatur inkubiert.
Zugabe von Kaliumacetat führt zur **Renaturierung** der Plasmide, die in Lösung gehen, während alle anderen Nucleinsäuren und Proteine ausgefällt bleiben: Aus dem Gefäß mit Puffer N3 werden 350 µl in das Reaktionsgefäß pipettiert und die Komponenten durch mehrmaliges Umdrehen des Gefäßes vermischt. Der Ansatz wird neun Minuten bei 13 000 UpM zentrifugiert.
Zur Isolation erfolgt eine **Bindung** der Plasmide an die Silikatverbindungen der *QIAprep-Säule.* Der Überstand des Reaktionsgefäßes wird dazu auf die Säule dekantiert. Sie wird in einem neuen Reaktionsgefäß eine Minute bei 13 000 UpM zentrifugiert. Der Durchlauf wird autoklaviert.
Die in der Säule fixierten Plasmide werden durch zweimaliges **Waschen** gereinigt: Es werden 500 µl Puffer PB aufgetragen, und die Säule wird bei 13 000 UpM eine Minute zentrifugiert. Der Durchlauf wird verworfen. Es werden 750 µl Puffer PE aufgetragen, und die Säule wird bei 13 000 UpM eine Minute zentrifugiert. Der Durchlauf wird aufgehoben.

Die gereinigten Plasmide werden am Ende **eluiert** (lat. herausgelöst): Es wird Puffer EL (100 µl) aufgetragen, eine Minute gewartet und die Säule bei 13 000 UpM eine Minute zentrifugiert. Der Durchlauf enthält die Plasmide.

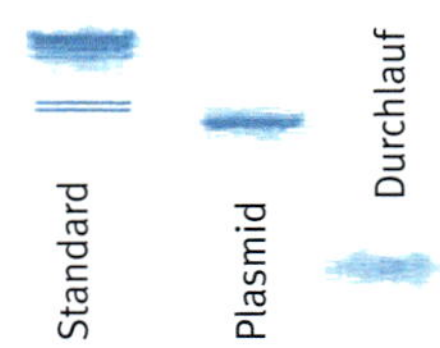

Die gewonnenen Plasmide können in einem 0,8 %igen Agarosegel (0,8 g Agarose in 100 ml TAE-Puffer aufkochen) mittels **Gelelektrophorese** nachgewiesen werden. Probenvorbereitung: Je 20 µl Längenstandard, 20 µl Plasmid-Probe und 20 µl des Durchlaufs nach der PE-Puffer-Zugabe werden mit 2 µl Ladepuffer in je einem Reaktionsgefäß gemischt. Die drei Proben werden in jeweils eine Tasche des Gels gefüllt. Man erhält oben stehendes Elektropherogramm, wenn man das Gel mit Methylenblaulösung anfärbt.

Aufgaben:

a) Welchen Vorteil hat die MCS-Region eines Plasmids für eine Transformation?

b) Wozu dient das Antibiotikum in der Übernachtkultur?

c) Erstellen Sie eine Tabelle, die die einzelnen Schritte der Plasmidisolation und deren Funktion darstellt.

3 Gentechnik in der Diskussion

3.1 Risiko und Risikowahrnehmung

Auch in unserer Gesellschaft ist es unumstritten, dass wir Risiken eingehen müssen, wenn wir für unser Wohlergehen sorgen wollen. Es wird aber sehr kontrovers diskutiert, welche Ziele unserem Wohlergehen dienen, und inwieweit wir damit verbundene Gefahren in Kauf nehmen sollten. Dies gilt besonders für die „grüne Gentechnik" in der Landwirtschaft, weniger für die „rote Gentechnik" in der Pharmazie und Medizin.
Der Begriff Risiko wird im Alltag synonym für „Gefahr" oder „Wagnis" gebraucht. Häufig versteht man in unserer Kultur unter Risiko (lat. *risicare,* Klippen umschiffen) nur die Möglichkeit, Schaden zu nehmen.
„Wei-ji" ist die chinesische Bezeichnung für „Risiko" und setzt sich zusammen aus den beiden Schriftzeichen für „Gefahr" und „Chance". In der chinesischen Sprache ergibt sich also der ambivalente Charakter des Risikos bereits aus dem Begriff, da dieser die beiden Aspekte **Schaden** und **Gewinn** enthält. Was wir Europäer uns demnach erst klarmachen müssen – zum Beispiel in Redewendungen wie „Wer wagt, gewinnt" –, erschließt sich für Ostasiaten aus dem Begriff „wei-ji".

Bei der **Risikoabschätzung** gentechnischer Methoden geht es um eine möglichst exakte Bestimmung der Eintrittswahrscheinlichkeit eines denkbaren Schadens sowie um eine Beschreibung des Schadenausmaßes.

128.1 Risikowahrnehmung im Jahr 2001. Je weiter rechts und oben man eine Gefahrenquelle einordnet, desto risikoreicher erscheint diese.

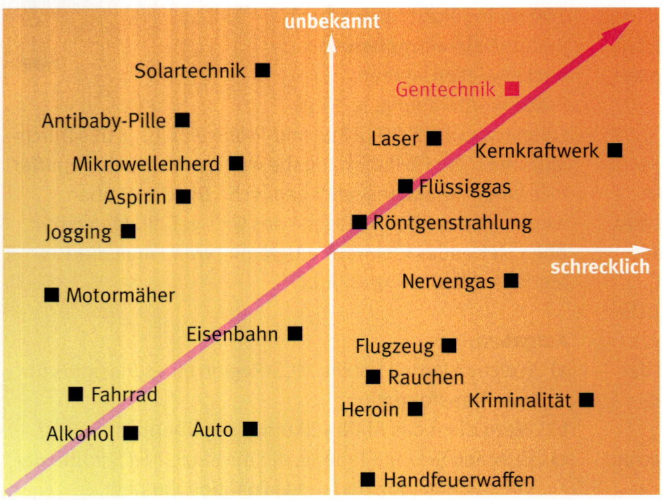

Sie wird mathematisch ausgedrückt durch:

$$R = w \cdot A$$

Nach dieser Gleichung vermindert sich das Risiko (R), wenn man entweder die Eintrittswahrscheinlichkeit (w) verringert oder das Ausmaß eines Schadens (A) verkleinert. Diese Formel birgt Zündstoff: Kritiker der Gentechnik argumentieren, dass es in unserer Gesellschaft viel häufiger darum geht, die Eintrittswahrscheinlichkeit eines Schadens zu reduzieren als das Ausmaß einer möglichen Katastrophe. Die Behauptung, man habe die Unfallwahrscheinlichkeit von 0,0001 auf 0,00001 heruntergedrückt, bleibt schon deshalb mit einem Fragezeichen versehen, weil Wahrscheinlichkeiten keine Gewähr dafür bieten, dass nicht in allernächster Zeit das Unerwartete eintritt.
Die Biologin Christine von Weizsäcker forderte daher in den Siebzigerjahren des vergangenen Jahrhunderts eine **fehlerfreundliche Technik,** und zwar im Zusammenhang mit der Risikodiskussion um Kernkraftwerke. Fehlerfreundlichkeit verlangt, dass auch große, selbst verbrecherische Fehler nur begrenzten Schaden anrichten.

Die Risikodiskussion der Gentechnik betrifft vor allem die unbeabsichtigte sowie die gezielte **Freisetzung** gentechnisch veränderter Organismen. Eine Veränderung der Keimbahn mit evolutionären Katastrophen ist die befürchtete Folge. Das Gentechnik-Gesetz soll dieses Risiko minimieren.

Gentechnische Gefahren lassen sich von Laien schon deshalb schwer einschätzen, weil das Denken in Wahrscheinlichkeiten und die Bedeutung möglicher Schäden nicht leicht zu verstehen sind. Häufig werden daher öffentliche Debatten auf der Basis der **Risikowahrnehmung** geführt. Eine Gefahrenquelle wirkt umso risikoreicher, je geringer die persönliche Kontrolle über sie ist, je unbekannter sie ist, je schrecklicher das Ausmaß eines Unfalles ist und je mehr Personen davon betroffen sind. So erscheint Autofahren in der Regel weniger risikoreich als Fliegen, obwohl das Gegenteil der Fall ist. Besonders die Unsichtbarkeit von Gefahren wie Strahlung, Giftigkeit, Verursachung von Krebs oder ansteckenden Krankheiten wirkt beängstigend.

3.2 Gentechnik und Ethik

In den 80er- und 90er-Jahren des vergangenen Jahrhunderts wurde die Diskussion um Pro und Contra der Gentechnik nicht immer nur auf der Basis fachlichen Wissens geführt. Befürworter der Gentechnik aus den Reihen der Industrie und Forschung trugen kaum zu einer sachlichen Aufklärung bei. So wurde unter anderem ins Feld geführt, die gentechnischen Methoden erlaubten lediglich, etwas zu tun, das in der Natur ohnehin seit eh und je abläuft – die Aufnahme freier DNA durch Zellen. Diese Argumentation wird in der Philosophie als **naturalistischer Fehlschluss** beschrieben: Natürliche Abläufe können demnach keinen Maßstab liefern oder als Entschuldigung dafür dienen, eigene Handlungsoptionen auszurichten. Außerdem darf nicht übersehen werden, dass mithilfe der Gentechnik Keimbahngrenzen überschritten werden können. Denn DNA verschiedener Organismen kann in Zellen eingeführt und dort exprimiert werden – ein Vorgang, der natürlicherweise nicht stattfindet. Aber auch Kritiker, unter anderem *Greenpeace,* wendeten im Gegenzug nicht nur sachliche Argumente an. Sie nutzten sogar Unwissen und Befürchtungen der Bevölkerung, um mit emotionalen Mitteln Stimmung gegen Gentechnik zu machen.
Der Informationsmangel führte zu eklatanten Fehlvorstellungen über die Gentechnik. Noch 1997 wussten einer repräsentativen Studie des *Eurobarometers* zufolge nur 35 Prozent der Europäer, dass alle Tomaten „Gene enthalten“. Der gleiche Anteil der Befragten stimmte dem Satz zu, dass nur gentechnisch veränderte Tomaten Gene enthalten, konventionelle jedoch nicht. Der in den Medien verbreitete Begriff „Gen-Tomate“ hatte damit seine irreführende Wirkung gezeigt.

Die Frage „Was sollen, was dürfen wir tun?“ beschäftigte in jüngster Zeit Wissenschaftler und Politiker verschiedener Richtungen. Einzige Richtschnur für unser Handeln kann dabei nur die **Ethik** (gr. *ethos,* das Sittliche) sein, die unser Wertesystem widerspiegelt.
Aus unserer abendländischen Tradition sind zwei ethische Prinzipien bekannt, die **personalistische** und die **naturalistische Ethik.** Erstere spricht absolute Ver- und Gebote aus, zum Beispiel: Die Würde des Menschen ist unantastbar – auch Pflanzen und Tiere besitzen eine Würde. Sie gentechnisch zu verändern, müsse schon deshalb verboten werden. Die naturalistische Ethik orientiert sich am Nutzen für den Einzelnen und für die Gesellschaft: Gentechnik bei Pflanzen und Tieren müsse schon deshalb unternommen werden, weil man mithilfe bestimmter Produkte Krankheiten heilen und Ernährungsprobleme lösen kann. Mithilfe beider ethischer Prinzipien kann man zu Pro- oder Contra-Aussagen über die Gentechnik gelangen. Öffentliche Debatten, zum Beispiel im Fernsehen, wirken oft deshalb unbefriedigend, weil beide Argumentationsweisen auf unterschiedlichen Ebenen geführt werden und zu verschiedenen Resultaten führen können: Es gibt keine einfachen Lösungen.

129.1 Diskussion in der Gentechnik

1999 forderte der Philosoph Peter SLOTERDIJK einen **Codex der Anthropotechniken** (gr. *anthropos,* Mensch) zu formulieren, damit der Mensch seine künftigen Merkmale mithilfe der Gentechnik selbst beeinflussen könne. Diese heftig diskutierte Ansicht stieß unter anderem bei dem Molekularbiologen Jens REICH auf erheblichen Widerspruch, und zwar schon aus fachlicher Sicht: Es sei zwar vorhersagbar, dass es bei Gendefekten wie der Bluterkrankheit oder Mukoviszidose gentechnische Prothesen geben werde, nicht aber, dass durch gezieltes Engineering das Design des Menschen verändert werden könne.

Im Jahre 2001 wurde von der Bundesregierung der **nationale Ethikrat** gegründet, der diese in Fragen der Genforschung beraten soll. Ihm gehören 25 Vertreter aus Politik, Wirtschaft, Gesellschaft, Naturwissenschaft, Medizin und Theologie an.

Gentechnik

1 Im Folgenden ist eine Basenpaarsequenz eines DNA-Doppelstranges dargestellt:

A-T-G-G-T-C-C-G-C-T-G-A-A-T-T-C-A-A-C-C-C-T-T-T
T-A-C-C-A-G-G-C-G-A-C-T-T-A-A-G-T-T-G-G-G-A-A-A

a) Schreiben Sie die Basenpaarsequenz ab und umrahmen Sie deren palindromischen Teil.
b) Zeichnen Sie die Schnittstelle für das Restriktionsenzym *Eco*RI ein.
c) Welcher Vorteil ergibt sich aus dem Schnittmuster für die Gentechnik?
d) Wie kann man an der Schnittstelle Fremdgen und Markergen einbauen?

2 Die Bäckerhefe *Saccharomyces cerevisiae* ist ein einzelliger Eukaryot, der sich ähnlich gut kultivieren lässt wie das Bakterium *Escherichia coli*. Mithilfe von Vektoren können – ähnlich wie bei Bakterien – Fremdgene zum Genom der Hefe zugeführt werden.
a) Welche Vorteile besitzen Bakterien bei gentechnischen Verfahren gegenüber allen Eukaryoten bezüglich des Genoms?
b) Welche Vorteile haben rekombinante Hefen gegenüber rekombinanten Bakterien?

3 Bis 1984 stand zur Behandlung von Zuckerkranken nur Insulin zur Verfügung, das aus Bauchspeicheldrüsen von Rindern, Schweinen und Schafen gewonnen wurde. Seitdem steht gentechnisch gewonnenes Humaninsulin zur Verfügung. Voraussetzung dafür war, die Gene zur Produktion des Humaninsulins in *Escherichia coli* einzuschleusen. Man konnte jedoch kein menschliches Gen direkt in das Bakteriengenom einbauen, sondern musste dieses Gen Basenpaar für Basenpaar aus der Aminosäuresequenz ableiten, als DNA rekonstruieren und anschließend in das Bakteriengenom einbauen.
a) Beschreiben Sie Schritt für Schritt die molekularbiologische Herstellung von Insulin durch einen gentechnisch veränderten *E.-coli*-Stamm unter Verwendung der Begriffe „genetischer Code“, „Restriktionsenzym“ und „Ligase“.
b) Nennen Sie die Vorteile, die eine Verwendung gentechnisch gewonnenen Humaninsulins mit sich bringt.
c) Erläutern Sie biologische Risiken, die im Umgang mit dem gentechnisch veränderten Bakterienstamm zu berücksichtigen sind.
d) Geben Sie Gründe für Zuckerkrankheit an und finden Sie Argumente für und gegen den Einsatz von Humaninsulin.

4 Weltweit leiden etwa 200 000 Menschen an einem erbbedingten Mangel des Blutgerinnungsfaktors VIII. In Deutschland gibt es etwa 6000 dieser Patienten, die lebenslang Faktor-VIII-Präparate spritzen müssen, um folgenschwere innere Blutungen zu verhindern. Bis vor Kurzem standen dazu nur aus menschlichem Blutplasma isolierte Mittel zur Verfügung.
a) Welche Risiken beinhaltet die Verwendung von Produkten aus menschlichem Blutplasma?
b) Wie lassen sich diese Risiken mithilfe der Gentechnik vermeiden?
c) Welche Risiken könnten bei ungezügelter Verwendung gentechnischer Produkte entstehen?

5 Organismen gelangen immer wieder in für sie fremde Lebensräume. So wurde beispielsweise die Kartoffel aus Südamerika nach Europa eingeführt und das europäische Kaninchen in Australien eingeschleppt.
a) Nennen Sie für beide Beispiele Auswirkungen, die die Verbreitung einer fremden Art in einem neuen Lebensraum hatte.
b) Diskutieren Sie mögliche Auswirkungen von Freilandversuchen mit rekombinanten Lebewesen.
c) Beschreiben Sie die folgende Abbildung.
d) Interpretieren Sie das Ergebnis im Hinblick auf die Freisetzungsproblematik.

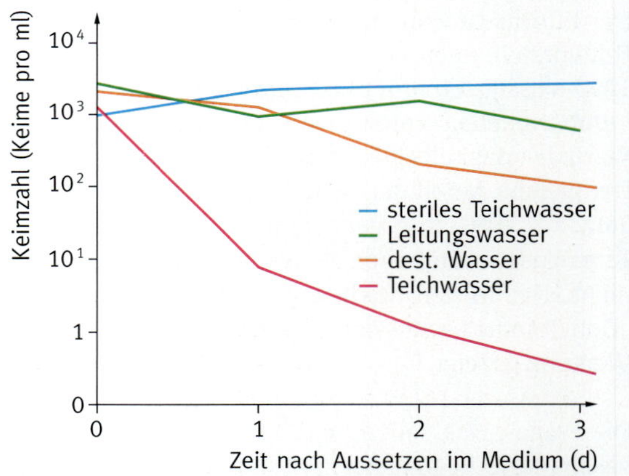

Überlebensrate von *E. coli* K-12 in unterschiedlichen Wasserproben

6 Ein Anwendungsgebiet der Gentechnik ist die Umweltsanierung: Mikroorganismen können gentechnisch so verändert werden, dass sie Umweltgifte wie zum Beispiel Heizöl abbauen. In diesem Fall wird belasteter Boden zu Dekontaminierungszentren transportiert. Dort kommen die Bakterien in definierten Bedingungen zum Einsatz.

a) Beschreiben Sie, wie solche definierten Bedingungen geartet sein müssen.
b) Wodurch unterscheidet sich ein Heizöl abbauender Mikroorganismus stoffwechselphysiologisch von anderen Mikroorganismen?
c) Wo findet man Mikroorganismen mit ähnlich speziellen Fähigkeiten unter natürlichen Bedingungen?
d) Welche Vorteile können gentechnische Veränderungen von Mikroorganismen mit speziellen Fähigkeiten bieten?

7 Ti-Plasmide sind wichtige Vektoren in der Gentechnik, da sie in der Lage sind, ihre Gene in ein pflanzliches Genom zu intergrieren.
a) Begründen Sie diese Aussage im Hinblick auf die moderne Pflanzenzüchtung.
b) Skizzieren Sie anhand einer zellulären Schemazeichnung das natürliche Vorkommen des Ti-Plasmids und seine Übertragung in ein pflanzliches Genom.

8 Wachstum und Milchleistung eines Rindes werden durch das körpereigene Wachstumshormon BST (Bovines Somatropin) reguliert. Amerikanische Firmen haben BST gentechnisch hergestellt. Damit behandelte Kühe zeigen eine deutlich gesteigerte Milchleistung. Nach einer zehnjährigen Erprobungsphase ist das rekombinante BST von der zuständigen Behörde freigegeben worden. Dennoch gibt es Widerstände von Verbrauchern, Kleinfarmern und Tierschützern gegen einen Einsatz von BST. Nennen Sie Argumente,
a) unter dem Sicherheitsaspekt,
b) unter ethischen Aspekten, die diese Gruppen vorbringen könnten.

9 In einer Klinik wurde die DNA dreier Patienten mittels PCR-Technik untersucht. Es bestand der Verdacht, dass bei diesen Menschen ein bestimmtes Gen durch eine Punktmutation funktionslos geworden ist. Man weiß, dass das intakte Gen die Basensequenz

... G-T-C-A-G-G-A-T-A-A-G ...

enthält, die mithilfe einer entsprechenden Gensonde identifiziert werden kann.
Die DNA-Fragmente auf dem Elektrophoresegel wurden mit einem Farbstoff sichtbar gemacht. Das Ergebnis ist in Abbildung 1 dargestellt.
Nach Behandlung mit einer radioaktiv markierten Gensonde wurde auf die Elektrophoreseplatte ein Röntgenfilm gelegt. Die radioaktive Strahlung schwärzt den Röntgenfilm an den entsprechenden Stellen. Das Ergebnis ist in Abbildung 2 dargestellt.

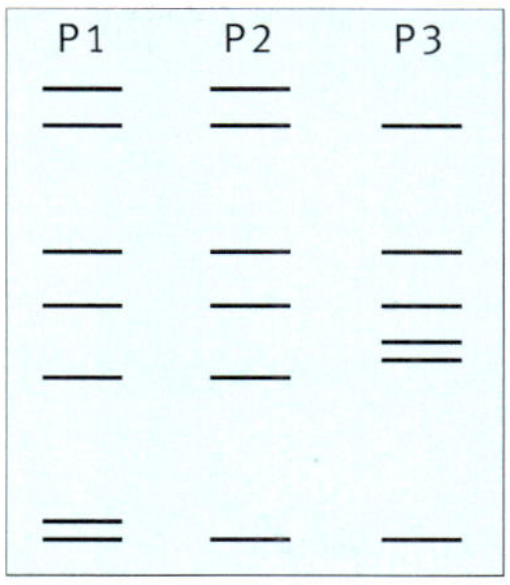

Abbildung 1

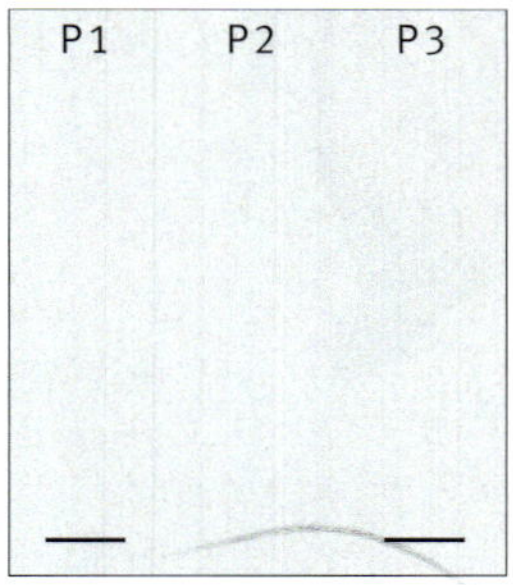

Abbildung 2

a) Erläutern Sie, warum man bei der PCR aus dem gesamten Genom nur einzelne DNA-Fragmente erhält.
b) Beschreiben Sie das Prinzip der Elektrophorese von DNA-Fragmenten.
c) Nach welchen beiden Prinzipien können Farbstoffe DNA im Gel sichtbar machen?
d) Werten Sie das Elektropherogramm (Abbildung 1) aus. Warum sieht man bei P1 bis P3 so viele, auch unterschiedliche Banden?
e) Schreiben Sie die Basensequenz der Gensonde für das erwähnte intakte Gen auf.
f) Welche Person(en) weisen/weist Gendefekte auf? Erläutern Sie Ihre Diagnose ausführlich.

10 Folgende Grafik gibt die Ergebnisse der Schmelzkurven der DNA-Hybride von vier Vogelarten wieder:

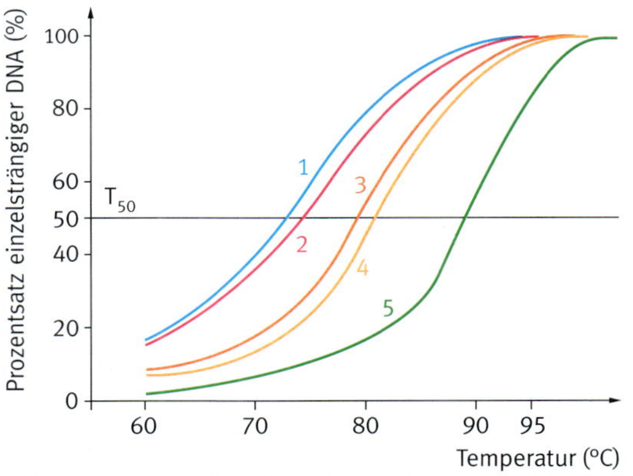

1 Kolibri/Nektarvogel **2** Mauersegler/Schwalbe
3 Mauersegler/Kolibri **4** Schwalbe/Nektarvogel
5 Schwalbe/Schwalbe

a) Worin liegen die molekularbiologischen Ursachen der verschiedenen Kurvenverläufe?
b) Erstellen Sie auf der Grundlage der Ergebnisse einen Stammbaum, der die Verwandtschaftsbeziehungen zwischen den abgebildeten Vögeln wiedergibt.

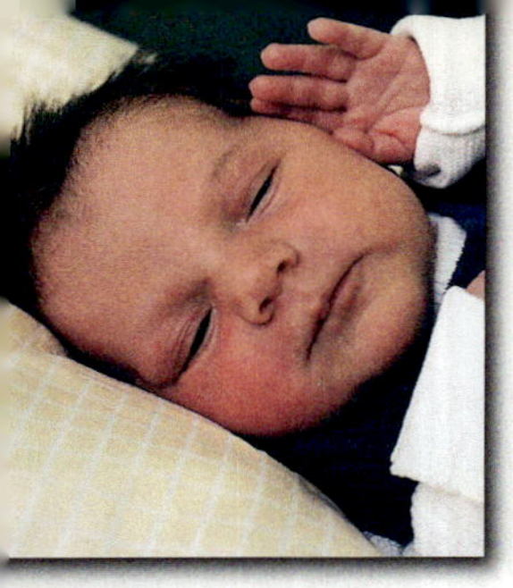

Humangenetik

1 Historische Vorstellungen

Schon in der Antike beschrieben Naturphilosophen und Ärzte, dass auch bei Menschen bestimmte Eigenschaften von den Eltern an ihre Kinder weitergegeben werden. So fiel das gehäufte Auftreten bestimmter körperlicher Merkmale oder Krankheiten innerhalb von Familien auf. Der griechische Philosoph und Mathematiker ANAXAGORAS (500–428 v. Chr.) glaubte, dass der menschliche Embryo im Sperma des Vaters vorgefertigt sei und sich in der Gebärmutter der Frau weiterentwickelt. Seiner Ansicht nach war auch das Geschlecht vorab festgelegt: Sperma aus dem rechten Hoden ergebe männliche, Sperma aus dem linken Hoden weibliche Nachkommen. Der bedeutende Arzt HIPPOKRATES (460–377 v. Chr.) entwickelte die Vorstellung, dass alle Körperteile eine Art Saft zur Vererbung beisteuerten. ARISTOTELES (384–322 v. Chr.), der mit seinen Schriften die Biologie bis ins Mittelalter beeinflusste, war von der Vererbung erworbener Eigenschaften überzeugt. In der Antike war man sich der Bedeutung der Sexualvorgänge für die Vererbung bewusst, wobei nach ARISTOTELES „das weibliche Wesen den Stoff liefert, während von dem männlichen die Bewegung stammt“. Im Mittelalter vertrat Hildegard VON BINGEN (1098–1179) die Ansicht, dass die „Verschiedenheit der Menschen auf der Unterschiedlichkeit männlichen Samens“ beruhe. Daneben schob sie dem Menstruationsblut Vererbungskraft zu – die weiblichen Geschlechtszellen waren noch nicht entdeckt.

Diese Vorstellung des vorgefertigten Samens in der Antike und im Mittelalter wurde mit einer merkwürdigen Hypothese noch im 18. Jahrhundert von HARTSOEKER (1656–1725) und LEUWENHOEK (1632–1723) untermauert. Beide hatten mit Lupen das gesehen, was sie finden wollten: In Spermienzellen glaubten sie, winzige, vorgebildete Menschlein zu erkennen. Damit begann ein fast 100 Jahre andauernder Streit darüber, ob der künftige Mensch in der Ei- oder in der Spermienzelle vorgebildet sei. Erst nach Fortschritten in der Zellenlehre konnte diese **Präformationshypothese** (lat. *praeformare,* vorformen) eindeutig widerlegt werden.

Der eigentliche Beginn der Humangenetik liegt im 19. Jahrhundert. Der Engländer Sir Francis GALTON (1822–1911) wandte erstmals statistische Methoden bei der Analyse menschlicher Vererbungsgänge an. Er gilt als Begründer der Zwillingsforschung.
Heute hat sich die Humangenetik zu einer der wichtigsten Wissenschaftsdisziplinen entwickelt: Humangenetiker analysieren die Erbinformation des Menschen auf der Ebene der Nucleinsäuren, der Chromosomen, der Genprodukte und des Phänotyps. Neben den traditionellen Verfahren der Familienforschung, der Massenstatistik und der Zwillingsforschung sind es heute besonders cytologische und molekularbiologische Methoden, die in der Humangenetik zur Anwendung kommen.

132.1 Historische Persönlichkeiten. **A** HIPPOKRATES; **B** Hildegard v. BINGEN; **C** Francis GALTON

132.2 Präformationshypothese. **A** nach HARTSOEKER; **B** nach LEUWENHOEK

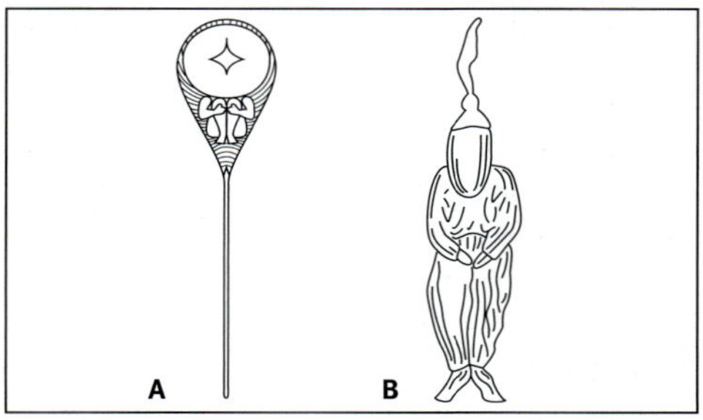

2 Chromosomen und DNA des Menschen

2.1 Einteilung der Chromosomen

Menschliche Chromosomen beobachtete Oscar HERTWIG 1875 zum ersten Mal. Aber erst 1956 wurde anhand einer von TJIO und LEVAN entwickelten Präparationstechnik die richtige Zahl bestimmt: Eine menschliche Körperzelle enthält 46 Chromosomen: 22 Autosomenpaare und ein Gonosomenpaar. Der Chromosomensatz ist damit diploid.

Die Chromosomenpräparation gehört zu den Standardmethoden im humangenetischen Labor. Grundsätzlich kann jedes menschliche Gewebe untersucht werden, das sich zur Mitose anregen lässt. Nach dem Fixieren und Anfärben des Metaphase-Stadiums werden die Chromosomen einer Zelle der Länge nach geordnet. Beim Erstellen dieses Karyogramms werden die Chromosomen so geordnet, dass alle Centromere auf einer Linie liegen und der kürzere Abschnitt eines jeden Chromosoms nach oben zeigt. Der kürzere Chromosomenabschnitt wird p-Arm, der längere q-Arm genannt.
Sind die Chromosomen beispielsweise mit GIEMSA-Lösung gefärbt, so können anhand der **G-Banden** – das sind Bereiche, die durch die Lösung angefärbt worden sind – auf den Armen weitere Chromosomenabschnitte unterschieden werden, die mit Zahlen gekennzeichnet werden. Für den menschlichen Chromosomensatz sind rund 400 G-Banden bekannt. Bei einer Variante der GIEMSA-Färbung entsteht ein annähernd umgekehrtes Muster, die **R–Banden** (R = Reverse): Die vorher hellen Banden sind dunkel, die dunklen Banden sind hell gefärbt. Heute weiß man, dass in R-Banden vor allem Gene liegen, die nahezu in allen Zellen aktiv sind und Stoffwechselprozesse steuern. In den G-Banden befinden sich Gene, die spezifische Merkmale und Eigenschaften codieren.

Jedes Metaphase-Chromosom besteht aus zwei Chromatiden, die durch das Centromer zusammengehalten werden. Die Enden eines Chromosoms sind besonders strukturiert und heißen **Telomere.** Sie schützen Chromosomen vor einem Angriff durch Nucleasen und verhindern zudem, dass sich zwei Chromosomen miteinander verbinden.

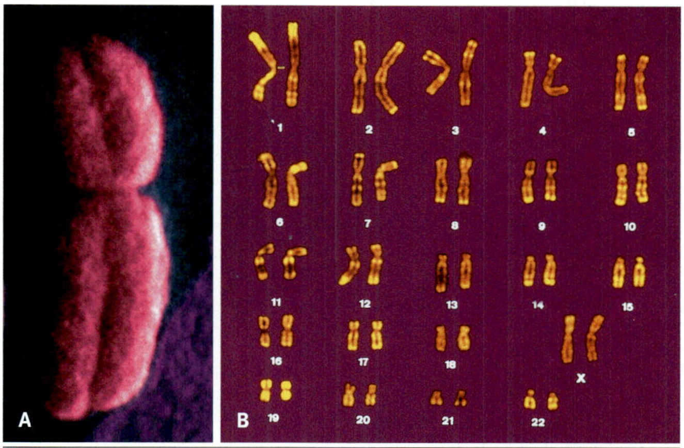

133.1 Chromosomen des Menschen. A Chromosom 4 (REM-Bild); **B** Karyogramm des vollständigen Chromosomensatzes einer Frau (LM-Bild)

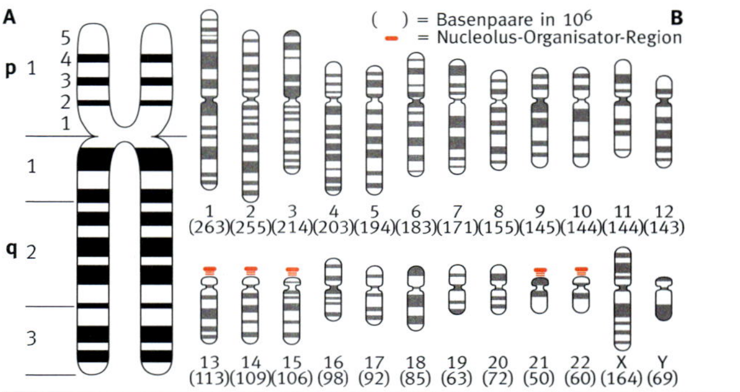

133.2 Chromosomen (Schema). **A** Aufbau des Chromosoms 4; **B** Größenvergleich und G-Bandenmuster der Chromosomen (dargestellt sind die Chromatiden)

Fünf der Autosomen eines Chromosomensatzes tragen am Ende des p-Armes eine zusätzliche Struktur, eine **Nucleolus-Organisator-Region (NOR).** Sie trägt jeweils die Gene für die ribosomale RNA. In der Interphase bilden die NORs den Nucleolus (das Kernkörperchen) des Zellkerns.
Größe, Bandenmuster und NORs erlauben es, jedes einzelne Chromosom eines menschlichen Chromosomensatzes eindeutig zu identifizieren. Dabei setzt man Computerprogramme ein, in denen alle relevanten Strukturmerkmale gespeichert sind. Das mikroskopische Bild eines zu untersuchenden Chromosomensatzes wird direkt ins Programm übertragen und kann mit Musterchromosomen verglichen werden.

2.2 Die menschlichen Gonosomen

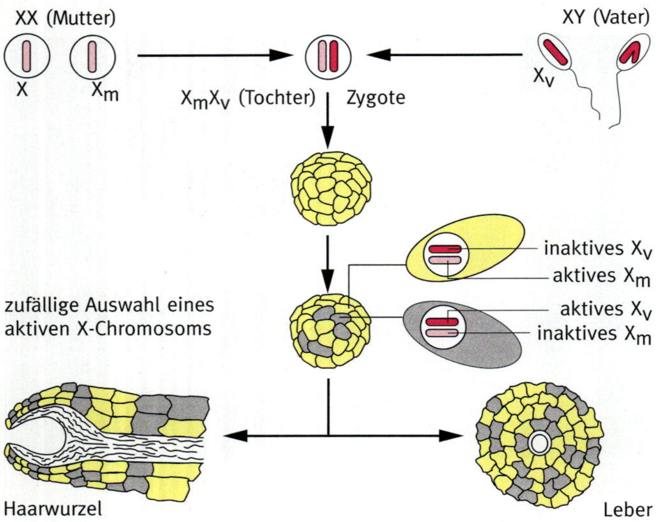

134.1 Die LYON-Hypothese: Inaktivierung des zweiten X-Chromosoms

Das Geschlecht des Menschen wird durch die Kombination der Geschlechtschromosomen oder **Gonosomen** bestimmt: Individuen mit zwei X-Chromosomen sind weiblich, solche mit einem X- und einem Y-Chromosom männlich. Während das X-Chromosom mit $164 \cdot 10^6$ Basenpaaren zu den mittelgroßen Chromosomen zählt, enthält das Y-Chromosom weniger als die Hälfte an DNA. Es gehört zu den kleinsten Chromosomen des Menschen. Lange Zeit dachte man, das Y-Chromosom hätte keine Gene, inzwischen hat man auf ihm etwa 20 Gene nachweisen können. Eines dieser Gene ist für die Ausbildung des männlichen Geschlechts verantwortlich und wird **SRY-Gen** (engl. *sex determining region on the* ***Y***, geschlechtsbestimmende Region auf dem Y) genannt. Eine Mutation auf dem Y-Chromosom, die das SRY-Gen inaktiviert, hat die Ausbildung weiblicher Geschlechtsmerkmale zur Folge.

Bei einem sechs Wochen alten Embryo ist die Keimdrüsenanlage geschlechtlich undifferenziert und auf jeder Körperseite sind Vorstufen von Teilen der Geschlechtsorgane angelegt, ein WOLFFscher sowie ein MÜLLERscher Gang. Das SRY-Gen codiert den **Testis determinierenden Faktor** (TDF). Dieser verursacht, dass sich aus den Keimdrüsen Hoden entwickeln. Die Hoden produzieren das Sexualhormon Testosteron, das die Differenzierung der WOLFFschen Gänge zu Samenleitern, Nebenhoden und Samenbläschen induziert. Gleichzeitig wird durch einen Repressor die Weiterentwicklung der MÜLLERschen Gänge gehemmt. Ohne TDF-Wirkung entwickeln sich im Embryo die Keimdrüsen zu Eierstöcken und die MÜLLERschen Gänge zu den Eileitern und der Gebärmutter. Allerdings sind für die normale Entwicklung zur Frau zwei aktive X-Chromosomen erforderlich.

Man nimmt an, dass sich die Gonosomen im Laufe der Evolution aus einem Autosomenpaar entwickelten. Dabei hat das Y-Chromosom viele Gene verloren. Das X-Chromosom dagegen trägt mehr als 250 Gene. Untersucht man die Konzentrationen X-chromosomaler Genprodukte bei Mann (XY) und Frau (XX), so ist meistens kein Unterschied festzustellen. Die englische Genetikerin Mary LYON formulierte 1961 zu dieser Gen-Dosierung folgende Hypothese:

- In den Zellen erwachsener Frauen ist eines der beiden X-Chromosomen genetisch inaktiv.
- Die Inaktivierung erfolgt in der frühen Embryonalphase nach dem Zufallsprinzip. Daher ist das inaktive X-Chromosom mal väterlicher, mal mütterlicher Herkunft.

Inzwischen ist die **LYON-Hypothese** bestätigt. Bei der Geschlechtsdiagnose wird das inaktive X-Chromosom der Frau als **BARR-Körperchen** mikroskopisch nachgewiesen.

PORTRÄT

Mary LYON (1925)

Mary F. LYON leitete die Medical Research Council Radiobiology Unit in Harwell, England, von 1962 bis 1986. Sie postulierte 1961 die Hyphothese zur Inaktivierung eines X-Chromosoms weiblicher Säuger. Damit klärte sie die Bedeutung der Chromosomenkörperchen, die schon 1948 Murray BARR an der Innenseite der Kernmembran weiblicher Schleimhautzellen gefunden hatte.

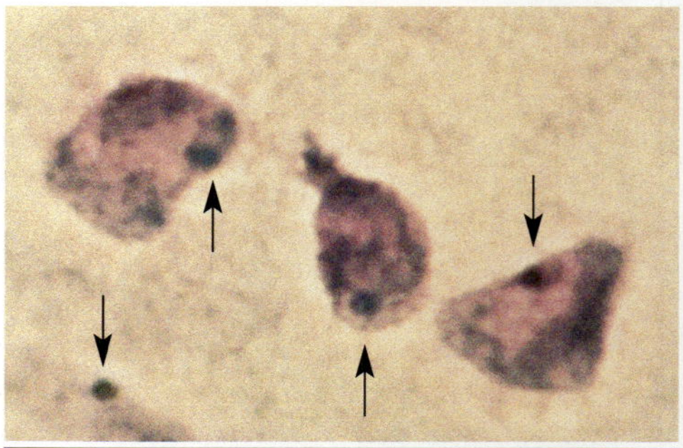

134.2 BARR-Körperchen in Haarwurzelzellen der Frau

2.3 Die DNA des Menschen

Das menschliche Genom besteht im haploiden Chromosomensatz einer Keimzelle aus $3 \cdot 10^9$ Basenpaaren. Es ist damit etwa 1000-mal größer als das Genom einer *E.-coli*-Zelle. Ein Gen besteht durchschnittlich aus 1000 Basenpaaren. Rein rechnerisch hätten damit rund drei Millionen Gene auf den menschlichen Chromosomen Platz. Die tatsächliche Zahl menschlicher Gene wird aber auf etwa 35 000 geschätzt. Es gibt mehrere Gründe dafür, dass nicht die gesamte Speicherkapazität der DNA ausgenutzt wird.

40 bis 50 Prozent der menschlichen DNA besteht aus sich wiederholenden Sequenzen, die als **repetitive DNA** (lat. *repetire,* wiederholen) bezeichnet werden. Mittelrepetitive Sequenzen sind beispielsweise Gene für die rRNA. Hochrepetitive DNA besteht zumeist aus kurzen Sequenzen von 6 bis 300 Nucleotidpaaren, die sich bis zu einer Million Mal im Genom wiederholen. Diese Sequenzen werden nicht transkribiert. Sie sind an der Organisation der Telomere und Centromere der Chromosomen beteiligt oder liegen in anderen genetisch inaktiven Chromosomenabschnitten.

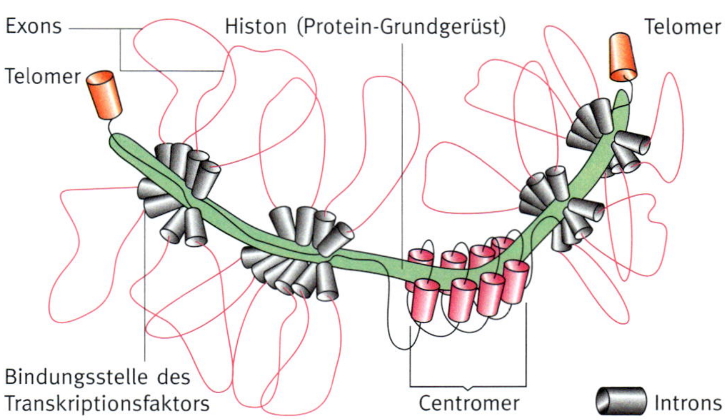

135.1 Bereiche eines menschlichen Chromosoms

Von den verbleibenden 50 bis 60 Prozent der **Einzelkopie-DNA** sind nur etwa fünf Prozent codierend. Die codierenden Bereiche, die **Exons,** werden von nicht codierenden Bereichen, den **Introns,** unterbrochen. Auf diese Weise liegen menschliche Gene gestückelt vor. Die Länge der Introns übertrifft die der Exons um ein Vielfaches.

TECHNIK

In-situ-Hybridisierung

Mit der In-situ-Hybridisierung kann man auf einem Chromosom bestimmte DNA-Sequenzen nachweisen. Dazu müssen die Chromosomen auf einem Objektträger so präpariert werden, dass sie einzeln liegen (lat. *in situ,* in der [richtigen] Lage). Anschließend werden die Chromosomen hitzedenaturiert, wodurch ihre DNA in den einzelsträngigen Zustand übergeführt wird. Gibt man eine Gensonde hinzu, lagert diese sich an die gesuchten komplementären Basensequenzen an. Gensonden waren früher meist radioaktiv markiert. Bei der modernen **Fluoreszenz-In-situ-Hybridisierung (FISH)** verwendet man Gensonden, die beispielsweise mit Biotin markiert sind, und Fluoreszenzfarbstoffe, die an Biotin-Antikörper gebunden sind. Das Farbstoff-Antikörpermolekül bindet erst, nachdem die Gensonden mit einem bestimmten DNA-Abschnitt hybridisiert sind. Durch wiederholte Zugabe von Biotin und Farbstoff-Antikörper tritt ein Farb-Verstärkungseffekt ein. Betrachtet man derartig präparierte Chromosomen im Fluoreszenzmikroskop, erkennt man die Stellen, an die Gensonden angelagert wurden. So gibt es Gensonden, die sich an die repetitive DNA anlagern. Andere sind für ein bestimmtes Chromosom charakteristisch. Ist die Sequenz eines Gens bekannt, so kann sogar die Lage eines Genortes ermittelt werden. Der entscheidende Vorteil von FISH liegt in der Möglichkeit, verschiedene Genorte in einem einzigen Experiment unterschiedlich anzufärben.

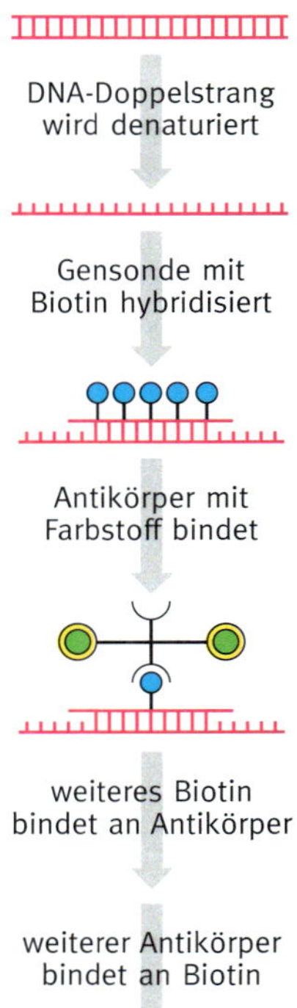

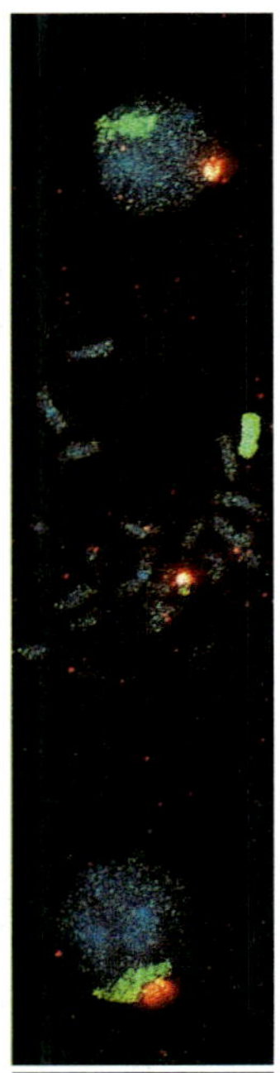

X- und Y-Chromosomen (x = grün, Y = rot)

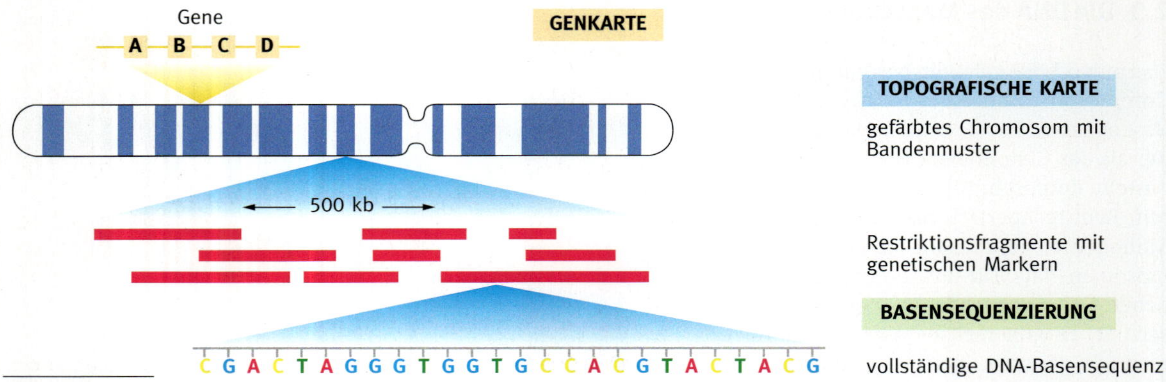

136.1 Die ersten drei Schritte zur Entschlüsselung der Basensequenz

2.4 Das Human-Genomprojekt

Im Jahr 1988 gründete eine Forschergruppe um den Molekularbiologen Victor McKUSICK die Human-Genom-Organisation (HUGO). Sie beantragte ein Vorhaben, das die Entschlüsselung der genetischen Information des Menschen zum Ziel hatte. Die Dimension dieses Projekts wird durch folgenden Vergleich deutlich: Wollte man die gesamte Sequenz der über drei Milliarden Basenpaare des menschlichen Genoms auf DIN-A4-Seiten aufschreiben, könnte man 220 000 Seiten oder elf Regalmeter füllen.
Befürworter des **Human-Genomprojekts** argumentierten, dass die Aufklärung der Basensequenz neue Erkenntnisse über die Evolution des Menschen ermöglichen würde. Die Ergebnisse dieses Vorhabens sollen auch einen wesentlichen Beitrag in der Präventivmedizin (lat. *praeventare,* vorsorgen) sowie zur Aufklärung und Behandlung typischer Zivilisationskrankheiten wie Krebs, Herzinfarkt, Diabetes oder Alzheimer leisten.
Der Zeit- und Kostenaufwand jedoch ist enorm: Dieser wird auf etwa drei Milliarden US-Dollar in 15 Jahren allein bis 2005 geschätzt. Vor allem die USA, Japan, Großbritannien, Frankreich und seit 1995 auch Deutschland sind an diesem Projekt beteiligt. Bis zum Jahre 2002 waren 98 Prozent der menschlichen DNA-Sequenzen aufgeklärt. Neuere Forschung hat zum Ziel, die Funktionen der ermittelten Sequenzen und codierten Proteine festzustellen. Dieser Wissenschaftszweig, der sich mit dem Zusammenspiel der Proteine in gesunden und kranken Zellen beschäftigt, heißt **Proteomics.**

Die Aufklärung der vollständigen Basensequenz wird durch eine Kombination mehrerer Verfahren erreicht.

Der erste Schritt ist die Zuordnung eines Gens zu einem Chromosom – die **genetische Kartierung.**
Früher stellte man zu diesem Zweck **Hybridzellen** her: Man verschmolz Zellen (2n) von Maus und Mensch zu einer Zelle, die dann beide Chromosomensätze (4n) enthielt. In einem geeigneten Medium vermehrten sich solche Zellen, allerdings wurden dabei mit der Zeit einzelne menschliche Chromosomen abgebaut. Es entstanden so Hybridzellen, die alle Mäuse-Chromosomen und nur ein einziges menschliches Chromosom enthielten. Eine solche Zellkultur wurde auf die Anwesenheit menschlicher Genprodukte geprüft, indem man zum Beispiel eine bestimmte Enzymaktivität testete. Ließ sich das Human-Enzym nachweisen, musste es auf dem einzigen menschlichen Chromosom der Hybridzelle codiert sein. Mit dieser Methode wurden mehr als 1000 Genorte auf den menschlichen Chromosomen bestimmt.

Eine ähnlich erfolgreiche, aber neuere Methode ist die bereits beschriebene **In-situ-Hybridisierung.** Sind mehrere Genorte auf einem Chromosom bekannt, so kann man aus der Rekombinationshäufigkeit ihre relative Entfernung auf der Genkarte zueinander in MORGAN-Einheiten ermitteln.

Der zweite Schritt ist die Untersuchung der Anordnung der Gene auf dem Chromosom in absoluten Abständen – die **topografische Kartierung.** So dient das **Bandenmuster** von Chromosomen einer groben Zuordnung von codierenden DNA-Bereichen. Eine höhere Auflösung erhält man durch das **Chromosomenwandern,** bei der eine Reihenfolge von Schnittstellen verschiedener Restriktionsenzyme auf dem Chromosom bestimmt wird.

Voraussetzung für diese Methode ist, dass man schon eine DNA-Sonde für eine Basenfolge eines bekannten Gens besitzt, das auf dem Chromosom in der Nähe des gesuchten Gens liegt (1).
Man zerlegt in zwei verschiedenen Ansätzen die zu untersuchende DNA mit je einem unterschiedlichen Restriktionsenzym, die eine Probe beispielsweise mit *Eco*RI, die andere mit *Bam*HI. Die Fragmente dieser beiden **DNA-Bibliotheken** überlappen sich wegen der unterschiedlichen Schnittstellen der Enzyme. Durch Hitzedenaturierung werden anschließend alle DNA-Fragmente in die einzelsträngige Form übergeführt (2).
Die erste DNA-Sonde aus der Bibliothek I lässt man mit den Fragmenten der Bibliothek II hybridisieren und erhält einen DNA-Abschnitt, der über die Restriktionsschnittstelle des Fragmentes aus der Bibliothek I hinausgeht (3). Aus diesem überlappenden DNA-Abschnitt stellt man eine zweite Sonde her, indem man das Ende mit einem geeigneten Restriktionsenzym abschneidet (4). Mit der so erhaltenen Sonde 2 fischt man wieder in der ersten Bibliothek und erhält durch Hybridisierung folglich DNA-Abschnitte, die jenseits der ersten Schnittstelle liegen (5). Man stellt eine dritte Sonde für das weitergehende DNA-Stück her (6) und fischt damit nun wieder in der zweiten Bibliothek (7). So fährt man weiter fort, indem man sich im Zickzack zwischen den beiden Bibliotheken am DNA-Strang vortastet (8).
Man erhält auf diese Weise eine genaue Anordnung verschiedener Restriktionsschnittstellen auf dem Chromosom (9). Die längsten, bisher gelungenen Wanderungen erreichen über 250 kb.

Nachdem man die Reihenfolge einzelner DNA-Fragmente kennt, werden diese im dritten Schritt nach der Methode SANGERS einer **Sequenzierung** unterzogen.

Als vierter Schritt folgt ein **Genomvergleich** mit anderen Arten. Die meisten Stoffwechselwege beruhen beim Menschen wie bei anderen Forschungsobjekten, beispielsweise *Escherichia coli, Saccharomyces* (Bäckerhefe) oder *Drosophila,* nämlich auf sehr ähnlichen Mechanismen der Genexpression. Daher sind derartige „Mustergenome" anderer Organismen geeignet, experimentell Rückschlüsse auf das Zusammenspiel von Genen beim Menschen zu ziehen.

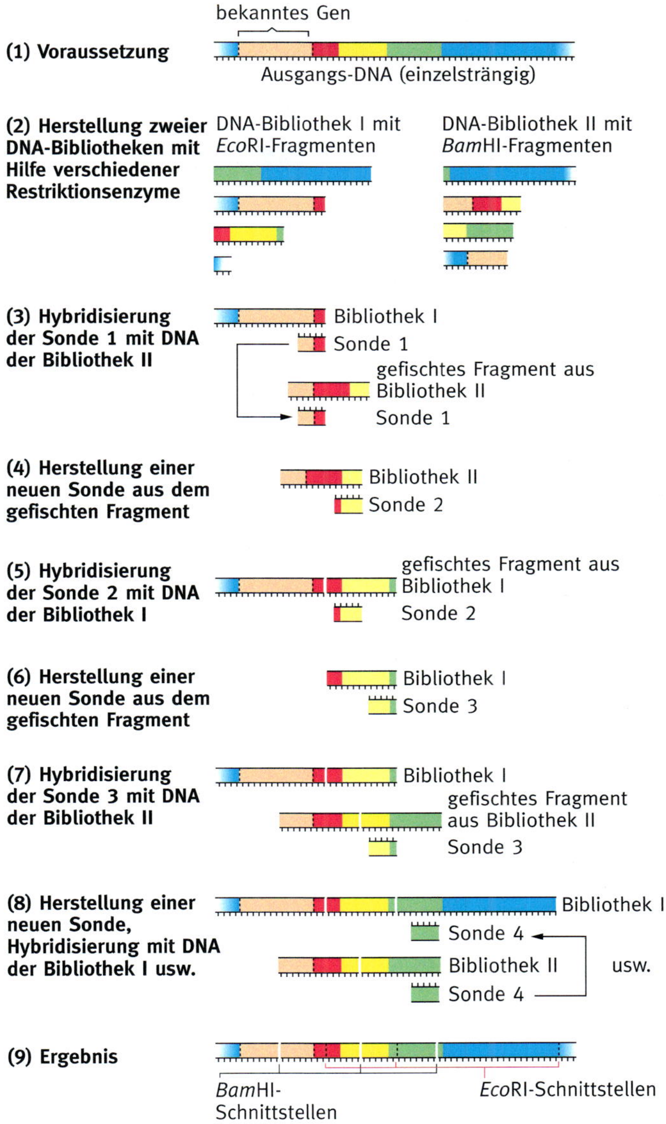

137.1 Chromosomenwandern

Die Ergebnisse des Human-Genomprojektes werden ohne Zweifel die Kenntnis einer Vielzahl genetischer Defekte verbessern. Allerdings ergeben sich daraus nicht zwangsläufig bessere Ansätze für geeignete Therapien. So kann man sich seit 1993 testen lassen, wenn in der Familie Fälle der erblich bedingten Veitstanz-Erkrankung auftreten (Chorea HUNTINGTON). In aller Regel wird diese Möglichkeit jedoch nicht wahrgenommen, da diese Erkrankung nach wie vor unheilbar ist. Manchmal machen Betroffene sogar das „Recht auf Nichtwissen" geltend. Bei der Anwendung der Ergebnisse des Human-Genomprojektes bleiben demnach einige ethische und juristische Fragen offen.

Stammbaum-symbole

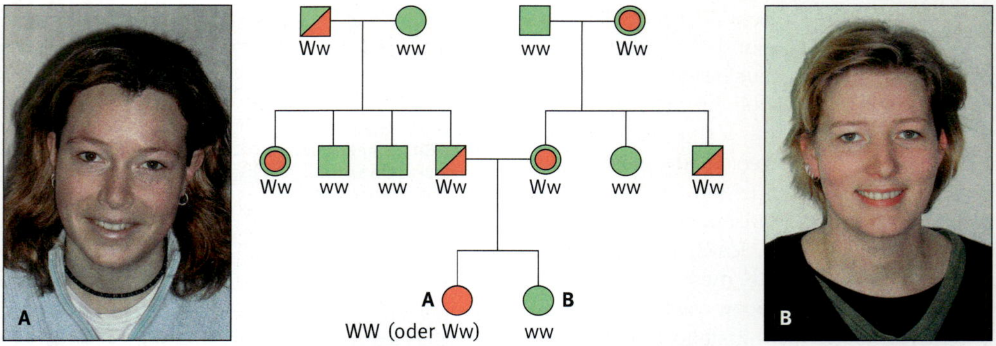

138.1 Analyse eines dominanten Merkmales über drei Generationen einer Familie.
A Witwenspitz; **B** kein Witwenspitz

2.5 Stammbaumanalysen

Auch bei der Vererbung des Menschen ist die Frage von Interesse, ob ein Merkmal durch ein dominantes oder rezessives Allel ausgeprägt wurde. Bei rezessiven Erbgängen treten Merkmale nur bei Homozygoten in Erscheinung. Ein dominantes Allel hingegen prägt immer ein Merkmal aus, auch bei Heterozygoten – genauso wie es MENDEL für die Erbsen formuliert hat.
Um menschliche Erbgänge zu erforschen, können Humangenetiker jedoch nur das analysieren, was sie vorfinden: Ethische Gründe verbieten Experimente mit Menschen. Die **Stammbaumanalyse** hat daher zum Ziel, durch Beobachtungen im Verlauf mehrerer Generationen vom Phänotyp auf den Genotyp zurückzuschließen.
Der „dreieckige Haaransatz" – auch *Witwenspitz* genannt, weil er früher bei Witwen, die ein Kopftuch trugen, offensichtlich wurde – lässt sich als **monogener Erbgang** definieren, da ihn nur ein Gen codiert.

Bei der Analyse dieses Erbganges werden verschiedene Möglichkeiten durchgespielt. Man geht beispielsweise von der Annahme aus, dass alle Mitglieder der Familie ohne Witwenspitz homozygot rezessiv (ww) sind. Dann betrachtet man die Großelterngeneration und findet vielleicht Individuen mit Witwenspitz mit Partnern, die kein Haardreieck haben. Besitzen deren Nachkommen – die Elterngeneration – sowohl einen Witwenspitz als auch einen geraden Haaransatz, lässt sich daraus schließen, dass die großelterlichen Merkmalsträger heterozygot sein müssen (Ww). Ebenso sind die merkmaltragenden Eltern heterozygot (Ww). Haben diese Eltern wieder Nachkommen, die den Witwenspitz nicht besitzen, ist die obere Annahme bestätigt: Es handelt sich in einem solchen Fall um einen homozygot rezessiven Nachkommen (ww). Damit liegt dem Witwenspitz ein dominanter Erbgang zugrunde.

1 Begründen Sie anhand des Erbganges in Abbildung 138.2, warum angewachsene Ohrläppchen rezessiv vererbt werden.

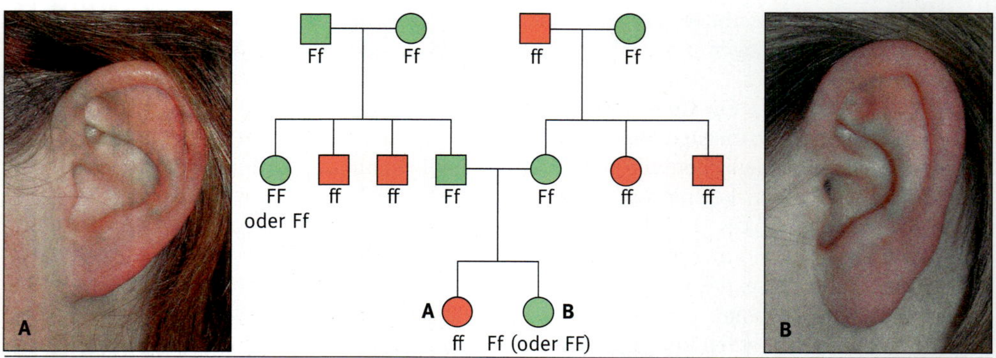

138.2 Analyse eines rezessiven Merkmales über drei Generationen derselben Familie.
A angewachsenes; **B** freies Ohrläppchen

2.6 Zwillingsforschung

Viele Merkmale des Menschen wie Körpergewicht oder Augenfarbe zeigen eine große Variabilität. Diese kann durch die Beteiligung mehrerer Gene bedingt sein, sodass eine Vielzahl von Genkombinationen möglich ist. Es handelt sich um **polygene Erbgänge.**

Nicht nur körperliche, sondern auch geistige Merkmale des Menschen zeigen zum Teil eine große Variabilität. Neben der polygenen Vererbung spielen hier auch Umweltbedingungen eine Rolle, die die Ausprägung der geistigen Anlagen begünstigen oder hemmen. Die geistige Fähigkeit, sich in neuen Problemsituationen sinnvoll zu verhalten – und zwar in möglichst kurzer Zeit – kann als **Intelligenz** bezeichnet werden. Intelligenz wäre mit dieser Definition ein Maß für eine bestimmte geistige Leistung.

Lange Zeit hat man die Frage diskutiert, in welchem Ausmaß Intelligenz erblich bedingt oder auf Umwelteinflüsse zurückzuführen sei. Als Ergebnis wurde ein Prozentualverhältnis erwartet. Diese Idee erwies sich als nicht richtig. Erbgut und Umwelt arbeiten nicht additiv, sondern kooperativ zusammen: Ohne Umwelteinfluss und Lernen entwickelt sich keine Intelligenz.

Man versucht, Intelligenz mit IQ-Tests zu messen. IQ steht als Abkürzung für **Intelligenz-Quotient.** IQs werden aus der Bevölkerung statistisch ermittelt. Der Mittelwert aller Ergebnisse wird gleich 100 gesetzt.

Die Zwillingsforschung belegt die genetische Komponente des IQ-Wertes. Bei den IQ-Werten eineiiger Zwillinge besteht die höchste Korrelation. Diese Korrelation wird etwas niedriger, wenn die Zwillinge räumlich getrennt aufgewachsen sind.

Der Korrelationskoeffizient r gibt dabei an, inwieweit gemessene Parameter, beispielsweise IQs (Variable X), von anderen Einflüssen wie Umwelt oder Vererbung (Y) abhängen. r kann Werte zwischen −1 und +1 annehmen. Der Wert +1 bedeutet völlige positive Korrelation: Kluge Eltern haben nur kluge Kinder. Wäre r = −1, bestünde eine negative Korrelation in der Art, dass die klügsten Eltern die dümmsten Kinder hätten. Bei einem Wert r = 0 besteht zwischen den IQs von Eltern und Kindern keine Beziehung.

1 Nehmen Sie anhand Abbildung 139.1 Stellung zum Einfluss von Erbanlagen und Umweltfaktoren auf IQ-Werte.

Intelligenz-Quotient (IQ)

PSYCHOLOGIE

Zur Festsetzung des IQ verwendet man Tests. Was messen IQ-Tests überhaupt? Was ist überhaupt Intelligenz? Das Wort *intelligentia* wurde von CICERO (106–43 v. Chr.) erfunden und ist seither ein Begriff für die menschliche Fähigkeit, Geist und Willen vernünftig zu steuern.

IQ-Tests überprüfen unter anderem Merkfähigkeit, schlussfolgerndes Denken, Abstraktionsvermögen, sprachlichen Ausdruck, Zahlenverhältnis und räumliches Vorstellungsvermögen. Ein IQ-Test wird mit einer großen Zahl von Testpersonen statistisch abgesichert. Die Klassifikation der IQ-Werte erfolgt so, dass 50 Prozent der Bevölkerung als normal begabt (IQ 90–110) eingestuft werden.

Spielt das, was IQ-Tests messen, im Leben irgendeine Rolle? Diese Frage ist umstritten, da hohe Intelligenz nicht unbedingt einen Lebenserfolg garantiert, wie weniger Intelligenz nicht unweigerlich zum Misserfolg führt.

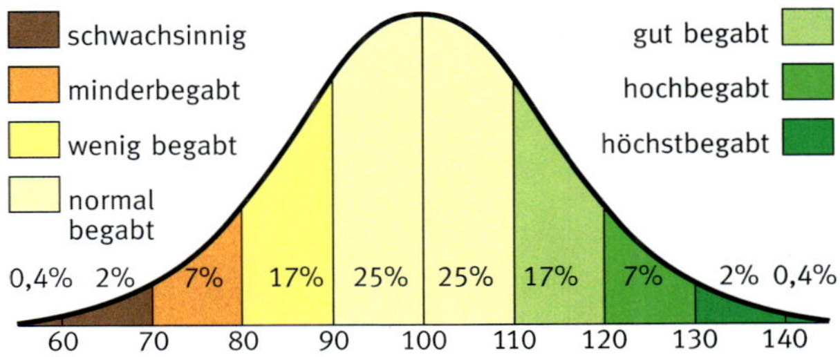

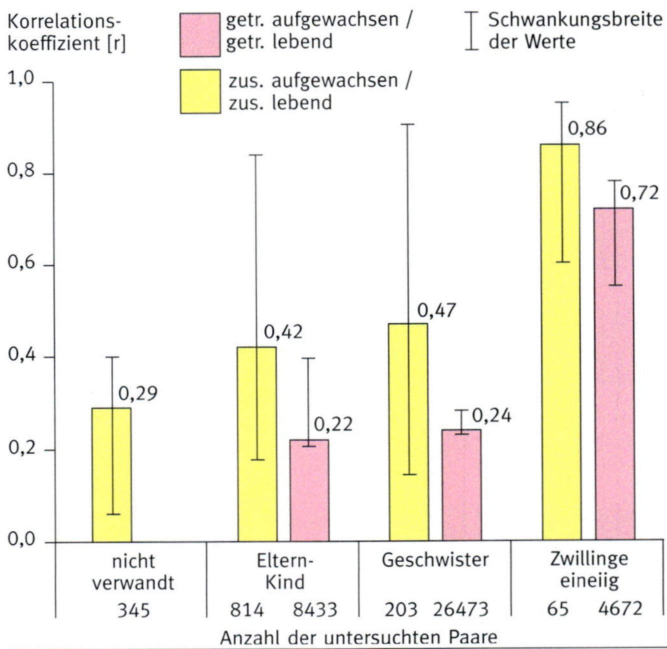

139.1 Durchschnittliche Korrelationskoeffizienten der IQ-Werte bei Verwandten

3 Vererbung von Bluteigenschaften

Als man im 19. Jahrhundert die ersten Bluttransfusionen von Mensch zu Mensch einführte, traten zum Teil Komplikationen auf, deren Ursachen zunächst rätselhaft waren. Der österreichische Arzt Karl LANDSTEINER untersuchte 1901 an sich selbst und seinen Mitarbeitern das wechselseitige Verhalten von Blutproben. Er trennte die Stichproben in zellfreie Plasmaflüssigkeit, das Serum, und in Blutzellen, die zu über 90 Prozent aus Roten Blutkörperchen bestehen. Anschließend vermischte er die einzelnen Plasmaproben mit den jeweils fremden Roten Blutkörperchen. Dabei stellte sich heraus, dass das Plasma in manchen Fällen regelmäßig mit den Roten Blutkörperchen gut sichtbare Klumpen, **Agglutinate,** bildete.

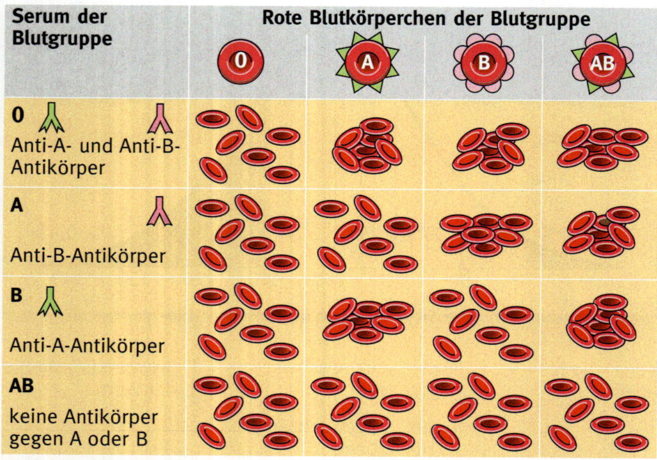

140.1 Agglutinationsversuche mit Roten Blutkörperchen und Blut-Serum

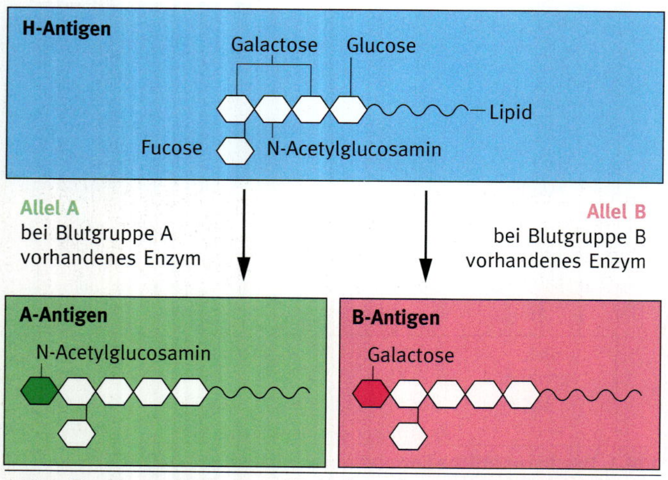

140.2 Strukturen der H-, A- und B-Antigene im menschlichen Blut

LANDSTEINERS Blutkörperchen und die eines seiner Mitarbeiter verklumpten jedoch gar nicht. Der Arzt zog daraus den Schluss, dass es verschiedene Blutgruppen geben müsse, er nannte sie A, B und die nichtklumpende Sorte „Null“. Zu diesem **AB0-System** zählte man später auch die Blutgruppe AB, deren Blutkörperchen im Serum anderer Gruppen immer agglutinieren. Das AB0-System besitzt die drei Blutgruppenantigene A, B und H. Deren Ausbildung ist von den drei Allelen A, B und 0 abhängig, die auf demselben Locus des Chromosoms 9 liegen. Das AB0-System beruht also auf mehreren Allelen eines Genes und ist ein Beispiel für **multiple Allelie.**

Blutgruppenmerkmale beruhen auf bestimmten Kohlenhydratketten, die an Lipide oder Proteine der Zellmembran der Roten Blutkörperchen gebunden sind. Diese Glycolipide oder Glycoproteine sind nach außen gerichtet und haben Antigeneigenschaften. Blutzellen werden daher im Plasma einer nicht übereinstimmenden Blutgruppe als Fremdstoffe erkannt. Dies geschieht durch Antikörper des Immunsystems des Empfängers. Die Antikörper lassen fremde Blutzellen agglutinieren. Fresszellen bauen anschließend die Blutzellklumpen ab.

Alle Menschen besitzen die Enzyme zur Synthese der Blutgruppensubstanz H. Dieses Glycolipid ist die Vorstufe für die Antigene A und B. Allel A codiert ein Enzym, das den Zucker N-Acetylgalactosamin auf die H-Substanz überträgt und so aus ihr das Antigen A macht. Das Allel B codiert ein anderes Enzym. Dieses heftet den Zucker Galactose an die H-Substanz, und das Antigen B entsteht. Das Allel der Blutgruppe 0 ist inaktiv, sodass das Antigen H unverändert bleibt.

Jeder Mensch hat zwei Allele des AB0-Systems. Im Fall der heterozygoten Allel-Kombination AB sind beide Enzyme aktiv. Es werden die Antigene A und B gebildet. Die gleichwertige Ausprägung zweier verschiedener Allele nebeneinander bezeichnet man als **Kodominanz.**

Genauere Untersuchungen des AB0-Systems zeigen, dass von den Allelen A und B mehrere Variationen existieren:

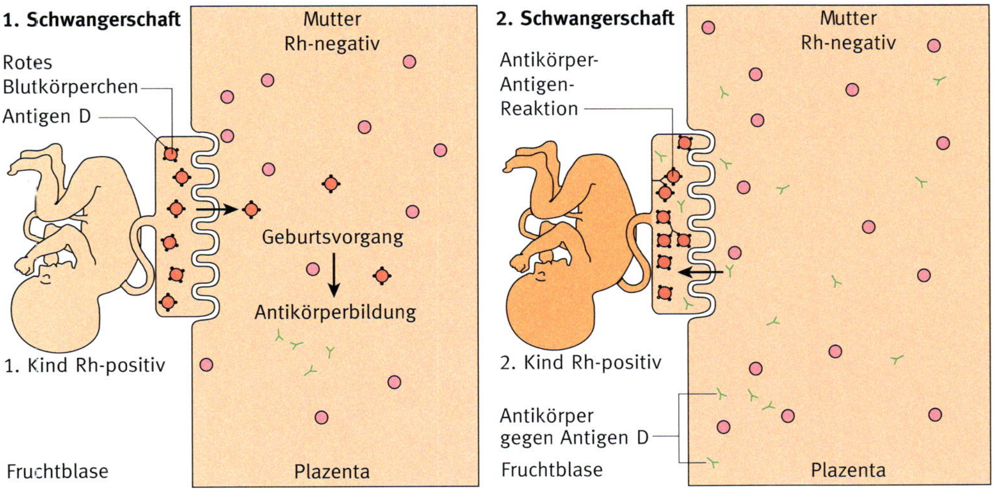

141.1 Zustandekommen einer Rhesus-Unverträglichkeit

Man kennt die Allele A1, A2, A3, B1 und B2. Bei einer üblichen Blutgruppenbestimmung unterscheidet man die Blutgruppenmerkmale A1, A2, B und 0, sodass sich zehn Genotyp-Kombinationen ergeben. Da das Allel A1 sich gegenüber A2 dominant verhält, sind phänotypisch sechs Blutgruppen möglich.

1940 wurde eine andere Blutgruppeneigenschaft von LANDSTEINER zuerst bei Rhesusaffen entdeckt, man spricht daher auch vom **Rhesusfaktor.** Etwa 85 % der europäischen Bevölkerung sind Rhesus-positiv (Rh+), besitzen also das Antigen D auf der Oberfläche ihrer Roten Blutkörperchen. Sie zeigen die Genotypen DD oder Dd, da der Rhesusfaktor dominant vererbt wird. Bei Rhesus-negativem (Rh–)-Blut liegt entsprechend der Genotyp dd zugrunde. Dieses Blut enthält normalerweise keine Antikörper gegen das Antigen D. Die Bildung solcher Antikörper wird aber induziert, wenn Rh-positives Blut auf Rh-negatives übertragen wird. Bei einer Blutgruppen-Bestimmung wird daher routinemäßig auch auf das Vorhandensein des Antigens D getestet.

Auch bei Schwangerschaft und Geburt kann die Antigen-D-Antikörper-Reaktion von Bedeutung sein, wenn die Mutter Rh-negativ (dd) und das Kind Rh-positiv (Dd) ist. Diese Situation ist bei etwa jeder zehnten Schwangerschaft gegeben. Während des Geburtsvorganges können durch schadhafte Stellen der Plazenta geringe Mengen des kindlichen Blutes mit dem Antigen D in den Kreislauf der Mutter gelangen. Dort induziert es die Bildung von Antikörpern gegen das Antigen D.

Ist bei einer erneuten Schwangerschaft das Kind wieder Rh-positiv, können aus dem mütterlichen Blut über die Plazenta Antikörper in den Embryo gelangen und dort die Roten Blutkörperchen des Kindes zerstören. Betroffene Neugeborene leiden durch Blutzerfall an Blutarmut und werden von Abbauprodukten geschädigt. In schweren Fällen kann kurz nach der Geburt ein totaler Blutaustausch nötig sein. Um diese körpereigene Immunreaktion zu verhindern, erhalten heute betroffene Mütter gleich nach der Geburt eine Injektion mit Anti-D-Antikörpern.

1 Erläutern Sie, ob die Übertragung von Blut der Gruppe 0 auf einen Empfänger der Gruppe AB medizinische Konsequenzen hätte.

2 Welche immunologische Wirkung zeigen die injizierten Anti-D-Antikörper im Blut einer Rh-negativen Mutter?

PORTRÄT

Karl LANDSTEINER (1868–1943)

Bei seinen Untersuchungen stieß LANDSTEINER bei sich selbst und den Doktoren ERDHEIM, PLETSCHNIG, STURLI, STÖRK und ZARITSCH auf die drei Blutgruppen A, B und 0. Diese Entdeckung, für die Landsteiner 1930 den Nobelpreis bekam, machte Bluttransfusionen fast gefahrlos. Später erforschte er, dass sich die aus Kaninchen gewonnenen Antikörper, die sich gegen Rote Blutkörperchen der Affenart *Macaca mulatta* richten, auch gegen Blutkörperchen einiger Menschen Reaktionen zeigen. Mit diesem Reaktionstypus war auch der Rhesusfaktor entdeckt.

4 Genetische Analysen

Kind \ Mutter	0	A_1	A_2	B	A_1B	A_2B
0	I	I	I	I	–	–
A_1	II	ø	II	II	ø	II
A_2	III	V	V	III	–	V
B	IV	IV	IV	ø	ø	ø
A_1B	–	IV	–	II	VI	II
A_2B	–	IV	IV	III	III	VII

ausgeschlossene Vaterschaft

Die römischen Ziffern I bis VII beziehen sich auf ausgeschlossene Blutgruppen eines möglichen Vaters. Dabei bedeuten:
I: A_1B, A_2B II: 0, A_2, B, A_2B III: 0, B, A_1B IV: 0, A_1, A_2
V: A_1B VI: 0, A_2 VII: 0
ø = Vaterschaft kann nicht ausgeschlossen werden
– = Konstellation mit dieser Mutter nicht möglich

142.1 Merkmale des Vaterschaftsausschlusses im AB0-System bei gegebener Mutter-Kind-Konstellation

Seit alters her beschäftigen sich Menschen mit Abstammungsfragen. Die einzige Methode, eine Vaterschaft nachzuweisen, beruhte lange Zeit auf einem Vergleich der Ähnlichkeiten, als ob man sagt: „Das Kind ist dem Vater wie aus dem Gesicht geschnitten!“ So wird schon in HOMERs Odyssee ein erster Vaterschaftsnachweis geführt: TELEMACH begegnet in Sparta auf der Suche nach seinem Vater ODYSSEUS am Ende des trojanischen Krieges HELENA. Sie erkennt schlagartig, wie Wuchs und Züge des Jungen dem göttlichen ODYSSEUS gleichen: „Denn so waren die Hände und die Füße des Helden, die Blicke der Augen, das Haupt und die lockichten Haare.“ Historische Belege für Ähnlichkeitsvergleiche zur Feststellung der Vaterschaft vor Gericht finden sich früh. HIPPOKRATES musste beispielsweise eine Frau verteidigen, die des Ehebruchs angeklagt war, weil ihr Sohn dem Ehemann nicht ähnlich sah. Noch bis in die Vierzigerjahre des vergangenen Jahrhunderts wurden für den Vaterschaftsnachweis in erster Linie **Ähnlichkeitsgutachten** verwendet. Dafür dienten besonders Merkmale mit hoher Variabilität in der Bevölkerung. So hatte die Farbe der Haare unter Nordeuropäern eine größere Beweiskraft als unter Südeuropäern.

Mit der Entdeckung der Blutgruppen wurde die **Blutgruppenuntersuchung** zur Standardmethode der Gerichtsmedizin. Der Vorteil lag darin, dass man in bestimmten Fällen eine Vaterschaft mit großer Sicherheit ausschließen konnte. Dagegen ließ sich nur selten ein positiver Nachweis erbringen.

Seit Beginn der Neunzigerjahre wird der **genetische Fingerabdruck** zum Verwandtschaftstest verwendet. Hierbei wird die DNA der beteiligten Personen, beispielsweise von Eltern und Kindern oder Großeltern und Enkelkindern, miteinander verglichen.
Bis zu 90 Prozent der menschlichen DNA besitzt keine codierenden Funktionen. Zu diesem scheinbar funktionslosen Teil des Erbmaterials gehört repetetive DNA, die in VNTRs (variable number of tandem repeats) ausgeprägt ist. Von diesen VNTRs werden bis zu 16 für eine Verwandtschaftsanalyse verwendet. Damit könnten theoretisch bis zu 15 Billiarden Menschen unterschieden werden.
Bis 1995 wurden genetische Fingerabdrücke im SOUTHERN-Blot-Verfahren erstellt. Die hochmolekulare genomische DNA wurde mit einem Restriktionsenzym vollständig abgebaut, elektrophoretisch aufgetrennt, geblottet und mit Sonden hybridisiert, die viele verschiedene VNTRs erkennen. Mit einer einzigen Hybridisierung erhielt man ein Bandenmuster, das individualspezifisch ist. Heute wendet man nur noch die Polymerasekettenreaktion (PCR) an.

142.2 Verwandtschaftsanalysen im Zeichen der Zeit

Ähnlichkeitsvergleich

Großvater Vater Sohn

bis 1940
Nachteil: Subjektivität
5 bis 20 % Genauigkeit

Blutgruppenvergleich

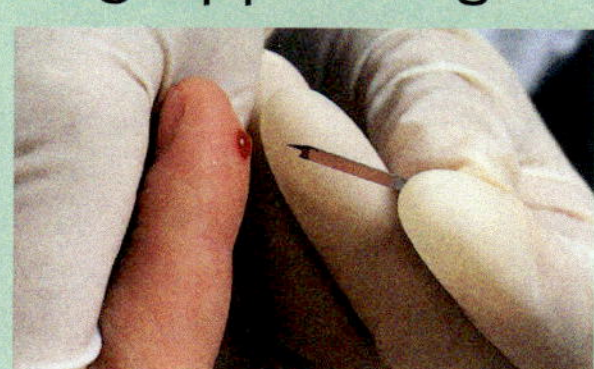

bis 1990
Vorteil: Ausschlussmethode
bis 85 % Genauigkeit

DNA-Fingerabdruck

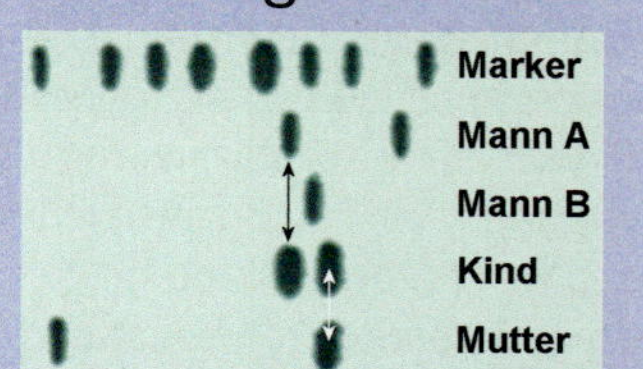

bis heute
Vorteil: Spuren genügen
99,99 % Genauigkeit

Die Entwicklung des genetischen Fingerabdrucks: SOUTHERN-Blotting

„Diego MARADONA musste seine Vaterschaft anerkennen." Derartige Überschriften liest man immer häufiger in der Tagespresse. Tatsächlich ist das DNA-Fingerprinting eine moderne gerichtsmedizinische Methode, um Vaterschaftstests durchzuführen.

Der genetische Fingerabdruck beruht darauf, dass die DNA verschiedener Menschen trotz weitgehender Übereinstimmung leichte Sequenzunterschiede zeigt. Diese Sequenzpolymorphismen treten durchschnittlich alle 100 Basenpaare auf und liegen im Bereich der nicht codierenden DNA. Basenveränderungen in diesem Bereich haben daher keine nachteiligen Auswirkungen; durch Mutation veränderte Sequenzen werden aber vererbt. Manche der Sequenzpolymorphismen betreffen Schnittstellen für Restriktionsenzyme. Wird isolierte DNA mit einem Restriktionsenzym behandelt, so wird sie in DNA-Stücke unterschiedlicher Länge zerschnitten. Zerschneidet man DNA fremder Herkunft mit dem gleichen Restriktionsenzym, weichen aufgrund anderer Schnittstellen die DNA-Fragmente in ihrer Länge von der zuerst untersuchten DNA ab.

Den beobachteten Restriktions-Fragmentlängen-Polymorphismus (RFLP, sprich: „Riflip") macht man sich beim Fingerprinting zunutze: Zunächst wird dazu die DNA aus der Probe isoliert. Dann wird die DNA durch spezifische Restriktionsenzyme zerschnitten. Es entsteht ein Gemisch aus DNA-Fragmenten. Diese werden durch Gelelektrophorese der Länge nach aufgetrennt. Zur späteren Größenbestimmung der aufgetrennten DNA-Fragmente wird auch eine Mischung von DNA-Standardfragmenten mitlaufen gelassen. Durch anschließende Denaturierung liegen die DNA-Fragmente auf dem Gel in den Banden als Einzelstränge vor. Danach folgt das nach seinem Erfinder benannte SOUTHERN-Blotting.

Beim SOUTHERN-Blotting werden die aufgetrennten Fragmente mit einem Abdruckverfahren auf eine Folie übertragen. Auf dieser Folie liegen mehrere Millionen unterschiedlicher Einzelstrang-DNA-Banden vor. Um einzelne Banden zu erkennen, gibt man radioaktiv markierte DNA-Sonden auf die Folie. Diese binden durch Hybridisierung nur an komplementäre Sequenzen bestimmter DNA-Banden. Die überschüssigen Sonden werden abgewaschen und die Folie mit einem Röntgenfilm beschichtet.

Nach der Filmentwicklung erkennt man ein charakteristisches Bandenmuster von Restriktionsfragmenten unterschiedlicher Länge. Dieser „genetische Fingerabdruck" ist aufgrund der polymorphen DNA-Sequenzen individuell verschieden. Stimmen zwei DNA-Proben im RFLP-Muster überein, so stammen sie mit großer Sicherheit von ein und derselben Person. Dennoch gab es in der Vergangenheit fehlerhafte DNA-Fingerprinting-Gutachten. Diese wurden jedoch durch eine fehlerhafte Aufbereitung des DNA-Materials verursacht; Nachuntersuchungen brachten eindeutige Ergebnisse.

Heute wird auf das SOUTHERN-Blotting gänzlich verzichtet, wenn man die DNA-Proben mithilfe definierter Primer (PCR) amplifiziert. Es entstehen dabei automatisch individuell verschiedene DNA-Fragmente.

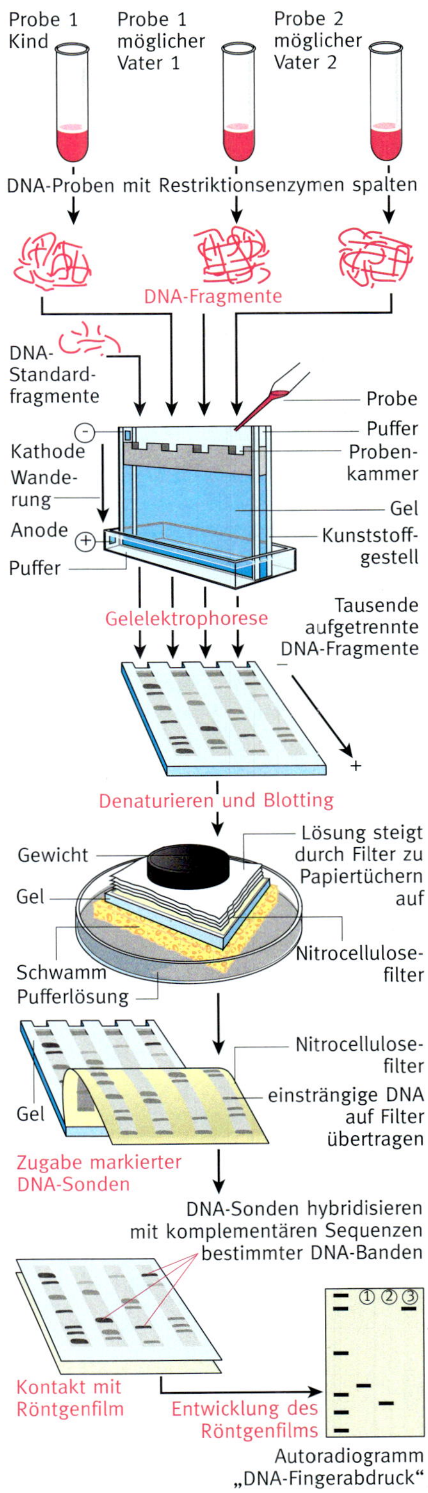

5 Chromosomenanomalien beim Menschen

5.1 Nummerische Chromosomenanomalien

Der Franzose LEJEUNE entdeckte 1959 ein drittes Chromosom 21 bei Menschen mit DOWN-Syndrom. Veränderungen der Zahl der Chromosomen werden als **nummerische Anomalien** (auch: Aberrationen) der Chromosomen bezeichnet. Sie können nicht selten schwere Krankheitsbilder bei den Betroffenen verursachen. Seit dieser Entdeckung gehört die Auswertung eines Karyogrammes zu den Standarduntersuchungen der Humangenetik.

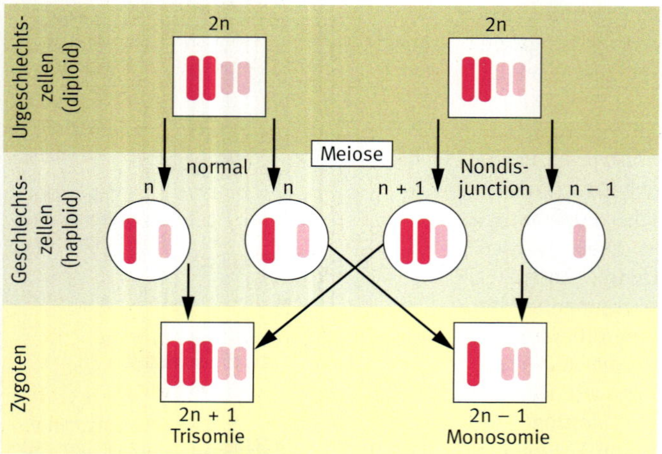

144.1 Nummerische Chromosomenanomalien als Folge von Nondisjunction

Geschlechtszellen	(ohne X)	X	XX	XXX
X	X0 TURNER-Frau (15 000) normaler IQ klein, steril	XX normale Frau (42,2 Mio)	XXX – XXXX Poly-X-Frauen (42 000) verminderter IQ, fertil, Kinder mit drei Gonosomen	
Y	0Y unbekannt	XY normaler Mann (40,3 Mio)	XXY – XXXY KLINEFELTER-Männer (68 000) verminderter IQ, steril, groß, lange Arme und Beine	
YY	0YY unbekannt	XYY – XXYY – XXXYY Diplo-Y-Männer (40 000) verminderter bis normaler IQ, fertil, groß, impulsiveres Verhalten (umstritten)		

144.2 Nummerische Anomalien bei Gonosomen.
Absolute Häufigkeiten in Deutschland (2002)

Die Über- oder Unterzahl von Chromosomen ist angeboren, aber in der Regel nicht ererbt: Nahezu alle nummerischen Chromosomenanomalien gehen auf Neumutationen zurück. Sie entstehen durch ein Nichttrennen homologer Chromosomen, der **Nondisjunction** (engl.), während der Meiose. Diese Nondisjunction führt zu anormalen Geschlechtszellen; es entstehen solche mit 24 und solche mit nur 22 Chromosomen. Verschmilzt eine Geschlechtszelle mit Chromosomenüberzahl mit einer normalen Geschlechtszelle, so ist in der diploiden Zygote ein Chromosom dreifach vorhanden, was **Trisomie** genannt wird. Fehlt dem anormalen Gameten dagegen ein Chromosom, ergibt sich für die resultierende Zygote eine Chromosomenunterzahl, eine **Monosomie.** Nondisjunction während der Meiose ist kein seltenes Ereignis. Je nach dem Alter der Mutter weisen zwischen einem und zehn Prozent aller befruchteten Eizellen des Menschen eine Chromosomenanomalie auf. Allerdings geht die Mehrzahl dieser Embryonen nach sehr kurzer Zeit unbemerkt zugrunde. Etwa 30 % aller Fehlgeburten und 6 % der Totgeburten sind auf Chromosomenanomalien zurückzuführen.

Ungefähr 0,3 % aller Neugeborenen weisen eine **Fehlverteilung der Gonosomen** auf. So fehlt Menschen mit der X0-Monosomie ein zweites Geschlechtschromosom, oder es fehlen Teile desselben. Betroffene sind phänotypisch weiblich. Neben anderen Symptomen unterbleibt die Ausbildung funktionstüchtiger Eierstöcke und sekundärer Geschlechtsmerkmale. Man spricht vom **TURNER-Syndrom.** Der Karyotyp 45,X0 (insgesamt 45 Chromosomen) ist der einzige Fall, in dem eine Chromosomenunterzahl lebensfähige Nachkommen zulässt. Allerdings sterben 99 % der Embryonen mit X0-Monosomie vor der Geburt.
Beim **Triple-X-Syndrom** (47,XXX) liegt eine Trisomie des X-Chromosoms vor. Die XXX-Frauen sind körperlich meist unauffällig und fruchtbar. Jedoch liegt bei dieser Chromosomenanomalie der Intelligenzquotient oft 10 bis 15 Punkte unter dem Durchschnitt. XXX-Frauen bilden zu 50 % Eizellen mit zwei X-Chromosomen. Da diese Eizellen aber eine schlechtere Überlebenschance haben, zeigen nur etwa 20 % der Kinder eine Trisomie.

Mein Leben mit TURNER

Erfahrungsbericht einer betroffenen Frau

Eigentlich bin ich ganz normal.

Ich bin eine junge Frau im Alter von 20 Jahren, studiere Biologie, habe einen Führerschein, Freunde, genieße das Leben, die Arbeit und den Urlaub.

Doch mit 18, noch am Gymnasium, erfuhr ich, dass ich vom TURNER-Syndrom betroffen bin. Allerdings: Wirklich überraschend traf mich damals die Diagnose nicht mehr.

Meine Kindheit und Jugendzeit war schön und verlief wie die der meisten anderen Kinder auch. Erst im Nachhinein wurde mir klar, was damals unbestimmt, undeutlich, wie ein unsortiertes Puzzle vor mir lag.

Da waren zum Beispiel die häufigen Ohrenschmerzen. Ich konnte nie tauchen, und auch beim Fliegen fiel mir auf, dass ich praktisch keinen Druckausgleich im Innenohr machen kann. Da war auch eine Skoliose (Wirbelsäulenverkrümmung). Außerdem hatte ich größere Mühe, mich räumlich zurechtzufinden. Meine Mathematikschwierigkeiten – na ja, die hatten auch andere. Was mich vielleicht am meisten gestört hat, war, dass ich immer kleiner war und jünger wirkte als andere in meinem Alter. Ich wurde deswegen auch gehänselt. Vielleicht auch aus diesem Grund wurde in mir der Wunsch immer stärker, andere von meinen Fähigkeiten zu überzeugen. Obwohl ich „äußerlich" scheinbar weniger weit entwickelt schien als meine Klassenkameraden, beschäftigte ich mich „innerlich" mit Büchern, bevorzugte besonders Sachliteratur und löcherte Erwachsene mit Fragen.

In meiner Jugendzeit wurde es immer schwieriger für mich, mit ansehen zu müssen, wie aus meinen Freundinnen allmählich Frauen wurden und ich noch immer wie ein Kind wirkte. Ein Arzt beruhigte mich: Es gäbe eben neben großen auch kleinere Menschen. Ich störte mich an meinem Aussehen und meiner Tollpatschigkeit. Ich machte mir Gedanken, warum ich immer noch nicht meine Tage bekam. Weitere Arztbesuche schob ich jetzt auf, auch weil ich Angst vor Spritzen hatte. In der Oberstufe wurden dann sehr bald meine „körperlichen Unzulänglichkeiten" immer unwichtiger. Es ging ja um den Kopf, und besonders um das, was drin ist. Die Unterschiede wurden immer geringer, auch körperlich holte ich allmählich auf. Inzwischen hatte ich mit 1,65 Metern sogar eine normale Körpergröße erreicht. Ich lernte wie die anderen, ging auf Partys wie die anderen und plante mit ihnen die Abivorbereitungen. Ich wurde 18, und endlich beschloss ich, zum Arzt zu gehen und mich einmal gründlich untersuchen zu lassen.

Etliche Blutuntersuchungen später kam der Anruf, dass ich vom TURNER-Syndrom betroffen bin. Im medizinischen Bericht liest sich das so: „Die Chromosomenanalyse ergab ein Mosaik aus zwei Zelllinien. 17 Zellen wiesen neben einem normalen Geschlechtschromosom ein X-Chromosom mit einem stark verkürzten q-Arm auf. Weiteren 13 Zellen fehlte das zweite X-Chromosom. Klinisch wäre der Befund mit einem TURNER-Syndrom vereinbar."

Noch am selben Tag nahm ich per Internet Kontakt mit der deutschen ULLRICH-TURNER-Vereinigung auf. Ich lernte seitdem viele Betroffene kennen, einige von ihnen nenne ich heute meine Freundinnen. Ich tausche mit anderen meine Erfahrungen aus und wir versuchen, betroffenen Frauen und Müttern zu helfen, die Probleme mit der Diagnose oder einem größeren Ausmaß der Krankheit haben.

Mein Leben? Meine Zukunft? Der Sinn des Lebens ist das Leben selber – so heißt es in einem nicht unbekannten SPIELBERG-Werk. Wahrscheinlich kann ich keine eigenen Kinder bekommen. Daher habe ich etwas Angst davor, mich einmal in jemanden zu verlieben, der sehr gerne eigene Kinder haben möchte. Aber manchmal kommt es anders als man denkt.

PSYCHOLOGIE

Sind Diplo-Y-Männer besonders aggressiv?

Im Jahr 1968 erschien in der angesehenen Fachzeitschrift Nature ein Aufsatz mit dem Titel „Aggressive behavior, mental subnormality and the XYY male". Die Autoren hatten unter 196 männlichen Insassen einer Anstalt für geistesgestörte Kriminelle sieben mit dem XYY-Syndrom gefunden. Sie schlossen daraus, dass diese Chromosomenanomalie aggressives und kriminelles Verhalten verursacht. Eine spätere, groß angelegte Untersuchung konnte dieses Ergebnis nicht bestätigen. Allerdings wurde inzwischen nachgewiesen, dass Y-Chromosomen unter anderem den Testosterongehalt im männlichen Gehirn steigern. Im Experiment mit Ratten war als Ergebnis aggressives Verhalten zu beobachten.

Das **KLINEFELTER-Syndrom** ist durch den Karyotyp 47, XXY gekennzeichnet. Betroffene sind immer Männer. Sie haben auffallend lange Beine. Die sekundären Geschlechtsmerkmale können normal entwickelt sein, jedoch bilden KLINEFELTER-Männer keine Spermien. Manchmal wird der XXY-Zustand erst entdeckt, wenn in einer Ehe die Ursache für Kinderlosigkeit untersucht wird: Der X-Chromatintest ergibt beim KLINEFELTER-Mann ein BARR-Körperchen. Auch die **Diplo-Y-Männer** (47, XYY) sind überdurchschnittlich groß, sonst aber körperlich unauffällig. Allerdings liegen sowohl bei den Diplo-Y- als auch bei den KLINEFELTER-Männern die IQ-Mittelwerte um 5 bis 10 Punkte unter dem Durchschnitt.

146.1 Trisomien der Chromosomen 13, 18 und 21 im Vergleich

	Trisomie 13 PATAU-Syndrom	Trisomie 18 EDWARDS-Syndrom	Trisomie 21 DOWN-Syndrom
Häufigkeit	1 : 10 000	1 : 7 000	1 : 650
Lebenserwartung	max. 1 Jahr	etwa 1 Jahr	mehr als 50 Jahre
Symptome	Missbildungen an Herz, Nieren und Gehirn, Augendefekte, Taubheit, Lippen-Gaumen-Spalte, Sechsfingrigkeit	langer, schmaler Hinterkopf, Missbildungen an Herz, Ohren und Fingern, Klumpfüße, Entwicklungsverzögerung	kurzer Schädel, flache Nase, schmale Lidspalten, Herzfehler, verminderter IQ, „normales" Leben möglich

Eine nummerische Anomalie der Gonosomen ist in der Regel mit einer relativ geringen Störung des Phänotypes verbunden. Durch Hormonbehandlungen können die Symptome Betroffener gemildert werden. **Fehlverteilungen der Autosomen** führen dagegen meistens zum Tod des Fetus. In Ausnahmen bleiben Embryonen mit überzähligen Autosomen am Leben, jedoch unter einer mehr oder minder starken Beeinträchtigung ihrer geistigen und körperlichen Entwicklung.

Die **Trisomie 21**, auch DOWN-Syndrom, ist die häufigste nummerische Chromosomenanomalie. Sie tritt unter 650 Lebendgeburten durchschnittlich einmal auf. Das Krankheitsbild ist äußerlich durch Minderwuchs, kurzen Schädel mit abgeflachtem Hinterkopf und schmale Lidspalten gekennzeichnet. Auch innere Organe wie Herz und Darm können fehlgebildet sein. Betroffene haben stets einen verminderten Intelligenzquotienten. Die Lebenserwartung bei Trisomie 21 ist in den letzten Jahren deutlich gestiegen. Eine früh einsetzende Bewegungs- und Spieltherapie sowie eine besonders fürsorgliche und aufmerksame Betreuung kann die Auswirkungen der geistigen Behinderung abschwächen und die Lebenserwartung Betroffener begünstigen.

Chromosomen väterlicher und mütterlicher Herkunft weichen unter anderem in der Länge repetitiver DNA-Sequenzen voneinander ab und lassen sich so mit entsprechenden Sonden unterscheiden. So hat man feststellen können, dass in 95 Prozent der Fälle das zusätzliche Chromosom 21 von der Mutter stammt. Die Wahrscheinlichkeit der Nondisjunctions nimmt mit dem Alter der Mutter zu. Dies hängt von den besonderen Bedingungen der Reifung der Eizellen ab. Schon im Fetus sind alle Eimutterzellen in die Meiose eingetreten, unterbrechen sie aber nach wenigen Stadien. Mit Eintritt in die Pubertät reifen periodisch Eizellen unter Beendigung der Meiose heran. Dabei kommt es umso häufiger zu Fehlverteilungen von Chromosomen, je länger die Meiose unterbrochen ist. Bei den Trisomien 13 und 18 sind die zusätzlichen Chromosomen fast immer mütterlicher Herkunft. Die Genkarte des Menschen zeigt, dass gerade die Chromosomen 13, 18 und 21 sehr genarm sind.

ETHIK

Der Umgang mit Trisomie 21 – früher und heute

Trisomie 21 kommt vermutlich seit Menschengedenken als genetische Mutation vor. Man nimmt an, schon in dreitausend Jahre alten Darstellungen der Olmec-Kultur aus den Gesichtszügen bestimmter Figuren diese Erkrankung ableiten zu können. Der Fund eines angelsächsischen Kinderschädels aus dem siebten Jahrhundert stützt ebenfalls die Annahme, dass diese Anomalie keine aktuelle Erscheinung ist. Das Syndrom wurde erstmals 1866 von dem englischen Arzt John Langdon DOWN (1828–1896) als eigenständiges, von anderen Erkrankungen mit geistiger Behinderung abgrenzbares Syndrom beschrieben. DOWN schrieb: „Das Haar ist nicht so schwarz wie bei echten Mongolen, sondern eher bräunlich, glatt und schütter. Das Gesicht ist flach und breit, die Augen stehen schräg und die Nase ist klein. Diese Kinder haben ein beachtliches Nachahmungstalent." Wegen des etwas asiatischen Aussehens durch eine besondere Hautfalte am inneren Augenwinkel prägte er den Begriff „Mongolismus" und nannte das Syndrom „mongoloide Idiotie". DOWN, auf dem Stand der Wissenschaft seiner Zeit und beeinflusst durch DARWINs Evolutionstheorie, meinte, dass das Syndrom die Rückkehr in einen primitiven „Rassen"-Typ darstellte. Bezeichnungen wie „mongoloid" sollten schon allein wegen des Fehlers dieser Annahme vermieden werden.

Man darf nicht verschweigen, dass die damalige Fehlvorstellung die Gesellschaft im Umgang mit den betroffenen Menschen über lange Zeit geprägt hat. Der Ansatz, Begleiterscheinungen dieser Erkrankung konsequent zu therapieren und die Erkrankten als Teil unserer Gesellschaft zu akzeptieren, wurde nach DOWN fast hundert Jahre lang nicht ausreichend verfolgt. Erst im Jahr 1959 erkannte der Franzose Jérome LEJEUNE, dass bei betroffenen Kindern in jeder Zelle 47 Chromosomen statt 46 vorhanden sind, weil das Chromosom 21 dreimal vertreten ist. Neben den bereits erwähnten körperlichen Merkmalen waren längst auch weitere bekannt: Betroffene besitzen kleine Ohren und breite Hände mit kurzen Fingern. Besonders Babys leiden unter Muskelschwäche. Sie wachsen langsamer und erreichen eine Körpergröße, die unterhalb des Durchschnittes liegt. Das Körpergewicht ist zunächst kleiner, nach der Pubertät größer als im Mittel. Häufig treten verschiedenartige Herzfehler auf. Durch Störungen des Immunsystems treten nicht selten Infekte der oberen Luftwege und Mittelohrentzündungen auf, als Folge auch Schwerhörigkeit. Die Sprachentwicklung,

aber auch die motorische Entwicklung der Betroffenen ist verzögert. Die intellektuellen Fähigkeiten sind vermindert, wobei der Grad allerdings sehr variabel ist – nicht selten sind Kinder in bestimmten Bereichen, zum Beispiel künstlerisch, besonders begabt. Nur weniger als zehn Prozent der Betroffenen sind geistig stark behindert.

Menschen mit DOWN-Syndrom werden heute im Durchschnitt doppelt so alt wie noch vor 25 Jahren. Ihre mittlere Lebenserwartung stieg in dieser Zeit von 25 auf 50 Jahre. Die bessere Behandlung einiger Missbildungen, beispielsweise am Herzen, die früher nicht selten schon im Kindesalter zum Tod führten, ist ein Grund für diese erfreuliche Entwicklung. Wichtig sind aber ganz offensichtlich auch die besseren Lebensumstände wie frühzeitige Förderung, Krankengymnastik, liebevolle Behandlung in der Familie und Akzeptanz in der Gesellschaft. Die äußerlich auffälligen Probleme beim Sehen, Hören oder Sprechen sowie die langsamere geistige Entwicklung haben keinen Einfluss auf die Lebenserwartung. Haben Kinder mit DOWN-Syndrom das fünfte Lebensjahr hinter sich, können sie mit derselben Lebensspanne wie andere Gleichaltrige rechnen. An Krebs sterben sie sogar seltener.

Kinder mit Trisomie 21 haben bereits in einigen Schulsystemen einen Realschulabschluss erlangt. Spezielle Computer-Software für DOWN-Kinder, an der zum Teil auch Betroffene mitgearbeitet haben, ist inzwischen verfügbar. So geben Betroffene auch ein Magazin heraus, das unter anderem im Internet unter dem Titel „ohrenkuss" verfügbar ist.

Wie wichtig diese Entwicklung der Integration Behinderter in unsere Welt ist, zeigt der von Trisomie 21 betroffene Schauspieler und Künstler Bobby BREDERLOW. Er ist mit dem TV-Film „Liebe und weitere Katastrophen" bekannt geworden.

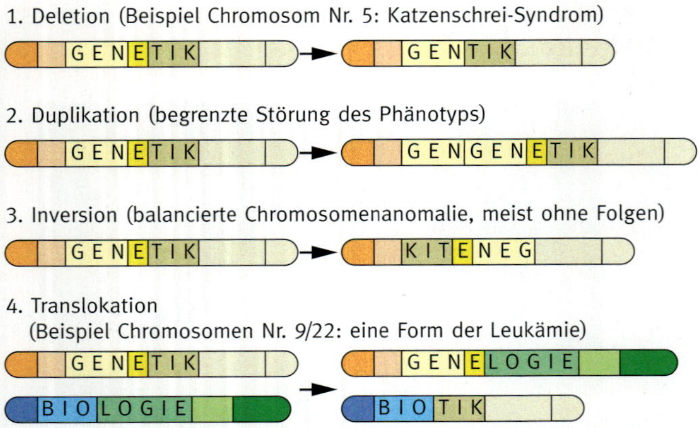

148.1 Typen struktureller Chromosomenanomalien (Schema)

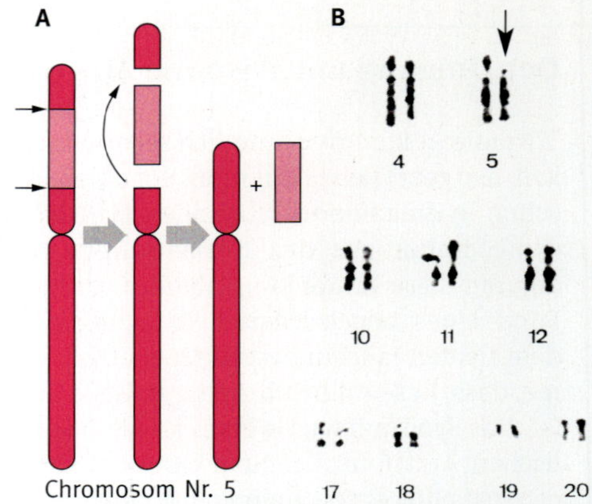

148.2 Katzenschreisyndrom. A Deletion am Chromosom Nr. 5; **B** Karyogramm (Ausschnitt)

5.2 Strukturelle Chromosomenanomalien

Bei etwa vier Prozent aller DOWN-Betroffenen ist das überzählige Chromosom 21 an ein anderes Autosom – häufig an Nr. 14 – angeheftet. Eine solche strukturelle Anomalie, bei der Teile zweier nichthomologer Chromosomen miteinander verschmelzen, nennt man **Translokation.** Sie kann als Neumutation entstehen, ist aber häufig ererbt, wenn ein phänotypisch gesunder Elternteil eine **balancierte Translokation** trägt. Dabei ist ein Chromosom 21 mit einem Chromosom 14 unter Verlust der kurzen Arme fusioniert. Betroffene Eltern haben zwar nur 45 Chromosomen, aber dennoch alle wichtigen Gene. Die kurzen Arme der Chromosomen 14 und 21 enthalten nämlich Gene, deren Fehlen keine negativen Auswirkungen auf den Phänotyp haben.

Eltern mit balancierter Translokation 14/21 können hinsichtlich der Verteilung des anormalen Chromosoms sechs verschiedene Geschlechtszellen bilden. Mit einem gesunden Partner ergeben sich daraus sechs Kombinationsmöglichkeiten für Zygoten, von denen drei allerdings letal sind. Die Wahrscheinlichkeit einer Mutter mit balancierter Translokation 21, ein Kind mit DOWN-Syndrom zu gebären, liegt rechnerisch zwar bei 0,33, tatsächlich aber nur bei 0,1, weil es häufig zu Fehlgeburten kommt.

Finden strukturelle Umbauten innerhalb eines Chromosoms statt, kann zum Beispiel eine **Inversion** entstehen. Hierbei wird ein Zwischenstück um 180 ° gedreht. Trotz dieser Änderung des Genmaterials haben Inversionen in der Regel keine negativen Auswirkungen. Sie werden daher **balancierte Chromosomenanomalien** genannt.

148.3 Keimzellenbildung und Zygoten bei balancierter Translokation (Schema)

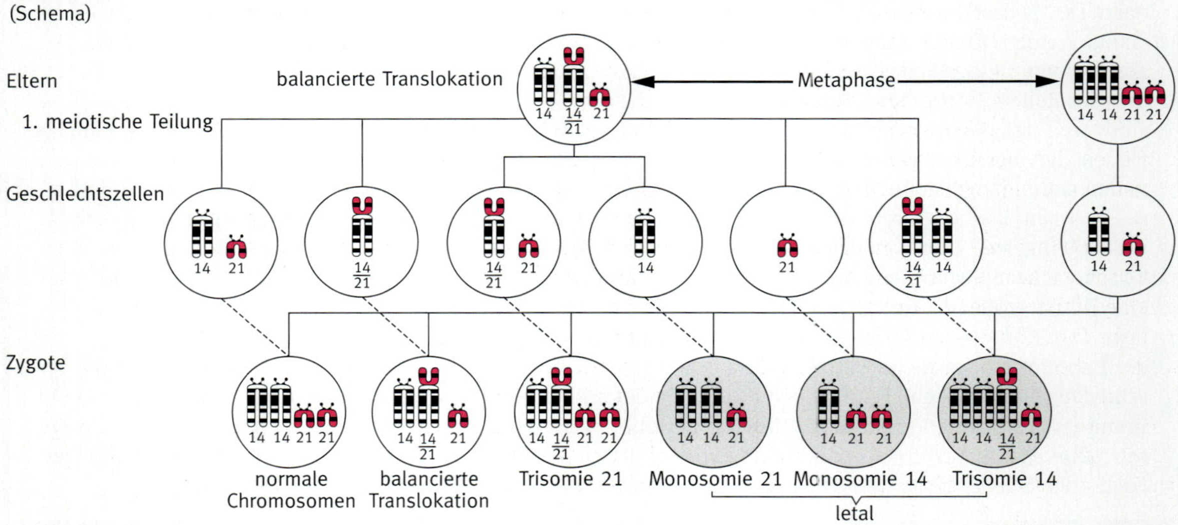

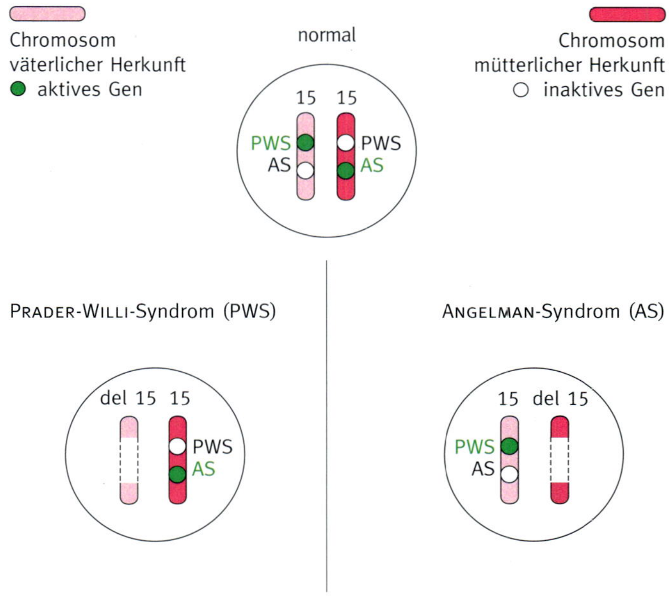

149.1 Genomic imprinting beim PRADER-WILLI- und ANGELMAN-Syndrom (Schema)

Nicht balanciert ist eine strukturelle Chromosomenänderung immer dann, wenn sich die Menge des genetischen Materials ändert. Das ist zum Beispiel bei einer **Duplikation** eines Chromosomenteils der Fall. Häufiger sind allerdings Verluste von Chromosomenstücken, so genannte **Deletionen.** So geht das Katzenschrei-Syndrom mit einer Häufigkeit von 1 : 50 000 auf einen Segmentverlust am kurzen Arm des Chromosoms 5 zurück. Auffälligstes Merkmal ist der hohe, katzenähnliche Schrei des Säuglings. Neben der dafür ursächlichen Fehlbildung des Kehlkopfes ist auch die Augen-Nasen-Partie verbreitert. Die Entwicklung ist stark verzögert, die Sprache entwickelt sich nur ansatzweise.

Eine kleine Deletion am langen Arm des Chromosoms 15 in den Bandenabschnitten 11 bis 13, die Chromosomenanomalie „del 15q11-13", führt zum PRADER-WILLI-Syndrom (PWS), wenn die Deletion väterlicher Herkunft ist: PWS ist unter anderem durch Muskelschwäche, Minderwuchs und Fettsucht gekennzeichnet. Betrifft der Verlust jedoch das Chromosom 15 mütterlicher Herkunft, stellt sich das Krankheitsbild des ANGELMAN-Syndroms (AS) mit schwerer geistiger Behinderung und fehlender Sprachentwicklung ein.

Das Phänomen des **genomic imprinting** (engl., genomische Prägung) erklärt sich, indem die beiden eng benachbarten PWS- und AS-Gene in Abhängigkeit von der elterlichen Herkunft aktiv oder inaktiv sind. Beim PWS ist das PWS-Gen im mütterlichen Chromosom unterdrückt, und es fehlt aufgrund einer Deletion im väterlichen Chromosom. Beim AS ist die Situation der AS-Allele genau umgekehrt. Es gibt Hinweise darauf, dass die geschlechtsabhängige Inaktivierung von Genen durch eine DNA-Methylierung erfolgt, die bei Mann und Frau in unterschiedlichen Mustern von den Gameten mitgegeben werden.

Im Jahr 1969 wurde bei Männern eine Chromosomenanomalie als häufigste Form erblichen Schwachsinns entdeckt, das fragile X-Syndrom (lat. *fragilis,* brüchig). Das X-Chromosom zeigt am Ende des langen Arms eine brüchige Stelle. 1991 wurde die zugrunde liegende Mutation aufgeklärt: Es handelt sich hierbei um die Vervielfachung einer Sequenz aus drei Nucleotiden, eine Triplett-Expansion der Basenabfolge CGG, die sich normalerweise 10- bis 50-mal, beim fragilen X-Syndrom über 200-mal wiederholt.

Eine echte Zwitterbildung *(Hermaphroditismus verus)* liegt vor, wenn bei einem Menschen beide Keimdrüsen, die männliche und die weibliche, vorhanden sind. Die Ursachen für diese Zwitterbildung sind noch nicht eindeutig geklärt. Eine Hypothese geht davon aus, dass bei der Spermienbildung eine Translokation zwischen X- und Y-Chromosom auftritt. Sie wird durch die Schreibweise X^Y symbolisiert. Verschmilzt ein solches Spermium mit einer Eizelle, so entsteht eine Zygote mit dem Karyotyp 44 Autosomen + XX^Y. Nach der LYON-Hypothese wird während der Embryonalphase eines der beiden X-Chromosomen nach dem Zufallsprinzip inaktiviert.

Ist in den Zellen der Keimdrüsenanlage das X^Y-Chromosom inaktiviert, so entstehen Eierstockzellen. Aus den Zellen, in denen das X^Y-Chromosom aktiv bleibt, entwickelt sich dagegen Hodengewebe. Als Ergebnis ergibt sich so eine Zwitterkeimdrüse.

Daneben kennt man aber auch echte Zwitter, die auf der einen Körperseite einen Hoden und auf der anderen einen Eierstock besitzen. Sie sind wahrscheinlich aus einer Doppelzygote hervorgegangen, in der eine Zelle den Karyotyp 44 Autosomen + XX und die andere den Karyotyp 44 Autosomen + XY zeigt.

6 Erblich bedingte Krankheiten

6.1 Autosomal-dominante Erbgänge

Beim Menschen sind heute etwa 1000 autosomal-dominant vererbte Anomalien bekannt. Viele sind im homozygoten Zustand letal oder die Schädigungen sind so gravierend, dass die Betroffenen noch vor Erreichen des fortpflanzungsfähigen Alters sterben.
Charakteristisch für einen monogen bedingten, autosomal-dominanten Erbgang ist Folgendes:

- Meistens ist ein Elternteil heterozygot für das krankheitsverursachende Allel und damit auch krank, der andere Elternteil trägt das rezessive Allel homozygot und ist gesund.
- Betroffene sind innerhalb eines familiären Stammbaums vertikal verteilt. In solchen Familien sind über viele Generationen die Betroffenen nicht nur Träger einer bestimmten Mutation, die für die Krankheit verantwortlich ist, sondern sie erkranken in der Regel auch alle an dem Leiden. Prägt sich ein dominantes Allel bei jedem Träger aus, spricht man von einer vollständigen **Penetranz** (lat. *penetrare,* durchdringen).
- Beide Geschlechter sind betroffen.
- Das Risiko für die Nachkommen eines Patienten, die Krankheit ebenfalls zu entwickeln, liegt entsprechend den MENDELschen Regeln geschlechtsunspezifisch bei 50 Prozent.

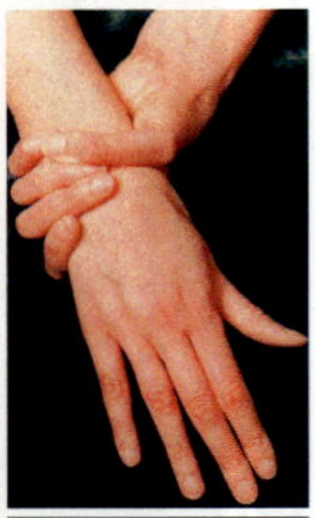
Spinnenfingrigkeit

Erbliche Missbildungen von Körpergestalt und Gliedmaßen wie Kurz- und Vielfingrigkeit werden meist autosomal-dominant vererbt. Zu ihnen zählt das MARFAN-Syndrom, eine monogen bedingte Krankheit, die verschiedene Symptome zeigt. So ist das Krankheitsbild unter anderem durch „Spinnenfingrigkeit", Veränderungen am Augapfel und Herzklappenfehler gekennzeichnet. Ist ein Gen für die Ausbildung mehrerer Merkmale verantwortlich, spricht man von **Polyphänie.**
Das MARFAN-Syndrom beruht auf Mutationen in einem Gen auf dem Chromosom 15, das Fibrillin codiert. Fibrillin gehört zu den Mikrofibrillen, die ein Grundgerüst für das Bindegewebe unseres Körpers bilden. Bei Heterozygoten wird normales und anormales Fibrillin eingebaut. Dies bewirkt eine höhere Elastizität der Bindegewebsfasern als bei Gesunden.

Beim MARFAN-Syndrom erfolgt die phänotypische Ausprägung des dominanten Gens unterschiedlich stark. Bei den einzelnen Erkrankten können daher die verschiedenen Organe unterschiedlich stark betroffen sein: Mal werden leichtere, mal schwerere Krankheitssymptome beobachtet, mal ist das Auge, mal das Skelett stärker verändert. Man spricht von einer variablen **Expressivität** (lat. *exprimere,* ausdrücken). Dies zeigt, dass vermutlich auch andere Gene auf den Ausprägungsgrad Einfluss nehmen, in denen sich die betroffenen Individuen unterscheiden.

1 Erläutern Sie die Besonderheit der Geno- und Phänotypen im Stammbaum mit autosomal-dominanter Vererbung in Abbildung 150.1, die nicht zu erwarten wäre.

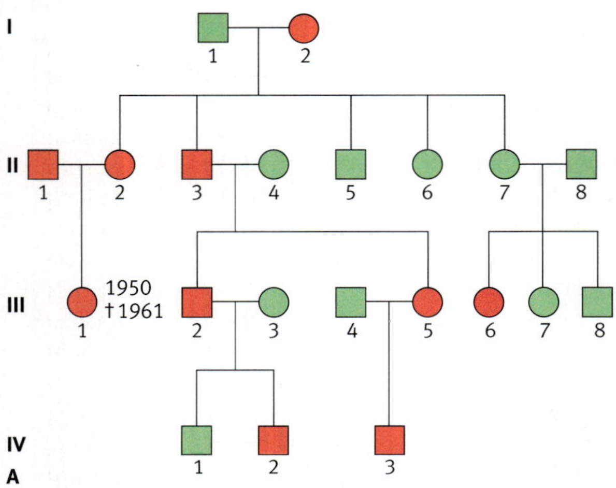

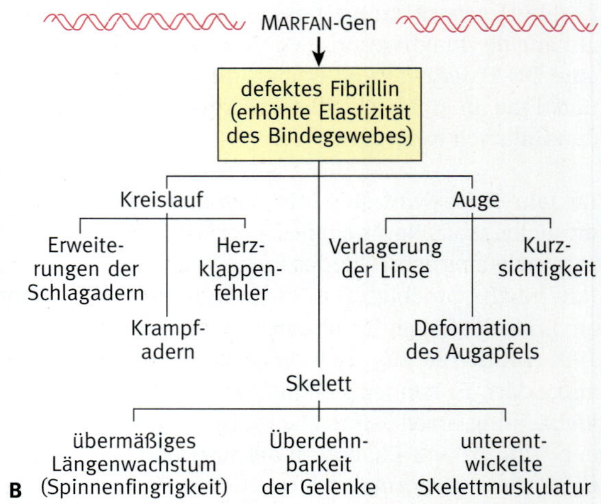

150.1 Autosomal-dominanter Erbgang. **A** Stammbaum; **B** Polyphänie beim MARFAN-Syndrom

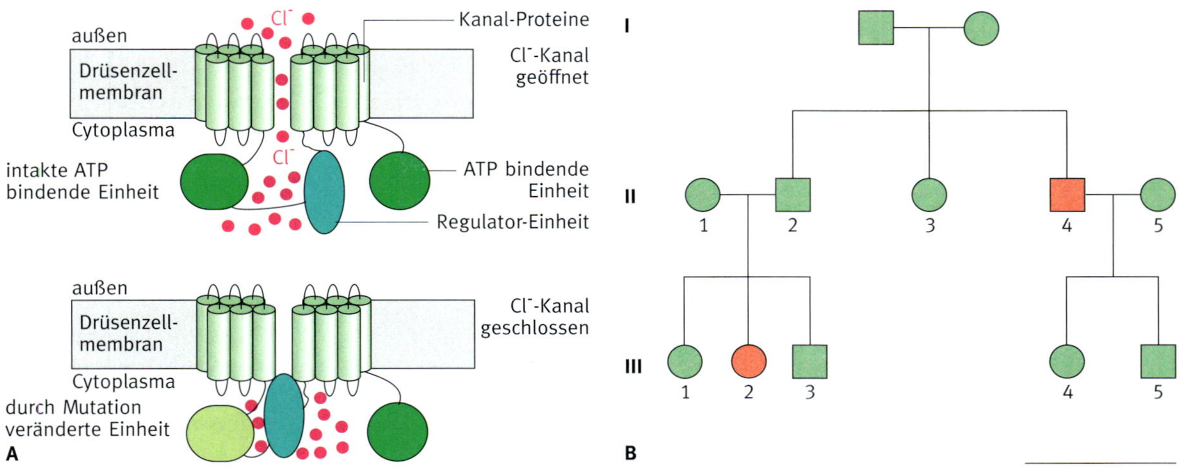

151.1 Mukoviszidose. **A** Defekt eines Ionenkanals; **B** Erbgang

6.2 Autosomal-rezessive Erbgänge

Man kennt heute auch über 1000 autosomal-rezessive Erbleiden. Diese Krankheiten reichen von eher harmlosen wie Albinismus bis hin zu akut lebensbedrohlichen wie etwa der Mukoviszidose. In der Mehrzahl der Fälle handelt es sich um Stoffwechseldefekte, die auf dem Ausfall eines Enzyms beruhen. Heterozygote Genträger haben nur etwa 50 Prozent der normalen Enzymaktivität, was meist zur Aufrechterhaltung der normalen Lebensfunktionen ausreicht.

Charakteristisch für einen monogen bedingten, autosomal-rezessiven Erbgang ist:

- Die Erkrankten haben, sieht man von seltenen Spontanmutationen ab, gesunde Eltern. Diese übertragen als **Konduktoren** (lat. *conducere,* mitführen) die Krankheit.
- Beide Geschlechter sind betroffen.
- Jedes Kind hat ein Erkrankungsrisiko von 25 Prozent. Drei Viertel der Nachkommen sind entsprechend den MENDELschen Regeln gesund: 25 Prozent davon sind homozygot, 50 Prozent sind heterozygote Überträger der Krankheit.

Die Mukoviszidose ist in Europa die häufigste erbbedingte Erkrankung, die durch einen rezessiv vererbten Gendefekt verursacht wird. Eine unter 25 Personen trägt ein Allel für die Erkrankung und ist damit Überträger des Erbleidens. Wegen ihres rezessiven Erbgangs kommt die Erkrankung „nur" bei einem von 2000 Neugeborenen vor.

Die Krankheit geht mit einer Störung des Wasser- und Salzhaushaltes einher. Zäher Schleim verstopft die Ausführgänge von Drüsen, die allmählich daran zugrunde gehen. Betroffen sind vor allem die Schleimhäute der Bronchien und die Bauchspeicheldrüse. Der sich festsetzende Schleim bildet in der Lunge einen idealen Nährboden für Krankheitserreger, und es kommt zu chronischen Infektionen. Fehlendes Bauchspeicheldrüsensekret im Dünndarm verursacht schwere Verdauungsstörungen.

Die Erkrankung zeigt sich meist schon im frühen Kindesalter und wird mit dem Alter zunehmend schwerwiegender. Durch eine spezielle Diät, Schleimverflüssiger und tägliche Antibiotikagaben zur Infektionsprophylaxe, konnte die durchschnittliche Lebenserwartung der Patienten von 14 auf 27 Jahre gesteigert werden. Einzelne Betroffene können jedoch auch wesentlich älter werden.

1989 wurde der Genort gefunden, an dem das bei der Mukoviszidose veränderte Protein codiert wird. Er liegt auf Chromosom 7, ist 250 kbp lang und besteht aus 27 Exons. Das intakte Allel codiert ein Protein aus 1480 Aminosäuren. Dieses bildet einen durch ATP regulierbaren Chlorid-Ionenkanal in der Drüsenzellmembran. Die Untersuchung von mehreren Tausend Patienten ergab, dass in etwa 70 Prozent aller Fälle beim mutierten Allel drei Nucleotide im Exon 10 fehlen. Dies führt zu einem Verlust eines Phenylalanin-Bausteins in einer der beiden ATP bindenden Einheiten des Kanals. Eine defekte Regulierung des Chlorid-Ionentransports ist die Folge. Chlorid-Ionen können nicht mehr zusammen mit dem Drüsensekret aus der Zelle transportiert werden. Fehlen Chlorid-Ionen im Drüsensekret, bindet dieses zu wenig Wasser und wird zäh.

MEDIZIN

Diagnose von Chorea HUNTINGTON

Eines der bekanntesten Beispiele für autosomal dominant vererbte Krankheiten ist die Chorea HUNTINGTON (gr. *choreia*, Tanz), der erbliche Veitstanz. Dies ist eine degenerative Nervenerkrankung, bei der es zu fortschreitenden Bewegungsstörungen, psychischen Störungen, Demenz bis hin zum Tode kommt. Die ersten Symptome treten auf, wenn der Patient 35 bis 40 Jahre alt ist und eventuell bereits eigene Kinder hat. Diese wachsen mit dem Wissen auf, dass sie mit einer 50-prozentigen Wahrscheinlichkeit ein Opfer der Krankheit werden, an der sie ihren Vater oder ihre Mutter leiden und sterben sehen.

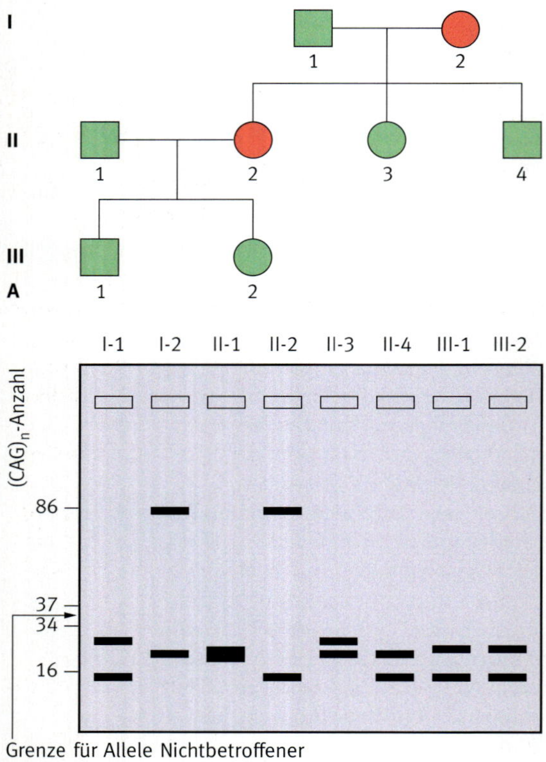

152.1 Gentest auf Chorea HUNTINGTON.
A Stammbaum über drei Generationen;
B Elektropherogramm der $(CAG)_n$-Anzahl der Familie

Seit 1993 steht ein Gentest für das Chorea-HUNTINGTON-Allel zur Verfügung. Es ist nahe dem Ende des Chromosoms 4 lokalisiert. Der Test beruht auf einer PCR-Analyse der CAG-Wiederholungseinheiten im betroffenen Gen. Nach PCR-Amplifikation lassen sich die erhaltenen DNA-Fragmente gelelektrophoretisch auftrennen und die Zahl der CAG-Tripletts kann bestimmt werden. Bei Nichtbetroffenen kommt in beiden Allelen des Chorea-HUNTINGTON-Gens das Triplett CAG nur neun bis 35-mal hintereinander vor. Bei Betroffenen beträgt die Anzahl der CAG-Wiederholungseinheiten in einem Allel 37 bis 100.

Für die Durchführung der PCR benötigt man Primer. Sie müssen den Genbereich umschließen, in dem die CAG-Tripletts vorkommen. Für deren Synthese muss ein Genabschnitt von etwa 20 Nucleotiden stromaufwärts und stromabwärts dieser Wiederholungseinheiten bekannt sein. Dazu musste das Chorea-HUNTINGTON-Gen zuerst lokalisiert und schließlich sequenziert werden. Wie gelang dies?

1983 hat man auf dem kurzen Arm des Chromosoms 4 einen DNA-Marker entdeckt, der gemeinsam mit der Chorea HUNTINGTON vererbt wird. Es handelt sich um einen Restriktionsfragment-Längenpolymorphismus (RFLP) in nächster Nachbarschaft zum gesuchten Gen. Hat ein Familienmitglied eine Version des RFLP-Markers mit zwei Restriktionsschnittstellen an Stelle von einer geerbt, so besitzt er mit hoher Wahrscheinlichkeit auch das krankheitsverursachende Allel. Dieses wurde sequenziert, wobei man die charakteristischen CAG-Wiederholungseinheiten fand. Zu deren angrenzenden Sequenzen wurden komplementäre Primer für den Gentest synthetisiert.

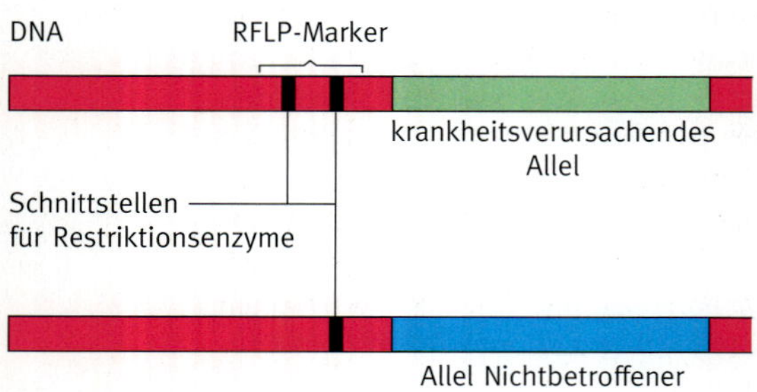

152.2 Gensuche mittels RFLP-Analyse

Für Familien, in denen Chorea HUNTINGTON vorkommt, bringt der Gentest ein Dilemma mit sich: Ist es für einen bislang gesunden Menschen überhaupt wünschenswert zu wissen, dass er eine tödliche, heute noch unheilbare Erbkrankheit hat?

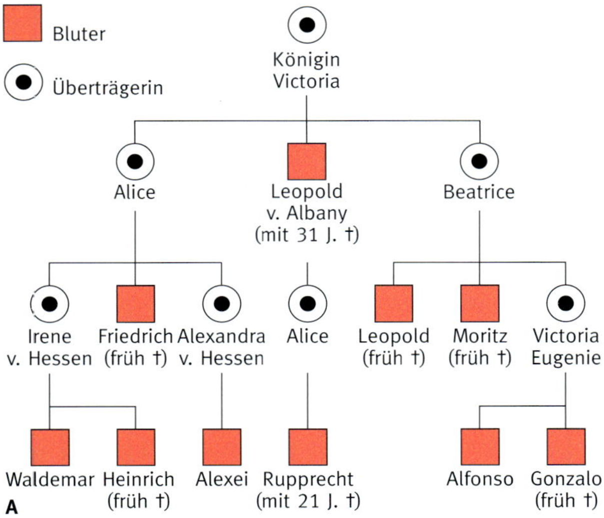

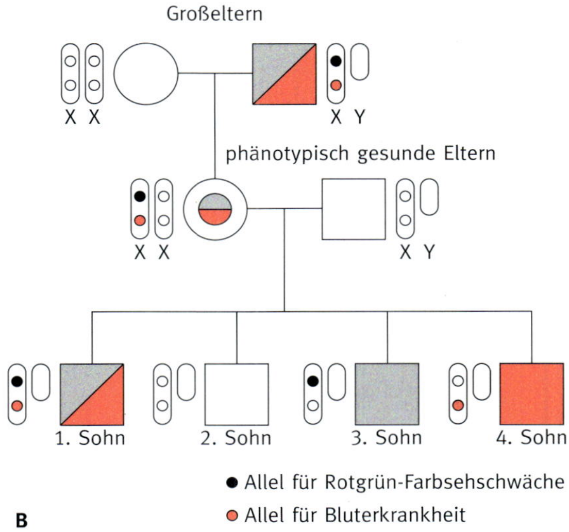

153.1 X-chromosomal-rezessive Vererbung. **A** Bluterkrankheit in europäischen Königshäusern; **B** Kopplungsbruch beim Menschen

6.3 X-chromosomale Vererbung

Aus Stammbäumen der europäischen Königshäuser, in denen das gehäufte Auftreten der Bluterkrankheit verfolgt wurde, geht hervor, dass überwiegend Männer von der Krankheit betroffen sind. Daraus schließt man auf eine X-chromosomale Vererbung.

Der erste Bluter in der königlichen Familie war Leopold, der Sohn Königin Victorias (1819–1901) von England. Das rezessive Allel für die Bluterkrankheit entstand vermutlich durch eine Spontanmutation in einer Keimbahnzelle von Victorias Mutter oder Vater, wodurch Victoria zur Überträgerin wurde. Durch die Heirat ihrer Töchter Alice und Beatrice wurde das Hämophilie-Allel in mehrere europäische Königshäuser weitergegeben. Der Brauch, politische Allianzen durch königliche Heiraten zu festigen, hatte fatale Folgen.

An der Blutgerinnung sind mehrere Gene beteiligt. So ist zum Beispiel bei der häufigsten Form der Bluterkrankheit, der Hämophilie A, das X-chromosomale Gen für den Gerinnungsfaktor VIII defekt. Heterozygote Frauen sind nicht bluterkrank, da durch das intakte Allel genügend Gerinnungsfaktor vorhanden ist. Im männlichen Geschlecht kommt das rezessive Hämophilie-Gen voll zur Wirkung, da ein entsprechendes Allel auf dem Y-Chromosom fehlt. Da hier im diploiden Chromosomensatz ein Allel nur einmal vorhanden ist, spricht man vom **hemizygoten** Zustand.

Die Gene der meisten gonosomal vererbten Krankheiten liegen auf dem X-Chromosom, da das Y-Chromosom nur wenige Allele trägt. Für einen **X-chromosomal-rezessiven Erbgang** lassen sich folgende Kennzeichen ableiten:

- Heterozygote Frauen sind gesund, aber Überträgerinnen des Gendefektes. Mit einem gesunden Mann haben diese Frauen mit einer Wahrscheinlichkeit von 50 Prozent betroffene Söhne. Ebenso hoch ist die Wahrscheinlichkeit für heterozygote, damit aber gesunde Töchter.
- Betroffen sind fast ausschließlich Männer. Frauen können erkranken, wenn der Vater erkrankt und die Mutter Konduktorin ist.
- Betroffene Jungen haben normalerweise gesunde Eltern. Die Mutter überträgt in der Regel die Krankheit.
- Ein betroffener Mann hat mit einer homozygoten, gesunden Frau nur gesunde Söhne. Alle Töchter sind Konduktorinnen.

In seltenen Fällen wird ein Merkmal X-chromosomal-dominant vererbt. Für diesen Erbgang gelten folgende Merkmale:

- Alle Söhne betroffener Männer sind merkmalsfrei, während bei allen Töchtern das Merkmal auftritt.
- Im Falle einer homozygoten, betroffenen Mutter sind alle Nachkommen krank, unabhängig davon, ob der Vater krank oder gesund ist.

1 Beschreiben Sie die Abbildung zum Kopplungsbruch beim Menschen.

7 Genetische Beratung

7.1 Diagnostik und Risikoabschätzung

In speziellen Beratungsstellen und vielen Krankenhäusern klären genetische Berater Paare auf, die wegen ihrer Familiengeschichte zu bestimmten Erbkrankheiten Rat suchen. Diese Beratung ist grundsätzlich freiwillig, und die letztliche Entscheidung bezüglich des Kinderwunsches liegt ausschließlich beim Rat Suchenden.
Etwa zwei Prozent aller lebend Geborenen in den Industrienationen leiden an einer genetisch bedingten Fehlbildung oder Behinderung. Das Risiko ist jedoch nicht für jedes Elternpaar gleich anzusetzen. Genetische Beratung sollten in Anspruch nehmen:
- Paare, in deren Verwandtschaft Erbkrankheiten auftreten oder die selbst eine Erbkrankheit haben;
- gesunde Eltern, die bereits ein Kind mit einer Erbkrankheit haben;
- Partner, die miteinander verwandt sind;
- Frauen, die vor oder während einer Schwangerschaft therapeutisch bestrahlt wurden, mutagene Medikamente oder Suchtmittel wie beispielsweise Alkohol oder Nikotin eingenommen haben;
- Frauen, die während der Schwangerschaft eine Virusinfektion durchlitten haben;
- Frauen, die älter als 35 Jahre sind oder Paare, die zusammen älter als 75 Jahre sind;
- Frauen, die schon eine ungeklärte Fehlgeburt hatten.

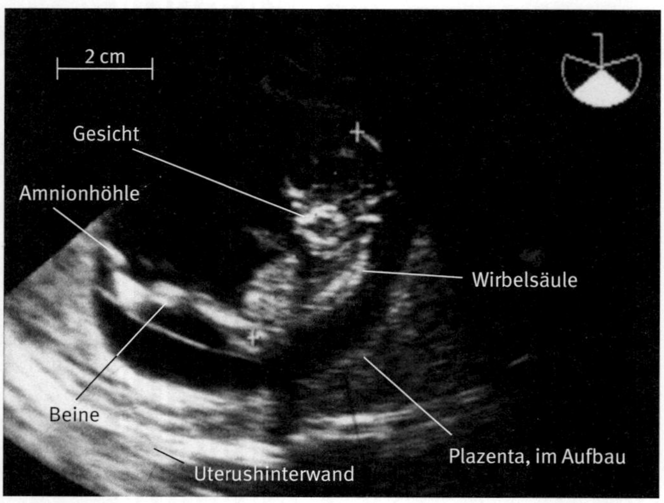

154.1 Fetus im Ultraschall in der 12. Schwangerschaftswoche

Bei der genetischen Beratung werden verschiedene Methoden herangezogen, um zu einer möglichst exakten Diagnose zu gelangen: Zunächst werden die Befunde der Rat Suchenden und ihrer Familien erhoben und ein Familienstammbaum erstellt. Ist in einer Familie das Auftreten einer erblich bedingten Krankheit nachgewiesen, so kann aufgrund des Stammbaumes das Wiederholungsrisiko berechnet werden. Liegt ein autosomal-rezessiver Erbgang vor, beträgt es zum Beispiel für Geschwister von Kranken 25 Prozent. Bei einer autosomal-dominant bedingten Krankheit liegt das Wiederholungsrisiko bei 50 Prozent.
Bei der Anwendung der MENDELschen Regeln muss jedoch eines bedacht werden: Der Zufall hat kein Gedächtnis. Die Zygotenbildung ist jedes Mal ein unabhängiges Ereignis, und ihr Genotyp ist unbeeinflusst vom Genotyp älterer Geschwister.

Eine wesentliche Rolle in der genetischen Beratung spielt heute die **pränatale Diagnostik** (lat. *prä,* vor; *natus,* Geburt). Ihr Ziel ist die Erkennung genetisch bedingter Krankheiten und Fehlbildungen sowie von Chromosomenanomalien beim Fetus. Es werden **invasive** (lat. *invadere,* eindringend) und **nicht invasive Methoden** unterschieden:

Eine wichtige nicht invasive Methode ist die **Ultraschalluntersuchung.** Sie ist ein Teil der Vorsorgeuntersuchungen bei Schwangeren. Ultraschallwellen sind nicht hörbare Schallwellen. Sie werden von Geweben unterschiedlicher Dichte verschieden reflektiert und machen so Strukturgrenzen auf einem Bildschirm sichtbar. Durch Ultraschall können das Wachstum sowie mögliche Fehlbildungen des Fetus beobachtet werden. Dieses Verfahren birgt kein bekanntes Risiko für den Fetus oder die Mutter.

Ab der 14. Schwangerschaftswoche lässt sich im Blut der Mutter das fetale **Alpha-Fetoprotein** nachweisen. Eine erhöhte Konzentration dieses Stoffes deutet auf ein verstärktes Risiko für eine schwere Wirbelsäulenerkrankung beim Fetus hin. Das geringe Risiko dieser Untersuchung für Mutter und Kind geht mit der oftmals schwierigen Interpretation der Testergebnisse einher.

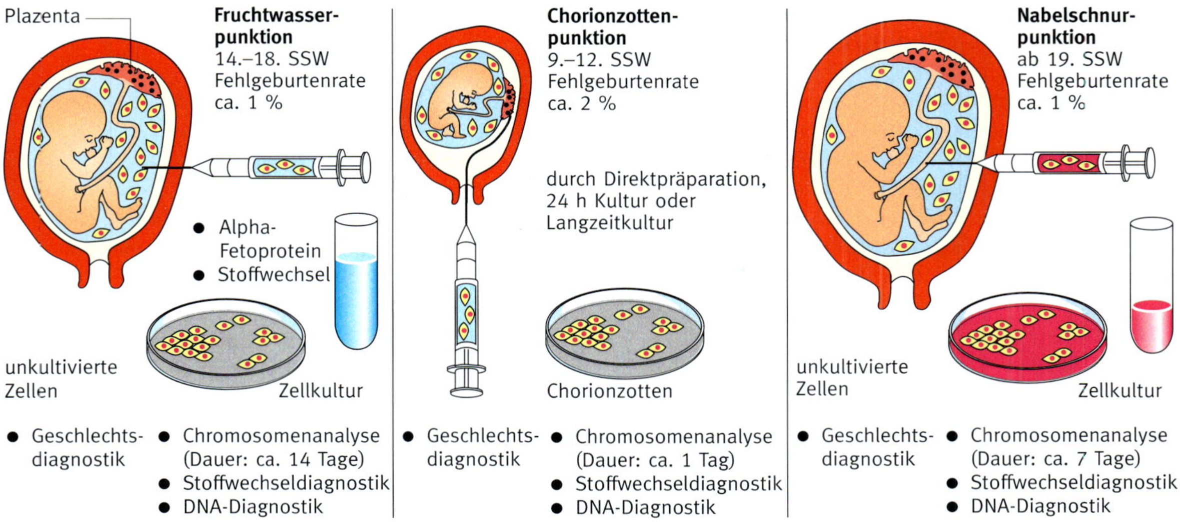

155.1 Invasive pränatale Diagnostik im Vergleich (SSW = Schwangerschaftswoche)

Weitaus aussagekräftiger sind die **invasiven Methoden** der pränatalen Diagnostik. Dabei werden fetale Zellen entnommen. Seit etwa 1960 wendet man zur Gewinnung solcher Zellen die **Fruchtwasserpunktion** oder **Amniozentese** an. Diese Methode wird zwischen der 14. und 18. Schwangerschaftswoche angewendet, da erst dann genügend Fruchtwasser vorhanden ist. Durch die Bauchdecke und Gebärmutter hindurch werden mit einer Kanüle unter Ultraschallkontrolle und örtlicher Betäubung aus der Fruchtblase etwa zehn Milliliter Fruchtwasser entnommen. Darin sind auch immer abgestoßene lebende fetale Zellen enthalten, die in Kultur vermehrt werden.
Mit diesen Zellen können Tests auf bestimmte Enzyme und Chromosomenanalysen durchgeführt werden. Für Letztere werden die Zellen durch Colchicin-Behandlung in der Metaphase des Zellzyklus angereichert. Es folgt eine hypotone Behandlung, durch die die Zellen anschwellen und beim Auftropfen auf einen Objektträger platzen. Die Chromosomen werden frei und zu einem Karyogramm geordnet. Aufgrund der Zeit raubenden Kultivierung der fetalen Zellen liegt ein Analyseergebnis frühestens zwei Wochen nach der Entnahme vor.

Zunehmend an Bedeutung gewinnt die DNA-Analytik, zahlreiche Gentests sind bereits an Fetalzellen durchführbar.

Durch biochemische Untersuchungen des abzentrifugierten Fruchtwassers können bestimmte Stoffwechselerkrankungen wie zum Beispiel die Mukoviszidose diagnostiziert werden.

Bei der **Chorionzottenpunktion** wird unter Ultraschallkontrolle fetales Gewebe durch die Scheide von der Plazenta abgesaugt. Weil die Zellen der Chorionzotten sich schnell vermehren, befinden sich genügend von ihnen im Mitosestadium. Damit kann unmittelbar eine Chromosomenanalyse durchgeführt werden. Ein Ergebnis liegt binnen weniger Stunden vor. Als weiterer Vorteil gegenüber der Amniozentese kann sie bereits in der neunten bis zwölften Schwangerschaftswoche durchgeführt werden. Als Nachteil erweist sich allerdings die doppelt so hohe Fehlgeburtenrate.
Unklare Ergebnisse der geschilderten Methoden der pränatalen Diagnose können durch eine **Nabelschnurpunktion** abgeklärt werden. Dazu wird ebenfalls unter Ultraschallsicht durch die Bauchdecke aus der Nabelschnur fetales Blut entnommen und untersucht. Diese Methode ist ab der 19. Schwangerschaftswoche anwendbar.

Zu einer genetischen Beratung gehört auch, die Rat Suchenden über die Risiken der invasiven pränatalen Diagnostik aufzuklären. Infektionen der Mutter oder Verletzungen des Fetus sind möglich. So kommt es in etwa ein Prozent der Fälle als Folge einer Amniozentese zu einer Fehlgeburt. Man wird also nur dann zu einer invasiven Methode der pränatalen Diagnostik greifen, wenn deutliche Hinweise auf ein erhöhtes Risiko für eine Erkrankung des Fetus vorliegen. Wird eine schwerwiegende Schädigung festgestellt, so liegt es im alleinigen Ermessen der Eltern, einem gesetzlich zulässigen Schwangerschaftsabbruch zuzustimmen.

GESELLSCHAFT

Gendiagnose – Bedeutung für die Betroffenen

Jede neue Technik bringt Chancen und Risiken mit sich. Ein besonders gutes Beispiel dafür sind die neuen Gendiagnose-Verfahren. Damit können bereits pränatal monogene Erbkrankheiten wie Mukoviszidose oder Chorea HUNTINGTON diagnostiziert werden. Auch zukünftige Erkrankungsrisiken, wie genetische Dispositionen für die polygen bedingte ALZHEIMER-Krankheit oder Krebs, können anhand der nachgewiesenen Genmutationen erkannt werden. Die Aussagekraft von genetischen Dispositionen ist allerdings begrenzt. Selbst wenn eine Disposition für Brustkrebs gefunden wird, heißt das noch lange nicht – wie schon passiert –, dass Betroffene sich vorsorglich die Brüste entfernen lassen sollten. Manche Frauen mit den entsprechenden „Risikogenen" erkranken nie an Brustkrebs. Wird andererseits keines dieser Risikogene gefunden, ist die Getestete noch lange nicht vor der Krankheit gefeit.

Selten liegt bei monogen bedingten Erbkrankheiten wie etwa der Sichelzellanämie bei allen Betroffenen dieselbe Mutation vor. Der Mukoviszidose liegen mehr als 600 verschiedene Mutationen in einem Gen zugrunde. Für die häufigste Mutation, die etwa 70 Prozent der Erkrankungen verursacht, existiert ein Gentest. Ein pränataler negativer Befund schließt daher seltenere Mutationen im Mukoviszidose-Gen und damit das spätere Auftreten der Krankheit nicht aus.

Entscheidend bei einer Untersuchung auf schwere Erbkrankheiten, vor allem wenn sie vor dem Auftreten erster Symptome gemacht wird, ist eine ausführliche Beratung bei einer humangenetischen Beratungsstelle. Findet diese nicht statt, werden Rat Suchende durch die Tests oft zu Unrecht in Panik versetzt, enorme psychologische Probleme können auftreten. Ein Beispiel ist der Nachweis eines Allels der dominant vererbten und mit Sicherheit zum Tode führenden Chorea HUNTINGTON. Die Krankheit kann zwar durch den Gentest diagnostiziert werden, eine Krankheitsvorbeugung oder Therapie zur Heilung existiert jedoch nicht. Dies führt bei den Rat Suchenden zu einem Dilemma: Einerseits ist die Unsicherheit quälend, andererseits ist die Möglichkeit eines positiven Befunds eine schwere Belastung. Zudem gibt der Gentest Aufschluss über das Erkrankungsrisiko von Eltern und Geschwistern. Gewissensnöte können bei der Frage auftreten, ob ein Betroffener dieses seinen Eltern mitteilen sollte. Auch dieser Gentest liefert keine Aussage über den Beginn sowie den Verlauf und die Schwere der Erkrankung. Nach entsprechenden Vorgesprächen bei einer Beratungsstelle machen nur noch etwa 40 Prozent der Rat Suchenden den Gentest.

Die Testergebnisse ermöglichen in anderen Fällen zwar eine frühzeitigere Behandlung, könnten aber genauso gut auch dazu verwendet werden, Betroffenen den Zugang zur Krankenversicherung, zu Lebensversicherungen oder sogar zu bestimmten Arbeitsplätzen zu verwehren. Zum Schutz gegen genetische Diskriminierungen durch Versicherungen oder Arbeitgeber sind geeignete Maßnahmen erforderlich: Eine sollte ein Recht auf Nichtwissen sein. Die Gendiagnostik darf nicht zwangsweise durchgeführt werden, ihre Durchführung muss der Entscheidung des Einzelnen überlassen bleiben. Durchführung, Interpretation und Beratung kann nur unter dem Schutz der ärztlichen Schweigepflicht zwischen dem Rat Suchenden und dem Arzt seiner Wahl stattfinden. Der Schutz aller sensitiven Daten muss gesichert bleiben.

Jeder trägt in seinem Erbgut eine ganze Anzahl von Genen, die – wenn sie entsprechend kombiniert auftreten – einen Menschen genetisch zu einer Krankheit disponieren können. Eltern werden bei steigenden Gentestangeboten einer zunehmenden Versuchung ausgesetzt, ihren Nachwuchs genetisch testen zu lassen. Unerwünschte Ergebnisse könnten zu mehr Schwangerschaftsabbrüchen führen. Die Durchführung eines Gentests erscheint nur dann sinnvoll, wenn in der betroffenen Familie bereits Fälle einer Erkrankung aufgetreten sind. Ein gesellschaftlicher Zwang, nur ideale Kinder zu bekommen, indem man jene, die als „weniger ideal" gelten, gar nicht erst leben lässt, sollte eigentlich nicht entstehen. Dennoch muss man der Tatsache Rechnung tragen, dass es schon heute unter bestimmten Voraussetzungen eine ärztliche Beratungspflicht zur pränatalen Diagnose gibt. Es ist zu befürchten, dass bei Ablehnung einer solchen Diagnose und der Geburt eines behinderten Kindes gesellschaftliche Sanktionen zum Beispiel von den Krankenkassen eintreten können.

1 Wie hoch ist das Erkrankungsrisiko nach einem positiven Nachweis eines HUNTINGTON-Allels bei einem Familienmitglied für dessen Eltern und Geschwister?

2 Erläutern Sie, welche Bedeutung eine Gendiagnose für Heterozygote bei rezessiv vererbten Krankheiten wie der Mukoviszidose hat.

Abtreibung – ja oder nein?

1974 wurde in Deutschland der alte § 218, der Abtreibungen unter Strafe stellte, novelliert und durch die Fristenlösung ersetzt. Diese ließ einen Schwangerschaftsabbruch während der ersten drei Monate grundsätzlich straflos. Diese Fristenregelung wurde 1975 für verfassungswidrig erklärt und von der Indikationsregelung (lat. *indicare*, anzeigen) abgelöst. Nun sollte ein Schwangerschaftsabbruch innerhalb bestimmter Fristen straffrei bleiben, wenn medizinische, kriminologische (Schwangerschaft durch Gewaltanwendung oder -androhung) oder soziale Gründe vorliegen.

1995 wurde die Indikationsregelung nochmals überarbeitet. Seither gilt, dass der Schwangerschaftsabbruch dann straffrei bleibt, wenn

- Gefahr für das Leben der Mutter besteht (ohne Frist);
- das Kind mit mindestens 50 Prozent Wahrscheinlichkeit eine nicht heilbare schwerwiegende Schädigung aufweist (bis 22. Woche);
- sexueller Missbrauch von Kindern unter 14 Jahren vorliegt (bis 12. Woche);
- sich die Schwangere zur Abtreibung entschließt und bei einer staatlich anerkannten Stelle eine entsprechende Beratung nachweisen kann (bis 12. Woche).

In den 60er-Jahren des vergangenen Jahrhunderts konnte nach der Aufklärung des hormonellen Zyklus der Frau die „Anti-Baby-Pille" eingeführt werden. Man hatte damals noch die Hoffnung, dass die Zahl der ungewollten Schwangerschaften durch die einfachere Verhütung deutlich zurückgehen würde und man sich bei der Diskussion über den Abtreibungsparagrafen auf medizinische und kriminologische Indikationen beschränken könnte.
Leider hat sich diese Erwartung nicht erfüllt. Zu Beginn des 21. Jahrhunderts – in dem die Beschaffung von Verhütungsmitteln auch durch die zunehmende Akzeptanz und Toleranz in der Gesellschaft – so einfach ist wie noch nie, nimmt die Zahl der ungewollten Schwangerschaften bei jungen Mädchen in erschreckendem Maße zu.
Gleichzeitig erlauben weiterentwickelte Untersuchungsmethoden immer genauere Aussagen zu eventuellen Behinderungen von Embryonen. Auch dadurch gestaltet sich die ethische Problematik eines möglichen Schwangerschaftsabbruches eher komplexer als einfacher.

1980 veröffentlichte der Österreicher Georg DANZER in diesem Zusammenhang das Lied „Deppert's Kind". Der Originaltext wurde ins Hochdeutsch übertragen:

Jetzt bist Du schon fünf Jahre alt
und redest immer noch kein einziges gescheites Wort
Du liegst im Bett und starrst an die Decke
und es geht Dir weder schlecht noch gut
manchmal schaust Du mich so komisch an
dass ich mir so gar nicht helfen kann
Deppert's Kind
Deppert's Kind

Ich frag mich immer wieder, was so vorgeht
hinter Deiner kleinen Stirn
und ob da nicht eine Art von Weisheit drinsteckt
die wir alle nicht kapieren
die meisten sagen halt, Du bist blöd
so einfach mache ich mir das nicht
Deppert's Kind
Deppert's Kind

Herrgott, warum hast Du mich gestraft
Herrgott, warum hast Du mich gestraft

Jetzt gibt's da Leute, die sagen, einem solchen
armen Kind sollte man eine Spritze geben
doch alles, was auf der Welt ist, hat einen Sinn
und deshalb auch ein Recht zum Leben
Ich geb Dich niemals von mir fort
Ich lass nicht zu, dass Dir wer was tut
Deppert's Kind
Deppert's Kind

1 Skizzieren Sie den Standpunkt Georg DANZERS zum Thema „behindertes Kind".
Welchen Standpunkt zum Thema Abtreibung könnte man aus diesem Text ableiten?

2 Nehmen Sie Stellung: In einem reichen Land wie Deutschland sollte es eine Indikation aufgrund einer sozialen Notlage gar nicht geben.

3 „Ungewollte Schwangerschaften, ausgenommen aufgrund sexuellen Missbrauchs, kann es beim heutigen Aufklärungsstand gar nicht mehr geben."
„Ein Schwangerschaftsabbruch kann keine weitere Verhütungsmethode sein."
Diskutieren Sie diese Thesen im Kurs.

7.2 Gentherapie beim Menschen

Wenn in einer Zelle ein Genschaden vorliegt, kann man versuchen, diesen zu beheben, indem man das intakte Gen in diese Zelle einbringt. Die Korrektur von angeborenen oder erworbenen Mutationen in Körperzellen wird als **somatische Gentherapie** bezeichnet. Sie kommt nur dem therapierten Individuum zugute, weil Zellen der Keimbahn nicht betroffen sind.
Als **Vektoren** dienen Retroviren, Adenoviren oder Fettkügelchen, so genannte Liposomen. Bei viralen Vektoren muss durch genetische Veränderungen sichergestellt werden, dass sie sich nicht in den Körperzellen vermehren oder krank machend wirken. Ideale Vektoren enthalten nur noch das therapeutische Gen und virale Elemente, die für die Aktivität der Gene erforderlich sind.
Erfolgt die Gentherapie im Körper des Patienten, wird dies als **In-vivo-Gentransfer** bezeichnet. Werden die Zellen mit dem Gendefekt aus dem Organismus isoliert und in Kultur durch einen Vektor mit dem gewünschten Gen übertragen, spricht man von einem **Ex-vivo-Gentransfer.** Die genetisch veränderten Zellen werden in vitro selektiert, vermehrt und schließlich in den Patienten reimplantiert. Ex-vivo-Gentransfermethoden sind generell effizienter als die bis heute zur Verfügung stehenden In-vivo-Methoden. Ihre Anwendbarkeit ist aber auf Zellen beschränkt, die relativ leicht aus dem Körper isoliert und gezüchtet werden können, wie Lymphocyten, Blut bildende Stammzellen oder Leberzellen.

Allerdings gelingt die Reimplantation der in vitro übertragenen Zellen in den Körper oft nur unvollständig und die Expression des Transgens geht in vivo aus noch nicht geklärten Gründen relativ rasch verloren.

Die ersten Versuche einer Gentherapie durch Ex-vivo-Gentransfer führte man 1990 an einer Patientin mit einem erblich bedingten Mangel des Enzyms Adenosin-Desaminase (ADA) durch – eine tödliche Erkrankung, die das Immunsystem beeinträchtigt. Diese seltene Erkrankung wurde ausgewählt, weil sie wichtige Kriterien für eine Gentherapie erfüllt:

- Der genetische Defekt ist monogen bedingt, wird rezessiv vererbt und lässt sich durch das Einbringen eines Allels beheben, auch wenn das defekte Allel noch vorhanden ist.
- Zielzellen waren die leicht isolierbaren und reimplantierbaren T-Lymphocyten.
- Die Krankheit hat so schwerwiegende Auswirkungen, dass die mit der neuen Therapie verbundenen Risiken durch Aussicht auf Heilung aufgewogen werden.

Im Gegensatz zur ursprünglichen ADA-Gentherapie werden heute nicht T-Lymphocyten, sondern Stammzellen des Knochenmarks als Zielzellen therapiert. Dieser Ansatz könnte zu einer dauerhafteren Behandlung führen, da sich die Stammzellen in vivo vermehren und alle Zellen des Immunsystems bilden.

Im Jahre 1994 berichteten Mediziner von einer erfolgreichen In-vivo-Gentherapie bei Mukoviszidose-Patienten. Bei dieser atmen die Pa-

158.1 Gentherapie durch In-vivo- und Ex-vivo-Gentransfer

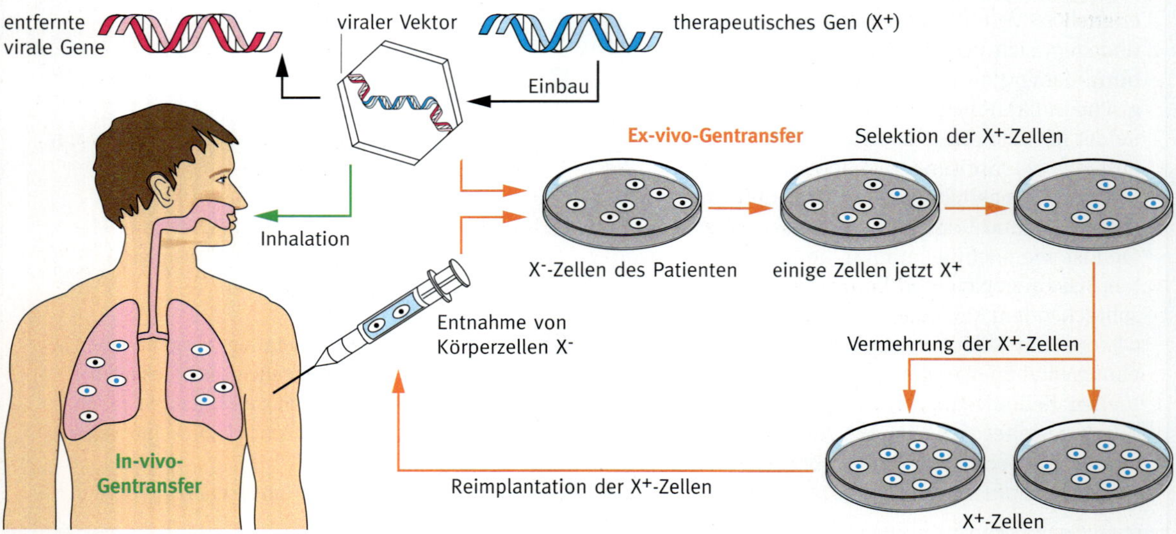

tienten ein Spray ein, das das therapeutische Gen verpackt in einen Adenovirus als Vektor enthält. Man verwendet bisher harmlose Schnupfenviren, die die Zellen des Lungengewebes als Zielzellen erkennen und infizieren und damit das Gen einschleusen. Bei zu hohen Viruskonzentrationen kommt es häufig zu einer Lungenentzündung als unerwünschter Nebenwirkung. Wird das Gen in Liposomen verpackt, ist die Therapie nebenwirkungsfrei. Der Gentransfer ist dabei allerdings wenig effektiv und seine Wirksamkeit auf eine Woche begrenzt. Ein Ziel für die Entwicklung zukünftiger Vektoren ist es, die hohe Gentransfereffizienz viraler Vektoren mit den niedrigen Antigeneigenschaften von Liposomen zu verbinden.

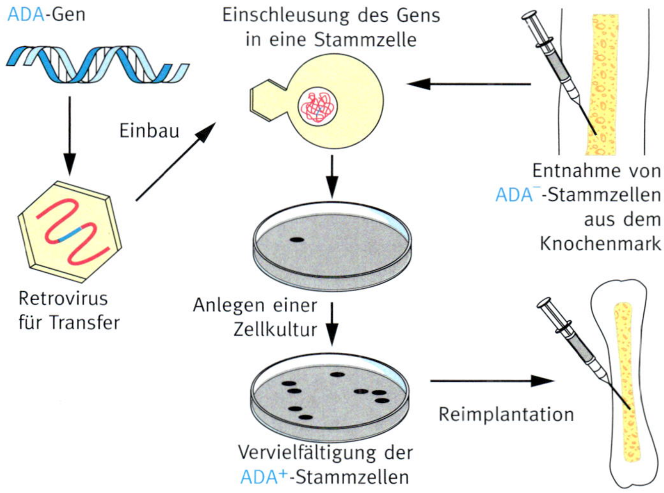

159.1 Ex-vivo-Therapie bei ADA-Mangel

Bisher haben nur sehr wenige gentherapeutische Versuche den gewünschten dauerhaften Erfolg erbracht. In einzelnen Fällen konnte die somatische Gentherapie jedoch den Gesundheitszustand der Patienten deutlich verbessern. Obwohl eine Gentherapie monogener Erkrankungen grundsätzlich möglich ist, sind dabei noch viele Probleme zu lösen, wie zum Beispiel:

- der In-vivo-Transport der DNA zu den betroffenen Zellen: Man versucht, „intelligente" Vektoren zu entwickeln, die, beispielsweise in die Blutbahn injiziert, selbst zu den Zielzellen finden.
- der DNA-Einbau ins Genom sich nicht mehr teilender Zellen: Retrovirusvektoren können DNA zwar effizient in Zellen einbauen, aber diese DNA gelangt nur dann zu Chromosomen des Patienten und wird in sie eingebaut, wenn die Kernhülle sich während der Zellteilung aufgelöst hat.
- der an zufälligen Stellen ins Patientengenom erfolgende DNA-Einbau: Dadurch besteht die Gefahr von Gendefekten.
- die Expressionsstärke des eingebauten Gens: Die Integrationsstelle im Genom bestimmt darüber, wie stark ein Gen transkribiert wird.

Neben den monogenen Erbkrankheiten laufen zurzeit zahlreiche Studien zur Gentherapie von polygenen Erkrankungen wie zum Beispiel Krebs.

Ein Gentransfer in Geschlechtszellen, der zu vererbbaren Eigenschaften führen könnte, wird als **Keimbahntherapie** bezeichnet. Diese soll die Nachkommen an Erbkrankheiten leidender Menschen dauerhaft von Gendefekten befreien. Die Anwendung der Keimbahntherapie beim Menschen steht zurzeit aber nicht zur Diskussion. Sie ist technisch vermutlich noch nicht möglich und ethisch problematisch. In Deutschland verbietet das Embryonenschutzgesetz vom 1. Januar 1991 die Keimbahntherapie.

1 Begründen Sie, warum polygene und dominante Erbdefekte schwieriger durch Gentherapie geheilt werden können.

2 Beurteilen Sie, ob sich ein viraler Vektor bei einer In-vivo-Gentherapie für eine Mehrfachbehandlung eignet.

3 Warum scheiden Retroviren als Vektoren bei der In-vivo-Gentherapie von Mukoviszidose aus?

§5 Künstliche Veränderung menschlicher Keimbahnzellen

(1) Wer die Erbinformation einer menschlichen Keimbahnzelle künstlich verändert, wird mit Freiheitsstrafe bis zu fünf Jahren oder mit Geldstrafe bestraft.

(2) Ebenso wird bestraft, wer eine menschliche Keimzelle mit künstlich veränderter Erbinformation zur Befruchtung verwendet.

(3) Der Versuch ist strafbar.

(4) Absatz 1 findet keine Anwendung auf

1. eine künstliche Veränderung der Erbinformation einer außerhalb des Körpers befindlichen Keimzelle, wenn ausgeschlossen ist, dass diese zur Befruchtung verwendet wird.
2. eine künstliche Veränderung der Erbinformation einer sonstigen körpereigenen Keimbahnzelle, die einer toten Leibesfrucht, einem Menschen oder einem Verstorbenen entnommen worden ist, wenn ausgeschlossen ist, dass
   a) diese auf einen Embryo, Fetus oder Menschen übertragen wird oder
   b) aus ihr eine Keimzelle entsteht, sowie …

159.2 Ausschnitt aus dem Embryonenschutzgesetz

8 Reproduktionstechnik beim Menschen

Nach Schätzungen ist in Deutschland jedes zehnte Paar kinderlos, obwohl es sich Kinder wünscht. Die Tendenz ist steigend. Immer häufiger wenden sich Betroffene an Fachärzte, um sich ihren Kinderwunsch dennoch zu erfüllen. Allein in Deutschland werden über 25 000 Kinder pro Jahr durch technisch unterstützte Fortpflanzung geboren.
Mediziner sprechen von **Sterilität,** wenn nach einem Jahr mit regelmäßigem Geschlechtsverkehr ohne Verhütung eine Schwangerschaft ausbleibt. Sterilität kann viele Ursachen haben. Dazu gehören Gonosomen-Aberrationen, Fertilitätsstörungen wie zum Beispiel verschlossene Eileiter oder Störungen in der Gametenbildung. Oft spielen psychische Faktoren eine Rolle. Mit den Methoden der **Reproduktionsmedizin** kann häufig trotz dieser Störungen eine Schwangerschaft herbeigeführt werden.

Treten Erektionsstörungen auf oder ist die Zahl der Spermien oder ihre Bewegungsfähigkeit zu gering, kann die **künstliche Besamung** angewendet werden. Dabei werden Spermien aus dem Ejakulat des Mannes zum Zeitpunkt der Ovulation über einen Katheder unter Ultraschallkontrolle direkt in die Gebärmutter eingeführt. Die Befruchtung der Eizelle erfolgt dabei auf natürlichem Wege. Wird der Samen des Partners verwendet, spricht man von *homologer Insemination* (lat. *inseminare,* besamen). Die erste künstliche Besamung hat bereits 1799 der englische Arzt HUNTER durchgeführt. Seit 1911 ist dieses Verfahren in Deutschland offiziell als Therapie bei Fertilitätsstörungen zwischen Ehepartnern anerkannt.
Wenn in einer Partnerschaft der Mann zur Spermienbildung nicht in der Lage ist, kann der Arzt bei bestehendem Kinderwunsch Spermien eines Samenspenders für die künstliche Besamung verwenden *(heterologe Insemination).* Diese Methode ist in Deutschland zwar erlaubt, doch umstritten, weil einerseits dadurch die betroffenen Paare psychisch belastet sein können, andererseits noch juristische und ethische Fragen offen sind.

Im Jahr 1978 erblickte ein gesundes Mädchen namens Louise Joy BROWN das Licht der Welt. Daran wäre nichts Außergewöhnliches, wenn nicht die Bedingungen, unter denen die Zeugung erfolgte, besondere wären. Zwei britische Ärzte hatten der Mutter des Mädchens eine Eizelle entnommen, diese im Reagenzglas in vitro den Millionen Spermien ihres Mannes ausgesetzt und befruchtet. Zwei Tage danach wurde der Embryo in den Uterus der Mutter übertragen. Sie hatten damit die erste erfolgreiche **In-vitro-Fertilisation (IVF)** mit anschließendem **Embryonentransfer** durchgeführt.
Mehr als 300 000 solcher „Retortenbabys“ folgten bisher weltweit Louise Joy BROWN. Trotz dieser enormen Zahl ist die Erfolgsquote mäßig. Statistisch reift nur jeder vierte übertragene Embryo zu einem Kind heran. Die IVF wird hauptsächlich angewendet, wenn beide Eileiter der Frau verschlossen sind und durch eine

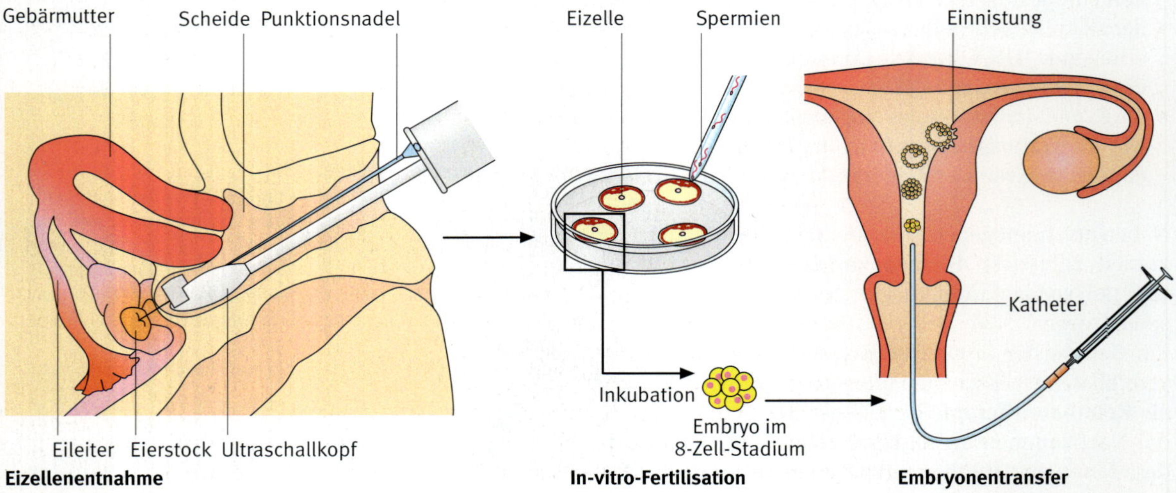

160.1 Ablauf der In-vitro-Fertilisation und des Embryonentransfers

Operation nicht durchgängig gemacht werden können. Auch bei einer Antikörperbildung der Frau gegen die Spermien des Mannes kann dieses Verfahren eingesetzt werden.

Der IVF geht eine Hormonbehandlung voraus. Durch hohe Dosen ***F**ollikel **s**timulierenden **H**ormons* (FSH) wird erreicht, dass gleichzeitig mehrere Follikel heranreifen. Haben die Follikel eine bestimmte Größe erreicht, wird die Superovulation durch Gabe des Hormons ***h**umanes **C**horion **G**onadotropin* (hCG) ausgelöst. Sie findet binnen 36 Stunden statt.
Unmittelbar vor der Ovulation wird bei Vollnarkose durch die Bauchdecke oder die Scheidenwand mit einer Punktionsnadel in diese Follikel gestochen und die Eizellen werden abgesaugt. Zu jeder so gewonnenen Eizelle werden anschließend etwa 100 000 aufbereitete Spermien gegeben und im Brutschrank inkubiert. Nach etwa 20 Stunden werden die Eizellen daraufhin überprüft, ob zwei Vorkerne vorhanden sind.
Da sich nicht alle Keime erfolgreich einnisten, überträgt man immer mehrere, aber entsprechend dem Embryonenschutzgesetz höchstens drei Embryonen gleichzeitig. Dies soll die Chancen einer erfolgreichen Schwangerschaft erhöhen und gleichzeitig die Zahl der Mehrlingsgeburten niedrig halten. Der Arzt wählt drei Vorkernstadien aus und kultiviert diese für weitere 48 Stunden im Brutschrank. Während dieser Zeit kommt es zur Verschmelzung der beiden Vorkerne, die Befruchtung ist damit abgeschlossen. Am Ende ist das 8-Zell-Stadium erreicht und die Embryonen werden über einen Katheder in die Gebärmutterhöhle gespült.
Die übrigen Vorkernstadien können zur späteren Verwendung eingefroren werden, falls der erste Versuch fehlschlägt. Ein großes bis heute ungelöstes ethisches Problem ist das weitere Schicksal der eingefrorenen Embryonen, die bei der Prozedur übrig bleiben.

Durch die rasante Entwicklung im Bereich der Fortpflanzungsmedizin in den vergangenen Jahren ist es möglich geworden, einen Embryo nicht nur außerhalb des Mutterleibs zu zeugen, sondern ihn auch bereits in den ersten Tagen nach der Befruchtung auf bestimmte genetische Anomalien zu untersuchen. Die Diagnostik an einem in vitro befindlichen Embryo vor seinem Transfer in den mütterlichen Organismus wird als **Präimplantationsdiagnostik (PID)** bezeichnet. Dem sich im Anschluss an eine IVF entwickelnden Embryo werden dabei gewöhnlich am dritten Tag nach der Befruchtung zwei Zellen entnommen und deren Erbgut auf das Vorliegen von Erbdefekten untersucht. Zu diesem Zeitpunkt befindet sich der Embryo im 8- bis 16-Zell-Stadium. Nur wenn die Analyseresultate für beide Zellen übereinstimmen und keine genetische Anomalie vorliegt, wird der entsprechende Embryo in den Uterus der Frau transferiert. Die entnommenen Zellen werden dabei, bedingt durch die Untersuchungsverfahren, zerstört.

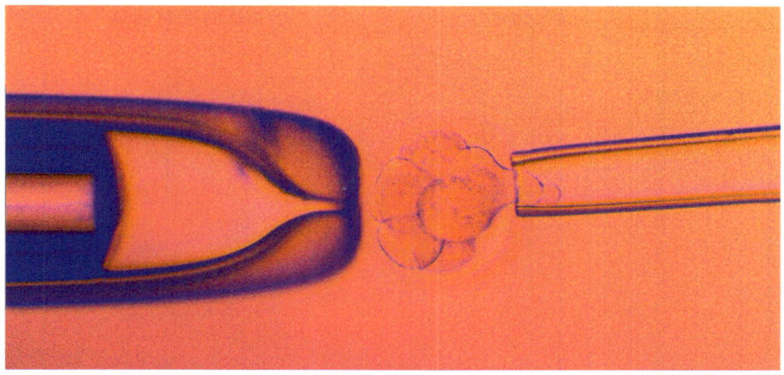

161.1 Zellentnahme bei der PID

Ist die Spermienbildung des Mannes stark eingeschränkt, reicht die Spermienanzahl im Ejakulat für eine IVF nicht mehr aus. Ein Mann mit nur ein bis drei Millionen Spermien pro Milliliter Ejakulat ist praktisch zeugungsunfähig. 1992 kam erstmals ein Kind nach Befruchtung einer Eizelle durch die gezielte Injektion eines einzigen Spermiums unter dem Mikroskop zur Welt. Mit diesem Verfahren, der **intracytoplasmatischen Spermieninjektion (ICSI)**, kann diesen Männern geholfen werden. Der gewaltige Fortschritt durch diese Technik wird deutlich, wenn man bedenkt, dass normalerweise zur Befruchtung einer Eizelle hundert Millionen Spermien erforderlich sind. Seither kamen weltweit bereits über 100 000 weitere „ICSI-Babys" zur Welt.

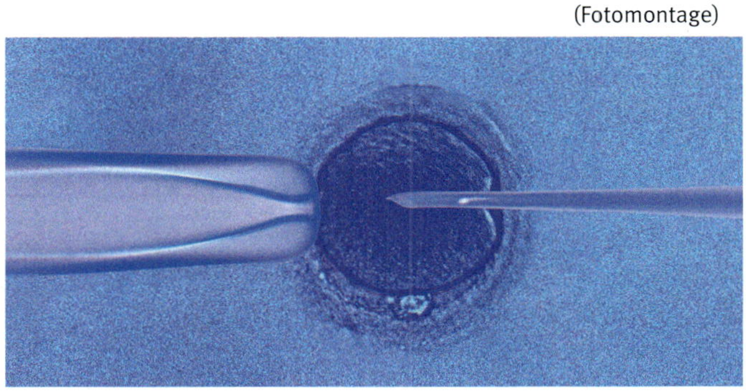

161.2 Intracytoplasmatische Spermieninjektion (Fotomontage)

162.1 Gewinnung von Stammzellen

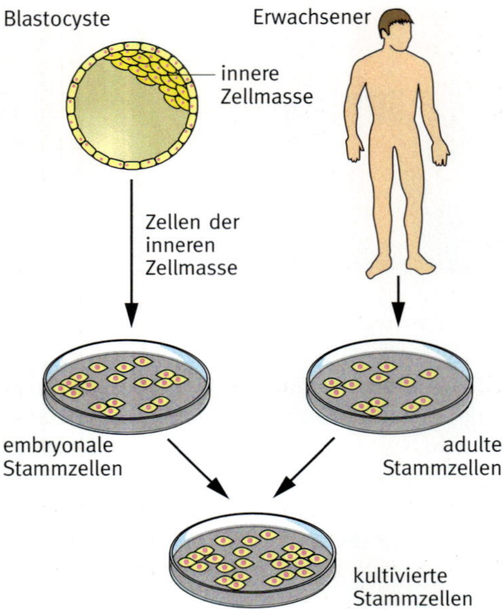

162.2 Gewebeersatz durch therapeutisches Klonen

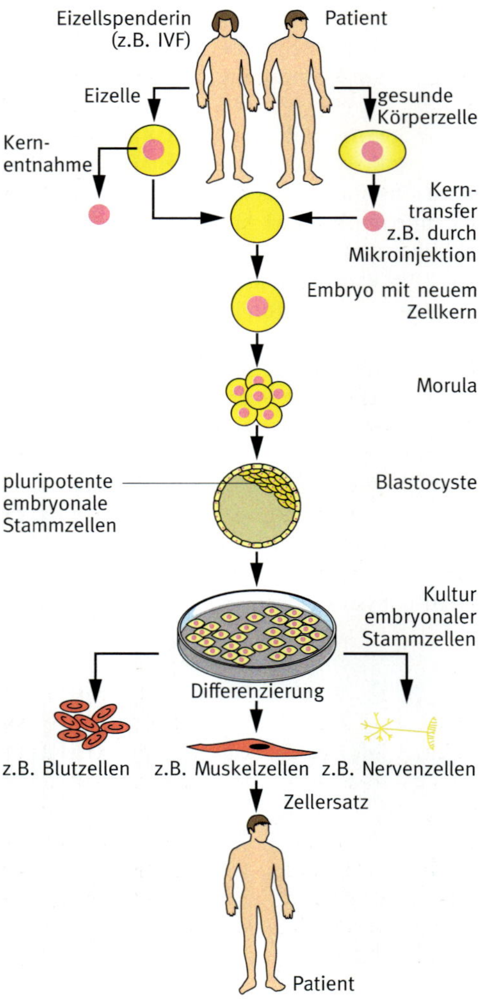

Zu weiteren Methoden der Reproduktionstechnik zählt die **Stammzellforschung** und das **Klonen.** Zellen, die noch nicht differenziert sind, nennt man Stammzellen. Anders als somatische Zellen können sie sich noch in bestimmte Zell- und Gewebetypen entwickeln. Mit deren Hilfe wollen Wissenschaftler Patienten therapieren, bei denen bestimmte Gewebe zerstört wurden – etwa Bereiche des Gehirns bei PARKINSON-Patienten oder Herzgewebe nach einem Infarkt.
Im Innern des etwa fünf Tage alten kugeligen Embryos, der **Blastocyste,** befinden sich **embryonale Stammzellen.** Sie können sich in jede Art der etwa 210 verschiedenen menschlichen Zelltypen, jedoch nicht mehr zu einem Individuum entwickeln. Sie sind **pluripotent.** Tierversuche zeigen, dass sie sich tatsächlich nach Wunsch in Nerven-, Blut- oder etwa Herzmuskelzellen verwandeln, wenn man sie mit geeigneten Wachstumsfaktoren dazu animiert. Menschliche embryonale Stammzellen könnten mithilfe überzähliger Embryonen gewonnen werden, die bei einer künstlichen Befruchtung entstehen und nicht mehr für eine Schwangerschaft benötigt werden.

Mithilfe des **therapeutischen Klonens** soll Gewebe entstehen, das genetisch nahezu mit dem des Patienten übereinstimmt und deshalb vom Immunsystem nicht abgestoßen wird. Ein Zellkern aus einer gesunden Zelle eines Patienten wird in eine zuvor entkernte Eizelle eingebracht. Diese teilt sich mehrfach und reift in vitro zur Blastocyste heran. Anstatt diese – wie beim **reproduktiven Klonen** – in die Gebärmutter einzupflanzen, um damit ein genetisch fast identisches Lebewesen entstehen zu lassen, werden ihr die Stammzellen entnommen. Diese werden kultiviert. Das deutsche Embryonenschutzgesetz verbietet jedoch die Forschung an Embryonen und das Klonen generell, unter anderem weil dabei Embryonen zerstört werden.

Als ethisch unproblematische Alternative versuchen Wissenschaftler, Stammzellen aus dem Körper Erwachsener zu gewinnen, das heißt mit **adulten Stammzellen** zu arbeiten. Studien legen nahe, dass auch sie sich in eine Vielfalt von verschiedenen Zelltypen verwandeln können, sie sind **multipotent.** Sie sind jedoch schwerer zu isolieren und zu handhaben. Für das Fernziel der Transplantation haben sie aber den Vorteil, dass aus ihnen gezüchtetes Gewebe keine Abstoßungsreaktion hervorruft.

ETHIK

Reproduktionsmedizin – Segen oder Fluch? – Fallbeispiele

Ein Reproduktionsmediziner zum PID-Verbot in Deutschland

Die in der Reproduktionsmedizin tätigen Ärzte stehen im Dilemma: Einerseits verfügen sie mit der Präimplantationsdiagnostik (PID) in Verbindung mit einer IVF über Methoden, die Paaren mit monogenetischen Erkrankungen zu einem nicht betroffenen Kind verhelfen könnten. Andererseits müssen sie mit der gesellschaftlich anerkannten Anwendung von pränataler Diagnostik der Frau eine „Schwangerschaft auf Probe" und gegebenenfalls eine Abtreibung zumuten. Bedingt durch die derzeitige Rechtslage in Deutschland sehen sich Ärzte häufig dazu gedrängt, Rat suchende Paare in dieser Konfliktsituation auf eine Behandlung im Ausland hinzuweisen und sich selbst dadurch möglicherweise strafbar zu machen.

Bischofskonferenz zum Klonen

Als ethisch unvertretbar wird das therapeutische und reproduktive Klonen aus zwei Gründen abgelehnt: Bei der Gewinnung embryonaler Stammzellen werden diese menschlichen Embryonen entnommen, dabei wird ein im Prinzip lebensfähiger Embryo zerstört.

Die Erbanlagen eines individuellen Menschen werden künstlich kopiert. Damit droht der Embryo einerseits zum Rohstofflieferanten für Stammzellen zu werden und andererseits wird er instrumentalisiert, das heißt, er wird nicht um seiner selbst willen erzeugt, sondern um anderen Interessen zu dienen.

Hoffnung eines PARKINSON-Patienten

„Man wird mit der Krankheit nie fertig. Innerhalb kürzester Zeit bin ich steif oder bekomme Überbewegung; ich habe meinen Körper nicht mehr in der Gewalt. Um niemanden zu gefährden, habe ich das Autofahren vor mehreren Jahren aufgegeben.

Dennoch habe ich die Hoffnung, dass die Stammzelltherapie und das therapeutische Klonen in einigen Jahren ausgereift sind. Und da denk ich doch, dass den PARKINSON-Kranken geholfen werden kann."

Mutter und Großmutter in einem

Die 46-jährige Helen B. wünschte sich mit ihrem zweiten Ehemann Harald vergeblich ein Kind. Sie bat ihre Tochter aus erster Ehe um eine Eizellenspende. Diese Eizelle wurde mit Haralds Sperma, dem Stiefvater, befruchtet und nach der Teilung auf Helen B. übertragen. Nach neun Monaten gebar sie William. Helen ist nun Williams biologische Mutter, da sie ihn geboren hat. Genetisch gesehen ist sie gleichzeitig seine Großmutter, da die Eizelle von Helens Tochter stammte. Gleichzeitig ist die Tochter einerseits die Schwester, andererseits die genetische Mutter von William.

Leihmuttervertrag wird gerichtlich bestätigt

Leihmütterverträge sind rechtlich bindend, so lautet der Beschluss eines Landesgerichts in Kalifornien. Eine 29-jährige Leihmutter hatte ein Recht auf das von ihr ausgetragene Kind beansprucht, das sie nach der Geburt laut Vertrag gegen die Bezahlung von 10 000 Dollar an die genetischen Eltern abgeben sollte. Sie begründete ihre Weigerung damit, sie habe während der Schwangerschaft eine emotionale Beziehung zu dem Kind aufgebaut.

Der Richter lehnte jegliche Teilung des Kindes zwischen den zwei Müttern ab. Er argumentierte, die Leihmutter habe keine andere Funktion als die einer Pflegemutter übernommen, die das Kind ernährt, schützt und hegt.

Ein Gericht in Rom ermöglicht es italienischen Frauen, Kinder anderer auszutragen

Eine Frau hatte gegen einen Gynäkologen geklagt, weil der sich geweigert hatte, in Übereinstimmung mit den Maßgaben des Medizinerverbandes, einer Freundin der Familie einen ihrer Feten einzupflanzen. Der Arzt nun: „Wenn das Gericht es verfügt, mache ich es."

Überzählige Embryonen

Eizellen, die nach der Befruchtung zwei Vorkerne aufweisen, enthalten mütterliches und väterliches Erbgut, die sich jedoch noch nicht zu einem doppelten Chromosomensatz vereinigt haben. Die Vorkernzellen werden weder vom Gesetzgeber noch von den Kirchen als neues Leben betrachtet. Das Embryonenschutzgesetz greift hier nicht. Vorkernzellen dürfen eingefroren werden. Was aber passiert mit überzähligen Embryonen, deren Vorkerne bereits verschmolzen sind?

1 Analysieren Sie die aufgeführten Meinungen und Sachverhalte. Formulieren Sie begründet Ihren eigenen Standpunkt. Sammeln Sie weitere Argumente für oder gegen den jeweils geschilderten Aspekt.

2 Welche der beschriebenen Fallbeispiele wären aufgrund der Gesetzeslage in Deutschland nicht denkbar? Ist die deutsche Gesetzeslage Ihrer Meinung nach reformbedürftig?

Humangenetik

1 Im Zuge der Familienplanung unterzieht sich ein junges Paar einem Blutgruppentest. Das Ergebnis zeigt die folgende Tabelle.

	Serum der Blutgruppe A	Serum der Blutgruppe B	Serum mit Anti-RH⁺-Antikörpern
Blut des Mannes	●	●	●
Blut der Frau	○	●	○

○ keine Agglutination ● Agglutination

a) Nennen Sie die Blutgruppen beider Partner und erklären Sie das Testergebnis bei der Frau.
b) Geben Sie die möglichen Blutgruppen des zu erwartenden Kindes an, wenn der Vater bezüglich des Merkmals Rhesusfaktor homozygot ist. Erstellen Sie dazu ein Erbschema.
c) Erläutern Sie, unter welchen Bedingungen es zu einer Rhesus-Unverträglichkeit zwischen Mutter und Kind kommt, die zur Schädigung des Kindes führen kann.

2 Ermitteln Sie im vorgegebenen Stammbaum die Blutgruppen der Eltern, und geben Sie für alle Personen die Genotypen an.

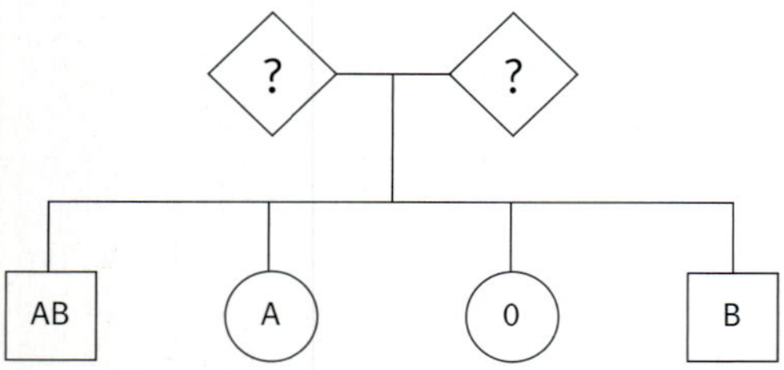

Ließe sich die Aufgabe auch zweifelsfrei lösen, wenn
a) die Geschlechter der Kinder vertauscht werden?
b) das Kind mit der Blutgruppe 0 die Gruppe AB besäße?

3 Bei einer Großuntersuchung der Blutgruppen-Antikörper von 26 312 Personen eines Landkreises ergab sich
13 987-mal der Antikörper B,
3062-mal der Antikörper A und
10 113-mal keiner der beiden Antikörper.
a) Wie viele Personen haben Blutgruppe AB?
b) Wie viele Personen haben Blutgruppe A, B oder 0?
c) Bestimmen Sie die prozentualen Verhältnisse.

4 In der Abbildung ist der genetische Fingerabdruck von drei Zwillingspaaren dargestellt.

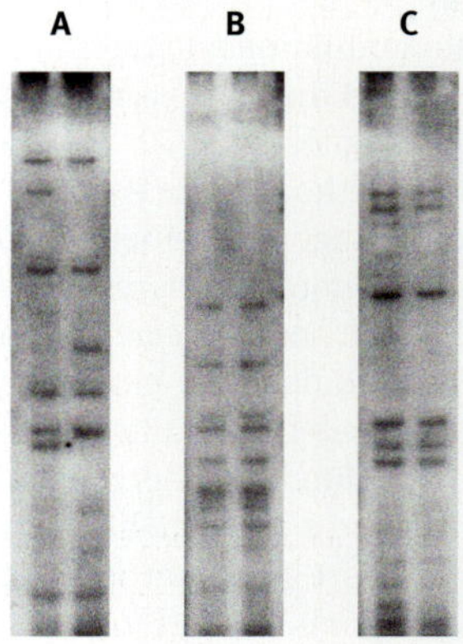

a) Entscheiden Sie, ob die Paare A, B oder C ein- oder zweieiig sind und begründen Sie.
b) Erläutern Sie die Entstehung von ein- und zweieiigen Zwillingen.

5 Die folgende Darstellung zeigt den Stammbaum einer Familie, in der eine monogene Erbkrankheit auftritt.

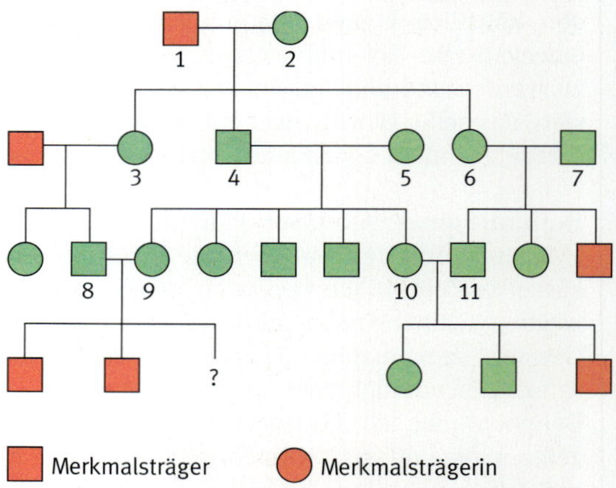

a) Erklären Sie anhand der Familiensituation, welche Möglichkeiten der Vererbung des krankhaften Merkmals dieser Stammbaum zulässt. Geben Sie für jede Möglichkeit die Genotypen der mit Ziffern gekennzeichneten Personen an.
b) Das Paar 8 und 9 wünscht sich noch ein weiteres Kind. Wie groß ist die Wahrscheinlichkeit der Erkrankung für dieses Kind? Verdeutlichen Sie Ihre Antwort anhand von Erbschemata.
c) Bauen Sie eine Veränderung in den Stammbaum ein, die eine Art der Vererbung eindeutig festlegt.

6 Fall 1: Herr und Frau F. wünschen sich seit drei Jahren nichts sehnlicher als ein Kind. Trotz regelmäßigem Geschlechtsverkehr ist Frau F. bisher nicht schwanger geworden. Eine Untersuchung ihrer Gynäkologin ergab die Diagnose: Verschluss beider Eileiter. Eine Hormonbehandlung mit anschließender Operation konnte den Zustand der Eileiter nicht verbessern. Herr und Frau F. waren sehr enttäuscht.

Fall 2: Durch jahrelange ungewollte Kinderlosigkeit war die Ehe von Herrn und Frau W. stark belastet. Sie entschlossen sich, sich an einen Reproduktionsmediziner zu wenden. Die dort durchgeführten Untersuchungen ergaben, dass bei Frau W. organisch alles in Ordnung war. Bei der Untersuchung des Ejakulats von Herrn W. wurde festgestellt, dass die Konzentration der Spermien nur etwa 10 000 Spermien pro Milliliter Ejakulat betrug. Normalerweise sind etwa 100 Millionen Spermien in einem Milliliter Ejakulat enthalten. Ferner waren die Spermien von Herrn W. nicht sehr beweglich.

Entscheiden Sie für die genannten fiktiven Fallbeispiele, welche Methoden der Reproduktionsmedizin angewendet werden könnten, um den Paaren ihren Kinderwunsch dennoch zu erfüllen.

7 Der folgende Stammbaum zeigt das Auftreten eines erblichen Defektes im Reparatursystem der DNA beim Menschen.

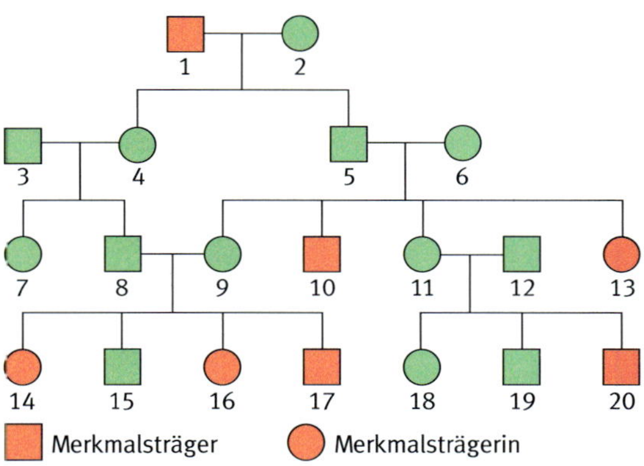

a) Welche Art der Vererbung liegt vor? Begründen Sie Ihren Vorschlag.

b) Geben Sie die möglichen Genotypen der Personen 1, 2, 4, 8, 15 und 17 an.

c) Zeigen Sie anhand des Stammbaums, weshalb es aus genetischer Sicht nicht ratsam ist, wenn verwandte Paare Kinder bekommen.

d) Mit welcher Wahrscheinlichkeit geht aus der Verbindung 11 und 12 ein erbgesundes Kind hervor? Begründen Sie anhand eines Erbschemas.

8 In einer Familienchronik wird ein Erbleiden wie folgt dokumentiert:
Mein Vater (1) hat dasselbe Erbleiden wie ich, meine Mutter (2) und eine meiner Schwestern (6) hingegen nicht. Meine andere Schwester (7) sowie deren Mann (8) waren ebenfalls krank. Die letztgenannte Schwester (7) hatte einen Sohn (11), der von dem Erbleiden betroffen war, aber sie hatte eine Tochter (12), die gesund war. Ich (5) habe einen Sohn (9) und eine Tochter (10), die beide, wie meine Frau (4), gesund sind. Meiner Mutter Bruder (3) war ebenfalls krank, obwohl meine Mutter (2), wie schon erwähnt, gesund war.

a) Stellen Sie die genannte Familienchronik in einem Phänotypenstammbaum dar.

b) Erklären Sie anhand des Familienstammbaumes, wie das Erbleiden vererbt werden kann, und geben Sie alle möglichen Genotypen der erwähnten Personen an.

c) Meine Tochter (10) möchte einen gesunden Mann heiraten und Kinder bekommen. Mit welcher Wahrscheinlichkeit werden aus dieser Ehe gesunde Kinder zur Welt kommen?

9 Die folgende Abbildung zeigt den Stammbaum einer Familie, in der die gonosomal vererbten Krankheiten Rotgrün-Farbsehschwäche und Nachtblindheit aufgetreten sind. Die Personen 3, 8 und 13 entstammen nicht erbbelasteten Familien; Spontanmutationen sollen ausgeschlossen sein.

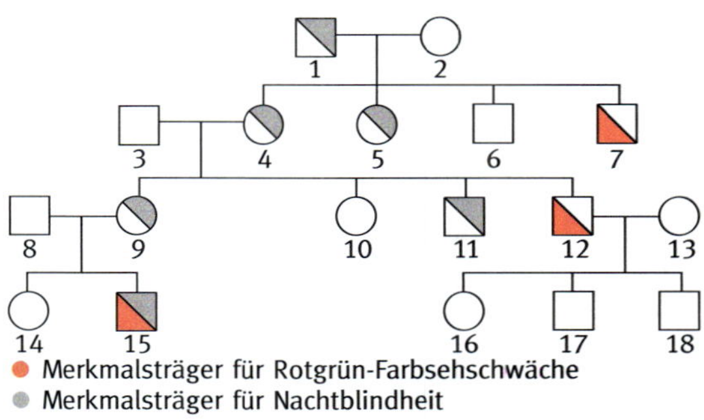

a) Ermitteln und begründen Sie anhand des Stammbaums, wie die beiden Krankheiten vererbt werden.

b) Geben Sie die Genotypen der Personen 1, 2, 4, 7 und 11 an.

c) Wie groß ist die Wahrscheinlichkeit, dass zukünftige Kinder der Person 5 mit einem erbunbelasteten Partner an Rotgrün-Farbsehschwäche erkranken werden? Begründen Sie mittels Kreuzungsschemata.

d) Nur Person 15 erkrankt an beiden Defekten. Erklären und skizzieren Sie die zellbiologischen Vorgänge, die zum gemeinsamen Auftreten beider Krankheiten geführt haben. Begründen Sie, bei welcher Person diese Vorgänge stattgefunden haben.

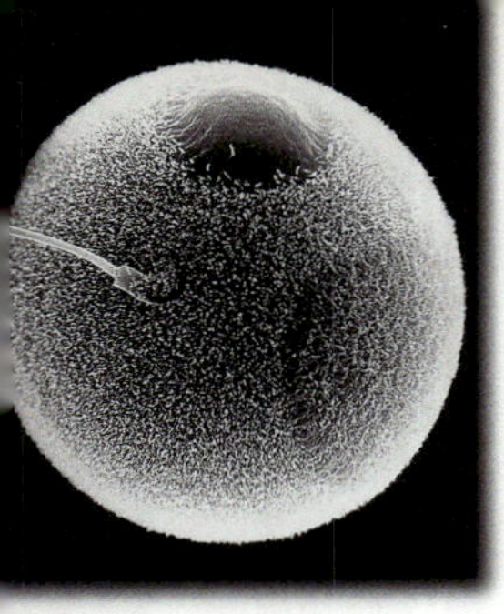

Entwicklungsbiologie

1 Fortpflanzung

166.1 Ausläufer beim Gänse-Fingerkraut

166.2 Brutzwiebeln beim Schlangenlauch

166.3 Brutknospen beim Brutblatt

166.4 Knospung beim Süßwasserpolypen

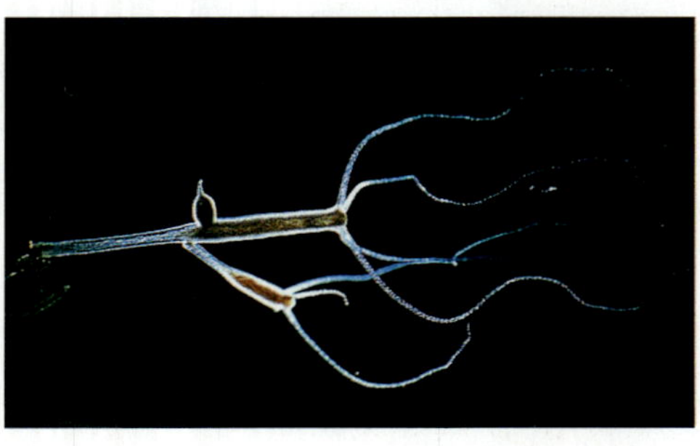

1.1 Ungeschlechtliche Fortpflanzung

Die Fortpflanzung ist eines der wesentlichen Kennzeichen aller lebenden Wesen. Durch sie wird die genetische Information eines Individuums an die nächste Generation weitergegeben und das evolutionäre Überleben der Art ist gesichert.
Grundsätzlich wird zwischen **ungeschlechtlicher** und **geschlechtlicher Fortpflanzung** unterschieden. Bei ersterer verschmelzen keine Geschlechtszellen miteinander. Der bestehende Genotyp des Elternindividuums wird unverändert auf die Nachkommen übertragen, es entstehen erbgleiche **Klone.** Der cytologische Vorgang, der diese Form der Vermehrung ermöglicht, ist die Mitose.
Dies lässt sich am Beispiel von eukaryotischen Einzellern zeigen, die nur aus einer einzigen Zelle bestehen. Bei günstigen Umweltbedingungen kann sich diese teilen, wodurch sich der Einzeller vermehrt hat.

Auch höher entwickelte Lebewesen können sich ungeschlechtlich vermehren. Bekannt ist die **vegetative** (lat. *vegetare,* wachsen) Vermehrung der Pflanzen. So haben Kartoffeln verdickte, unterirdische Sprossabschnitte, die **Knollen,** aus denen neue Kartoffelpflanzen austreiben können. Das Gänse-Fingerkraut bildet rot gefärbte, oberirdische **Ausläufer.** Diese entwickeln an bestimmten Stellen Wurzeln und bilden dort Tochterpflanzen aus. Eine weitere Möglichkeit findet sich bei manchen Liliengewächsen. So gibt es in den kugelförmigen Blütenständen des Schlangenlauches zahlreiche **Brutzwiebeln,** die gelegentlich bereits auf dem Blütenstand Blätter hervorbringen. Beim tropischen Brutblatt, das gern als Zimmerpflanze gehalten wird, entstehen an den Blättern bewurzelte kleine Pflänzchen, die nach dem Abfallen sofort im Boden anwachsen.
Auch im Tierreich kommt vegetative Vermehrung vor. Beim Süßwasserpolypen *Hydra* können durch **Knospung** kleine Tochterpolypen abgegliedert werden.

1.2 Geschlechtliche Fortpflanzung

Diese Form der Fortpflanzung ist durch die Bildung von **Geschlechtszellen** oder **Gameten** (gr. *gamein,* heiraten) gekennzeichnet. Während der **Meiose** oder **Reduktionsteilung** erfolgt die Halbierung des diploiden Chromosomensatzes auf einen haploiden. Sonst würde sich bei jeder Verschmelzung von Gameten zu einer Zygote die Anzahl der Chromosomensätze verdoppeln. Bei der Meiose kommt es im Gegensatz zur Mitose zu einer Rekombination der Gene.

Die männlichen Geschlechtszellen werden bei Tieren **Spermien** (gr. *sperma,* Same) genannt. Dank einer Geißel sind die Spermien beweglich und können so die Eizelle erreichen. Wenn es auch im Tierreich Unterschiede im Aussehen der Spermien gibt, haben diese doch einen gemeinsamen Grundplan: Sie sind in Kopf, Hals, Mittelstück und Schwanz gegliedert. An der Spitze des Kopfes befindet sich das Akrosom (gr. *akros,* spitz; gr. *soma,* Körper). In ihm sind die Enzyme lokalisiert, mit deren Hilfe das Spermium in die Eizelle eindringen kann. Das Kopfteil enthält praktisch nur den Zellkern, während im Mittelstück eine Vielzahl von Mitochondrien lokalisiert sind. Diese liefern Energie in Form von ATP und ermöglichen dadurch die Bewegung der Geißel, die den Hauptteil des Schwanzes bildet.

Bei den Säugetieren findet die Spermienreifung oder **Spermatogenese** (gr. *genesis,* Erzeugung) in den Samenkanälchen der Hoden statt. Aus den Urkeimzellen entstehen durch mitotische Teilungen die **Spermatogonien.** Aus diesen entstehen wiederum durch Mitosen die Spermatocyten 1. Ordnung, aus denen durch die Meiose die Spermien hervorgehen.

Bei den bedecktsamigen Pflanzen, deren Samenanlagen von Fruchtblättern im Fruchtknoten umschlossen sind, gibt es keine beweglichen männlichen Gameten. In den **Pollensäcken** der **Staubbeutel** entstehen aus diploiden **Pollenmutterzellen** je vier haploide **Pollenkörner.** Diese sind noch nicht die Gameten: Während der nun folgenden Reifung teilt sich das Pollenkorn ein- oder zweimal mitotisch. Von den dabei entstehenden Zellen dienen ein oder zwei als Geschlechtszellen und dringen durch den auskeimenden Pollenschlauch zur Eizelle vor.

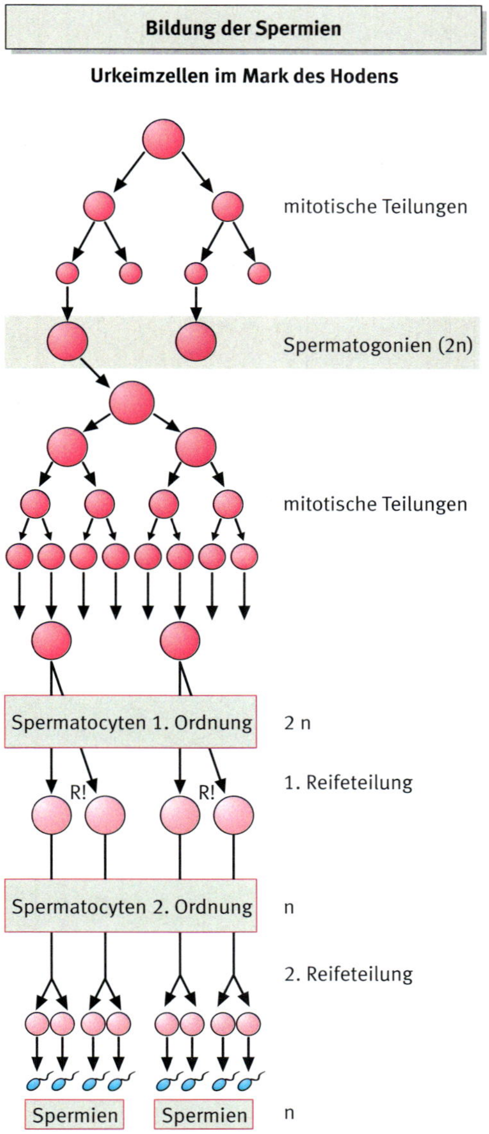

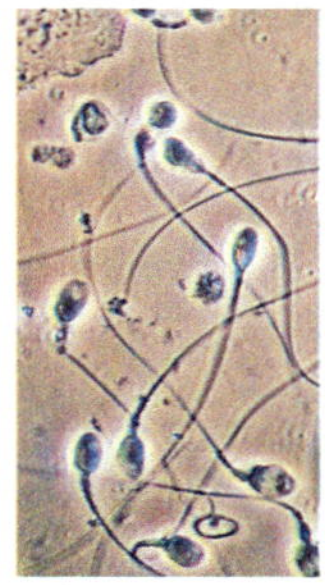

167.1 Entwicklung der männlichen Geschlechtszellen beim Menschen

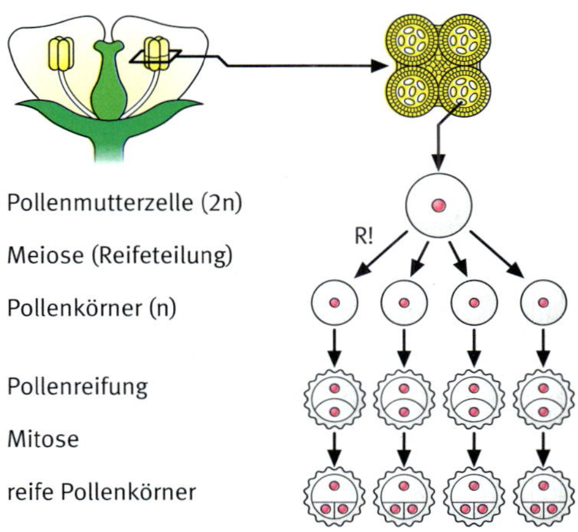

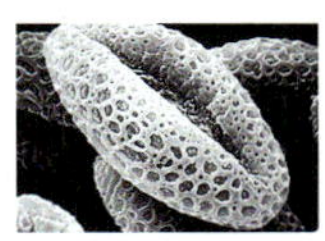

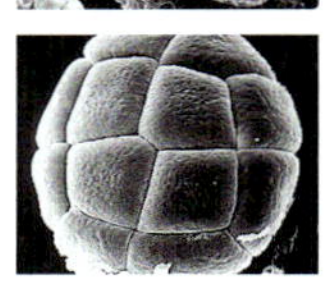

167.2 Pollenbildung und Pollenreifung bei einer bedecktsamigen Pflanze

168.1 **Entwicklung der weiblichen Geschlechtszellen beim Menschen**

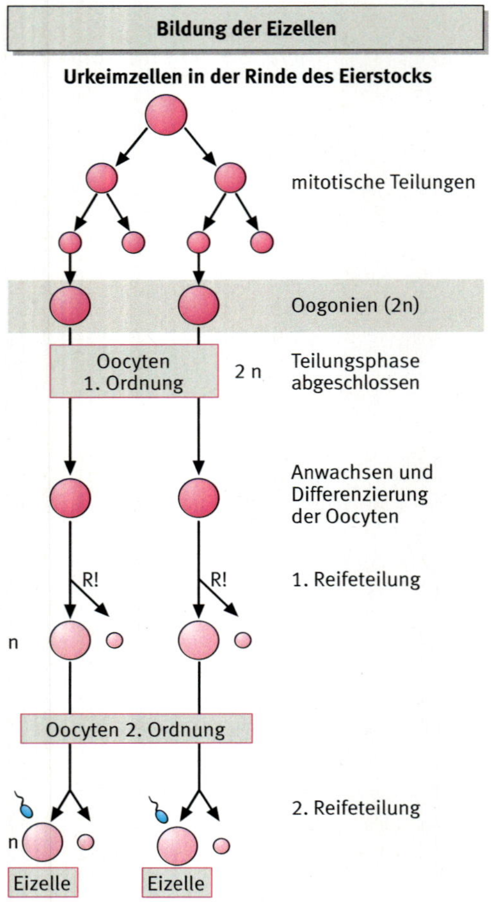

168.2 **Eizellbildung im Embryosack bei bedecktsamigen Pflanzen**

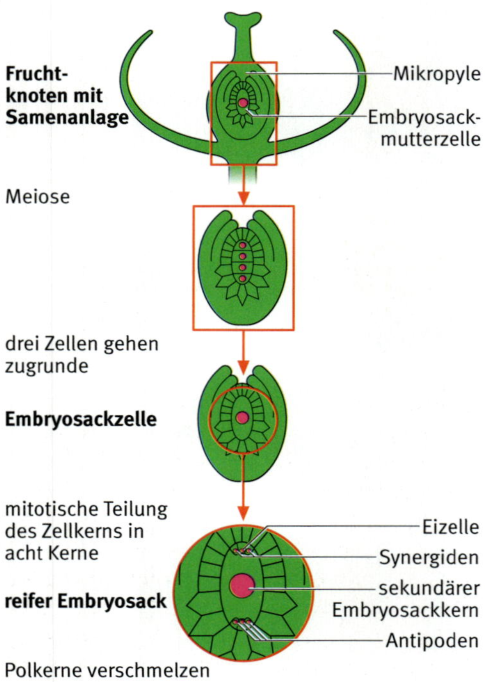

Während sich die beweglichen Spermien im Tierreich in ihrem Aufbau recht ähnlich sind, gibt es bei den unbeweglichen Eizellen erhebliche Unterschiede. Diese betreffen vor allem die Menge und die Verteilung des Dotters. Das aus Fetten, Proteinen und Kohlenhydraten bestehende Dottermaterial ist die Nährstoffgrundlage des sich entwickelnden Embryos. Reptilien und Vögel legen ihre besonders dotterreichen Eier in der Regel ab. Diese sind zudem von einer Schale umgeben, die das Ei vor Austrocknung, Auskühlung und Beschädigungen schützt.

Fast alle Säugetiere bilden dotterarme Eier. Bei ihnen fehlen Reservestoffe in Dotterform und auch eine feste Schale, weil sich die Entwicklung des Keims in der Gebärmutter vollzieht. Der sich entwickelnde Embryo wird während dieser Zeit vom mütterlichen Organismus mit Nährstoffen versorgt.
Die weiblichen Urkeimzellen vermehren sich beim Menschen bereits im Embryo im Rindengewebe der Eierstöcke zu **Oogonien.** Bei der Geburt liegen von diesen in jedem Eierstock bis zu einer Million als **Oocyten** 1. Ordnung vor, die in der Prophase der 1. Reifeteilung verharren. Ab der Pubertät reifen einzelne Eizellen. Sie werden von einer Zellschicht umgeben, damit ist ein **Primärfollikel** (lat. *folliculus,* kleiner Sack) entstanden, der sich bis zum **GRAAFschen** oder **Tertiärfollikel** weiterentwickelt. Erst während des danach folgenden Eisprungs wird die 1. Reifeteilung zur haploiden Oocyte 2. Ordnung beendet. Die 2. Reifeteilung folgt erst nach dem Kontakt der Eizelle mit dem Spermium.

Deutlich anders verläuft die Bildung der Eizellen bei den bedecktsamigen Pflanzen. Im Fruchtknoten der Blüte befindet sich die Samenanlage mit der Embryosackmutterzelle. Diese durchläuft eine Meiose. Von den dabei entstehenden vier haploiden Zellen gehen drei zugrunde, es bleibt die Embryosackzelle. Deren Zellkern teilt sich dreimal hintereinander, sodass acht Kerne entstehen, die sich in zwei Verergruppen an den beiden Zellpolen anordnen. Aus jeder der beiden Gruppen wandert ein Kern zurück in die Zellmitte. Diese beiden Polkerne verschmelzen dort zum diploiden sekundären Embryosackkern. Die haploide Eizelle liegt mit zwei flankierenden Zellen, den Synergiden, an der Mikropyle, dem Zugang zur Samenanlage.

2 Entwicklung bei Samenpflanzen

Die Entwicklung einer Samenpflanze beginnt mit der **Bestäubung.** Bei Fremdbestäubung gelangen Pollen durch Wind, Wasser oder Tiere auf die Narbe einer Blüte einer anderen Pflanze. Bei Selbstbestäubung, wie sie bei der Saaterbse üblich ist, erfolgt die Pollenübertragung durch direkten Kontakt der Staubblätter mit der Narbe. Fremdbestäubung hat den Vorteil, dass es zur Rekombination von Genen kommen kann und die Tochterpflanzen möglicherweise neue, evolutionär vorteilhafte Merkmale ausbilden.

Blütenstete Insekten, die zur Pollen- und Nektarsuche nur Blüten einer Art besuchen, sind für Pflanzen von Vorteil: Denn auf ihre Narben gelangen immer Pollen der gleichen Art – solange sie nicht auch noch von anderen Insekten besucht werden. Dann muss – wie bei Windbestäubung auch – das Problem der Erkennung arteigener Pollen gelöst werden. Dies wird vom Narbengewebe mithilfe von Proteinen, den Lectinen, geleistet, die eine Zell-Zell-Erkennung ermöglichen.
Ist die Erkennung positiv, keimt der Pollen aus. Er bildet einen Pollenschlauch, der den Griffel durchwächst und bis zur Mikropyle, dem Zugang zur Samenanlage, vordringt. Im Pollenschlauch wandern als Geschlechtszellen fungierende haploide Spermienkerne mit und werden in eine der beiden Synergiden entlassen. Einer der beiden haploiden Kerne verschmilzt mit der danebenliegenden Eizelle zum diploiden **Zygotenkern,** der andere bewegt sich zum bereits diploiden, sekundären Embryosackkern und verschmilzt mit diesem zum triploiden **Endospermkern.** Dieser bildet durch mitotische Teilungen das Nährgewebe für den sich entwickelnden Keim. Bei den bedecktsamigen Pflanzen finden also zwei parallele Kernverschmelzungen statt, man spricht deshalb von einer **doppelten Befruchtung.** Aus dem Zygotenkern entwickelt sich über den Samen wieder ein vollständiges Lebewesen.

Die bedecktsamigen Pflanzen zeigen in ihrem Entwicklungszyklus einen **Kernphasenwechsel,** weil sich diploide und haploide Zellen während der Entwicklung abwechseln. Sie heißen deshalb auch **Diplohaplonten.** Zusätzlich liegt ein **Generationswechsel** vor, das heißt, eine ungeschlechtliche, diploide und eine geschlechtliche, haploide Generation wechseln einander ab.
Allerdings dominiert die diploide Generation, die in Anlehnung an Moos- und Farnpflanzen auch **Sporophyt** genannt wird. Sie stellt die eigentliche Pflanze dar. Die haploide Generation, die entsprechend auch **Gametophyt** heißt, ist in ihrer Größe auf wenige Zellen reduziert. Dies sind beim weiblichen Gametophyten die Zellen im Embryosack und beim männlichen die Zellen im Pollen.

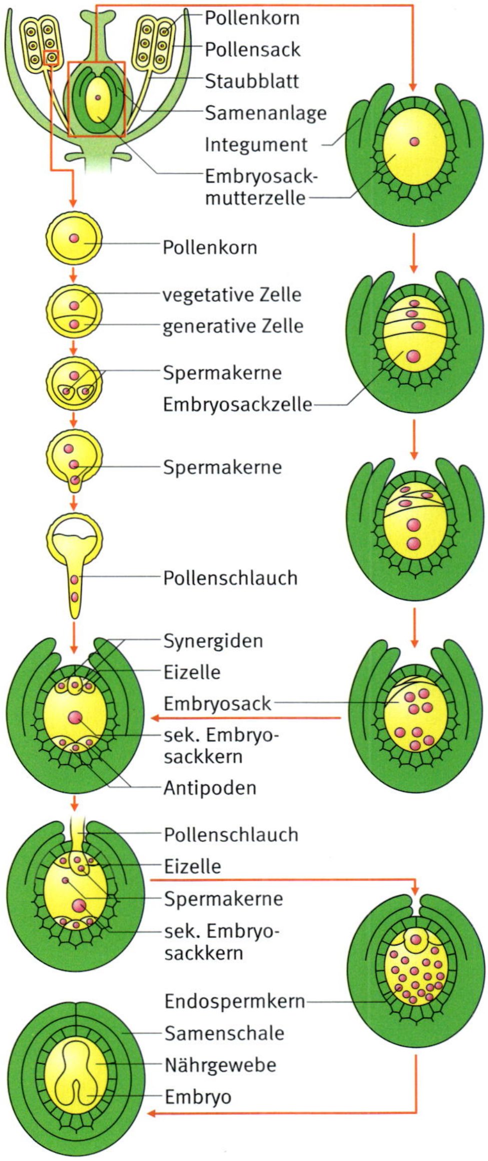

169.1 Bestäubung, Befruchtung und Samenbildung bei bedecktsamigen Pflanzen

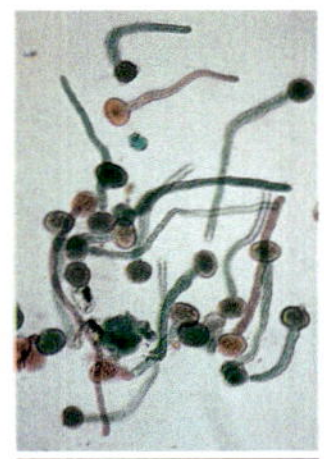

Keimende Pollen

3 Entwicklung bei Tier und Mensch

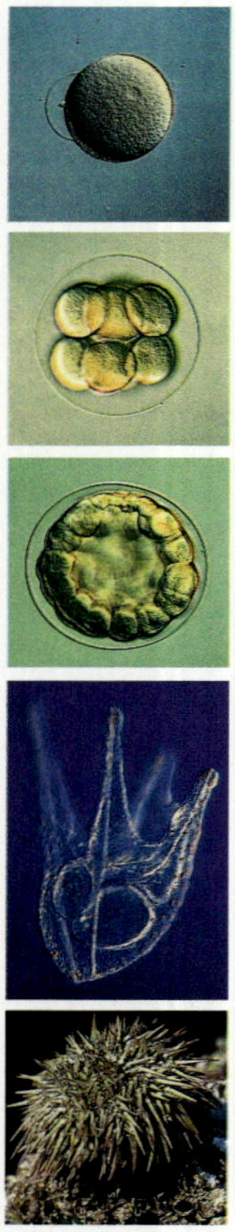

170.1 **Entwicklung des Seeigelkeims** (Fotos)

3.1 Eine neue biologische Disziplin

Aus einer befruchteten Eizelle entstehen alle Zelltypen des künftigen Organismus. Durch die Befruchtung beginnt offensichtlich eine genetisch gesteuerte Entwicklung, durch die innerhalb kurzer Zeit ein vollständiges, neues Individuum entsteht. Die Entwicklungsbiologie beschreibt als eigenständige Disziplin diese Vorgänge.

Der Strandseeigel ist wegen seiner **äußeren Befruchtung** ein ideales Untersuchungsobjekt, weil die Eizellen im Meer befruchtet werden und dort auch die weitere Entwicklung der Eier stattfindet. Diese lässt sich leicht mikroskopisch verfolgen, ohne dass die Entwicklung zu sehr beeinträchtigt wird.
Die Eizellen des Seeigels sind nur 0,1 Millimeter groß. Sie können deshalb nur wenig Reservestoffe in Form von **Dotter** enthalten. Dieser ist gleichmäßig verteilt, die Eier werden deshalb **isolecithal** (gr. *isos,* gleich; *lekithos,* Dotter) genannt.
Bei den Eizellen kann man den dunkler pigmentierten **animalen Pol** vom gegenüberliegenden, helleren **vegetativen Pol** unterscheiden. Die Eizelle teilt sich nach der Befruchtung durch **Furchungen** in viele Zellen, die **Blastomeren** (gr. *blastos,* Keim; gr. *meros,* Teil) genannt werden. Bei den isolecithalen Seeigeleiern sind diese Furchungen **total,** sie betreffen also das gesamte Ei.

Die ersten beiden Furchungen finden zwischen den Polen der Eizelle statt, die dritte verläuft äquatorial und führt zu acht gleich großen Blastomeren, vier animalen und vier vegetativen. Bei weiteren Teilungen entstehen ungleich große Blastomeren.

Das 64-Zell-Stadium ähnelt im Aussehen einer Maulbeere. Es heißt deshalb auch **Morula** (lat. Maulbeere). Man erkennt je zwei animale (an_1 und an_2) und vegetative (veg_1 und veg_2) Zellkränze sowie die **Mikromeren** am vegetativen Pol. Diese Zellschichten bilden später die **Keimblätter,** aus denen die Anlagen von Organen entstehen. Aus den animalen Zellkränzen entsteht das **Ektoderm** (gr. *ektos,* außen; gr. *dermos,* Haut), aus den vegetativen das **Entoderm** (gr. *entos,* drinnen).

Es folgt die **Blastula** (lat. Keimchen), eine bewimperte, einschichtige Hohlkugel. Deren Hohlraum heißt **Blastocoel** (gr. *koilos,* hohl). Das Stadium der **Gastrula** (lat. Becherchen) beginnt mit einer Zelleneinstülpung vom vegetativen Pol, die den Urdarm bildet. Von diesem sondern sich Zellen ab, die mit Abkömmlingen der Mikromeren das dritte Keimblatt bilden, das **Mesoderm** (gr. *mesos,* mitten).
Durch Einstülpung der seitlichen Mundbucht entsteht die **Pluteuslarve** (lat. Schirmdach). Der Urmund wird dadurch zum After. Die Larve lebt planktisch und wandelt sich nach etwa fünf Wochen in einen Seeigel um.

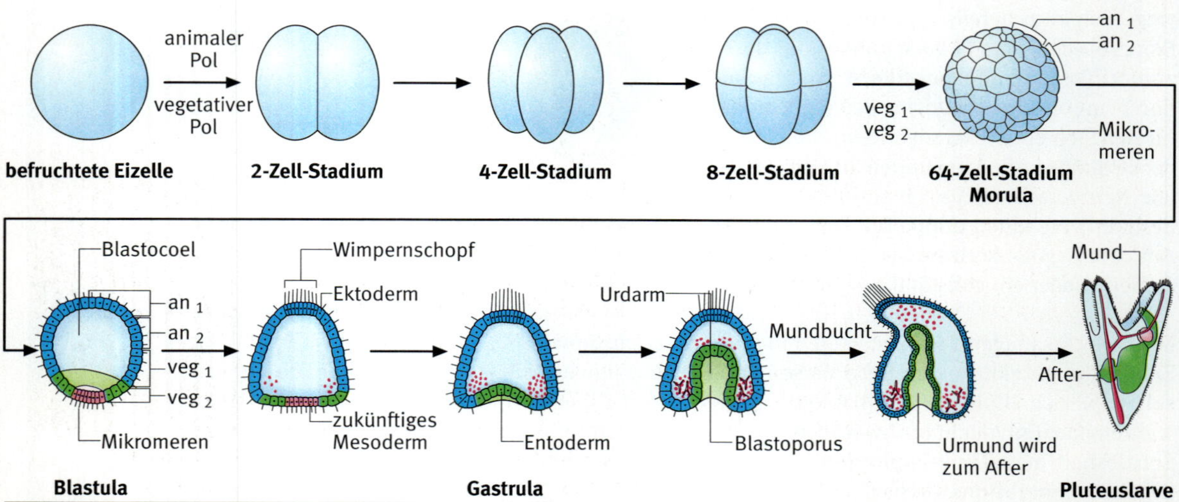

170.2 Entwicklung des Seeigelkeims (Schema)

Hans DRIESCH trennte 1891 durch heftiges Schütteln die Blastomeren eines Seeigelkeimes im 2-Zell-Stadium. Anschließend entwickelten sich die getrennten Blastomeren normal weiter zu einem vollständigen Pluteus, der allerdings nur die halbe Größe einer normalen Larve erreichte. Selbst die Trennung des 4-Zell-Stadiums führte zu vier vollständigen Larven, die jeweils etwa ein Viertel der Größe der Normalentwicklung erreichten.
Offensichtlich sind die einzelnen Blastomeren, aus denen je nach Teilungsstadium nur eine Häfte oder ein Viertel der Pluteuslarve entstehen würde, auch in der Lage, eine vollständige Larve zu bilden.

DRIESCH nannte alle in einem Keimteil, zum Beispiel in einer Blastomere, liegenden Entwicklungsmöglichkeiten deren **prospektive Potenz** (lat. *prospectus*, voraussichtlich; lat. *potentia*, Macht). Den sich tatsächlich realisierenden Teil nannte er **prospektive Bedeutung.** Ist die prospektive Potenz größer als die prospektive Bedeutung, spricht man von Regulationseiern oder **Regulationskeimen.** Ist die prospektive Potenz gleich der Bedeutung, fehlt die Regulationsfähigkeit. Die Keime sind **Mosaikkeime.**

In einem weiteren Versuch wurden befruchtete Seeigeleier von Pol zu Pol entweder in Längsrichtung oder in Querrichtung geteilt. Die Versuche wurden jeweils doppelt ausgeführt, sodass der Zygotenkern einmal in jeder Teilungshälfte lag, weil sich immer nur die kernhaltige Hälfte weiterentwickelt.
Bei Längsteilung entwickelten sich aus den kernhaltigen Hälften jeweils zwei vollständige Pluteuslarven halber Normalgröße. Bei Querteilung hingegen entwickelte sich kein harmonisches Ganzes mehr. Anscheinend gibt es längs der Polachse bereits eine regionale Differenzierung des Seeigeleies.
Erkenntnisse aus den Beobachtungen der Seeigeleier konnten teilweise auf die Entwicklung höher entwickelter Lebewesen wie Amphibien übertragen werden. Hans SPEMANN zeigte, dass auch deren Eier bei einer Längsteilung begrenzt regulationsfähig sind.

1 Erläutern Sie, warum Seeigeleier besonders gut für die Beobachtung entwicklungsbiologischer Phänomene geeignet sind.

2 Welchen Selektionsvorteil bietet die Regulationsfähigkeit der Seeigeleier?

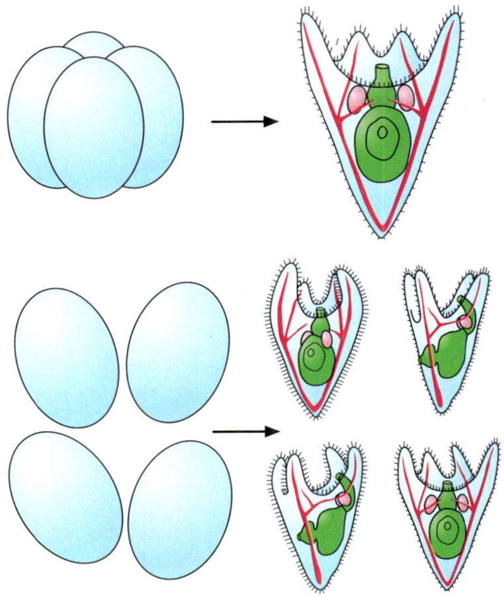

171.1 Isolationsexperiment am Seeigelkeim

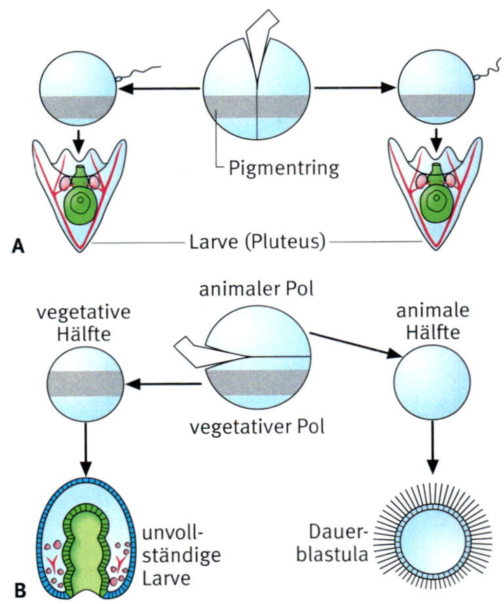

171.2 Teilungsexperiment am Seeigelei. Es entwickeln sich nur kernhaltige Hälften, die kernlosen Hälften gehen zugrunde.

PORTRÄT

Hans DRIESCH forschte während seines Aufenthalts an der Zoologischen Station in Neapel über die Entwicklung von Seeigeleiern. Dort beeindruckte er 1895 Thomas Hunt MORGAN tief mit seiner experimentell orientierten Arbeitsweise. DRIESCH begründete die Regenerationsfähigkeit der Seeigeleier mit der Wirkung zielgerichteter Gestaltungskräfte.

Hans DRIESCH
(1867–1941)

172.1 Keimesentwicklung beim Grasfrosch (Schemata und Fotos)

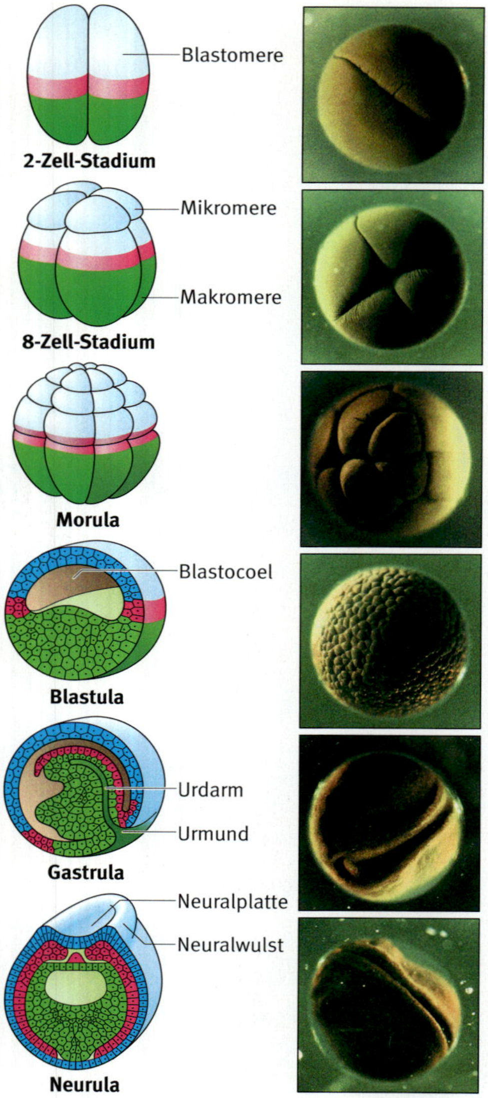

3.2 Entwicklung bei Amphibien

Amphibieneier haben einen Durchmesser von ein bis zwei Millimetern und enthalten entsprechend mehr Dotter als Seeigeleier. Dieser ist am vegetativen Pol angereichert, die Eier heißen deshalb **telolecithal** (gr. *telos*, gerichtet). Manchmal weisen sie mit dem **Grauen Halbmond** eine besonders pigmentierte Struktur zwischen den beiden Zellpolen auf. Die Furchungen erfolgen alle total, wegen des Dotterreichtums aber teilweise **inäqual.**

Bis zur Blastula verläuft die Entwicklung des Amphibienkeimes ähnlich wie beim Seeigel. Allerdings sind die Zellen des animalen Pols aufgrund der inäqualen Teilung kleiner als die Zellen des vegetativen Pols. Es entstehen also Mikro- und Makromeren.

Bei der Gastrulation wandern Zellen des vegetativen Pols zusammen mit denen aus der Randzone des Grauen Halbmonds in das Blastocoel ein. Die dadurch entstehende Urdarmhöhle verdrängt das Blastocoel. Die Gastrula besteht nun aus drei Keimblättern: Ektoderm, Mesoderm und Entoderm.

Aus dem Ektoderm entstehen die Oberhaut und das Nervensystem mit den Sinneszellen. Das Mesoderm bildet Skelett, Bindegewebe, Muskulatur sowie Lymph- und Blutgefäße mit Herz und Milz. Aus dem Entoderm entwickeln sich das Verdauungssystem mit Leber und Bauchspeicheldrüse sowie Lungen, Schilddrüse und Thymus.

Der bisher kugelige Keim streckt sich nun in die Länge zur **Neurula** (gr. *neuron*, Nerv). In diesem Stadium wird das **Neuralrohr** ausgebildet. Es wird aus der Neuralplatte nach innen abgeschnürt. Aus dem Neuralrohr gehen alle Hirnteile und das Rückenmark hervor. Während der Neurulation wird vom Mesoderm die **Chorda dorsalis** (lat. Rückensaite) abgegliedert. Sie dient als Stützorgan während der Embryonalentwicklung und entwickelt sich zu den Zwischenwirbelscheiben des Rückgrates.

Hans SPEMANN trennte, ähnlich wie DRIESCH beim Seeigelkeim, beim Molchkeim Blastomeren unterschiedlicher Entwicklungsstadien durch Abschnürung voneinander. Er erkannte, dass Molchkeime nur dann regulationsfähig sind, wenn sie von Pol zu Pol getrennt werden und auch der Graue Halbmond gleichmäßig aufgeteilt wird. Unvollständige Schnürungen führen zu Doppelbildungen ähnlich siamesischen Zwillingen.

PORTRÄT

Hans SPEMANN (1869–1941)

SPEMANN erhielt 1935 als erster Zoologe den Nobelpreis für Physiologie oder Medizin. Mit seinen Experimenten an Amphibienkeimen entdeckte er grundlegende Prozesse der Embryonalentwicklung wie Nachbarschaftswirkungen von Geweben. Eine im 2-Zell-Stadium abgetötete Blastomere hindert bei Kontakt die benachbarte, einen vollständigen Keim zu bilden, wozu sich diese ohne Kontakt entwickelt hätte.

3.3 Entwicklung bei Reptilien und Vögeln

Vögel und Reptilien entwickeln sich ohne Larvenstadium im Ei bis zur endgültigen Gestalt. Deshalb enthält jede Eizelle sehr viele Nährstoffe als Dotter. Die Dotterkugel mit der Keimscheibe am animalen Pol entspricht der Eizelle. Ein Straußenei ist mit 15 Zentimeter Länge die größte rezente Zelle.
Die Befruchtung muss bei diesen extrem telolecithalen Eiern schnell erfolgen, bevor die Schale die Besamung verhindert. Die Furchungen beschränken sich auf den Bereich der etwa drei Millimeter großen Keimscheibe. Sie sind **diskoidal** (gr. *diskos*, Scheibe).

Die Blastomeren der Keimscheibe wölben sich vom Dotter auf und bilden das Ektoderm. Dadurch entsteht eine flüssigkeitsgefüllte, dem Blastocoel entsprechende Keimhöhle. Das Entoderm grenzt diese zum Dotter ab. Beim Haushuhn ist dieses Blastula-Stadium noch im Körper der Henne nach 24 Stunden abgeschlossen. Die Gastrulation beginnt mit der Bebrütung wenige Stunden nach dem Legen. Das Ektoderm stülpt sich in Längsrichtung etwas ein und bildet die **Primitivrinne.** Durch diese wandern Ektodermzellen in die Keimeshöhle und bilden das Mesoderm. Nach etwa 20-stündiger Bebrütung beginnt die Neurulation. Aus der Primitivrinne wird die Neuralrinne, die sich zum Neuralrohr schließt. Darunter wird aus mesodermalen Zellen die Chorda abgeschnürt. Dabei umschließen die drei Keimblätter den gesamten Dotter. So bildet sich der von Entoderm umschlossene Dottersack. Die beiden anderen Keimblätter falten sich gemeinsam über Chorda und Neuralrohr auf und bilden die **Amnionhöhle** (gr. *amnos*, Lamm). In dieser befindet sich der **Embryo** (gr. *embryon*, Keimling). Zusätzlich haben sich zwei doppelschichtige Embryonalhüllen gebildet, *Amnion* und *Serosa* (lat. *serum*, Molke), die jeweils aus einem ektodermalen und einem mesodermalen Zellstreifen bestehen. Die Serosa dient der Versorgung des Embryos mit Nährstoffen.

Nach etwa 60 Stunden Bebrüten stülpt sich eine embryonale Darmanlage zur **Allantois** (gr. *allantos*, wurstförmiger Sack) aus. Sie nimmt Stoffwechselprodukte auf und unterstützt die Serosa bei Nährstoffversorgung und Gasaustausch. Die Entwicklung ist beim Haushuhn nach 21 Tagen abgeschlossen.

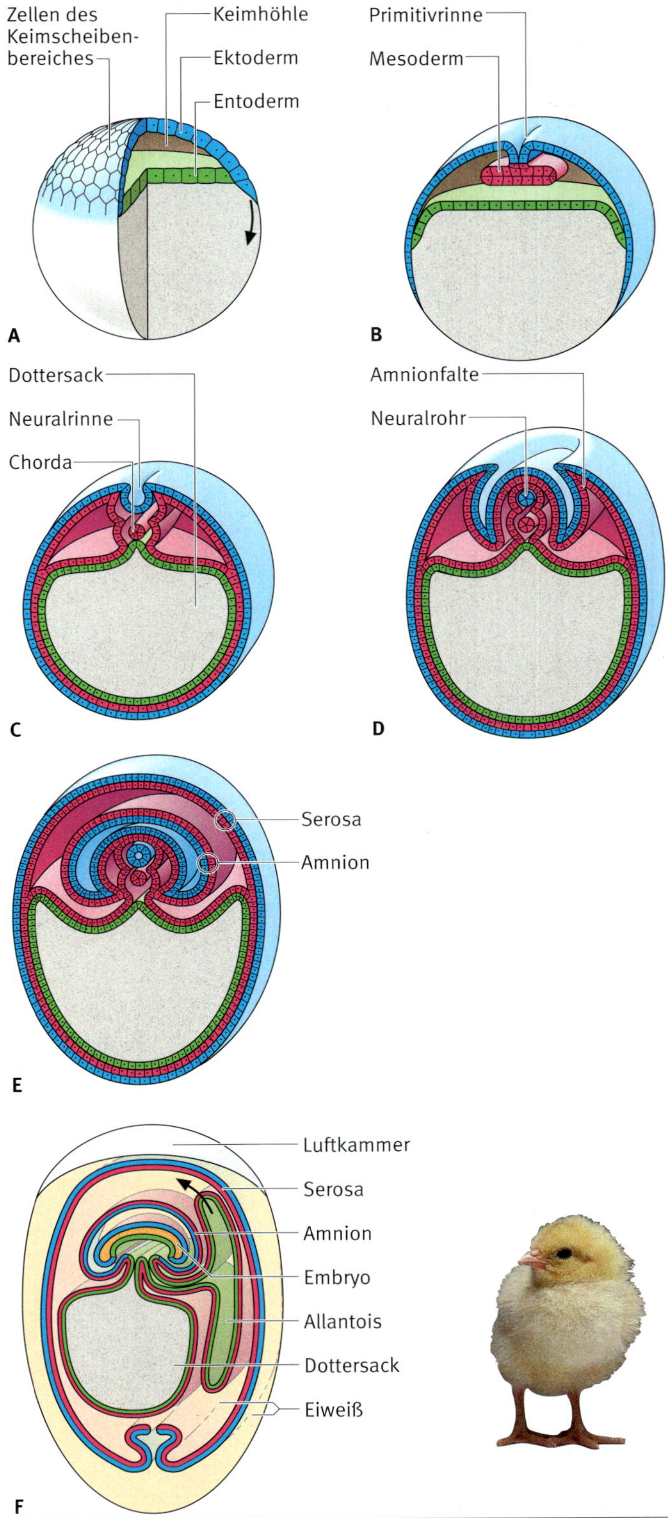

173.1 Entwicklung bei Vögeln. A Keimscheibe; **B** Mesodermbildung; **C** Neurulation; **D** Bildung von Amnion und Serosa; **E** Embryo mit Embryonalhüllen; **F** Hühnerembryo im Ei

3.4 Entwicklung bei Säugern am Beispiel des Menschen

Die Eizellen der Säugetiere besitzen keinen Dotter. Die Zygote wird während ihrer Entwicklung deshalb laufend versorgt. Als vorteilhaft in der Evolution hat sich die Entwicklung im Körper der Mutter erwiesen. Sie erfolgt in der Gebärmutter, dem **Uterus,** über den Mutterkuchen, die **Plazenta,** als Ernährungsorgan.

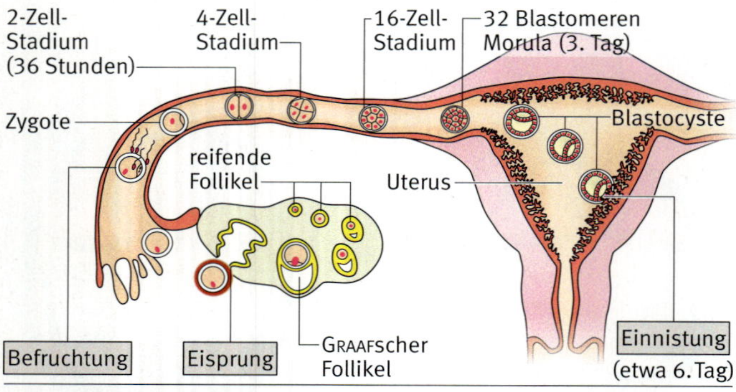

174.1 Vom Eisprung bis zur Einnistung

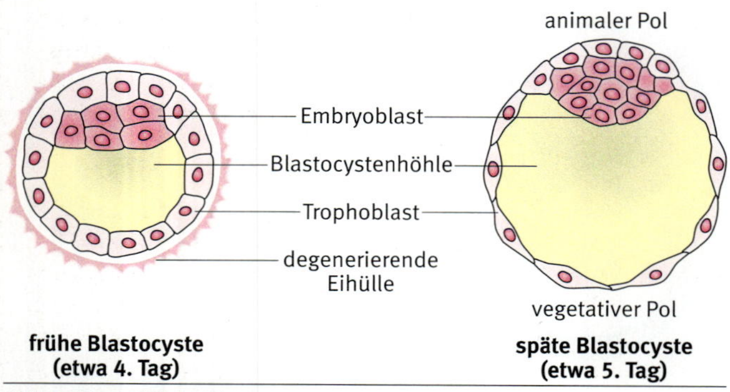

174.2 Menschliche Blastocyste

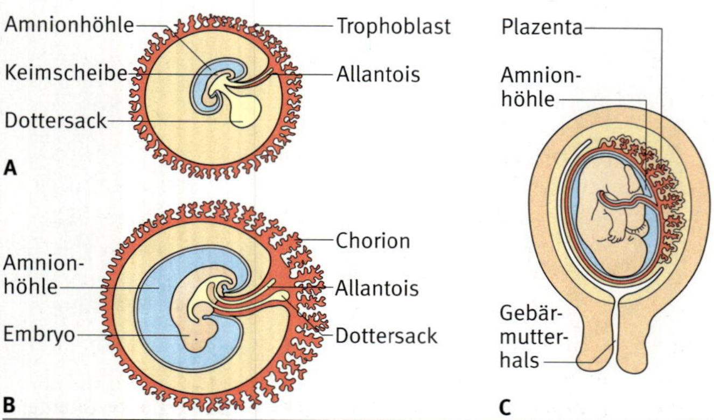

174.3 Embryonalentwicklung des Menschen.
A nach zwei Wochen; **B** nach vier Wochen; **C** nach neun Monaten

Die Eizellen reifen im Eierstock zum GRAAFschen Follikel. Während des Eisprungs findet die erste Reifeteilung statt. Die zweite wird erst durch das eindringende Spermium bei der Besamung der Eizelle ausgelöst. Diese findet ebenso im Eileiter statt wie die ersten Furchungsteilungen. In den Uterus tritt der Keim bereits als Morula ein. Aus dieser entsteht, bei gleichzeitiger Auflösung der Eihülle, die **Blastocyste** (gr. *blastos,* Keim; lat. *cystis,* Blase), ein spezielles Entwicklungsstadium der Säugetiere. Sie besteht aus zwei Teilen. Außen liegt der einschichtige **Trophoblast** (gr. *trophos,* Nahrung), der in die Uterusschleimhaut eindringt. Durch eine Vergrößerung seiner Oberfläche mit zahlreichen Fortsätzen, den Zotten, wird der Trophoblast zum **Chorion.** Die Chorionzotten werden von mütterlichem Blut umspült. Hier erfolgt der Stoffaustausch, der die Versorgung des Keimes sichert. Später sind die Zotten auf den Bereich um die Nabelschnur reduziert und bilden dort zusammen mit der Gebärmutterschleimhaut die Plazenta.

Dem Trophoblast der Blastocyste liegt am animalen Pol der **Embryoblast** an, aus dem sich der Embryo entwickelt. Etwa am achten Tag der Entwicklung entsteht zwischen Tropho- und Embryoblast die **Amnionhöhle.** Aus der Blastocystenhöhle bildet sich der Dottersack. Am 14. Tag der Entwicklung ist der Embryo etwa einen Millimeter groß und besteht aus einer zweiblättrigen Keimscheibe. Die Einnistung ist nun abgeschlossen. Zwischen dem 14. und 19. Tag vollzieht sich die Gastrulation, durch die das Mesoderm neben Ektoderm und Entoderm als drittes Keimblatt entsteht. Alle Gewebe des Embryos entwickeln sich aus diesen drei Keimblättern.
Auch bei Säugern bildet sich aus dem embryonalen Darm eine Allantois. Anders als bei Vögeln und Reptilien dient sie nicht der Speicherung von Stoffwechselprodukten, sondern trägt mit ihren Blutgefäßen zur Durchblutung der Plazenta bei.

Bis zum Beginn der zehnten Schwangerschaftswoche sind beim Embryo die wesentlichen Organe und Organsysteme angelegt. Die weitere Entwicklung ist vor allem durch Wachstum und Ausreifung gekennzeichnet. Der Keim heißt von nun an **Fetus** (lat., Leibesfrucht). Nach neun Monaten ist dessen Entwicklung abgeschlossen, das Kind wird geboren.

Einwirkung von Drogen und Medikamenten auf die Entwicklung

Ende der 50er-Jahre des vorigen Jahrhunderts traten in Deutschland vermehrt Neugeborene mit stark verkürzten und deformierten Extremitäten auf. Nach kurzer Zeit wurde das Schlaf- und Beruhigungsmittel Contergan® mit seinem Wirkstoff Thalidomid als Verursacher der Missbildungen erkannt. Viele der insgesamt etwa 4000 Betroffenen haben gelernt, fehlende Arme und Hände durch geschickten Einsatz von Beinen und Füßen auszugleichen. Die Überbelastung der Gelenke dieser Extremitäten führt jedoch zu Schmerzen und Deformationen, sodass viele sich in orthopädischer Behandlung befinden.
Die Schädigungen traten nur auf, wenn der Wirkstoff Thalidomid in einem sehr frühen Stadium der Schwangerschaft eingenommen wurde. Dann allerdings reichten oft geringe Mengen über einen sehr kurzen Zeitraum. Aus diesem bedauernswerten Unglück gewann man Einblicke in sensible Phasen der menschlichen Entwicklung. Über die Art der aufgetretenen Missbildung war erstmals eine zeitliche Zuordnung der jeweiligen Festlegungsphasen des Embryos möglich. Während der Testphase durchgeführte Versuche mit Tieren zeigten keine Besonderheiten. Ausgedehnte Experimente ergaben später, dass die sensiblen Phasen von Tieren, während derer Missbildungen entstehen, oft nicht mit denen des Menschen übereinstimmten.

Auch Antibiotika können Missbildungen erzeugen, das heißt **teratogen** (gr. *teras*, Schreckbild) wirken. Tetracycline passieren beispielsweise die Plazenta und lagern sich in Knochen und Zähnen des Fetus ein. Dadurch kann die Knochenentwicklung gestört werden und es tritt eine Braunfärbung der Milchzähne auf.
Eine mehrmonatige Einnahme von Streptomycin kann bei Erwachsenen zu Schädigungen des Gleichgewichts- und Hörnervs führen. Weil dieses Antibiotikum auch die Plazentaschranke passiert, kann es beim sich entwickelnden Embryo entsprechende Hörschäden auslösen. Wegen dieser ernsten Nebenwirkungen und dem gehäuften Auftreten von resistenten Bakterienstämmen kommt Streptomycin heute nur noch selten zum Einsatz.

Die teratogene Wirkung des Alkohols ist schon lange bekannt. Je nach konsumierter Menge werden spezifische Fehlbildungsmuster, **Alkoholembryopathien** (gr. *pathos*, Leiden), ausgebildet. Wenn eine Schwangere in sensiblen Phasen der Embryonalentwicklung Alkohol konsumiert, können Ethanol und sein Abbauprodukt Acetaldehyd embryonale Zellteilungen sowie das Zellwachstum hemmen. Von der vierten bis zur sechsten Woche ist davon die Gesichtsentwicklung betroffen, zu einem späteren Zeitpunkt wird die Gehirnentwicklung gestört: Es kommt zur **Mikrocephalie** (gr. *kephalos*, Kopf) mit Fehlfunktionen des Zentralnervensystems und verminderter Intelligenz. Neben diesen Auswirkungen können auch Gelenkanomalien, Herzfehler und Nierenstörungen ausgelöst werden. In Deutschland werden jährlich etwa 2200 Kinder mit absolut vermeidbaren Alkoholembryopathien geboren.

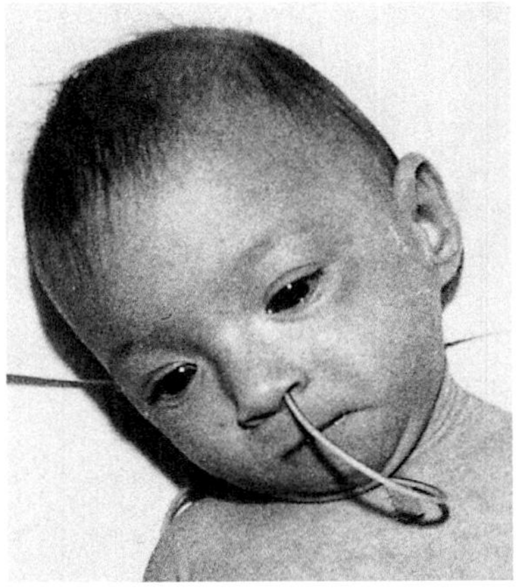

175.1 Mädchen mit Symptomen einer Alkoholembryopathie: schmales Lippenrot und Mikrocephalie

Auch das Rauchen von Zigaretten beeinflusst die Embryonalentwicklung. Raucherinnen leben mit deutlich erhöhtem Risiko von Fehl- und Totgeburten. Auch nach der Geburt hat das Leiden der Kinder kein Ende, allein im Jahr 1988 waren in den USA 2552 Fälle von Säuglingstod eindeutig auf die rauchenden Mütter zurückzuführen.
Bei Rauchern ist der Kohlenmonoxidgehalt des Blutes deutlich erhöht. Dies führt zu einer verminderten Sauerstoffversorgung des Fetus. Die gefäßverengende Wirkung des Nikotins und die leichte Kontraktion der Uterusmuskulatur führen zu einer Mangeldurchblutung der Plazenta. Dadurch vergrößert sich das Defizit in der Sauerstoffversorgung des Fetus weiter. Daraus folgt in der Regel ein niedrigeres Geburtsgewicht, es können auch bleibende intellektuelle und körperliche Schädigungen auftreten.
Außerdem wird dem Baby etwas zugemutet, was die Mutter selbst nicht geschafft hat, nämlich der plötzliche Nikotinstopp mit den bekannten Entzugserscheinungen. Deshalb sollte das Rauchen eingestellt werden, bevor eine Schwangerschaft angestrebt wird.

4 Entwicklungssteuerung durch Gene

176.1 Aufbau der Vorderpol-Hinterpol-Polarität in einem Embryo von *Drosophila*

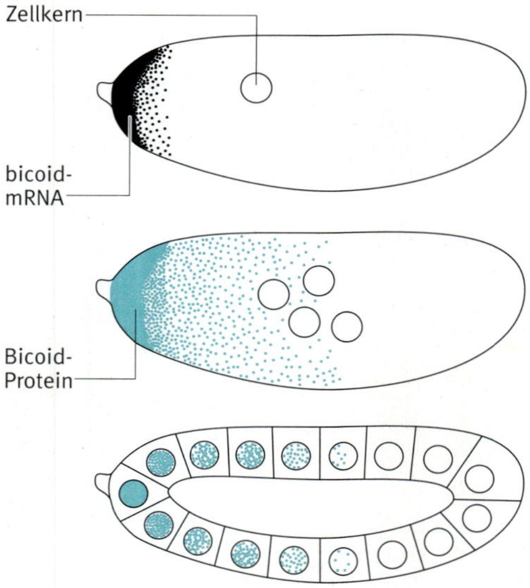

176.2 Abfolge der Expression entwicklungssteuernder Gene bei *Drosophila*

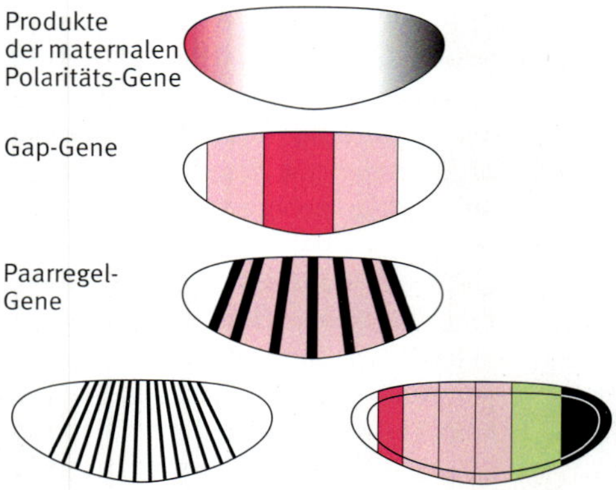

176.3 Expression von Segmentierungsgenen im *Drosophila*-Embryo. **A** Fluoreszenzmarkierung der Produkte der Segmentierungsgene; **B** Strukturierung der Larve in 14 Segmente

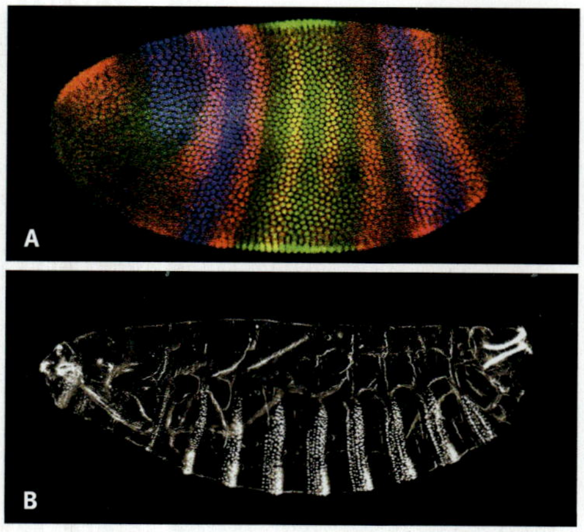

Von rund 20 000 *Drosophila*-Genen sind etwa 100 an der Steuerung von Entwicklungsprozessen beteiligt. Durch Ausschalten einzelner Gene erzeugten Christiane NÜSSLEIN-VOLHARD und Eric WIESCHAUS Mutanten. Anhand des veränderten Phänotyps konnten sie auf die eventuell gestörte Funktion eines **Entwicklungskontrollgens** schließen. In einer hierarchischen Kaskade kontrollieren diese Gene die Entwicklung eines *Drosophila*-Embryos in drei Stufen:

- Im noch unbefruchteten Ei werden Vorder- und Hinterpol bestimmt;
- dann wird die Gliederung des Embryos in Segmente festgelegt und
- schließlich werden die unterschiedliche Morphologie und die Funktionsmöglichkeiten der Segmente bestimmt.

Die Entwicklungskontrollgene lassen sich in **maternale** und **zygotische Gene** einteilen. Letztere stehen unter der direkten Kontrolle der maternalen Gene. Zum Beispiel wird das maternale Polaritätsgen *bicoid* in Zellen des Eierstocks transkribiert. Die *bicoid*-mRNA wird in den Vorderpol des Eies eingelagert und nach der Eiablage in das Protein Bicoid translatiert. Dessen Konzentration nimmt vom Vorder- zum Hinterpol ab.

Das Protein Bicoid kontrolliert seinerseits nachgeschaltete zygotische Entwicklungskontrollgene. Ist das *bicoid*-Gen (lat., zwei Hinterleibern ähnlich) mutiert, entsteht ein kopf- und brustloser Embryo.

Durch zygotische **Gap-Gene** (engl., Lücke) wird der noch ungegliederte Embryo entlang der Körperlängsachse grob in breite Zonen unterteilt. Mutieren diese Gene, fallen in der Larve breite Bereiche aus, beispielsweise bei einer Mutante Kopf- und Brust(Thorax)-Segmente sowie zwei weitere Segmente.

Die Produkte der Gap-Gene aktivieren **Paarregel-Gene:** Durch sie wird der Insektenembryo zellulär gegliedert und die Zellen werden bestimmten Körperabschnitten zugeordnet. Mutieren diese Gene, fällt jedes zweite Segment aus, daher rührt der Name Paarregel-Gen.

Die anschließend aktivierten **Segmentpolaritäts-Gene** legen die endgültigen Segmentgrenzen der Larve sowie die Ausrichtung der Segmente entlang der Körperlängsachse fest. Mutationen dieser Gene führen zu Embryonen mit veränderten Polen.

Nachdem die Aktivität der **Segmentierungs-Gene** den *Drosophila*-Embryo in regelmäßige Segmente unterteilte, werden diese von **homöotischen Genen** (gr. *homoio,* gleichartig) in Kopf-, Thorax- oder Hinterleibssegmente differenziert. Mutieren solche Gene, entstehen Körperabschnitte, die bereits vorhandenen ähneln, weil Teile wie Antennen, Flügel, Beine oder Augen gebildet werden, die nicht zu den Segmenten passen.
Die meisten homöotischen Gene gehören entweder zum Antennapedia-Komplex, der die Bildung der Körperteile am Kopf und den vorderen Brustsegmenten steuert, oder zum Bithorax-Komplex. Dieser bestimmt die Körperanhängsel des hinteren Brustsegmentes und der Hinterleibs(Abdominal)-Segmente.
Edward LEWIS forscht seit 1978 intensiv zum Bithorax-Komplex. Die zugehörige Bithorax-Mutante „Doppelbrust" wurde schon 1923 von BRIDGES beschrieben. Aber erst LEWIS konnte ihr Zustandekommen erklären.

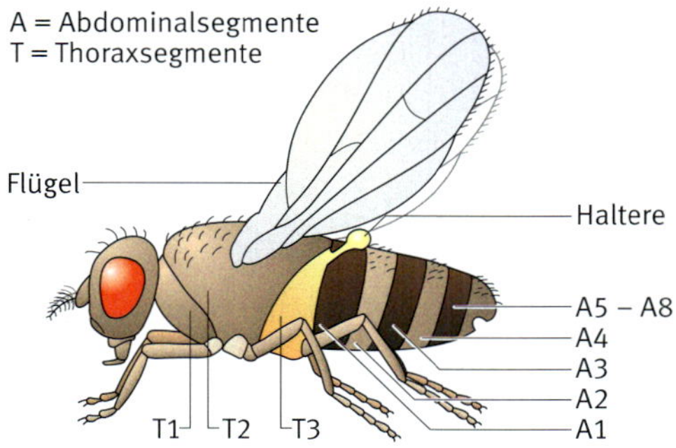

177.1 Segmentierung des *Drosophila*-Körpers

177.2 Bithorax-Mutante „Doppelbrust". Homöotische Umformung des Segments T3 zu einem zweiten Segment T2

Walter GEHRING entdeckte 1984, dass in den homöotischen Genen von *Drosophila* eine DNA-Sequenz von 180 Basenpaaren immer wiederkehrte. Er nannte diese identischen DNA-Abschnitte **Homöobox.** Diese wird in ein 60 Aminosäuren langes Protein translatiert, die **Homöodomäne,** die als Transkriptionsfaktor andere Gene kontrolliert.
Bisher hat man bei allen untersuchten Organismen, Pflanzen, Hefepilzen, Seeigeln, Fröschen und Menschen, Homöobox-Gene gefunden. Diese sind scheinbar ein universelles Steuerelement, denn es gibt zum Beispiel Froschproteine, die beim *Drosophila*-Embryo die gleiche Wirkung bei der Differenzierung in Bauch und Rücken haben. Bei Wirbeltieren werden die Homöobox-Gene als **Hox-Gene,** bei Gliedertieren wie Insekten als **Hom-Gene** bezeichnet. Die Hox- und Hom-Gene sind gruppenweise in **Clustern** verteilt. Bei *Drosophila* liegen die Cluster auf zwei Chromosomen, bei Wirbeltieren wie Mensch und Maus sind sie auf vier Chromosomen verteilt, trotzdem können die Cluster von Maus und Insekt homologisiert werden. Die Reihenfolge der Gene eines Clusters bestimmt die Abfolge der Expression und gleichzeitig den Wirkort.

Homöotische Gene sind auch bei der Gestaltbildung von Pflanzenkörpern beteiligt. Sie bestimmen bei diesen die Abfolge verschiedener Blattformen im Blütenbereich.

Bei der Erforschung der pflanzlichen Entwicklung hat ein Kreuzblütler, die Ackerschmalwand *Arabidopsis thaliana,* eine ähnliche Stellung wie *Drosophila.*
Sie ist besonders gut als Modell geeignet, weil ihr Entwicklungszyklus nur sechs Wochen dauert und die Pflanzen nur 10 bis 20 Zentimeter hoch wachsen. Außerdem besitzt die Pflanze ein relativ kleines Genom.
Neun Gene bestimmen die Organisation des Pflanzenembryos. Über Mutanten konnte die genetische Steuerung der embryonalen Pflanzenentwicklung aufgeklärt werden. Die beobachteten homöotischen Mutationen betrafen unter anderem die Polarität der Pflanzen.

Arabidopsis

PORTRÄT

Die in Magdeburg geborene Christiane NÜSSLEIN-VOLHARD arbeitete zusammen mit dem Amerikaner Eric WIESCHAUS über die Gestaltbildung und Entwicklungskontrollgene bei *Drosophila.* Sie wurde für ihre Ergebnisse als erste deutsche Wissenschaftlerin zusammen mit WIESCHAUS und dem Amerikaner Edward LEWIS 1995 mit dem Nobelpreis geehrt.

Christiane NÜSSLEIN-VOLHARD
(*1942)

Entwicklungsbiologie: Wachstumsregulierung beim Rübsen

Der Rübsen gehört zur Familie der Kreuzblütler und ist eng verwandt mit anderen Arten wie Raps oder verschiedenen Kohl- und Senfarten. Paul WILLIAMS züchtete an der Universität Wisconsin, USA, für Forschungs- und Unterrichtszwecke eine besonders schnell wachsende Form („Wisconsin Fast"), die inzwischen auch in Deutschland im Lehrmittelhandel in verschiedenen Typen erhältlich ist. Diese benötigt von der Aussaat der Samen bis zur Produktion eigener Samen nur 35 Tage. Dazu müssen die Pflanzen unter Dauerlicht und bei 21 bis 27 °C herangezogen werden.
Die im Versuch eingesetzte Gibberellinsäure gehört zu einer Gruppe von Pflanzenwuchsstoffen, die 1926 von KUROSAWA in Japan entdeckt wurden. Er identifizierte mit *Gibberella fujikuroi* einen Pilz als Auslöser eines bei Reispflanzen beobachteten abnormen Streckungswachstums . Die aus dem Pilz isolierten wirksamen Substanzen werden **Gibberelline** genannt. Heute sind aus Pflanzen über 100 verschiedene Gibberelline bekannt, die als **Pflanzenhormone** vornehmlich das Streckungswachstum von Pflanzen beeinflussen.

Material: Schreibtischlampe mit 60-Watt-Birne (keine Pflanzenlampe), Zimmertreibhaus mit 30 cm hoher durchsichtiger Kunststoffabdeckung, PASTEUR-Pipette, 6 Torfquelltöpfe, 4 Stützstäbe, Wollfaden, Thermometer, markierte Zahnstocher, Pinzette, 4 Rübsensamen Rosettentyp (Wisconsin Fast), 2 Rübsensamen Wildtyp (Wisconsin Fast), Gibberellinsäure (Fertiglösung des Lehrmittelhandels), lauwarmes Wasser

Durchführung:
1. Die Quelltöpfe werden in die Wanne des Treibhauses gelegt und gerade eben mit lauwarmem Wasser bedeckt.
2. Nach Abschluss des Quellvorganges (ca. 10 min) wird jeweils ein Samenkorn mit einer feuchten Pinzettenspitze aufgenommen, in die Vertiefung des Quelltopfes vorsichtig abgestreift und mit Torf bedeckt.
3. Die Quelltöpfe werden jeweils mit einem Zahnstocher spezifisch markiert. Die Treibhauswanne wird mit einem Thermometer bestückt und mit der Kunststoffabdeckung verschlossen.
4. Der Boden der Treibhauswanne soll im weiteren Versuchsverlauf immer mit Wasser bedeckt sein, eventuell muss mit lauwarmem Wasser nachgegossen werden.
5. Die Lampe wird knapp so über der Abdeckung positioniert, dass diese durch die Wärmeentwicklung nicht beschädigt und die Maximaltemperatur von 27 °C im Gewächshaus nicht überschritten wird.
6. Die Pflanzen werden über das gesamte Experiment hinweg dauerbeleuchtet. Der optimale Temperaturbereich von 21 bis 27 °C sollte eingehalten werden.
7. Die heranwachsenden Pflänzchen des Wildtyps haben zarte Stängel, sie müssen daher mit Wollfäden locker an den Stützstäben aufgebunden werden.
8. Zehn bis vierzehn Tage nach der Aussaat werden zwei der vier Rosettenpflanzen gesondert markiert.
9. Auf deren Vegetationszone (das ist die Knospe in der Mitte der wachsenden Pflanze) wird mit der PASTEUR-Pipette ein Tropfen Gibberellinsäure aufgetropft.
10. Das Treibhaus wird verschlossen und die Pflanzen werden für weitere 14 Tage bei den genannten Bedingungen kultiviert.

Aufgaben:
- **a)** Kommentieren Sie die Anzuchtbedingungen für die schnell wachsende Form des Rübsen.
- **b)** Protokollieren Sie die Keimung und das Längenwachstum der Pflanzen. Vergleichen Sie Ihre Pflanzen mit den abgebildeten.
- **c)** Vergleichen Sie die Pflanzen des Rosettentyps und die des Wildtyps.
- **d)** Informieren Sie sich in der Literatur über den typischen Bauplan einer Blütenpflanze.
- **e)** Vergleichen Sie die unbehandelten Rosetten-Pflanzen mit den Gibberellinsäure-Behandelten und den Wildtyp-Pflanzen. Was hat die Gibberellinsäure bewirkt?
- **f)** Die Rosettenform des Rübsen ist durch eine Mutation entstanden. Welche Mutation ist aufgetreten?
- **g)** Interpretieren Sie das Ergebnis dieses Experiments auf der molekulargenetischen Ebene der Ein-Gen-Ein-Polypeptid-Hypothese.

5 Altern

In unserem Körper werden laufend Zellen abgebaut und ersetzt. Täglich werden allein 200 Milliarden Erythrocyten neu gebildet. Offensichtlich erfolgt diese Regeneration aber nicht vollständig, denn jeder Mensch verspürt mit zunehmendem Lebensalter eine Abnahme des körperlichen und geistigen Leistungsvermögens. Der Vorgang des **Alterns,** der diese Veränderungen bewirkt, ist bis heute noch nicht vollständig geklärt. Sicher scheint, dass es trotz der vielfältigen Versprechungen der Anti-Aging-Industrie keine Mittel gibt, die diesen Prozess aufhalten oder gar umkehren könnten.

Derzeit werden sowohl vorherbestimmte als auch dem Zufall unterworfene Ursachen für das Altern diskutiert. Wahrscheinlich wirken beide zusammen. Bei den vorherbestimmten Ursachen rückten die **Telomere,** die Endstücke der Chromosomen, ins Blickfeld der Forschung. In den Telomeren liegen sich vielfach wiederholende Basen-Sequenzen, beim Menschen TTAGGG. Diese sind die Erkennungssequenz für eine vollständige Replikation eines DNA-Moleküls vor einer Mitose. Die jeweils äußerste Telomersequenz wird dabei nicht mitrepliziert, sodass das Telomer mit jeder Teilung um TTAGGG Einheiten kürzer wird. Wenn alle Einheiten verbraucht sind, kann sich die Zelle nicht mehr teilen. In bestimmten Zellen, zum Beispiel der Keimbahn, kann das Enzym **Telomerase** neue Sequenzen anheften und so die Teilungsfähigkeit erhalten.

Nach der **Radikaltheorie** führen im Mitochondrienstoffwechsel entstehende Sauerstoffradikale zu einer Anhäufung von Fehlern in der DNA der Mitochondrien. Fehler können leicht entstehen, weil mtDNA einerseits nicht durch Histone geschützt ist und andererseits auch enzymatische Reparaturmechanismen in diesen Organellen weitgehend fehlen. Der Ausfall von Mitochondrien führt zu ATP-Mangel, der die Zellen altern lässt.
Beim Fadenwurm *Caenorhabditis* wurden Mutanten entdeckt, die zehn bis 20 Wochen statt der üblichen sechs leben können. Als Ursache fand man mutierte Gene, deren Genprodukte einen verbesserten Schutz vor Radikalen bieten. Dieses Ergebnis unterstützt die Radikaltheorie.

179.1 Der Wunschtraum der ewigen Jugend

Altern ist aus evolutionärer Sicht für die Fitnessmaximierung unbedeutend. Die verursachenden Phänomene werden nicht negativ selektiert, weil sie erst nach dem Abschluss der reproduktiven Phase auftreten. Deshalb laufen sie der Fitnessmaximierung nicht zuwider.

STECKBRIEF

Ein Fadenwurm – Haustier der Genetiker

Der Fadenwurm *Caenorhabditis elegans* wurde 1965 von Sydney BRENNER als Modellorganismus in die Genetik eingeführt. Der etwa einen Millimeter große Fadenwurm bleibt sein Leben lang durchsichtig. Die adulten Würmer zeichnen sich durch eine konstante Zellzahl aus: Männliche Tiere des X0-Typs bestehen aus 1031, zwittrige XX-Individuen aus 959 somatischen Zellen. Hinzu kommen jeweils etwa 1000 bis 2000 Keimzellen. Die embryonale Herkunft jeder einzelnen Zelle konnte geklärt werden. Im Rahmen dieser Untersuchungen wurde die entwicklungsbiologische Bedeutung des programmierten Zelltodes (Apoptose) entdeckt: Für eine Normalentwicklung müssen somatische Zellen 131-mal zeitgerecht absterben.

6 Krebs

Als **Krebs** wird das autonome, ungesteuerte und invasive Wachstum von menschlichen und tierischen Körperzellen bezeichnet. Der griechische Arzt HIPPOKRATES gab der Krankheit ihren Namen. Er verglich etwa 400 vor Christus die langen Venen, die von manchen Brusttumoren ausgehen, mit den Beinen eines Krebses (gr. *carcinoma*).

Jährlich erkranken etwa 350 000 Menschen in Deutschland an Krebs. Die Zahl der Neuerkrankungen steigt jährlich um etwa 6000. Krebs ist mit etwa 220 000 Todesfällen nach den Herz- und Kreislauf-Erkrankungen die zweithäufigste Todesursache in Deutschland. 70 000 Krebstodesfälle sollen allein auf die Folgen von Tabakkonsum zurückzuführen sein.

Man unterscheidet zwischen gutartigen (benignen) Tumoren (lat. Schwellung) wie etwa Warzen und bösartigen (malignen) Tumoren. Allen gemein sind Zellen, deren Wachstum außer Kontrolle geraten ist und die sich bis zu 100-mal schneller teilen. Es entsteht ein **Primärtumor.** Bösartige Tumoren dringen in umliegendes Gewebe ein und schädigen dieses. Ihre ursprüngliche Funktion üben maligne Tumorzellen nicht mehr aus.

Man unterscheidet nach ihrem Ursprungsgewebe drei Haupttypen: Tumoren aus Deckgewebe bezeichnet man als Karzinome, aus Lymphgewebe als Lymphome und aus Bindegewebe als Sarkome.

Eine weitere Gefahr von malignen Tumoren ist, dass sich Zellen aus dem Primärtumor ablösen, über Blutgefäß- und Lymphsystem in den ganzen Körper verteilt werden, sich festsetzen und dort **Sekundärtumoren** bilden. Dies wird als **Metastasierung** bezeichnet. Sie ist in der Regel für die tödliche Ausbreitung der Erkrankung im Körper verantwortlich. Metastasen stören lebenswichtige Organfunktionen nach und nach durch:

- Verdrängen gesunden Gewebes
- Lahmlegen von Nerven
- Verschluss von Organhohlräumen
- Blockade von Lymph- und Blutgefäßen.

Man schätzt, dass nur eine von 10 000 aus dem Primärtumor abgelösten Zellen es schafft, den Transport im Blut unerkannt vom Immunsystem zu überstehen und einen Sekundärtumor zu bilden.

Die meisten Krebsarten bilden Metastasen in bevorzugten Geweben: Zirkulierende Tumorzellen verfangen sich im Allgemeinen im ersten Kapillarnetz, in das sie nach ihrem Ursprungsort geraten. Primärtumore im Magen-Darm-Trakt bilden bevorzugt Metastasen in der Leber, Tumore der meisten anderen inneren Organe metastasieren in das Lungengewebe.

Krebs ist eine genetische Krankheit. Was allerdings in den allermeisten Fällen nicht heißt, dass das Leiden vererbt wird. Mittlerweile hat

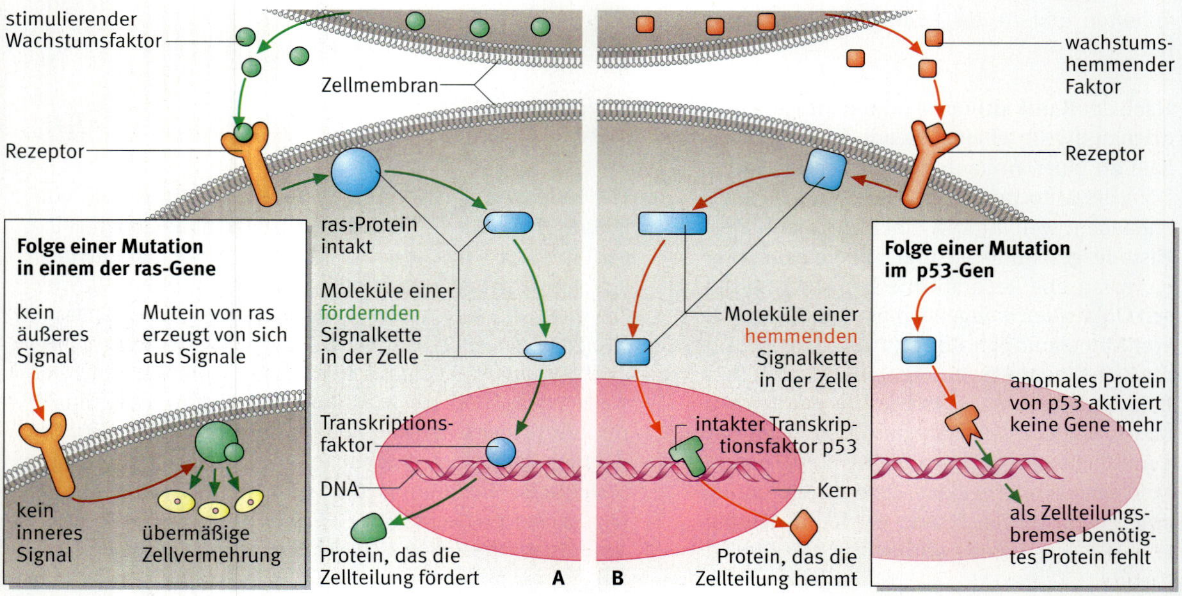

180.1 Krebsentstehung durch Mutationen.
A Proto-Onkogen;
B Tumor-Suppressor-Gen

sich die Theorie der „klonalen" Krebsentstehung durchgesetzt. Sie besagt, dass die Milliarden von wuchernden Zellen, aus denen ein Tumor besteht, einer einzigen Ursprungszelle entstammen. Sie wird im Allgemeinen durch die sukzessive Anhäufung mehrerer somatischer Mutationen in wachstumsregulierenden Genen zur Krebszelle. Dieser Vorgang wird **Transformation** genannt.

Häufig sind bei Tumoren dominant wirkende Gene mutiert, deren Genprodukte die Zellteilung stimulieren. Die Mutation in einem Allel dieser **Onkogene** (gr. *onkos,* Geschwulst; gr. *genan,* erzeugen) entspricht im Tumor einem durchgetretenen Gaspedal beim Autofahren. Onkogene leiten sich von intakten zellulären Genen ab, die als **Proto-Onkogene** Signalmoleküle wie zum Beispiel Wachstumsfaktoren oder deren Rezeptoren codieren. Ein Beispiel, das vom ras-Gen codierte ras-Protein, ist an der Weiterleitung von Wachstumssignalen von der Zelloberfläche in den Zellkern beteiligt. Das Mutein kreiert Wachstumssignale, auch ohne entsprechende Information über Wachstumsrezeptoren erhalten zu haben.
Eine weitere Gruppe von Krebs-Genen ist mit der Bremse im Auto vergleichbar. Die Genprodukte dieser **Tumor-Suppressor-Gene** hemmen das Zellwachstum. Fallen beide Allele eines solchen Gens durch Mutationen aus, teilt sich die betroffene Zelle ebenfalls zu schnell. Das Tumor-Suppressor-Gen p53 auf Chromosom 17 ist bei ungefähr jedem zweiten Tumor ausgefallen. Als Transkriptionsfaktor stoppt das codierte p53-Protein den Zellzyklus in der G_1-Phase und ermöglicht damit, den DNA-Schaden zu reparieren oder bei irreparablen Schäden die Apoptose einzuleiten.
Tritt in einer Zelle eine Krebs fördernde Mutation auf, gibt sie diese bei ihrer Teilung an die Tochterzellen weiter. Ein solcher genetischer Defekt kann bereits ererbt sein, sodass er von Geburt an in allen Körperzellen vorhanden ist. Derartige Keimbahnmutationen erklären die genetische Veranlagung, die **Prädisposition,** für bestimmte Krebsarten in manchen Familien. Ereignen sich in einer vorgeschädigten Zelle im Laufe des Lebens weitere Mutationen, kann die Schwelle zum bösartigen Tumor überschritten werden. Dies erklärt, warum die Krebsanfälligkeit mit zunehmendem Alter steigt.

Am Beispiel Dickdarmkrebs wurde das Modell der Transformation durch einen Mehrschrittprozess belegt: Der Ausfall des Tumor-Suppressor-Gens (APC) auf Chromosom 5 einer Schleimhautzelle des Dickdarms kann bereits deren erhöhte Teilungsrate auslösen. Wird durch eine weitere Mutation das ras-Onkogen auf Chromosom 12 „angeschaltet", wächst ein gutartiger Tumor, ein Darmpolyp (Adenom).
Fällt auch das Tumor-Suppressor-Gen p53 aus, wird aus dem Adenom ein Karzinom. Weitere Mutationen werden sich anhäufen, da die DNA-Reparatur eingeschränkt wird. Die Aggressivität des Karzinoms steigt dadurch bis hin zur Ausbildung von Metastasen.

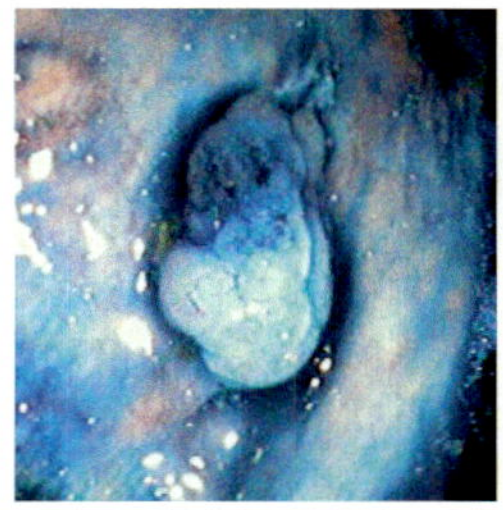

Dickdarmpolyp (mit Indigokarmin angefärbt)

181.1 Entstehung von Dickdarmkrebs.
A Schema;
B LM-Bild

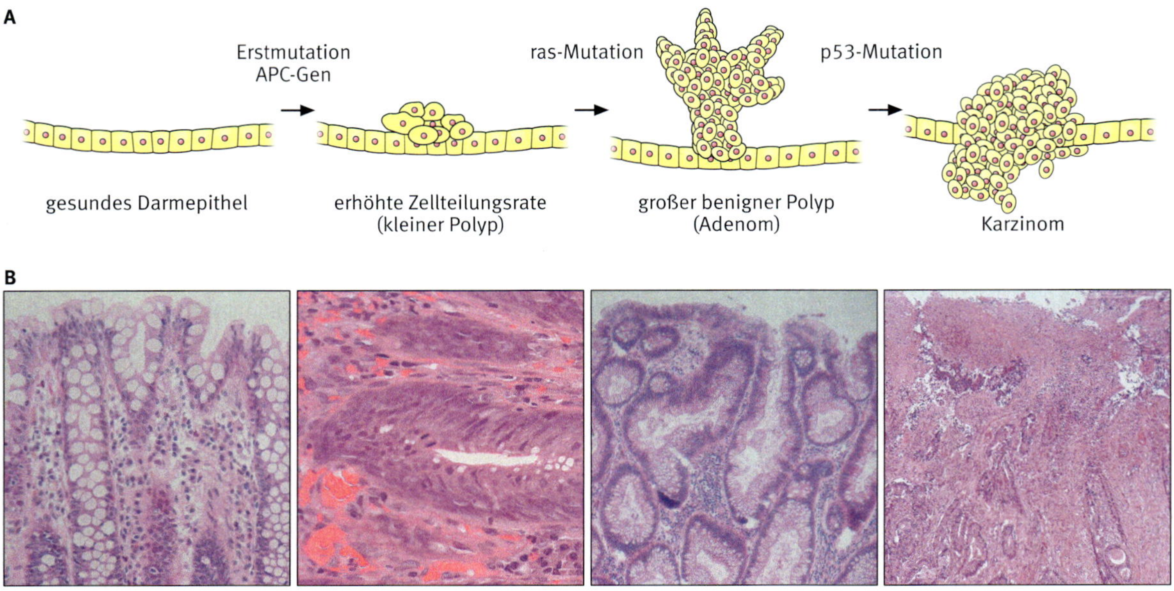

Entwicklungsbiologie

1

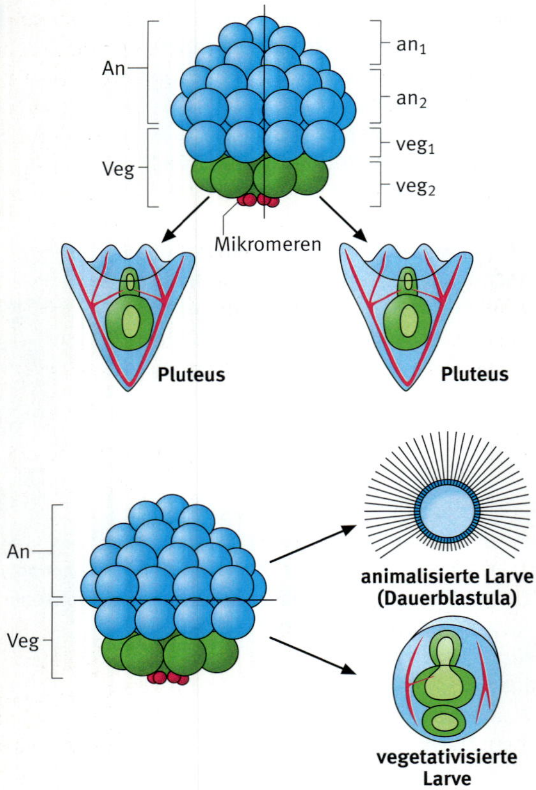

Die Schnürungsexperimente am Seeigelei wurden mit dem Morula-Stadium wiederholt.

a) Beschreiben Sie die beiden Experimente mit ihrem Ergebnis.

b) Welche Schlussfolgerungen ziehen Sie aus dem Vergleich der beiden Versuchsergebnisse für die Regulationsfähigkeit des Seeigelkeims?

c) Inwiefern kann die Annahme eines gegenläufigen Gradienten zweier gestaltbildender Substanzen die Versuchsergebnisse erklären?

2 Klaus SANDER führte 1960 Experimente mit der Kleinzikade *Euscelis plebejus* durch, die die Gradientenhypothese weiter bestätigten. Diese Hypothese war 1910 von Theodor BOVERI, einem der beiden Begründer der Chromosomentheorie der Vererbung, formuliert worden.

Bei einem *Euscelis*-Ei liegt im Plasma des Hinterpolbereiches eine Ansammlung symbiontischer Bakterien, der Symbiontenball. Dieser wird nicht aus Eimaterial gebildet, sondern von den Weibchen bei der Eiablage zusätzlich in den Keim eingebracht. So ist sichergestellt, dass die Nachkommen die lebensnotwendigen Darmsymbionten von Beginn an erhalten.

Während der in A dargestellten normalen Furchungen entsteht beim *Euscelis*-Ei an dessen Oberfläche eine einschichtige Zelllage, das **Blastoderm.** Der Embryo entwickelt sich, nach der Längsachse ausgerichtet, auf der Bauchseite des Blastoderms.

SANDER schnürte das Zikadenei nun einmal vor (B) und einmal nach (C) der Blastodermbildung. An der Schnürungsstelle beobachtete er jeweils eine Lücke. Dies wird Gap-Phänomen genannt (engl., Lücke).

Bei Experiment D brachte Sander vor der Blastodermbildung mit einer feinen Nadel einen Teil des Hinterpolplasmas zusammen mit dem Symbiontenball nach vorn und schnürte dann hinter diesem.

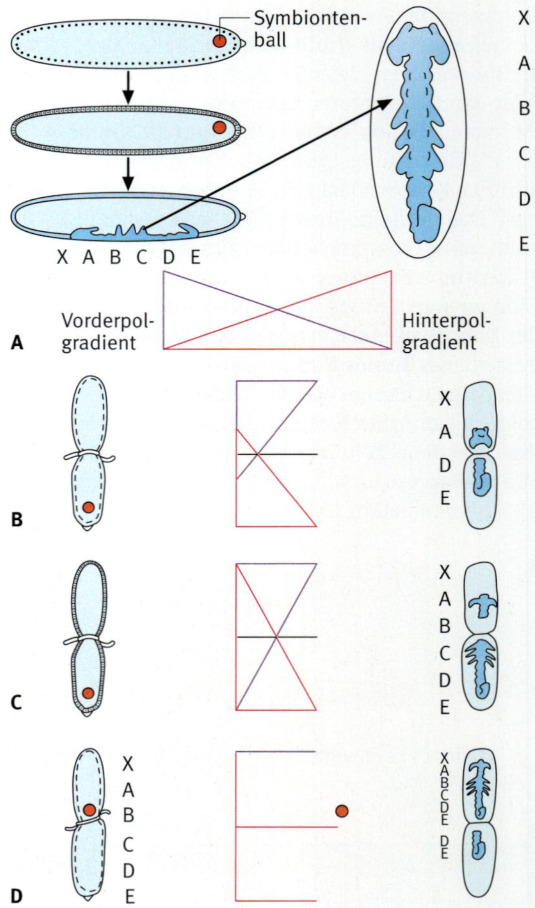

a) Beschreiben Sie die drei Experimente A bis C jeweils einzeln in Durchführung und Ergebnis.

b) Interpretieren Sie die Versuchsergebnisse von B und C jeweils einzeln mit Hilfe der Gradienten-Hypothese.

c) Beschreiben und erläutern Sie Experiment D. Vervollständigen Sie das Dreiecksschema entsprechend.

3

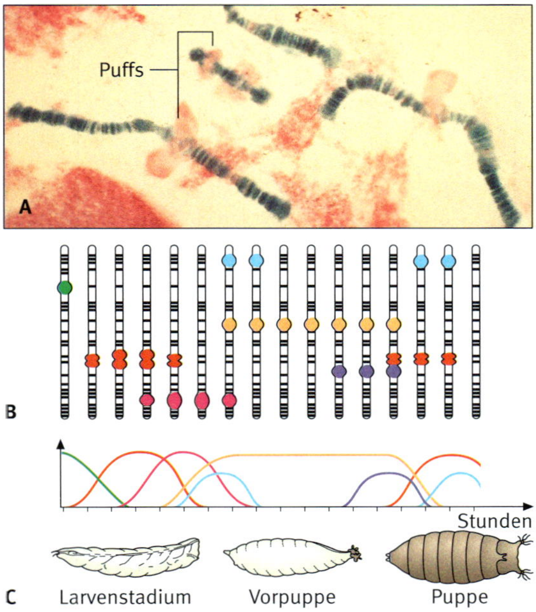

In Zellkernen der Speicheldrüsen von Zuckmücken gibt es Riesenchromosomen. An einigen Stellen, die Puffs genannt werden, sind die Riesenchromosomen aufgelockert (A). Während der Entwicklung verändert sich das Muster der Puffs (B) auf einem Chromosom, was sich auch in unterschiedlichen Konzentrationen mit den Puffs korrelierter Proteine zeigt (C).

a) Welcher Vorgang läuft an den Puffs ab?

b) Inwiefern ist die obige Abbildung ein Beleg für die differenzielle Genaktivität? Erläutern Sie ihre Überlegungen.

4

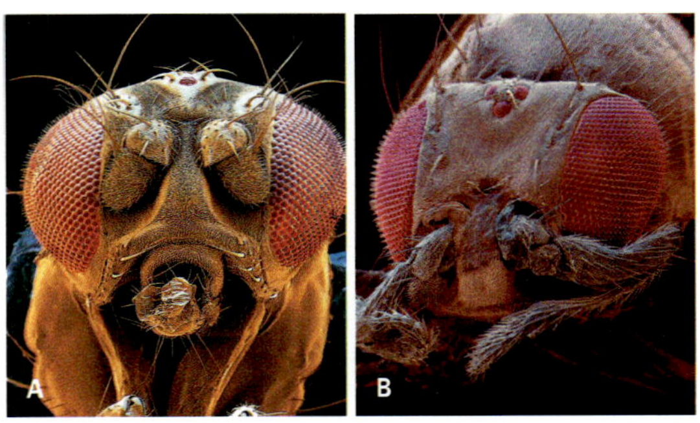

Die Abbildung B zeigt eine spektakuläre Mutation der Taufliege *Drosophila,* Abbildung A die Normalentwicklung.

a) Beschreiben Sie die abgebildete Mutation.

b) Offensichtlich ist es bei dieser Mutation zu einer Störung in der genetischen Steuerung der Entwicklung gekommen. Erläutern Sie, welcher der Stufen der Entwicklungssteuerung das Gen zuzurechnen ist, das zu dieser Veränderung im Phänotyp führt.

5 Bisher wurden in allen darauf untersuchten Lebewesen die Homöobox enthaltende Gene gefunden. Sie sind zudem in nahezu derselben Art und Weise angeordnet wie bei der Taufliege. Bei *Drosophila* liegen diese Gene alle auf einem Chromosom. In einem vorderen Bereich sind dabei die Gene des Antennapedia-Komplexes konzentriert und in einem weiter hinten liegenden die des Bithorax-Komplexes.
Bei der Maus sowie den anderen Säugern gibt es vier Chromosomen, die einen gleichen oder zumindest sehr ähnlichen Satz dieser Gene tragen.
Gene mit entsprechender Homöobox werden durch dieselben Farben symbolisiert. In den Embryonen und adulten Tieren sind die Wirkorte der Genprodukte jeweils in der Farbe der zugehörigen, die Homöobox enthaltenden, Gene gekennzeichnet.

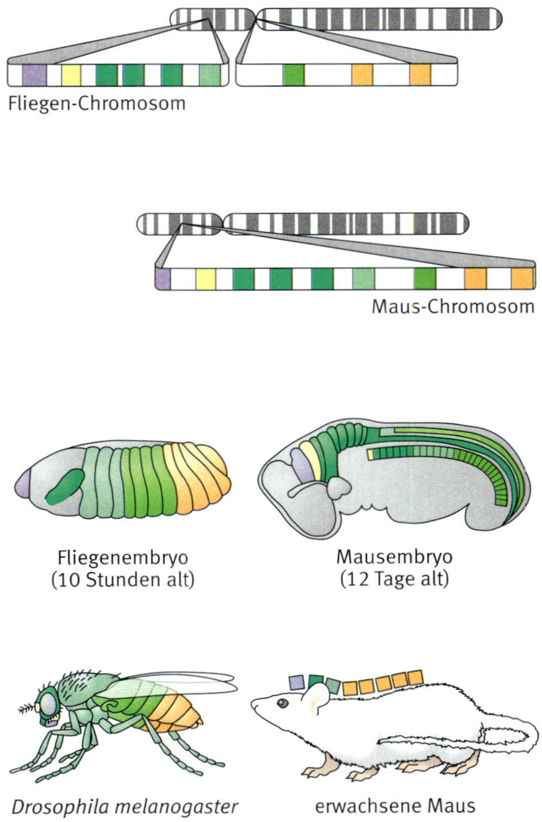

a) Erläutern Sie, warum der geschilderte Gentyp als homöotisches Gen bezeichnet wird.

b) Vergleichen Sie die Anordnung der die Homöobox enthaltenden Gene auf dem *Drosophila*-Chromosom mit dem Ort im Embryo oder adulten Tier, an dem die entsprechenden Genprodukte zum Einsatz kommen.

c) Vergleichen Sie die Verhältnisse bei *Drosophila* und Maus miteinander. Welche Hypothese kann man daraus ableiten?

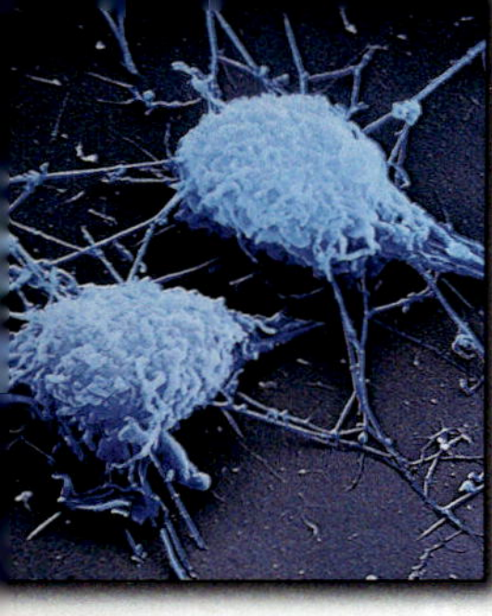

Immunbiologie

1 Organisation und Aufgaben des Abwehrsystems

Rund um die Uhr ist unser Körper mit der Abwehr und Beseitigung von Viren, Bakterien, Krebszellen und abgestorbenen Zellen beschäftigt. Dies ist überlebensnotwendig, denn Körperzellen werden täglich zur Produktion mehrerer Tausend unterschiedlicher Viren gezwungen, und etwa 10^{15} Bakterien befinden sich auf der Haut und im Darm. Dies sind zehnmal mehr Bakterien als körpereigene Zellen. Jeden Tag entstehen mehrere Hundert Krebszellen und pro Sekunde sterben etwa sieben Millionen Körperzellen ab, beispielweise Haut- und Schleimhautzellen. Alle diese Zellen tragen auf ihrer Oberfläche Moleküle, **Antigene** genannt, die das Abwehrsystem aktivieren.

Die Waffen unseres **Abwehrsystems** sind Proteine und Zellen, die im Blut und in der Lymphe vorkommen. Im menschlichen Körper zirkulieren etwa $2{,}5 \cdot 10^{12}$ Abwehrzellen mit einem Gewicht von 2,5 Kilogramm. Sie entstehen aus gemeinsamen Vorläuferzellen, den **Blut bildenden Stammzellen,** die im Mark bestimmter Knochen wie Rippen, Wirbeln, Brustbein oder Hüfte gebildet werden. Die Blutzellen werden in Rote Blutkörperchen, die **Erythrocyten,** Weiße Blutkörperchen, die **Leukocyten** und Thrombocyten unterteilt.

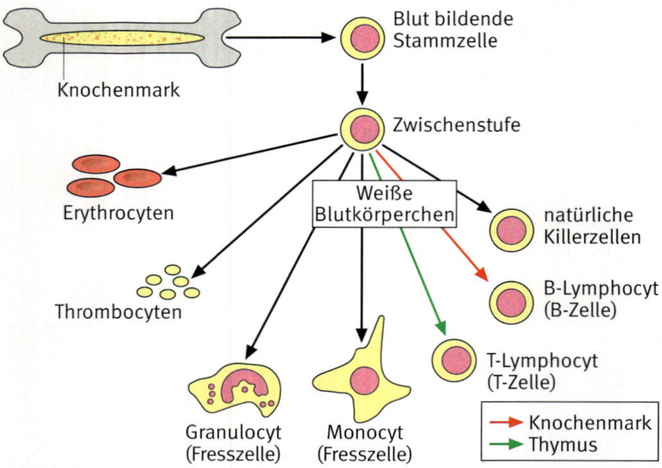

184.1 Herkunft der Blutzellen aus der Blut bildenden Stammzelle

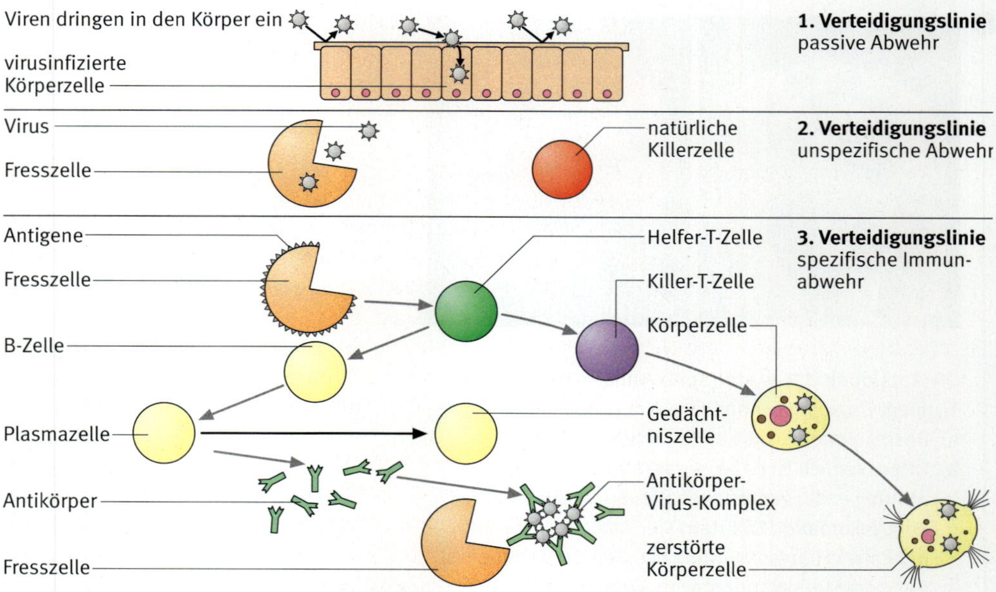

184.2 Die drei Verteidigungslinien des Abwehrsystems

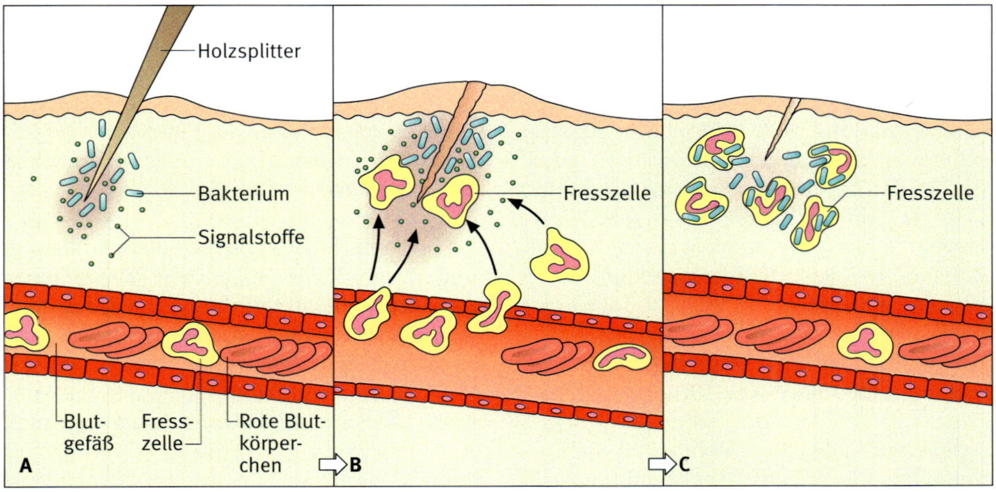

185.1
Verlauf einer Entzündungsreaktion

Die Leukocyten gliedern sich in Lymphocyten, Monocyten und Granulocyten. Monocyten und Granulocyten gehören zu den **Fresszellen,** den **Phagocyten** (gr. *phagein,* fressen).

Das Abwehrsystem verfügt über drei Verteidigungslinien, die passive, die unspezifische und die spezifische Abwehr. Bei der Abwehr von Viren sind alle drei Verteidigungslinien beteiligt. Die erste ist die **passive Abwehr,** zu ihr gehören Haut und Schleimhäute. Sie wirken als Barriere und verhindern ein Eindringen der Viren in den Körper.

Sind Viren jedoch durch Verletzungen und die Infektion von Zellen in den Körper gelangt, dann greift die zweite Verteidigungslinie ein, die **unspezifische Abwehr.** Die virusinfizierten Zellen werden von speziellen Leukocyten, den natürlichen Killerzellen, zerstört. Freie Viruspartikel werden von Fresszellen aufgenommen und durch Enzyme abgebaut.

Die aktivierten Fresszellen starten die dritte Verteidigungslinie, die **spezifische Abwehr,** die vorwiegend aus verschiedenen Typen von Lymphocyten besteht. Nach der Phagocytose eines Virus transportiert die Fresszelle Virusproteine, also Virusantigene, auf ihre Zelloberfläche und präsentiert sie speziellen Lymphocyten, den Helfer-**T**-Zellen, die aus der **T**hymusdrüse stammen. Diese werden dadurch aktiviert. Die Helfer-T-Zellen stimulieren weitere Lymphocyten, die **B**-Zellen, die ursprünglich in der **B**ursa-Drüse der Vögel entdeckt wurden. Die B-Zellen differenzieren sich zu Plasmazellen, die Proteine bilden, die nach dem Schlüssel-Schloss-Prinzip Antigene binden. Diese Proteine heißen **Antikörper.** Bei der Reaktion der Antikörper mit den Viren entstehen Virus-Antikörper-Komplexe, die von Fresszellen aufgenommen werden. Helfer-T-Zellen aktivieren auch Killer-T-Zellen, die virusinfizierte Zellen zerstören. T- und B-Zellen bilden das **Immunsystem** (*immunis,* lat. unempfänglich). Einige Plasmazellen differenzieren sich zu Gedächtniszellen, die eine Immunität gegen diese Viren garantieren.

Bakterien, die beispielsweise bei einer Verletzung mit einem Holzsplitter in den Körper eindringen, werden durch eine **Entzündungsreaktion** bekämpft. Diese geht von der unspezifischen Abwehr aus. Die verletzten Zellen setzen Signalstoffe frei, die eine Erweiterung der umliegenden Blutgefäße bewirken. Das verletzte Gewebe wird verstärkt mit Blut und Abwehrzellen versorgt. Dies führt zu den Entzündungssymptomen wie Rötung, Erwärmung und Schwellung des Gewebes. Weiterhin locken die Signalstoffe Fresszellen an, die die Blutgefäßwand durchqueren und gezielt zur Verletzungsstelle wandern. Dort attackieren sie abgestorbene Zellen und Bakterien.

Granulocyten sterben beim Fressvorgang größtenteils ab und setzen dabei Enzyme frei, die im näheren Umkreis weitere Bakterien schädigen. Dabei werden jedoch auch umliegendes Bindegewebe, kleinere Blutgefäße und Nervenzellen zerstört, was zu einer lokalen Schmerzempfindung und Verstärkung der Symptome führt.

Beim Heilungsprozess werden die geschädigten Zellen durch neue Zellen ersetzt. Eiter, der bei Entzündungen oftmals auftritt, besteht aus abgestorbenen Granulocyten, toten Körperzellen, Bakterien und Lymphflüssigkeit.

2 Humorale Immunantwort – Bildung von Antikörpern

Antikörper, die auch **Immunglobuline** heißen, kommen als lösliche Proteine in Körperflüssigkeiten wie Blut und Lymphe vor. Sie sind die Waffen der **humoralen Immunantwort** (lat. *(h)umor,* Saft) und gehören zur spezifischen Abwehr. Antikörper werden durch Antigen-aktivierte B-Zellen, die **Plasmazellen,** produziert und abgegeben.

Die Aktivierung der B-Zelle beginnt mit der Bindung eines nach dem Schlüssel-Schloss-Prinzip passenden Antigens an die Antigen-Rezeptoren. Diese Rezeptoren sind spezielle Antikörper, die in der Plasmamembran der B-Zelle festsitzen (1). Die B-Zelle nimmt den Antigen-Antikörper-Komplex durch Endocytose in sich auf (2). Im Inneren des Membranbläschens wird das Antigen durch Enzyme in Antigenbruchstücke aus maximal 25 Aminosäuren zerlegt (3). Diese Antigenfragmente werden von speziellen Molekülen, den MHC2-Proteinen (engl. *major histocompatibility complex*) gebunden und auf der Oberfläche der B-Zelle den Helfer-T-Zellen dargeboten (4). Diese erkennen das präsentierte Antigenfragment mit ihren Antigen-Rezeptoren, die T-Zell-Rezeptoren heißen (5). Durch diese Erkennung werden die Helfer-T-Zellen aktiviert, die daraufhin Signalproteine abgeben, die **Cytokine,** die von Rezeptoren auf den B-Zellen gebunden werden (6). Die B-Zelle wird aktiviert und reift zur Plasmazelle. Einige Plasmazellen entwickeln sich zu Gedächtniszellen, die für die erneute Antigenabwehr benötigt werden (7). Die Plasmazelle gibt die Antikörper ab (8). Diese binden spezifisch an das Antigen, das die Immunantwort ausgelöst hatte (9).

Die auf der B-Zelle festsitzenden Antikörper und die von der Plasmazelle abgegebenen Antikörper binden spezifisch nur ein bestimmtes Antigen. Da im Menschen 10^{10} bis 10^{12} unterschiedliche B-Zellen vorkommen, kann das Immunsystem Antikörper gegen eine ebenso große Zahl unterschiedlicher Antigene bilden.

Beim Menschen gibt es fünf Antikörperklassen, die Immunglobuline IgG, IgA, IgM, IgD und IgE. IgG, IgD und IgE bestehen aus einer, IgA aus zwei und IgM aus fünf Y-förmigen Antikörpereinheiten.

Eine Antikörpereinheit besteht aus je zwei identischen leichten Ketten (L-Ketten, engl. *light,* leicht) und schweren Ketten (H-Ketten, engl. *heavy,* schwer), die durch Disulfidbrücken verbunden sind. Jede H- und L-Kette besteht aus einem konstanten und einem variablen Abschnitt. Der variable Abschnitt wird für die Antigenbindung benötigt. Jeder Antikörper besitzt im variablen Bereich eine bestimmte Aminosäuresequenz, die ihm eine definierte räumliche Struktur verleiht. Da hinein passt das Antigen wie ein Schlüssel in ein Schloss. Diese räumliche Struktur heißt **Antigen-Bindungsstelle.** Der konstante Abschnitt zeigt

186.1 Die humorale Immunantwort

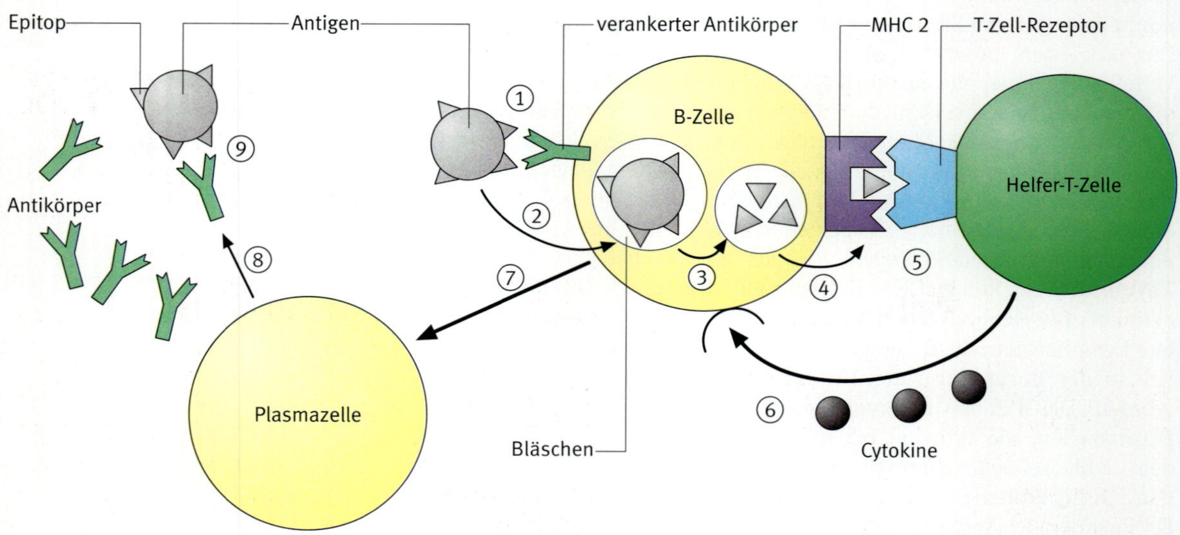

eine konstante Aminosäuresequenz und aktiviert Immunreaktionen, die das gebundene Antigen vernichten.

Die nur aus etwa 30 Aminosäuren bestehende Antigen-Bindungsstelle ist viel zu klein, um ein Antigen in seiner Gesamtheit binden zu können. Vielmehr reagiert sie mit einem kleinen Antigenabschnitt, dem **Epitop,** das nur etwa sechs Aminosäuren umfasst. Die Bindung des Antigens kann durch VAN-DER-WAALS-Kräfte, Wasserstoffbrücken und Ionenbindung erfolgen.

Wie wird im Immunsystem die enorme Zahl von 10^{10} bis 10^{12} variablen Regionen erzeugt? Auf der DNA der Blut bildenden Stammzelle stehen für die Biosynthese der L-Kette 200 V-Exons, vier J-Exons und ein Exon für den konstanten Abschnitt zur Verfügung. V steht für *variable,* J für *joining* (engl. verbindend) und c für *constant.* Bei der B-Zell-Reifung wird durch die VJ-Rekombination ein V- mit einem J-Exon verknüpft. So können insgesamt 800 verschiedene VJ-Kombinationen beziehungsweise variable Regionen auf der leichten Kette erzeugt werden. Beim Spleißen der prä-mRNA wird der Bereich zwischen VJ und dem konstanten Exon herausgeschnitten. Auf der reifen mRNA liegen die V-, J-, und C-Bereiche direkt nebeneinander und werden in die L-Kette translatiert. Für die Bildung der H-Kette stehen 200 V-Exons, 30 D-Exons (D bedeutet *diversity,* engl. Vielfalt), sechs J-Exons und die konstanten Exons der fünf Antikörperklassen zur Verfügung. Letztere werden mit griechischen Buchstaben benannt. Bei der VDJ-Rekombination werden ein V-, ein D- und ein J-Exon verbunden. Die Rekombination aller V-, D- und J-Exone resultiert in insgesamt 36 000 verschiedenen Kombinationen beziehungsweise variablen Regionen auf der schweren Kette. Beim Spleißen wird ein konstantes Exon an die V-, D- und J-Sequenzen angefügt. Unterschiedliche Antikörperklassen entstehen durch unterschiedliches Spleißen.

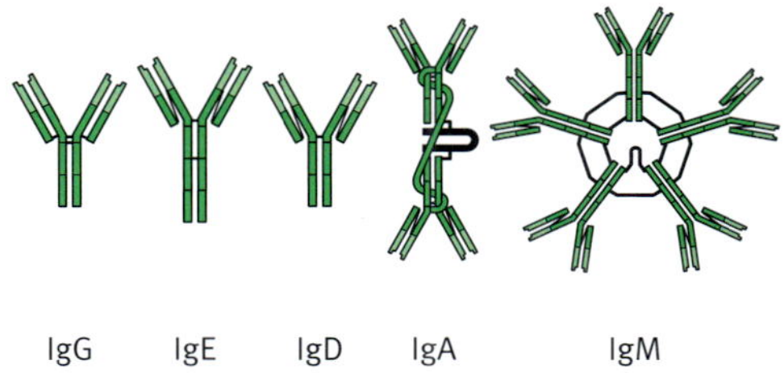

187.1 Die fünf Immunglobulinklassen

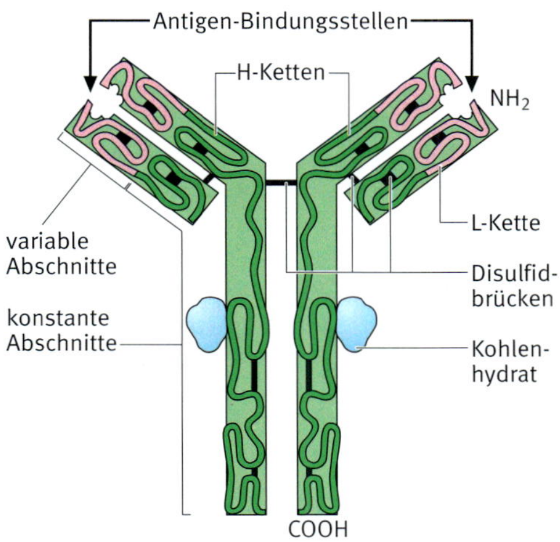

187.2 Struktur des IgG

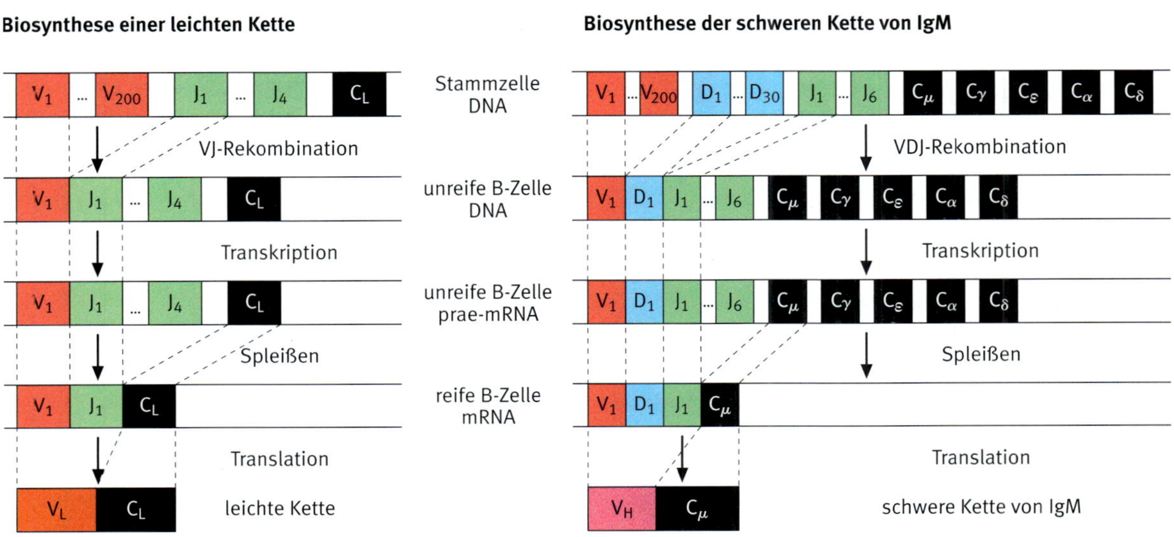

187.3 Biosynthese einer Immunglobulin-H- und L-Kette

ELISA-Test

Sachinformation: Der enzymgekoppelte Immunosorbens-Test, ELISA (engl. *enzyme-linked immunosorbent assay*), dient zum immunologischen Nachweis von Substanzen. Im Jahr 2002 betrug der weltweite Umsatz mit diagnostischen ELISA-Tests mehr als 20 Milliarden Euro. Im Praktikum soll das Pelargonium Flower Break Virus (PFBV) nachgewiesen werden, das bei Geranien, die zur Familie der Pelargonien gehören, die Blütenfarbe verfälscht. Etwa 25 % unserer Geranien sind mit diesem Virus infiziert. Der Test besteht aus drei wesentlichen Schritten:

1. Mit dem Antikörper Anti-PFBV, der an Plastikkämme gekoppelt ist, werden die Viren aus Blattextrakten herausgefischt.
2. Enzymmarkierte Anti-PFBV-Antikörper binden an die kammfixierten Viren.
3. Ein farbloses Substrat wird enzymatisch in ein blaues Produkt umgewandelt. Virusinfizierte Proben sind blau, nicht infizierte Proben farblos.

Material: Der Testkit, der von Steffens Biotechnische Analysen GmbH vertrieben wird, enthält in doppelter Menge: Kamm mit 12 antikörperbeschichteten Zinken, 3 Plastikstreifen mit je 12 Reaktionsnäpfen, 10 Extraktionsbeutel mit Baumwollgaze für die Blattproben, 12 Einwegpipetten, graduierte Einwegpipette, nicht graduierte Einwegpipette, fertiger Probenpuffer (50 ml), konzentriertes Konjugat (50 µl), Konjugatpuffer (2 ml), Substratlösung (2 ml).
Nicht im Kit enthalten sind: grüne Blätter von zehn verschiedenen Geranien, Schere, Homogenisator (zum Beispiel ein Pistill), Abfallbehälter.

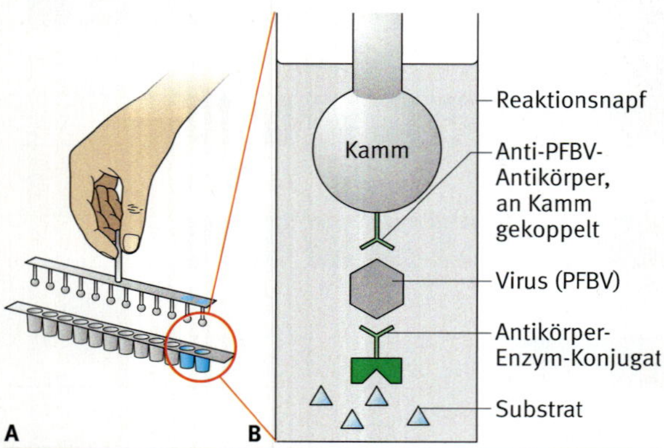

188.1 ELISA-Test. A Kamm und Streifen mit zwölf Reaktionsnäpfen; **B** Reaktionsschema

Durchführung: Alle Reagenzien werden auf Raumtemperatur gebracht. Die drei Plastikstreifen mit je zwölf Näpfen werden in den Pipettierständer gestellt.
A Probenvorbereitung: Ein ca. 15 cm^2 großes Blattstück wird zwischen die Baumwollgaze eines Extraktionsbeutels gelegt. Nach Zugabe von 5 ml Probenpuffer wird das Blattgewebe homogenisiert.
B Verteilung der Proben: Von jedem Extrakt werden drei Tropfen mit je einer neuen Einwegpipette von links nach rechts in jeweils einen Napf des Streifens verteilt. Näpfe Nr. 11 und 12 sind Kontrollen und werden nicht mit Proben befüllt. Die Herkunft der Proben wird notiert.
C Inkubation der Proben: Der Kamm wird so auf den Streifen gesetzt, dass sich die Kontrollen (roter und grüner Punkt auf dem Kamm) in den Näpfen Nr. 11 und 12 befinden. Der Ansatz wird für zehn Minuten inkubiert.
D Konjugatzugabe: Mit der nicht graduierten Einwegpipette wird das konzentrierte Antikörper-Enzym-Konjugat vollständig in den Konjugatpuffer übergeführt und gut durchmischt. Mit jeweils einer der zwölf Einwegpipetten werden drei Tropfen des verdünnten Konjugates in alle Näpfe, auch Nr. 11 und 12, eines zweiten Streifens pipettiert.
E Waschen des Kamms: Nach der Inkubation wird der Kamm aus dem Streifen mit den Blattproben entnommen und unter kaltem Leitungswasser für etwa 30 Sekunden schonend gewaschen. Noch anhaftendes Wasser wird kurz weggeschleudert.
F Inkubation mit Konjugat und Substratzugabe: Der Kamm wird auf den zweiten Streifen gesetzt und für zehn Minuten inkubiert. In dieser Zeit wird das konzentrierte Substrat mit der nicht-graduierten Pipette vollständig in das Fläschchen mit dem Konjugatpuffer übergeführt und gut durchmischt. Mit einer Einwegpipette werden je drei Tropfen dieser Substratlösung in alle Näpfe des dritten Streifens gegeben. Das Substrat ist lichtempfindlich und muss vor direktem Sonnenlicht geschützt werden.
G Inkubation mit Substrat: Der Kamm wird aus dem zweiten Streifen entnommen und gewaschen, wie unter E beschrieben. Der Kamm wird auf den dritten Streifen gesetzt und für zehn Minuten inkubiert.
H Auswertung: Der Kamm wird entnommen und der Test visuell oder mit dem Fotometer ausgewertet. Der Test hat funktioniert, wenn die positive Kontrolle intensiv blau gefärbt und die negative Kontrolle farblos ist. Eine deutlich blau gefärbte Probe bedeutet, dass das Blatt virusinfiziert war. Proben, die nicht stärker als die negative Kontrolle gefärbt sind, deuten auf keine Virusinfektion hin.

Aufgaben:

a) Nennen Sie die drei wesentlichen Schritte des ELISA und die dabei benötigten Reagenzien.

b) Proteine mit nur einem Epitop können mit diesem Test nicht nachgewiesen werden. Erklären Sie die Ursache.

3 Zelluläre Immunantwort

Die zelluläre Immunantwort erfolgt durch Killer-T-Zellen. Sie erkennen und zerstören virusinfizierte Körperzellen, Krebszellen oder Transplantate. Killer-T-Zellen zirkulieren primär als ruhende Zellen im Körper und müssen zuerst durch ein passendes Antigen aktiviert werden, bevor sie Zellen zerstören können. Aktivierend wirken Krebs auslösende Proteine oder Virusproteine, die von Krebszellen oder virusbefallenen Zellen gebildet und anschließend präsentiert werden.

Zu Beginn der Aktivierung wird das Antigen in der Tumorzelle oder virusinfizierten Zelle in Fragmente aus acht bis neun Aminosäuren zerlegt. Daran sind Enzyme beteiligt, die generell nicht mehr benötigte oder geschädigte Zellproteine abbauen (1). Diese Antigenfragmente werden von speziellen Molekülen, den MHC1-Proteinen, gebunden und auf der Oberfläche der Körperzelle den Helfer-T-Zellen dargeboten (2). Ruhende Killer-T-Zellen erkennen die präsentierten Antigenfragmente mithilfe ihrer Antigen-Rezeptoren, die T-Zell-Rezeptoren heißen. Der T-Zell-Rezeptor muss dabei beide Moleküle erkennen, das Antigenfragment und das MHC1-Molekül. Durch diesen Antigen-Erstkontakt werden die Killer-T-Zellen erst teilweise aktiviert (3). Die Helfer-T-Zellen geben lösliche Signalmoleküle ab, die Cytokine, die zu den Killer-T-Zellen diffundieren und dort von spezifischen Cytokin-Rezeptoren gebunden werden (4). Die Killer-T-Zellen teilen sich daraufhin etwa zehn Mal und differenzieren sich zu vollständig aktivierten Killer-T-Zellen (5). Durch einen erneuten Zellkontakt, an dem wiederum die T-Zell-Rezeptoren und die MHC1-präsentierten Antigenfragmente beteiligt sind, stellen die Killer-T-Zellen sicher, dass sie auch die richtigen Zellen, nämlich die Krebszellen oder virusbefallenen Körperzellen, attackieren (6). Die aktivierten Killer-T-Zellen lösen in den erkrankten Körperzellen den programmierten Zelltod, die Apoptose, aus (7).

Bei diesem Vorgang geben die Killer-T-Zellen Perforin-Proteine ab, die die Zellmembran der Krebszelle oder virusbefallenen Körperzellen perforieren (lat. durchlöchern). Granuläre Enzyme, die Granzyme, die ebenfalls von den Killer-T-Zellen stammen, dringen durch die Poren in die betroffene Körperzelle ein und aktivieren mehrere Enzyme, die die Zelle von innen her verdauen und den Zelltod verursachen. Ein kleiner Teil der aktivierten Killer-T-Zellen differenziert sich weiter zu Gedächtniszellen und steht für die erneute Zerstörung von erkrankten Körperzellen zur Verfügung.

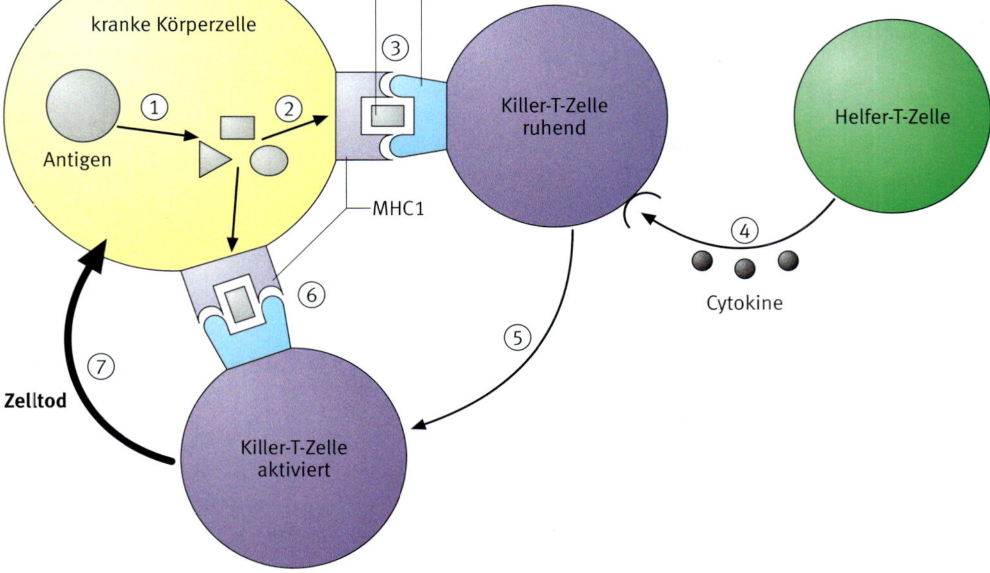

189.1 Die zelluläre Immunantwort

ETHIK

Organspende

Wer bekommt die gespendete Niere? Kann die Organvergabe manipuliert werden? Bekommt ein besonders Reicher schneller ein Organ? Solche Fragen werden in der Öffentlichkeit gerne diskutiert. Bedenken dieser Art scheinen jedoch unbegründet zu sein. Die Organvergabe erfolgt nach den strengen europäischen Richtlinien des **Transplantationsgesetzes.**
Nach der Bestimmung von Blutgruppe und Gewebetyp wird der Organempfänger bei der **Eurotransplant Foundation** in Leiden (NL) oder einer anderen anerkannten Organisation auf die Warteliste gesetzt. Eurotransplant ist die nach § 12 des Transplantationsgesetzes beauftragte Einrichtung für die Vermittlung von Organen im Eurotransplant-Bereich.
Ein Computer berechnet anhand von sechs Kriterien für jeden potenziellen Empfänger eine Punktzahl und erstellt eine Rangliste. Die Gewichtung der Auswahlkriterien wurde für Deutschland von der **Bundesärztekammer** festgelegt. Die sechs Kriterien sind:
1. Übereinstimmung in den HLA-Proteinen. Um einen langfristigen Transplantationserfolg zu erzielen, wird eine mindestens 50%ige Übereinstimmung zwischen Spender und Empfänger angestrebt (max. 400 Punkte, 40 % Gewichtung).
2. Wartezeit auf eine Spenderniere beginnend mit dem ersten Tag der Dialyse. Die Wartezeit hat eine hohe Priorität (50 Punkte pro Jahr ohne zeitliche Begrenzung, 30 % Gewichtung).
3. Konservierungszeit des Spenderorgans, in die die Entfernung zwischen Spender- und Empfängerklinik eingeht. Eine möglichst kurze Konservierungs- und Transportzeit wird angestrebt (max. 200 Punkte, 20 % Gewichtung).
4. Wahrscheinlichkeit, dass dem Patienten jemals ein Organ angeboten wird, das in den Gewebemerkmalen weitgehend übereinstimmt. Die errechnete Wahrscheinlichkeit berücksichtigt die unterschiedliche Häufigkeit von Gewebemerkmalen in der Bevölkerung (max. 100 Punkte, 10 % Gewichtung).
5. Import-/Export-Bilanz zwischen den beteiligten Nationen (max. 200 Punkte)
6. Diejenigen Nierenempfänger, bei denen ein längeres Warten lebensbedrohlich wäre, erhalten 300 Extrapunkte.

Der Patient mit der höchsten Punktzahl bekommt das Organ. Eurotransplant benachrichtigt das Transplantationszentrum, das keinen Einfluss auf die Empfängerauswahl hat.

MOLEKULARBIOLOGIE

Der MHC bestimmt das immunologische „Ich“

Mehrere Gene und Proteine legen das „Ich“ immunologisch fest. Die Gene gehören zum MHC. Die Proteine sind die MHC-Proteine, die beim Menschen **HLA** heißen (engl. ***h**uman **l**eucocyte **a**ntigen*). Es gibt MHC-1- und MHC-2-Proteine, die durch die Gene A, B und C bzw. DP, DQ und DR codiert werden. Für jedes dieser Gene gibt es bis zu 500 Allele. Da MHC-Allele codominant exprimiert werden, verfügt jeder Mensch über sechs väterliche und sechs mütterliche MHC-Allele. Jeder Mensch hat wahrscheinlich sein eigenes MHC-Profil. In jeder Körperzelle werden etwa 25 000 verschiedene MHC-Varianten exprimiert und auf jeder Körperzelle sind etwa 300 000 MHC-Proteine vorhanden. Jedes MHC-Protein kann mindestens 1000 verschiedene Antigenfragmente präsentieren. So kann jede Person mit ihrem MHC-Profil ein individuelles Spektrum von etwa 25 Millionen verschiedenen Antigenfragmenten präsentieren. Welche biologische Bedeutung hat die Vielzahl an Allelen und die Variabilität der individuellen Antigenerkennung? Das Überleben einer Population hängt davon ab, dass sich die Individuen in ihren MHC-Varianten unterscheiden und insgesamt möglichst viele Antigene erkennen. Kämen nur wenige MHC-Varianten vor, könnte sich ein Erreger in der Population unerkannt ausbreiten und sie eventuell auslöschen.

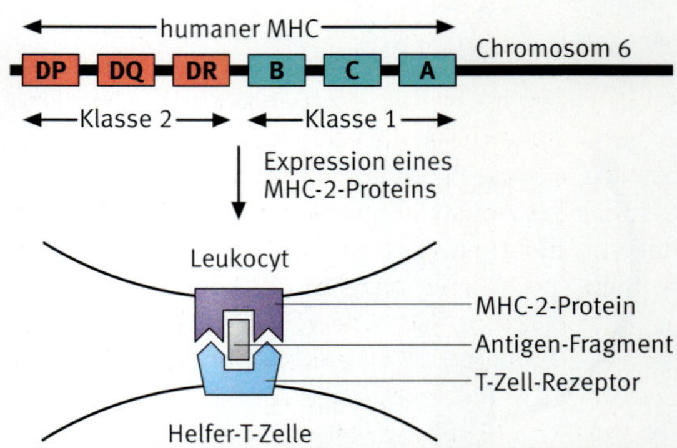

190.1 Das MHC-2-Protein präsentiert ein Antigenfragment, das vom T-Zell-Rezeptor erkannt wird

Organtransplantation

Heutzutage können Niere, Leber, Herz, Pankreas, Lunge, Haut, Knochenmark, Augenhornhaut, Knochen, Hirnhaut, Gehörknöchelchen und Zähne übertragen werden. Bis zum Jahr 2002 wurden weltweit mehr als 700 000 Organe transplantiert, in Deutschland in 34 Transplantationszentren etwas über 60 000. Die Organe stammen von lebenden oder toten Spendern. In Deutschland ist die Lebendspende unter Ehepartnern, Verlobten, langjährigen Lebenspartnern und Verwandten bis zum zweiten Grad erlaubt. Der Anteil an Lebendspenden für Nieren liegt bei knapp 20 %. Bei der Lebendspende sind nach fünf Jahren noch etwa 80 % der Nieren funktionsfähig, bei der Totspende noch etwa 60 %.

Vor der Organentnahme aus einem toten Spender muss dessen klinischer Tod von zwei unabhängigen Ärzteteams mit zwei verschiedenen Methoden festgestellt worden sein. Überprüft werden Reflexe, die Spontanatmung, Gehirnströme und Gehirndurchblutung. Weiterhin muss die Einwilligung zur Explantation vorliegen, entweder durch einen Organspendeausweis oder die Zustimmung von Verwandten. Die explantierten Organe werden in Eis gelagert und mit einer Nährlösung versorgt. Eine explantierte Niere kann maximal 72 Stunden aufbewahrt werden, eine Leber 18 Stunden und Herz oder Lunge sechs Stunden. Eine Nierentransplantation ist mit 40 000 Euro und jährlichen Folgekosten von 8000 Euro deutlich günstiger als die Behandlung eines Dialysepatienten, die jährlich 40 000 Euro kostet.

Der Transplantationserfolg wird maßgeblich durch die Gewebemerkmale bestimmt. Bei einer kompletten HLA-Übereinstimmung sind nach zehn Jahren etwa 20 % mehr Organe intakt als bei einer teilweisen Übereinstimmung. Der Hauptgrund für das Versagen des implantierten Organs sind Abstoßungsreaktionen, die bei Transplantationen zwischen genetisch unterschiedlichen Individuen auftreten. Ausnahmen sind Augenhornhaut, Knochen und Zähne, bei denen aufgrund einer geringen Durchblutung das Immunsystem mit den Antigenen nur einen minimalen Kontakt hat und nicht aktiviert wird. Abstoßungsreaktionen werden durch Makrophagen, Antikörper und Killerzellen verursacht. Die Abstoßung wird mit Medikamenten behandelt, die Immunzellen hemmen oder zerstören. Die transplantierten Patienten müssen dauerhaft solche Medikamente einnehmen. Diese haben jedoch beträchtliche Nebenwirkungen und erhöhen unter anderem das Risiko für Infektionen und Krebs.

Erste Herzverpflanzung beim Menschen geglückt

KAPSTADT, 3. Dezember (UPI). Die erste erfolgreiche Herztransplantation der Welt ist am frühen Morgen im Kapstädter Groote-Schuur-Krankenhaus ausgeführt worden. Der 55-jährige Patient Louis Washkannsky sei in guter Verfassung. Das gespendete Herz stammte von der 25-jährigen Deenise Ann Darvall, die wenige Stunden zuvor bei einem Autounfall tödlich verunglückt war. Die Operation wurde von einem dreißigköpfigen Ärzte-Team unter Leitung des Chirurgen Christiaan Barnard durchgeführt.

(aus Frankfurter Rundschau vom 04. 12. 1967)

Aufgrund eines permanenten Organmangels beträgt die Wartezeit für ein Organ etwa fünf bis sieben Jahre. Ein möglicher Ausweg bestünde darin, Organe von Schweinen oder Primaten zu verwenden. Die zu erwartenden Abstoßungsreaktionen könnten durch geklonte, transgene Tiere vermieden werden. Durch den Transfer menschlicher Gene werden die tierischen Proteine, die die Abstoßung auslösen, durch analoge Humanproteine ersetzt. Ein noch unbekanntes Risiko stellen die in den Organen vorhandenen tierischen Viren dar, die im Menschen unter anderem auch Krebs auslösen könnten. Eine andere Möglichkeit wäre die Züchtung eines kompletten Organs aus adulten Stammzellen, die Vorläuferzellen für Gewebe und Organe sind und die zum Teil auch schon gefunden wurden. Große Probleme bereitet noch die Gewinnung ausreichender Mengen dieser Zellen, ihre Langzeitzüchtung und ihre Differenzierung zu einem funktionierenden Organ.

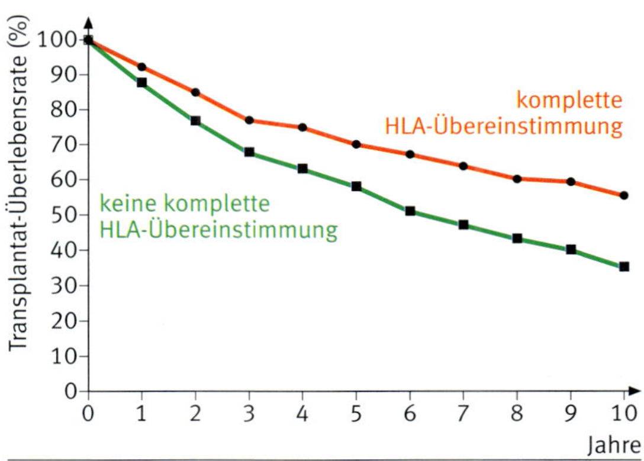

191.1 Die HLA-Übereinstimmung beeinflusst den Transplantationserfolg

MEDIZIN

4 Impfung

Impfungen heißen auch Vakzinierungen und Impfstoffe heißen **Vakzine.** Werden Antikörper injiziert, die aus immunisierten Tieren oder Menschen stammen, spricht man von einer **passiven Impfung.** Diese Antikörper werden gegeben, wenn eigene schützende Antikörper fehlen, aber schnell benötigt werden, beispielsweise nach einem Schlangenbiss. Die injizierten Antikörper werden jedoch abgebaut, sodass tierische Antikörper nur etwa drei Wochen und menschliche Antikörper etwa drei Monate schützend wirken.
Bei der **aktiven Impfung** werden Antigene verabreicht. Die Impfstoffe bewirken die Bildung von IgM- und IgG-Antikörpern sowie immunologischen **Gedächtniszellen.** Diese sitzen in den Lymphknoten und im Knochenmark und haben eine Lebensspanne von mehreren Jahren. Gelangt später der Krankheitserreger in den Körper, aktiviert er die Gedächtniszellen, die bereits nach wenigen Stunden große Antikörpermengen gegen den Erreger bilden.

192.1 Dauer der Wirksamkeit von Impfungen

Impfung gegen	Wirksamkeit	Impfstoff-Typ
Diphtherie	5–10 Jahre	Totimpfstoff
FSME	1–3 Jahre	Totimpfstoff
Hepatitis B	1–3 Jahre	Totimpfstoff
Masern	› 10 Jahre	Lebendimpfstoff
Mumps	› 10 Jahre	Lebendimpfstoff
Keuchhusten	› 2 Jahre	Totimpfstoff
Kinderlähmung	8–10 Jahre	Tot-/Lebendimpfstoff
Röteln	8–15 Jahre	Lebendimpfstoff
Tetanus	› 10 Jahre	Totimpfstoff
Tollwut	1–3 Jahre	Totimpfstoff

Es gibt Lebend- und Totimpfstoffe. Lebendimpfstoffe enthalten vermehrungsfähige Erreger, die jedoch durch Züchtung abgeschwächt oder durch gentechnische Methoden ihrer krankheitsverursachenden Gene beraubt wurden. Diese Erreger verbleiben für viele Jahre im Körper und garantieren durch die ständige Aktivierung des Immunsystems den Nachschub an neuen Gedächtniszellen.

Totimpfstoffe, die abgetötete Erreger, Erreger-Extrakte, Proteine oder entgiftete Bakterientoxine enthalten, aktivieren das Immunsystem und die Gedächtsniszellbildung jedoch nur einmal, sodass Impfungen mehrfach durchgeführt und nach wenigen Jahren wiederholt werden müssen. Moderne Impfstoffe enthalten mehrere Erreger wie der Impfstoff *Pentavac* gegen Diphtherie, Tetanus, Hirnhautentzündung, Keuchhusten und Kinderlähmung.

Impfstoffe werden injiziert, als Nasenspray verabreicht oder geschluckt. Bei der Schleimhaut-Impfung wird das Antigen verspeist. Es aktiviert im Schleimhautbereich des Mundes und Verdauungstraktes das Immunsystem. Als Impfstoffe dienen transgene Pflanzen, die das gewünschte Antigen bilden. Essbare Impfstoffe aus Kartoffeln, Karotten oder Bananen wurden bei Mensch und Tier bereits erfolgreich gegen Bakterien und Viren eingesetzt.

192.2 Bildung und Aktivierung von Gedächtniszellen

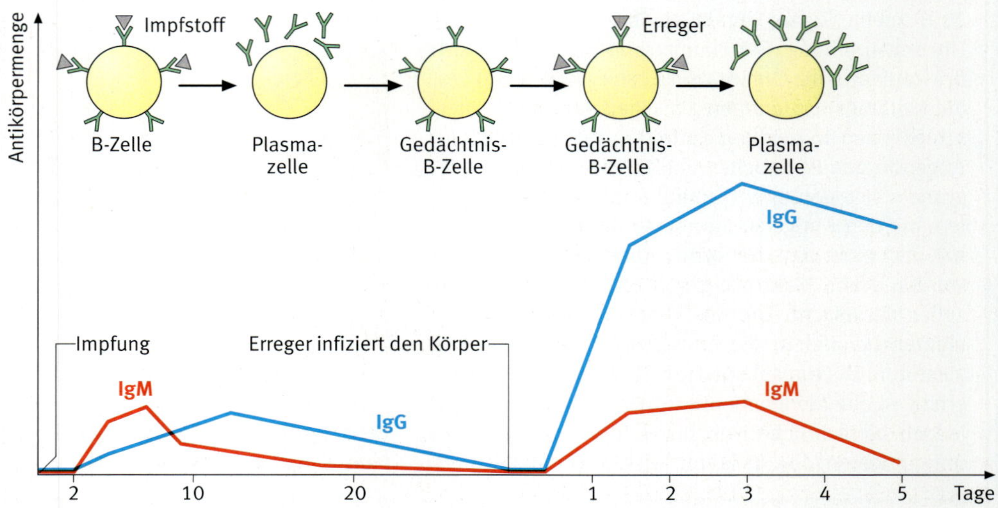

5 Allergien und Autoimmunkrankheiten

Heuschnupfen ist eine der häufigsten **Allergien.** Jeder dritte Bundesbürger ist bereits Allergiker. Ursachen für die Zunahme von Allergien sind die Schwächung des Immunsystems durch beispielsweise übertriebene Hygiene, Umweltfaktoren und Stress.

Bei Allergien binden spezielle Granulozyten, die Mastzellen, an IgE-Antikörper. Mastzellen kommen überall im Körper vor. Nach der Bindung der IgE-Antikörper setzen die Mastzellen **Histamin** frei. Histamin lockt Granulocyten an, die zu den an Mastzellen gebundenen Allergenen wandern, um sie aufzufressen. Die Wanderung wird noch dadurch begünstigt, dass das Histamin Blutgefäße erweitert und durchlässiger macht. So entstehen die allergischen Symptome wie Schwellung, Rötung und Quaddeln. Der Juckreiz beruht auf einer unspezifischen Reizung von Nervenzellen durch Entzündungsfaktoren. Die Granulocyten sterben bei der Aufnahme der Allergene teilweise ab und setzen dabei Radikale und Enzyme frei, die das umliegende Gewebe schädigen. Das Immunsystem hat überreagiert und nicht nur das Allergen sondern auch eigenes Gewebe attackiert. Allergien sind fehlgeleitete Immunreaktionen.

Die biologische Bedeutung der IgE-induzierten Reaktionen ist die Zerstörung von Parasiten durch die freigesetzten Radikale und Enzyme. Parasiten, besonders Wurmparasiten, sind jedoch aufgrund unserer hygienischen Lebensweise nicht mehr im Körper vorhanden. Das IgE-System ist „arbeitslos".

Allergien werden mit Medikamenten, zum Beispiel **Antihistaminika,** und der **Desensibilisierung** behandelt. Antihistaminika verdrängen kompetitiv das Histamin von den Histamin-Rezeptoren an den Gefäßwänden und der Muskulatur. Bei der Desensibilisierung wird das Allergen in definierten Mengen und Zeiten über etwa drei Jahre injiziert, was zur Bildung von IgG-Antikörpern führt. Diese sollen das Allergen abfangen, bevor es an Mastzellen gebunden wird.

Beim Menschen sind etwa 80 verschiedene **Autoimmunkrankheiten** bekannt. Etwa 20 Prozent der Bevölkerung leiden daran. Autoimmunreaktionen zerstören körpereigenes Gewebe oder beeinflussen deren Funktion. Daran sind Antikörper beteiligt, wie bei der Arthritis, oder Killer-T-Zellen, wie beim Diabetes Typ 1.
Mehrere Immunmechanismen garantieren, dass das Immunsystem den eigenen Körper nicht angreift. So werden Immunzellen, die den Körper attackieren könnten, gezielt aussortiert. Autoimmunkrankheiten treten auf, wenn diese Toleranzmechanismen versagen. Genetische und hormonelle Faktoren sollen ebenso beteiligt sein wie Infektionen oder psychische Einflüsse.

Autoimmunkrankheiten werden mit immunschwächenden Medikamenten behandelt, die die Reaktion gegen körpereigene Proteine reduzieren sollen. Eine Hormontherapie mit Insulin, Schilddrüsenhormonen oder Cortison wird durchgeführt, wenn Hormondrüsen wie die Inselzellen, die Schilddrüse oder die Nebennierenrinde durch die Autoimmunreaktionen angegriffen wurden. Schädigende Antikörper können auch durch eine Blutwäsche an Antikörper-Adsorbern entfernt werden. Eine zukünftige Therapie basiert auf der Gentherapie, bei der Immunzellen durch das Einbringen von Apoptose-Genen selektiv zerstört werden sollen.

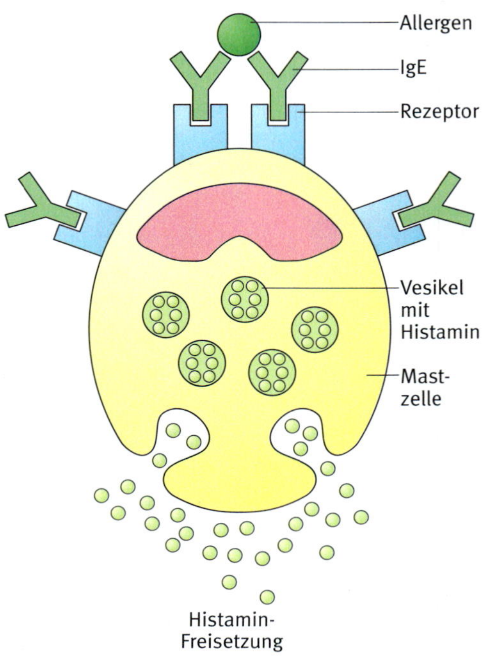

193.1 Auslösung der Allergie

MEDIZIN

Diabetes – immunologische Aspekte

Bei Diabetes, der Zuckerkrankheit, ist der Blutzuckerspiegel krankhaft erhöht. Der Normalwert für den Nüchternblutzucker liegt zwischen 60 und 100 mg/dl Blut. Diabetes liegt ab 180 mg/dl vor. Dieser Wert heißt Nierenschwelle, da über diesen Wert Glucose in den Urin ausgeschieden wird, der süßlich schmeckt. Daher stammt die Bezeichnung **Diabetes mellitus** (lat. honigsüßer Durchfluss). Der Blutzuckergehalt wird durch Insulin reguliert, das von den **Inselzellen** der Bauchspeicheldrüse gebildet wird. Es vermittelt den Transport von Glucose aus dem Blut in Zellen hinein.

Man unterscheidet Diabetes Typ 1 und Typ 2 sowie Schwangerschafts-Diabetes. An **Diabetes Typ 1,** der auch jugendlicher Diabetes heißt, leiden in Deutschland etwa 300 000 Personen. Diabetes Typ 1 ist eine Autoimmunkrankheit, bei der Killer-T-Zellen die eigenen Inselzellen zerstören. Die Krankheit tritt plötzlich auf, wenn etwa 90 Prozent der Inselzellen zerstört sind. Die Ursache der Autoimmunreaktion ist noch unbekannt. Die Veranlagung zum Diabetes Typ 1 ist erblich, mehrere Gene sind daran beteiligt. **Diabetes Typ 2,** der früher Alters-Diabetes hieß, wird hauptsächlich durch Übergewicht, Bewegungsmangel und falsche Ernährung ausgelöst. Die Veranlagung zum Diabetes Typ 2 ist auch erblich. In Deutschland gibt es etwa fünf Millionen Typ 2-Diabetiker. Man unterscheidet zwischen dem Typ 2a und 2b. Typ 2a-Diabetiker sind normalgewichtig und die Insulinsekretion nimmt langsam ab. Typ 2b-Diabetiker sind übergewichtig und das körpereigene Insulin wirkt nur unzureichend, was auf einer verringerten Menge an Insulinrezeptoren oder einer verminderten Insulinbindung an die Rezeptoren beruht.

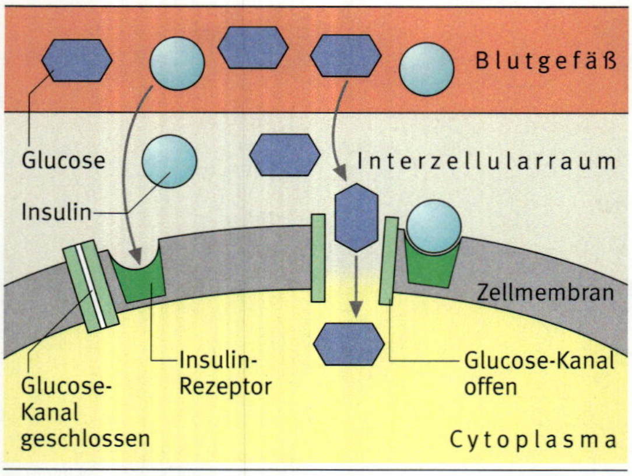

194.1 Insulin öffnet den Glucose-Kanal

Schwangerschafts-Diabetes tritt bei etwa vier Prozent der Schwangeren ab der 28. Schwangerschaftswoche auf, ist meistens durch gesunde Ernährung kontrollierbar und verschwindet nach der Geburt.

Unbehandelter Diabetes führt zu Sehstörungen, Nierenversagen, Nervenleiden, Herzinfarkt, Schlaganfall und Mangeldurchblutung der Beine. Die gemeinsame Ursache dieser Krankheiten ist das Absterben von Blutgefäßen durch die Ablagerung von Glucosemolekülen an der Gefäßinnenseite. Organe und Gewebe werden nicht mehr ausreichend mit Blut versorgt und sind krankhaft verändert. Diabetes ist die häufigste Ursache für Nierenversagen. Der Körper reagiert auf das Absterben der Blutgefäße mit einer unkontrollierten Gefäßneubildung. Dadurch wird im Auge die Netzhaut geschädigt, was bei 85 Prozent der Diabetiker zu Sehproblemen und allein in Deutschland zu 6500 Erblindungen pro Jahr führt.

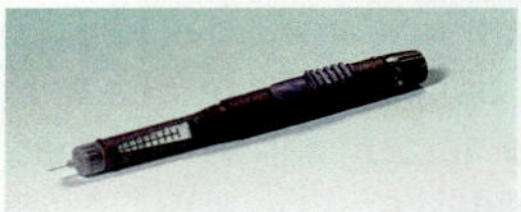

Diabetes Typ 1 wird durch die tägliche Injektion von **rekombinantem Human-Insulin** behandelt. Dies erfolgt zum Beispiel mit einem Insulin-Pen, dessen Insulin-Menge für etwa 14 Tage ausreicht. Eine Alternative ist die ständig am Körper getragene Insulin-Pumpe, die das Insulin in die Haut oder in die Bauchhöhle injiziert. Die Pumpe wird individuell auf den Grundbedarf an Insulin und die Tageszeit programmiert.

Diabetes Typ 2 wird vorwiegend durch eine gesunde Ernährung, Gewichtsreduktion und ausreichend Sport behandelt. Unterstützend werden noch Insulin oder andere Medikamente gegeben. Diese verzögern die Zuckerresorption im Darm, erleichtern den Zuckertransport in Zellen, steigern die Insulinwirkung oder verstärken die Insulinausschüttung. Eine weitere Behandlung ist die Transplantation der Bauchspeicheldrüse. In 85 Prozent der Fälle wird sie zusammen mit einer Niere transplantiert, die bei vielen Diabetikern geschädigt ist. Als Alternative werden Inselzellen, die aus Spenderorganen stammen, in die Leber injiziert, wo sie weiterhin Insulin bilden. Noch im Versuchsstadium befinden sich poröse Kapseln, in die menschliche Inselzellen eingeschlossen und in den Diabetiker implantiert werden. Die Poren der Kapseln sind so bemessen, dass Immunzellen nicht durchtreten und die Inselzellen angreifen könnten, dass jedoch das gebildete Insulin in den Körper gelangen kann.

6 Aids – eine Immunschwäche-Krankheit

Aids ist die Abkürzung für ***a**cquired **i**mmuno**d**eficiency **s**yndrome,*** zu deutsch: erworbene Immunschwäche, die erstmals 1981 in den USA auftrat. Der Auslöser ist das humane Immundefekt-Virus **HIV** *(**h**uman **i**mmunodeficiency **v**irus)*, das 1983 identifiziert wurde.

Wahrscheinlich war HIV ursprünglich ein Affen-Virus, das zuerst in Afrika auf noch ungeklärte Weise auf den Menschen übertragen wurde. Das Virus wird durch infizierte Körperflüssigkeiten wie Blut, Sperma, Scheidensekret und Lymphe übertragen, die in Blut- oder Lymphbahnen einer anderen Person gelangen. Etwa 30 Prozent der infizierten Mütter übertragen das Virus während der Geburt auf das noch ungeborene Kind.

HIV infiziert Zellen, die als Virusrezeptor das CD4-Protein tragen. Es kommt in hoher Dichte in der Zellmembran von Helfer-T-Zellen und Makrophagen und in geringerer Dichte auf Nerven- und Epithelzellen vor. So werden bevorzugt Helfer-T-Zellen und Makrophagen infiziert. Die Infektion beginnt mit der Bindung des Virusproteins gp120 an das CD4-Protein. Andere Proteine in der Membran von Makrophagen und Helfer-T-Zellen sowie das Virusprotein gp41 sind ebenfalls am Infektionsvorgang beteiligt, der zu einer Fusion von Virus- und Zellmembran führt. Dabei werden das virale RNA-Genom und die drei Enzyme reverse Transkriptase, Integrase und Protease in die Körperzelle eingeschleust. In der Zelle wird die einzelsträngige Virus-RNA von der viruseigenen reversen Transkriptase zuerst in einzelsträngige und dann in doppelsträngige DNA zurückübersetzt. HIV gehört deshalb zu den Retroviren (lat. *retro,* rückwärts).
Die viruseigene Integrase baut die Virus-DNA in die menschliche DNA ein. Der Infektionsprozess dauert etwa zwölf Stunden. Bei der Virusneubildung wird die DNA in RNA transkribiert, die einerseits das neue Virus-Genom darstellt und andererseits in die verschiedenen Virusproteine translatiert wird. Das Translationsprodukt ist ein zusammenhängendes Vorläuferprotein, aus dem die viruseigene Protease die verschiedenen Virusproteine herausschneidet. Die einzelnen Viruskomponenten formieren sich in der Zelle zu neuen Viren, die sich in Form von Knospen von der Zellmembran abschnüren und neue Zellen infizieren können.

Aids führt zu zwei verschiedenen Krankheitsbildern, einer Immunschwäche, die ein erhöhtes Krebs- und Infektionsrisiko beinhaltet, und Nervenerkrankungen, wie beispielsweise ein gestörtes Gedächtnis und psychische Störungen. An letzteren Symptomen leiden etwa 60 Prozent der Aids-Patienten. Dabei werden die Nervenzellen durch HIV zerstört, die von infizierten Makrophagen ins Gehirn transportiert werden. Die Makrophagen sind in der Lage, die ansonsten virusdichte Blut-Hirn-Schranke zu durchwandern.

STECKBRIEF

Struktur des HIV

Im Elektromikroskop erscheint HIV als kugeliges Partikel mit einem Durchmesser von 100 Nanometern. Auf seiner äußeren Lipid-Membran befinden sich die knöpfchenförmigen Glycoproteine gp120 mit einer Molekülmasse von 120 000 Dalton. Die Knöpfchen sitzen auf dem Glycoprotein gp41, das in der Lipid-Membran verankert ist. Unter der Virushülle liegt die aus p17 Proteinen bestehende Matrix, in die das kegelförmige Capsid eingebettet ist, das aus p24 Proteinen aufgebaut ist. Das Capsid enthält die drei Enzyme reverse Transkriptase, Integrase und Protease und umschließt die RNA-Moleküle, die je 9181 Nucleotide lang sind und mit den beiden Proteinen p6 und p7 assoziiert sind.

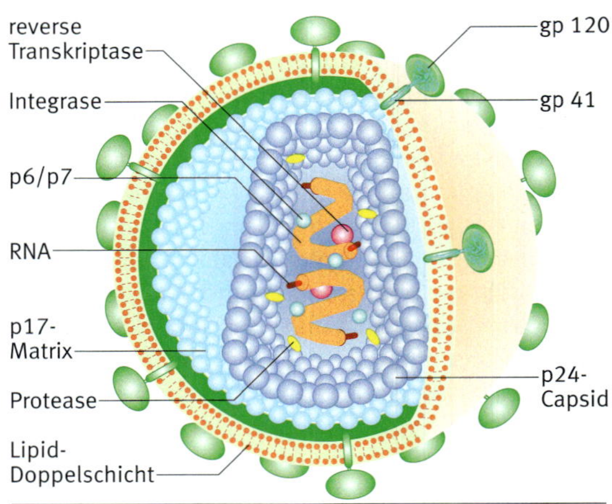

Bau des HIV

Die Immunschwäche ist die Folge der massiven Zerstörung von Helfer-T-Zellen. Daran sind drei verschiedene Prozesse beteiligt, die direkte Zellzerstörung durch das Virus, der Zelltod durch Apoptose auslösende Virusproteine und Autoimmunreaktionen. Diese treten ein, wenn im Blut zirkulierende gp120-Proteine, die von infizierten Zellen stammen, an die CD4-Proteine von Helfer-T-Zellen binden. An diese gp120-Moleküle lagern sich Anti-gp120-Antikörper an, die das Immunsystem gegen das fremde Virusprotein gebildet hat. Der dabei entstandene Antigen-Antikörper-Komplex aktiviert Immunreaktionen, die Helfer-T-Zellen zerstören. Das Immunsystem hat eigene Helfer-T-Zellen vernichtet, eine typische Autoimmunreaktion. Bemerkenswert ist, dass hierbei Helfer-T-Zellen ohne Mitwirkung des HIV zerstört werden.

Aids-Patienten sterben häufig an Krebs und Infektionen. Dazu zählen massive Entzündungen von Lunge, Gehirn, Hirnhäuten, Schleimhäuten und Speiseröhre. Das geschwächte Immunsystem ist nicht mehr in der Lage, die Krebszellen und Infektionserreger erfolgreich zu bekämpfen. Infektionen, die ein intaktes Immunsystem abwehren kann, nicht aber ein geschwächtes, heißen opportunistische Infektionen. Die entsprechenden opportunistischen Erreger nutzen die Immunschwäche des Patienten aus. Zu solchen Erregern zählen Viren, Bakterien, Pilze und Protozoen.

MEDIZIN

Medikamente gegen Aids

Die zurzeit eingesetzten Medikamente hemmen in der infizierten Zelle die reverse Transkription, die reverse Transkriptase, die virale Protease oder die Fusion des Virus mit der Zellmembran. Am besten wirkt eine Kombination verschiedener Medikamente. Diese Strategie wird HAART (hoch aktive antiretrovirale Therapie) genannt. Die Hemmstoffe der reversen Transkription sind chemisch modifizierte Nucleotide, die von der reversen Transkriptase an Stelle der natürlichen Nucleotide in die DNA eingebaut werden. Die Modifizierung verhindert das Anfügen des nächsten Nucleotids, sodass die Synthese der viralen DNA gestoppt wird. Auf diese Weise wirkt das erste für die Aids-Therapie 1987 zugelassene und immer noch verwendete Medikament AZT (Azidothymidin). Das Hauptproblem der Therapie ist die Resistenzentwicklung innerhalb weniger Wochen bis Monate. Resistenzen sind die Folge der fehlerhaften Synthesereaktion der reversen Transkriptase, was zur Bildung von veränderten viralen Enzymen führt. Abhilfe ist durch die Kombination mehrerer Medikamente mit verschiedenen Wirkprinzipien möglich. Jede fünfte neu infizierte Person wird von bereits resistenten Viren infiziert. Ein weiteres Problem ist das Überdauern von HIV in langlebigen Zellen wie Gedächtniszellen und Gehirnzellen, die medikamentös nur schwer zu erfassen sind. Künftige Medikamente sollen die Infektion der Zelle blockieren.
Mit Hochdruck wird an einem Impfstoff gearbeitet. Das Hauptproblem ist die hohe Variabilität des Virus, die durch die fehlerhafte Synthesereaktion der reversen Transkriptase bedingt ist. Zurzeit sind über 4000 unterschiedliche Virus-Varianten bekannt. Ein weiteres Problem besteht in der direkten Überprüfung des Impferfolges. Dazu müsste man Menschen absichtlich mit HIV infizieren, was aus ethischen Gründen nicht möglich ist. So werden nach der Impfung von Freiwilligen nur Immunreaktionen bestimmt, beispielsweise die Bildung von Anti-HIV-Antikörpern oder Killerzellen.

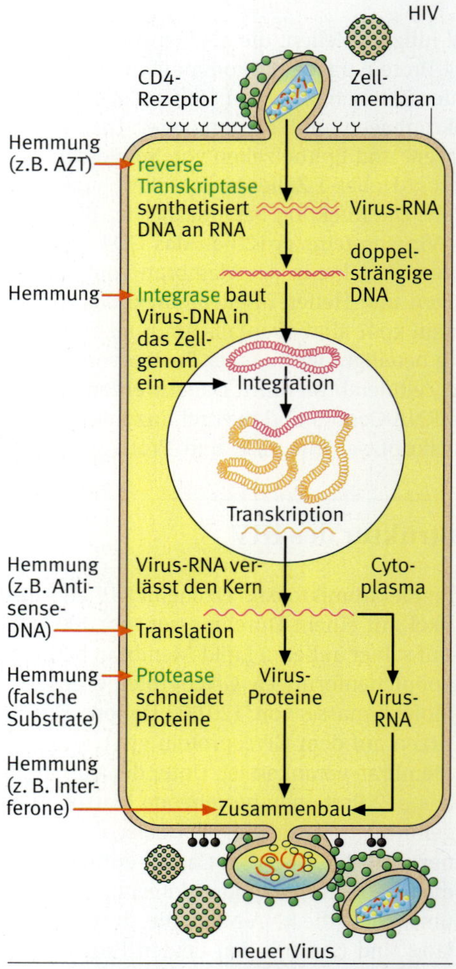

196.1 Vermehrung und Bekämpfung des HIV

Immunbiologie

1 Gegeben sind folgende Zelltypen und Zellprodukte:

Granulocyten	Makrophagen
Lymphocyten	Hautzellen
Erythrocyten	Antikörper
Killer-T-Zellen	Helfer-T-Zellen
Thrombocyten	Plasmazellen
B-Zellen	Natürliche Killerzellen
T-Zellen	Gedächtniszellen
Monocyten	

a) Welche der oben genannten Zelltypen gehören zu den Leukocyten?
b) Welche Zelltypen oder Moleküle gehören zur passiven Abwehr, unspezifischen Abwehr oder spezifischen Immunabwehr?
c) Welche Zelltypen gehören zu den Fresszellen?
d) Welche Zelltypen gehören zu den Lymphocyten?

2 Herz, Haut oder Niere tragen MHC-Proteine in annähernd gleicher Anzahl. Folgende Transplantationen werden durchgeführt:
A. Nierentransplantationen unter Ehepartnern
B. Herztransplantation vom Affen auf den Menschen
C. Nierentransplantation von Mutter zu Kind
D. Nierentransplantation unter zweieiigen Zwillingen
E. Hauttransplantation innerhalb einer Person

a) Ordnen Sie die Transplantationen nach zunehmender Intensität der zu erwartenden Abstoßungsreaktionen an.
b) Begründen Sie jeweils Ihre Entscheidung.

3 Um nach Organtransplantationen die Abstoßungsreaktionen zu unterdrücken, erhält der Organempfänger Medikamente, die folgende Wirkprinzipien haben:
Medikament 1: Hemmung der Zellteilung
Medikament 2: Zerstörung von T-Zellen
Medikament 3: Hemmung der T-Zell-Aktivierung

a) Welche Nebenwirkungen werden bei jedem der drei genannten Medikamente auftreten?
b) Welches Medikament wird die stärkste Nebenwirkung zeigen, welches die schwächste?
c) Erklären Sie für jedes der drei Medikamente, warum es sich für die Unterdrückung von Abstoßungsreaktionen eignet und worauf die Unterdrückung der Abstoßungsreaktion beruht.

4 Bei der passiven Impfung werden Antikörper injiziert, die zu einem im Körper vorhandenen Antigen passen.

a) Welchen Vorteil hat die passive Impfung im Vergleich zur aktiven Impfung?
b) Welchen Nachteil hat die passive Impfung?

5 Viren können in Blut und Lymphe als freie Partikel zirkulieren oder nach der Infektion in Zellen vorkommen, sowohl als komplette Viren als auch in Form einzelner Proteine und viraler Nucleinsäuren. Das Immunsystem bekämpft Viren mit Fresszellen, Antikörpern, Killer-T-Zellen und natürlichen Killerzellen.

a) Womit bekämpft der Körper die freien Viruspartikel?
b) Womit bekämpft der Körper virusinfizierte Zellen?
c) Eine Krankenschwester hat sich bei der Betreuung eines HIV-Patienten mit einer infizierten Kanüle gestochen. Warum kann die Krankenschwester nicht mit einer passiven Impfung vor einer HIV-Infektion geschützt werden?

6 HIV-infizierte Körperzellen bilden ständig neue Virusproteine und komplette Viruspartikel, die das Immunsystem aktivieren. So können im Blut HIV-positiver Personen sowohl Anti-HIV-Antikörper als auch HIV-Proteine mit ELISA-Tests routinemäßig nachgewiesen werden.

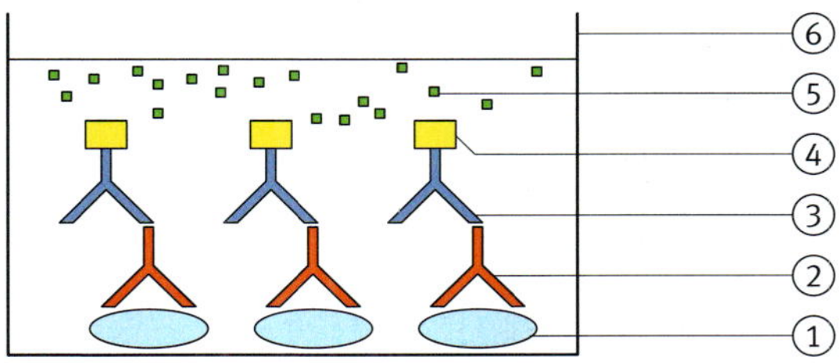

a) Benennen Sie die Komponenten 1 bis 6 eines ELISA-Tests zum Nachweis von Anti-HIV-Antikörpern.
b) Entwerfen Sie selbst einen ELISA-Test, mit dem HIV-Proteine im Serum HIV-positiver Personen nachgewiesen werden können. Benennen Sie die einzelnen Komponenten des ELISA.
c) HIV kann seine Proteine stark verändern. Welche Probleme ergeben sich daraus für diese ELISA-Tests, besonders bei Verwendung monoklonaler Antikörper?

7 Entzündungsreaktionen sind mit den oft unangenehm empfundenen Symptomen wie Rötung, Schwellung, Schmerz und Temperaturerhöhung verbunden. Sie sind Wissenschaftler und haben ein neues Medikament entwickelt, das diese Symptome wirkungsvoll unterdrücken kann.

a) Kann dieses Medikament sinnvoll eingesetzt werden?
b) Begründen Sie Ihre Entscheidung anhand der immunbiologischen Vorgänge bei der Entzündungsreaktion.

Glossar

AB0-System: die Blutgruppen A, B, AB und 0

additive Polygenie: Auswirkungen mehrerer → Gene addieren sich bei Ausbildung eines → Merkmals

Agar: agarosehaltiges Polysaccharid aus Rotalgen, das → Nährmedien erstarren lässt

Aids (engl. *acquired immuno-deficiency syndrome*): erworbene Immunschwäche, wird durch → HIV verursacht

aktive Immunisierung: Impfstoffe bewirken die Bildung von → Gedächtniszellen

Allel: verschiedene Zustandsformen eines → Gens

Amniozentese: Entnahme von Fruchtwasser zur → pränatalen Diagnostik

Antibiotikum: Stoff, der das Wachstum von → Bakterien hemmt

Anticodon: das Nucleotidtriplett in einem → tRNA-Molekül, das zu einem Codon in der → mRNA komplementär ist

Antigen: eine immunaktivierende Substanz, meistens ein Protein

Antikörper: lösliche Blutproteine, die → Antigene spezifisch binden

antisense-RNA: → RNA, die → komplementär zu einem bestimmten RNA-Stück ist und durch Anlagerung dessen → Translation verhindert

Archäen, Archaebakterien: eigenständige Gruppe der → Prokaryoten, lebt meist an extremen Standorten

Art: systematische Kategorie; Individuen, die unter natürlichen Lebensbedingungen fruchtbare Nachkommen zeugen

Autoklavieren: Methode zur → Sterilisation von → Nährmedien im Dampfdrucktopf bei Überdruck und mindestens 121 °C

Autoradiografie: Nachweis radioaktiv markierter Stoffe durch Schwärzung eines Röntgenfilms

Autosom: Nicht-Geschlechts-chromosom

Bakterien, Eubakterien: Gruppe der → Prokaryoten; Zellwände sind aus → Murein aufgebaut

Bakteriophagen: → Viren

BARR-Körper: inaktiviertes → X-Chromosom der Frau

Basensequenz: Reihenfolge der Basen in → Nucleinsäuren

Bastard: → Hybride

Befruchtung: Verschmelzen der beiden → haploiden → Gametenkerne zu einer → diploiden → Zygote

Beimpfen: gezielter Wachstumsstart von Mikroorganismen

Besamung: Verschmelzen der beiden → Gameten

Biotechnik: technische Anwendung biologischer Prozesse

Blastocyste: frühes Embryonalstadium der Säugetiere aus Embryo- und Trophoblast

Blastula: kugelförmiges, frühes Entwicklungsstadium vielzelliger Tiere

Blut bildende Stammzelle: Vorläuferzelle aller Blutzellen

Bp, Basenpaare: Maß für die Länge von → DNA-Molekülen

cDNA, complementary/copy DNA: wird mithilfe des Enzyms → Reverse Transcriptase hergestellt; ist → komplementär zu einem bestimmten Abschnitt einer → mRNA

Centromer: verbindet die beiden → Chromatiden eines → Zwei-Chromatiden-Chromosoms

Chiasma: lichtmikroskopisch sichtbare Überkreuzung zweier homologer → Chromatiden

Chorionzottenbiopsie: Entnahme von Plazentagewebe zur → pränatalen Diagnostik

Chromatid: der eine von zwei identischen Teilen, aus denen die zu Beginn der → Mitose vorliegenden → Chromosomen bestehen

Chromosom: fädiger Komplex aus → DNA und → Histonen

Chromosomenanomalie: → nummerische, → strukturelle

Codon: RNA-Nucleotidtriplett, das eine Aminosäure oder ein Stoppsignal codiert

Crossing-over: enzymatischer Austausch entsprechender Abschnitte homologer → Chromatiden während der → Meiose

Cytokine: Signalproteine, die von Zellen gebildet werden und die Aktivität anderer Zellen regulieren

Deletion: Segmentverlust bei einem → Chromosom

Denaturierung: 1) bei → Nucleinsäuren die Trennung der Wasserstoffbrücken zwischen den Basen; 2) bei Proteinen die Zerstörung der Raumstruktur

Diabetes: Zuckerkrankheit, Unterscheidung in Typ 1 und 2

dihybrider Erbgang: → Parentalgeneration unterscheidet sich in zwei betrachteten → Merkmalen

diploid: zweifacher Chromosomensatz

DNA, Desoxyribonucleinsäure: Makromolekül aus vier verschiedenen → Nucleotiden mit den Basen Adenin, Guanin, Cytosin, Thymin und dem Zucker Desoxyribose

DNA-Bibliothek: Sammlung von → Phagen oder → Bakterien, die Fragmente eines → Genoms eines Organismus enthält

DNA-Polymerase: Enzym, das die an einen → DNA-Einzelstrang komplementär angelagerten → Nucleotide verknüpft

dominant: ist ein Allel, wenn es bei → heterozygotem Vorliegen den → Phänotyp bestimmt

Doppelhelix: natürliche Form der → DNA in der Zelle, bestehend aus zwei Polynucleotiden, die durch Basenpaarung zusammengehalten werden

DOWN-Syndrom: Krankheitsbild, bei denen das → Autosom 21 dreimal vorhanden ist (Trisomie 21)

Ein-Chromatid-Chromosom: der eine Teil eines → Zwei-Chromatiden-Chromosoms nach seiner Aufspaltung in der Anaphase der → Mitose

Ektoderm: äußeres der drei → Keimblätter, bildet vor allem Haut und Nervengewebe

Elektrophorese: Trennung von Molekülen im elektrischen Feld aufgrund von Ladung, Größe und Gestalt

Embryo: Bezeichnung für die menschliche Frucht von der Einnistung bis zur Anlage aller wesentlichen Organe

Enhancer: → eukaryotische Regulationssequenz, die die Transkriptionsgeschwindigkeit eines → Gens erhöht

Entoderm: inneres der drei → Keimblätter, bildet vor allem den Verdauungstrakt mit Leber, Lunge und endokrinen Drüsen

Eukaryot: Organismus, dessen Zellen durch Membranen kompartimentiert sind; besitzt einen Zellkern, der von einer Doppelmembran umgeben ist und → DNA enthält

Exon: Teil eines gestückelten → Gens, der exprimiert wird

Fermentation: enzymatische Stoffumwandlung unter Mitwirkung von Mikroorganismen

Fetus: Bezeichnung für menschliche Frucht nach der Anlage der Organe bis zur Geburt

F-Faktor, Fertilitätsfaktor: meist auf einem → Plasmid; versetzt → Bakterien in die Lage, bei der → Konjugation → Gene zu übertragen

Filialgeneration: Nachkommengeneration einer Kreuzung

Fitness: Wahrscheinlichkeit, mit der sich ein → Genotyp fortpflanzt

Gamet: Geschlechtszelle, Keimzelle

Gastrula: becherförmiges Entwicklungsstadium vielzelliger Tiere aus → Ektoderm und → Entoderm

Gedächtniszelle: merkt sich eine bestimmte → Antigenstruktur

Gen: 1) in der klassischen Genetik der Abschnitt eines → Chromosoms, der ein → Merkmal bestimmt; 2) in der Molekulargenetik Kombination von → DNA-Abschnitten, die zusammen die Information für ein Polypeptid oder → RNA-Molekül codieren

Gendrift: zufällige Veränderungen der Allelhäufigkeit in kleinen → Populationen

genetische Kartierung: Zuordnung eines → Gens (→ Allels) zu einem → Chromosom

genetischer Fingerabdruck: DNA-Typisierung mithilfe spezifischer Sequenzen

Genexpression: durch → Transkription und → Translation wird die biologische Information eines → Gens umgesetzt

Genkopplung: auf einem → Chromosom liegende → Gene (→ Allele) werden gemeinsam vererbt

Genom: Gesamtheit aller → Allele einer Zelle

Genotyp: Gesamtheit aller → Allele eines Individuums, bei Kreuzungen oft → Allele bestimmter → Gene

Genpool: Gesamtheit aller → Allele einer → Population

Gensonde: kurzer, markierter → DNA- oder → RNA-Einzelstrang zum Aufspüren bestimmter DNA-Abschnitte, zu denen er → komplementär ist

Gentechnik: Teilgebiet der → Biotechnik, gezielte Veränderung und Neukombination von → Genen

Gentherapie: Übertragung von → Genen zur Behandlung von Krankheiten

Gentransfer: Einschleusen von → RNA oder → DNA in Zellen

Gonosom: → Chromosom, das für die Geschlechtsdifferenzierung verantwortlich ist

Grauer Halbmond: schwach pigmentierter Bereich im befruchteten Ei mancher Amphibien

GVO: gentechnisch veränderter Organismus

haploid: einfacher → Chromosomensatz

HARDY-WEINBERG-Gleichgewicht: Allelhäufigkeiten stehen in → Populationen unter bestimmten

Voraussetzungen in stabilen Verhältnissen zueinander

hemizygot: → Allele, die bei → diploiden Individuen nur einmal vorhanden sind

Heterosis: → Bastarde übertreffen ihre Eltern an Vitalität

heterozygot, mischerbig: bei → diploiden Lebewesen zwei verschiedene → Allele zu einem → Gen

Hfr-Zelle: → Bakterienzelle, die den → F-Faktor in das Bakterienchromosom eingebaut hat

Histon: basisches Protein, Bestandteil von → Nucleosomen

HIV (engl. ***h**uman **i**mmunodeficiency **v**irus*): Humanes Immundefekt-Virus, Erreger von → Aids

Homöobox: konstanter → DNA-Bereich → homöotischer Gene

homöotische Gene: bestimmen die Identität einer Körperregion

homozygot, reinerbig: bei → diploiden Lebewesen zwei identische → Allele zu einem → Gen

Human-Genomprojekt: Aufklärung der → Basensequenz des menschlichen → Genoms

humorale Immunantwort: erfolgt durch → Antikörper

Hybride: Organismus, der für ein bestimmtes Gen heterozygot ist

Hybridisierung, molekulare: Paarung von → komplementären → Nucleinsäuresequenzen

Induktion: Vorgang, durch den sich die → Expression eines → Gens aufgrund eines molekularen Signals erhöht

Insertion: Einbau einer → Nucleotidsequenz in die → DNA

In-situ-Hybridisierung: Nachweis bestimmter → Basensequenzen auf einem → Chromosom durch → Gensonden

Insulin: im → Pankreas gebildetes Hormon, das den Blutzuckerspiegel reguliert

interchromosomale Rekombination: zufällige Durchmischung und Neuverteilung von kompletten väterlichen und mütterlichen → Chromosomen in der → Meiose

intrachromosomale Rekombination: Umverteilung von → Allelen durch → Crossing-over

intracytoplasmatische Spermieninjektion (ICSI): Injektion einer Spermienzelle in das Zellplasma der Eizelle

Intron: Teil eines gestückelten → Gens, der → transkribiert, aber nicht → translatiert wird

Inversion: Drehung eines Segmentes in einem → Chromosom um 180°

in vitro (lat. *im Glas*): außerhalb eines Lebewesens

In-vitro-Fertilisation (IVF): Befruchtung außerhalb des Körpers

in vivo (lat. *im Leben*): in einem Lebewesen

Karyogramm: Anordnung der angefärbten Metaphase- → Chromosomen nach Größe und Bänderung

Keim: menschliche Frucht von → Befruchtung bis zur Einnistung

Keimbahn: Zellenfolge, die von der befruchteten Eizelle über die Urkeimzelle zu neuen → Gameten (Keimzellen) führt

Keimblatt: 1) bei Pflanzen die ersten Blättchen am Keimling; 2) bei Tieren die zwei bzw. drei Zellschichten der späten → Gastrula

Klon: erbgleiche Individuen oder Zellen

knock-out: gezieltes Inaktivieren von → Genen

kompetente Zelle: Zelle, die so behandelt wurde, dass sie → DNA aufnehmen kann

komplementär: bezeichnet die Basen Adenin und Thymin/Uracil bzw. Guanin und Cytosin, die sich paaren können

Konjugation: einseitig gerichteter → Gentransfer von einer spendenden in eine empfangende → Bakterienzelle

Kopplungsbruch: durch → Crossing-over werden auf einem → Chromosom liegende → Allele getrennt

Kopplungsgruppe: auf einem → Chromosom liegende → Allele werden gemeinsam vererbt

Leukocyten: Weiße Blutkörperchen; Lymphocyten, Monocyten und Granulocyten

Ligase: Enzym, das → DNA-Fragmente miteinander verbindet

LYON-Hypothese: Inaktivierung eines → X-Chromosoms bei der Frau (→ BARR-Körper)

Mangelmutante: Organismus, der durch Mutation die Fähigkeit verloren hat, wesentliche Zellbausteine zu synthetisieren

Matrizenstrang: das Polynucleotid eines → Gens, das bei der → Transkription als Vorlage für die → mRNA-Synthese fungiert

Meiose: Bildung von → haploiden Ei- bzw. Spermienzellen (→ Gameten) aus → diploiden Zellen durch die → Reifeteilung 1 und 2

Merkmal: in der klassischen Genetik genetisch bestimmtes, äußerlich sichtbares Kennzeichen

Mesoderm: mittleres der → Keimblätter, bildet vor allem Muskulatur, Skelett, Bindegewebe, Nieren und Herz

MHC (engl. ***m**ajor **h**istocompatibility **c**omplex*): Genkomplex, der → MHC-Proteine codiert

MHC-Protein: präsentiert → Antigenfragmente, bestimmt Gewebeverträglichkeit

Mikroinjektion: Einschleusen neuer → DNA durch Injektion in den Zellkern

Minimalmedium: → Nährmedium für Organismen, das nur zum Leben notwendige Substanzen enthält

Mitose: Kernteilung, bestehend aus Prophase, Metaphase, Anaphase, Telophase; bildet genetisch identische Kerne

Modifikation: umweltbedingte Veränderung des → Phänotyps innerhalb der → Reaktionsnorm

monogene Vererbung: die Ausprägung eines → Merkmals beruht auf einem → Gen

monohybrider Erbgang: → Parentalgeneration unterscheidet sich in einem betrachteten → Merkmal

Monosomie: → nummerische Chromosomenanomalie, bei der ein bestimmtes Chromsom nur einfach vorhanden ist

MORGAN-Einheit: Austauschhäufigkeit von einem Prozent bei → Kopplungsbruch

Morula: frühes Embryonalstadium vielzelliger Tiere

mRNA, messenger-RNA, Boten-RNA: Transkript eines proteincodierenden → Gens

mRNA-Prozessierung: Vorgänge im Zellkern, die von der prä-mRNA zur reifen → mRNA führen

Multipotenz: Fähigkeit einer Zelle, viele unterschiedliche Zelltypen eines Organismus zu bilden

Murein: Molekül aus Polysacchariden und Peptiden, Zellwandbestandteil der → Bakterien

Mutagenese: Erzeugung gezielter → Mutationen → in vitro

Mutation: Veränderung der genetischen Information. Somatische Mutationen betreffen nur das Individuum selbst, generative die Nachkommen

Nährmedium: Substratgemisch zur Kultivierung von → Bakterien

Neurula: embryonales Entwicklungsstadium der Wirbeltiere mit Anlage des Nervensystems

Nondisjunction: Nichttrennen homologer → Chromosomen während der → Meiose

Nucleinsäuren: → DNA, → RNA

Nucleosid: aus einer Stickstoffbase und einer Pentose aufgebauter Baustein eines → Nucleotids

Nucleosom: kugelige Grundeinheit des Chromatins; → Histonkugel, die von etwa zwei → DNA-Windungen umfasst wird

Nucleotid: Baustein der → Nucleinsäuren, bestehend aus einer Pentose, die kovalent an eine Stickstoffbase und eine Phosphatgruppe gebunden ist

nummerische Chromosomenanomalie: Überzahl oder Unterzahl von → Chromosomen, → Monosomie, → Trisomie

OKAZAKI-Fragment: kurzes, → RNA-gestartetes → DNA-Stück, das bei der diskontinuierlichen → Replikation entsteht

Onkogen: in → Viren vorkommendes oder zum normalen → Genom gehörendes → Gen, das an der Auslösung von Krebs beteiligt ist

Operator: → DNA-Sequenz am Beginn eines → Operons, die ein Regulatorprotein binden kann

Operon: häufige genetische Funktionseinheit bei → Bakterien und → Phagen, bestehend aus einer Kontrollregion und mehreren benachbarten → Strukturgenen

Pankreas, Bauchspeicheldrüse: deren Inselzellen bilden → Insulin

Panmixie: zufällige Paarung von Individuen einer → Population ohne Einfluss des → Genotyps

Parentalgeneration: Elterngeneration einer Kreuzung

p-Arm: kurzer Arm eines → Chromosoms

passive Immunisierung: Injektion von → Antikörpern

PCR (engl. ***P**olymerase **C**hain **R**eaction*): Methode zur schnellen Vervielfältigung bestimmter → DNA-Abschnitte

Phagen: → Viren, die → Bakterien befallen

Phänotyp: Gesamtheit aller sichtbaren äußerlichen → Merkmale, bei Kreuzungen oft nur bestimmte → Merkmale

PID (Präimplantationsdiagnostik): Diagnostik an einem → in vitro befindlichen → Keim vor seinem Transfer in den mütterlichen Organismus

Pilus, Sexpilus: Plasmabrücke, die bei der → Konjugation zwischen einer Spender- und einer Empfängerzelle von → Bakterien ausgebildet wird

Plaque: Lyseloch in einem Rasen von → Bakterien, meist entstanden nach einer Infektion mit → Phagen

Plasmazelle: aktivierte B-Zelle, die → Antikörper bildet

Plasmid: ringförmiges → DNA-Molekül, das unabhängig vom → Chromosom ist

Plazenta: Mutterkuchen, bei vielen Säugetieren Verbindungsorgan zwischen → Embryo und Mutter zum Stoff- und Gasaustausch

Pluripotenz: Fähigkeit einer Zelle, alle Zelltypen eines Organismus zu bilden, jedoch keinen kompletten Organismus

polygene Vererbung: Zusammenwirken verschiedener → Gene zur Ausbildung eines → Merkmals

Polymorphismus: Auftreten verschiedener → Phänotypen zu einem → Merkmal, beruht auf verschiedenen → Allelen eines → Gens

Polyphänie: Mitwirkung eines → Gens an der Ausprägung mehrerer → Merkmale

Polyploidisierung: Vervielfältigung von → Chromosomensätzen durch Nichttrennung von → 2-Chromatiden-Chromosomen während der → Meiose

Population: alle Lebewesen, die in einer fruchtbaren Fortpflanzungsgemeinschaft leben

Präimplantationsdiagnostik (PID): Diagnostik an einem in vitro befindlichen → Embryo vor seinem Transfer in den mütterlichen Organismus

pränatale Diagnostik: invasive und nicht-invasive Diagnoseverfahren am → Fetus im Uterus

Primer: kurzes → RNA-Stück, das sich an ein einzelsträngiges DNA-Stück anlagert und den Startpunkt für eine → Replikation bildet; bei der → PCR kurzes DNA-Stück

Prion: Glycoprotein, das in seiner infektiösen Form Krankheiten wie BSE verursachen kann

Prokaryot: → Archäen und → Bakterien, deren → DNA als ringförmiges → Chromosom frei im Cytoplasma vorliegt

Promotor: DNA-Regulationsregion am 5´-Ende eines → Gens, enthält Bindungsstelle für → RNA-Polymerase

prospektive Bedeutung: die bei embryonaler Normalentwicklung vorgesehene zukünftige Bedeutung eines Keimteils

prospektive Potenz: die Summe der maximalen Entwicklungsmöglichkeiten eines Keimteils in der Embryonalentwicklung

Protein-Design: gezielte Veränderung eines Proteinmoleküls

Protoplast: Pflanzenzelle, der enzymatisch die Zellwand entfernt wurde

q-Arm: langer Arm eines → Chromosoms

Rasse: Teilpopulationen einer Nutztier- → Art, die in einzelnen → Merkmalen übereinstimmen

Reaktionsnorm: genetisch festgelegte Bandbreite, innerhalb derer ein Organismus auf Umwelteinflüsse reagieren kann

Regulatorgen: → Gen, dessen Produkt die Aktivität anderer → Gene beeinflusst

Reifeteilung 1: erste Teilung der → Meiose, Halbierung des → diploiden Chromosomensatzes

Reifeteilung 2: zweite, mitotische Teilung der → Meiose

rekombinante DNA: aus verschiedenen Fragmenten neu kombinierte → DNA

Rekombinantenregel: MENDELsche Regel, beschreibt die Vererbung bei → dihybridem Erbgang

Replikation: identische Verdoppelung der → DNA

Repressor: Protein, das an eine spezifische → DNA-Sequenz bindet und so die → Transkription eines → Genbereiches verhindert

Restriktionsenzym: Enzym, das die → DNA an einer bestimmten → Basensequenz schneidet

Retrovirus: → Virus, dessen → RNA in → DNA zurückübersetzt werden muss

Reverse Transcriptase: Enzym von → Retroviren, mit dem die → RNA in → DNA umgeschrieben wird

rezessiv: → Allel, das bei → heterozygotem Vorliegen im → Phänotyp nicht zu erkennen ist

R-Faktor, Resistenzfaktor: erlaubt es → Bakterien, einem → Antibiotikum zu widerstehen

RFLP, Restriktionsfragment-Längenpolymorphismus: Beim Schneiden des Genoms verschiedener Individuen mit einem → Restriktionsenzym entstehen jeweils → DNA-Fragmente verschiedener Länge, da in den Bereichen der Erkennungssequenzen Mutationen vorliegen.

Rhesusfaktor: → Antigen auf der Oberfläche der Roten Blutkörperchen

RNA, Ribonucleinsäure: einzelsträngiges Makromolekül aus vier verschiedenen Ribonucleotiden, die die Basen Adenin, Guanin, Cytosin und Uracil sowie den Zucker Ribose enthalten

RNA-Polymerase: Enzym, das eine → RNA-Kopie von einem DNA- → Matrizenstrang synthetisieren kann

Rückkreuzung: Überprüfung auf → Heterozygotie durch Kreuzung mit → homozygot → rezessivem → Genotyp

Selektion: 1) nach DARWIN Überleben und Fortpflanzung der am besten angepassten Individuen;

2) in der Gentechnik Auslese eines → Klons, der die gewünschte → rekombinante DNA enthält

Sequenzierung: Ermittlung der Basenabfolge in der → DNA

somatische Zellen: Zellen des Körpers, die keine Geschlechtszellen sind

SOUTHERN-Blot-Verfahren: Abdruckverfahren, um ein → DNA-Bandenmuster auf eine Folie zu übertragen; Nachweis mit markierten DNA-Sonden

Spaltungsregel: MENDELsche Regel, beschreibt Aufspaltung der uniformen → Filialgeneration bei Kreuzung mit sich selbst

Spleißen: Entfernung von → Introns aus der prä-mRNA

Stammbaumanalyse: Rückschlüsse von Beobachtungen des → Phänotyps über mehrere Generationen auf den → Genotyp

Stammzelle: undifferenzierte Zelle mit der Fähigkeit zu unterschiedlicher Differenzierung

steril, Sterilisation: frei von vermehrungsfähigen Mikroorganismen; zur Sterilisation von Nährmedien → autoklaviert man diese

strukturelle Chromosomenanomalie: → Deletion, Duplikation, → Inversion, → Translokation

Strukturgen: → Gen für ein → RNA-Molekül oder ein Protein, das kein Regulatorprotein ist

TATA-Box: Nucleotidsequenz im prokaryotischen → Promotor

Telomere: Enden eines → Chromosoms

Tetrade: die vier → Chromatiden von zwei gepaarten → Chromosomen während der Metaphase I der → Meiose

Ti-Plasmid: → Plasmid von *Agrobacterium tumefaciens*, das für den → Gentransfer in Pflanzen verwendet wird

Totipotenz: Fähigkeit embryonaler Zellen zur Bildung eines ganzen vielzelligen Organismus

Transduktion: Übertragung genetischen Materials von einer Bakterienzelle auf eine andere mithilfe von Phagen

Transfektion: 1) → Prokaryoten: spezieller Fall einer → Transformation, bei Aufnahme freier → Phagen-DNA sterben die transformierten Zellen ab und bilden → Plaques im Bakterienrasen. 2) → Eukaryoten: Einbringen genetischen Materials in die Zelle

Transformation: 1) Aufnahme freier → DNA in eine Zelle; 2) Umwandlung einer gesunden Zelle in eine Krebszelle

transgener Organismus: Organismus, der fremde → Gene in den Zellen enthält

Transkription: Synthese einer → RNA-Kopie eines → Gens

Transkriptionsfaktor: Protein, das an der Regulation eines → eukaryotischen → Gens beteiligt ist

Translation: Synthese eines Polypeptids am Ribosom

Translokation: Verschmelzung der Teile zweier nicht homologer → Chromosomen

Triplett: besteht aus drei → Nucleotiden und codiert eine Aminosäure

Trisomie: → nummerische Chromosomenanomalie, bei der ein bestimmtes → Chromosom dreifach vorhanden ist

tRNA, transfer-RNA: → RNA-Molekül, das als Vermittler zwischen → Nucleinsäure- und Proteinsprache fungiert

Tumor-Suppressor-Gen: wachstumsregulierende → Gene, deren Genprodukte die Zellteilung hemmen

TURNER-Syndrom: Krankheitsbild, bei dem Frauen ein → X-Chromosom pro Zelle fehlt

Übernachtkultur: flüssiges → Nährmedium, das mit Mikroorganismen → beimpft und über Nacht kultiviert wurde

Uniformitätsregel: MENDELsche Regel, beschreibt Auftreten einer uniformen → Filialgeneration bei Kreuzung homozygoter Eltern

Vakzin: Impfstoff

Variabilität: Unterschiede zwischen Eltern und Nachkommen oder zwischen den Individuen einer → Population

Vektor: → Plasmid oder → Virus zum Einbringen von → RNA oder → DNA in Zellen

Virus: Partikel aus einer Proteinhülle und → DNA oder → RNA, jedoch ohne eigenen Stoffwechsel, der Zellen infizieren kann

VNTR-Sequenz (engl. *variable number of tandem repeat*): → DNA-Sequenz, die aus verschiedenen Wiederholungen kurzer DNA-Abschnitte besteht

X-, Y-Chromosom: → Gonosom

zelluläre Immunantwort: wird von T-Zellen durchgeführt

Züchtung: Verbesserung oder Erhaltung genetisch fixierter → Merkmale domestizierter Lebewesen

Zwei-Chromatiden-Chromosom: das in der Prophase der → Mitose vorliegende, aus zwei identischen → Chromatiden bestehende → Chromosom

Zwillingsforschung: Erforschung des Umwelt- bzw. Vererbungsfaktors an Merkmalen eineiiger Zwillinge

Zygote: Verschmelzungsprodukt einer Ei- und einer Spermienzelle bei der → Befruchtung

Register

Fette Seitenzahlen weisen auf ausführliche Behandlung im Text hin; ein * hinter den Seitenzahlen verweist auf das Glossar; f. = die folgende Seite; ff. = die folgenden Seiten.

Hinweise zum sicheren Experimentieren

Den Praktikumversuchen ist in diesem Buch eine **Sicherheitsleiste** vorangestellt, die in bis zu neun Symbolfeldern Hinweise zu den Gefahren und zur Entsorgung gibt.

Die *orangefarbenen* Felder enthalten die *Gefahrensymbole* der verwendeten Stoffe. Diese Symbole geben Hinweise auf die Gefahren beim Umgang mit den betreffenden Stoffen. Folgende Gefahrensymbole werden verwendet:

Kennbuchstabe **T**	Giftig
Kennbuchstabe **T+**	Sehr giftig
Kennbuchstabe **Xn**	Gesundheitsschädlich
Kennbuchstabe **C**	Ätzend
Kennbuchstabe **Xi**	Reizend
Kennbuchstabe **O**	Brandfördernd
Kennbuchstabe **F+**	Hochentzündlich
Kennbuchstabe **F**	Leicht entzündlich
Kennbuchstabe **E**	Explosionsgefährlich
Kennbuchstabe **N**	Umweltgefährlich

Die *violetten* Felder geben *Hinweise zur sicheren Handhabung* der jeweiligen Stoffe.

Versuch unter dem Abzug oder in einer geschlossenen Apparatur durchführen

Schutzbrille tragen

Schutzhandschuhe tragen

Die *grünen* Felder geben *Hinweise zur sicheren und umweltschonenden Entsorgung.*

Entsorgung. Das für die Praktikumsversuche empfohlene Entsorgungssystem basiert auf den Sicherheitsempfehlungen der Kultusministerkonferenz. Es gelten folgende Prinzipien:

- *Vermeiden:* Das Entstehen unnötiger Abfälle oder unnötig großer Mengen an Abfällen ist zu vermeiden. Dazu ist eine sorgfältige Planung der experimentellen Arbeit in Hinblick auf Art und Menge der verwendeten Stoffe notwendig.
- *Umwandeln:* Nicht vermeidbare gefährliche Abfallstoffe werden in weniger gefährliche Stoffe umgewandelt: Säuren und Laugen werden neutralisiert. Lösliche Stoffe werden zu schwer löslichen Stoffen umgesetzt.
- *Sammeln:* Abfälle, die an Ort und Stelle nicht in ungefährliche Produkte umgewandelt werden können, werden gesammelt, um sie später einer geordneten Entsorgung zuzuführen. Durch das Sammeln in getrennten Behältern werden Wiederaufbereitung oder endgültige Entsorgung erleichtert.
- *Autoklavieren:* Abfälle, die angereicherte Kulturen von Mikroorganismen enthalten, müssen unter Dampfdruckbedingungen, wie sie in einem Schnellkochtopf erreicht werden, abgetötet werden. Danach werden sie dem Hausmüll zugeführt.

Entsorgungssystem: Beim Sammeln von Abfallstoffen ist ein möglichst einfaches System anzuwenden.
Chemikalische Abfälle werden in vier unterschiedlichen Sammelgefäßen getrennt. Der Behälter B1 dient dem Sammeln und der anschließenden Entsorgung durch den Sammlungsleiter, bei den Behältern B2, B3 und B4 erfolgt die endgültige Entsorgung durch ein zugelassenes Entsorgungsunternehmen. Abfallbehälter sind mit den Gefahrensymbolen und den Gefahrenbezeichnungen zu kennzeichnen.
Biologische Abfälle, also Kulturen von Mikroorganismen, werden in hitzebeständigen Abfallbeuteln, zum Beispiel in Bratenbeuteln, nur kurze Zeit gesammelt.

B1 – Im **Behälter B1** werden saure *und* alkalische Lösungen gesammelt. Der Inhalt dieses Behälters wird neutralisiert, bevor er ganz gefüllt ist. Der neutralisierte Inhalt wird anschließend der Kanalisation zugeführt. Abfälle, die giftige Stoffe enthalten, etwa saure Chromat-Lösungen, dürfen nicht in diesen Behälter gegeben werden.

B2 – Im **Behälter B2** werden giftige anorganische Stoffe wie Schwermetallsalze, Chromate oder Fluoride gesammelt.

B3 – Im **Behälter B3** werden *halogenfreie* organische Verbindungen gesammelt. Kleinere Mengen wasserlöslicher organischer Verbindungen wie Aceton oder Ethanol werden in den Ausguss gegeben.

B4 – Im **Behälter B4** werden *halogenhaltige* organische Verbindungen gesammelt.

A – In einem **Autoklaven** oder Dampfdrucktopf, zum Beispiel einem Schnellkochtopf, werden hitzebeständige Beutel gegeben, die Kulturen von Mikroorganismen enthalten. Diese werden 30 Minuten bei 120 °C erhitzt. Danach werden die Beutel dem Hausmüll zugeführt.